Théologie

CATALOGUE

MÉTHODIQUE

DE LA

BIBLIOTHÈQUE COMMUNALE

DE LA

VILLE D'ARRAS

THÉOLOGIE

ARRAS
IMPRIMERIE SUEUR-CHARRUEY ET DELVILLE
Libraires-Editeurs
Petite-Place, 20 et 22

1885

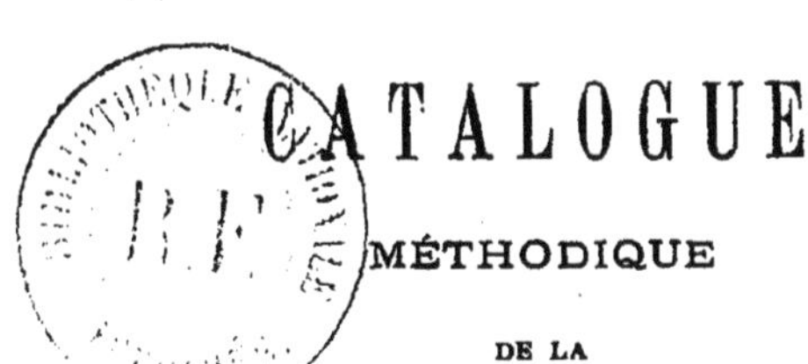

CATALOGUE

MÉTHODIQUE

DE LA

BIBLIOTHÈQUE COMMUNALE

DE LA

VILLE D'ARRAS

THÉOLOGIE

CATALOGUE

MÉTHODIQUE

DE LA

BIBLIOTHÈQUE COMMUNALE

DE LA

VILLE D'ARRAS

THÉOLOGIE

ARRAS
IMPRIMERIE SUEUR-CHARRUEY ET DELVILLE
Libraires-Editeurs
Petite-Place, 20 et 22

1885

À Monsieur le Maire de la ville d'Arras.

MONSIEUR LE MAIRE,

Avant d'offrir au public studieux le premier volume du Catalogue général de la Bibliothèque d'Arras, je veux tout d'abord, ce que je regarde comme un devoir, remercier le Conseil municipal des encouragements qu'il n'a cessé de nous donner et des crédits qu'il a généreusement votés pour faciliter l'accomplissement de ce long et rude travail.

Depuis longues années on avait compris l'impérieuse nécessité de cette mesure. Remarquable, en effet, par la beauté de son local, la Bibliothèque d'Arras, avec ses 40,000 volumes, ne serait qu'un magasin inutile, une mine d'or sans exploitation, si un Catalogue imprimé ne faisait connaître aux hommes laborieux les richesses qu'elle renferme.

La confection de ce Catalogue a donc été décidée officiellement, il y a environ six ans.

Il m'eut été difficile de l'entreprendre et de l'achever seul. Aussi je m'empresse d'exprimer toute ma reconnaissance à plusieurs de Messieurs les membres de la Commission, et notamment à Monsieur Ricouart, qui m'ont si puissamment secondé. De plus, un auxiliaire intelligent et dévoué, que l'on a bien voulu m'accorder, M. Hilaire Cottel, a été comme moi à la peine, et j'aurais mauvaise grâce à l'oublier ici.

Ce premier volume que j'ai l'honneur de vous présenter, Monsieur le Maire, comprend 4,396 ouvrages, consacrés à la théologie. Il sera suivi du Catalogue des livres de jurisprudence, d'histoire, de littérature et de sciences, sans la moindre interruption, je l'espère, et à très courte échéance.

Plus que personne je suis soucieux de voir la fin de ce genre de travaux, pénibles, minutieux, sans profits, sans éclat et sans gloire. (C'est ainsi que les qualifie le très compétent M. Beuchot.) L'inventaire des 22,000 ouvrages a été fait, toutes les fiches en sont terminées, et n'attendent plus qu'un classement définitif, qui n'est pas la chose la moins ingrate.

Le tout formera cinq volumes. Je ne m'en plains pas, en songeant que le grand Catalogue de Pékin en a plus de deux cents et celui du British Museum, à Londres, à peu près autant. Il est bon d'ajouter que le premier a été commencé en 1790; c'est-à-dire depuis tantôt cent ans.

Reste à parler de la méthode que la Commission de la Bibliothèque d'Arras a cru devoir adopter dans la rédaction du Catalogue.

Gabriel Naudé, dans son avis pour dresser une Bibliothèque, s'exprime ainsi : « Je croy que le meilleur ordre est toujours « celui qui est le plus facile, le moins intrigué, le plus naturel « et usité. »

C'est de cette sage pensée que l'on s'est toujours inspiré. Je me suis donc borné à lever les titres de livres, avec la plus grande exactitude possible, en respectant l'orthographe du temps; j'ai de plus écarté tous les détails inutiles, pour ne retenir que ce qui était strictement indispensable aux lecteurs. Car, le Catalogue d'une bibliothèque publique, comme l'a dit si pertinemment le savant bibliothécaire de la ville d'Amiens, M. Garnier, ne doit pas ressembler à celui d'une bibliothèque à vendre.

Ce doit être un *inventaire* exact pour les représentants de l'administration, qui ont besoin de connaître ce qu'ils possèdent, et un *guide* pour ceux qui, fréquentant la Bibliothèque, veulent user de toutes les ressources qu'ils peuvent y trouver.

Malgré tous les soins apportés à la correction des épreuves, ce travail, je le sais, est loin d'être parfait; mais j'estime que tout lecteur intelligent corrigera de lui-même les fautes matérielles qui s'y sont infailliblement glissées.

Du reste, je n'ai jamais eu la vaine prétention de faire œuvre savante de bibliographie. J'ai tout simplement souhaité mettre aux mains des travailleurs un instrument modeste, mais utile. C'était aussi, je crois, l'unique préoccupation du Conseil municipal d'Arras. Puissè-je avoir réussi à le satisfaire!

Enfin, on m'a engagé à faire précéder ce volume d'une notice historique sur la Bibliothèque de la ville d'Arras. L'idée m'a paru bonne, et j'ai tenté de la mettre à profit.

Veuillez agréer, Monsieur le Maire, l'assurance de mes sentiments respectueux et dévoués.

LE BIBLIOTHÉCAIRE,

A. WICQUOT,

Officier de l'Instruction publique.

COMMISSION DE LA BIBLIOTHÈQUE

DE LA

VILLE D'ARRAS

Président : M. LEGRELLE, Chevalier de la Légion d'honneur, Maire de la ville d'Arras.

Vice-Président : M. RICOUART, Officier de l'Instruction publique.

Membres : MM. LECESNE, Edmond, Chevalier de la Légion d'honneur.
LELOUP, officier d'Académie.
De LINAS, Chevalier de la Légion d'honneur
De MALLORTIE, Chevalier de la Légion d'honneur.
TRANNIN, Henri, Officier d'Académie.
VAN DRIVAL, Officier de l'Instruction publique.
WARNIER, Officier de la Légion d'honneur.

NOTICE HISTORIQUE

DE LA

BIBLIOTHÈQUE DE LA VILLE D'ARRAS

Aucune notice spéciale sur la bibliothèque de la ville d'Arras n'a été faite jusqu'ici.

Les écrivains qui en ont parlé, l'ont fait incidemment, et surtout au point de vue architectural. Il serait peut-être intéressant de remonter à son origine et de la suivre dans ses développements successifs.

Nous avons cru devoir le faire. Cette étude, à défaut d'autre mérite, aura du moins, grâce à des documents indiscutables, celui de l'exactitude ; le seul qu'on puisse exiger en pareilles matières.

Le sujet en lui-même est assez étendu ; aussi, pour plus de simplicité, est-il divisé en deux parties : la bibliothèque d'Arras avant la révolution de 1789 ; la bibliothèque après la révolution.

I

LA BIBLIOTHÈQUE AVANT LA RÉVOLUTION

L'histoire de la bibliothèque actuelle de la ville d'Arras remonte aux origines mêmes de l'Abbaye de Saint-Vaast. Ajoutons de suite : ce sont les manuscrits et les livres des Bénédictins de Saint-Vaast qui constituent aujourd'hui le fonds le plus précieux et les plus importantes richesses de la Bibliothèque de la ville.

Si tout le monde sait que la France est une des contrées de l'Europe le plus riche en manuscrits anciens : tout le monde sait aussi que c'est dans les monastères que se trouvaient précieusement conservées ces richesses littéraires.

Chaque monastère, un peu considérable, avait *sa librairie* ou Bibliothèque de manuscrits, dont la conservation était confiée à un moine qui se distinguait par son érudition. Il surveillait d'autres moines, occupés à transcrire les monuments littéraires de l'antiquité que l'injure du temps aurait infailliblement détruits (1). L'ordre de saint Benoît auquel appartenaient les moines de Saint-Vaast, se signala entre tous et de bonne heure dans ce noble exercice. Ce fut sans doute le premier ordre où l'on substitua l'occupation de copier des manuscrits au travail pénible de l'agriculture.

Aucun monument authentique ne nous permet d'établir à quelle époque précise on commença à copier les manuscrits dans le monastère de Saint-Vaast.

Ce que l'on sait, grâce à la publication du nécrologe de Saint-Vaast, par le savant Secrétaire-général de l'Académie, M. le chanoine Van Drival, c'est que le premier Abbé de ce monastère, Hatta, mort vers l'an 690, eut pour successeur immédiat saint Hadulphe. Or, Hadulphe était renommé par son amour de l'étude et ses vastes connaissances (2). Est-il téméraire de supposer qu'étant resté, près de trente ans, à la tête de l'Abbaye (il mourut en 728), il n'y eût pas recueilli les débris du passé et inspiré aux religieux de Saint-Vaast l'amour des lettres qu'il ressentait si vivement lui-même ?

Cette conjecture paraît d'autant plus plausible que nous voyons, en 795, l'Abbé de Saint-Vaast, Radon, non-seulement faire reconstruire magnifiquement le monastère, qu'un incendie avait totalement détruit, mais encore faire écrire de nouveau tous les livres (manuscrits) qui avaient péri dans cet incendie.

Les vers suivants extraits des œuvres d'Alcuin attestent ce double fait :

(1) On pourrait citer certains couvents de femmes où l'on vit des religieuses occupées à transcrire des manuscrits.

(2) Voir l'abbé Van Drival, page 424.

Hæc domus alma Dei, flammis crepitantibus olim,
Arsit, et in cineres tota redacta fuit.
Sed miserante Deo, Radon venerabilis Abbas
Construxit melius, ac renovavit eam.
. . . .
Codicibus sacris hostili clade perustis,
Et Rado fervens hoc reparavit opus (1).

Ce texte nous paraît établir d'une manière irréfutable qu'avant Radon, il existait à Saint-Vaast un dépôt de manuscrits, (une librairie), et qu'à partir de cette époque, il y eut certainement aussi des religieux copistes.

L'influence qu'exerça l'abbé Radon est incontestable et c'est une date importante dans l'histoire qui nous occupe; aussi nous y arrêterons-nous quelques instants.

Radon, dit le Nécrologe déjà cité, fut lié d'amitié avec le célèbre Alcuin, précepteur de Charlemagne. *Amicitiæ vinculo nexus famoso Alcuino Caroli Magni principis præceptori.*

Cette seule ligne nous a suggéré l'idée de consulter les ouvrages et la vie d'Alcuin, afin de voir s'il n'avait pas joué un rôle actif dans l'œuvre de restauration entreprise par Radon. Nos recherches n'ont pas été stériles, et nons avons trouvé maintes preuves de cette féconde intervention.

La fin du VIIIe siècle fut marquée par un mouvement intellectuel considérable. Associé à l'œuvre civilisatrice de Charlemagne, Alcuin n'eut qu'un but : relever la puissance de la pensée devant la force matérielle, et mettre la science à la portée de tous au milieu d'un peuple barbare. Alcuin eut aussi deux passions : celle de l'enseignement et celle des livres. Aussi, ne céda-t-il aux prières de Charlemagne et ne consentit-il à rester en France qu'à la condition qu'on lui fît venir au moins quelques-unes de *ses fleurs* d'Angleterre ; c'est ainsi qu'il nommait ses livres. Il comprit en outre tous les services que les monastères pouvaient rendre dans ce grand travail de rénovation littéraire et morale.

C'est pourquoi, dans toutes ses lettres aux religieux des divers monastères de France, le voit-on répéter sans cesse qu'il faut

(1) Œuvres d'Alcuin, t. II. pages 741 et 735. (Edition Froben, Ratisbonne 1771).

honorer et cultiver les sciences profanes (1). Il les exhorte vivement à étudier les Écritures, à copier des livres, à soigner leurs écoles.

L'ordre de Saint-Benoît, auquel appartenaient les moines de Saint-Vaast, semble avoir obtenu les préférences d'Alcuin. Bénédictin de cœur, dit un de ses biographes, Alcuin fut l'âme de beaucoup de sociétés bénédictines. Est-il donc étonnant de voir l'étroite amitié qui l'unissait à Radon, Abbé de Saint-Vaast.

Quand ce dernier eut fait recopier la Bible, détruite par l'incendie de 795, Alcuin compose à ce sujet des vers fort curieux, retrouvés dans la Bibliothèque impériale de Vienne, et qu'il est inutile de citer ici (2). Un peu plus tard, sur la demande de son bien-aimé fils Radon, *dulcissimo dilectionis filio Radoni*, il retrace la vie de saint Vaast, Évèque d'Arras, et joint à son manuscrit les vers suivants tout empreints de modestie et de sincère affection pour le destinataire :

Noli quœso, Pater, munuscula spernere nostra,
Parvula si videas, magna hæc dilectio mittit.

A la même époque, il adresse aux religieux de Saint-Vaast un manuscrit renfermant entre autres des Messes qu'il a copiées et fait extraire de son propre Missel pour leurs offices de chaque jour (3). Il profite de cet envoi pour leur montrer tous les attraits et tous les avantages de l'étude. Dans les livres, Dieu parle à l'homme, comme dans la prière l'homme parle à Dieu; si la lumière est la joie de l'œil, la lecture est celle de l'âme (4).

(1) *Non sæcularium litterarum contemnenda est scientia.*

(2) *Hoc carmen ex codice mss. pervetusto ad ævum Caroli Magni atque ideo ipsius Alcuini pertinente, qui exstat in Bibliotheca Cæsarea Vindobonensi, exhibet celeberrimus Lambecius*, t. II, *Comment. Biblioth. Cæsarea*, pag. 403. vet. edit.

(3) Ad Vedastinos monachos epistola (circa annum 796).
Sicut Domini Abbatis vestraque suavissima charitas demendavit, versus per singulos titulos Ecclesiarum et altaria singula dictavimus.
Missas quoque aliquas de nostro tuli Missale ad quotidianæ et ecclesiasticæ consuetudinis officia. Migne, t. II, p. 275.

(4) Lectionis sacra studia inter labores obedientiæ vestræ diligentissime exercete, ita ut vel opus, vel libellus in manibus semper videatur vestris, quia in libris sanctis Deus loquitur ad hominem, et in orationibus suis homo loquitur ad Deum. Sicut lux lætificat oculos, ita lectio corda. (Même lettre).

Radon n'était pas le seul, dans l'abbaye de Saint-Vaast, qu'Alcuin honorât de son affection. Le moine Haiminius était son élève et l'ancien condisciple de Charlemagne. Sorti de l'Ecole Palatine, auteur de plusieurs ouvrages manuscrits, poète et orateur, il n'est pas douteux qu'il apporta dans le monastère de Saint-Vaast et y fit fleurir les idées si chères à Charlemagne : le culte des lettres et surtout l'amour des livres, instruments indispensables à leur propagation (1). Il est vraiment curieux de voir dans les Capitulaires les préoccupations du grand Empereur sur ce point :

« Ne souffrez pas que vos enfants gâtent les livres, soit en les « lisant, soit en les transcrivant.

« S'il faut écrire un Evangile, un Psautier, un Missel, que l'on « confie ce travail à des hommes d'un âge mûr et qu'ils y met- « tent toute leur attention. »

Baluze, cap. t. I, page 237.

La règle elle-même de saint Benoîst, fidèlement suivie au monastère de Saint-Vaast, renferme cette disposition expresse relative à la Bibliothèque :

« Les jours de carême on vaquera à la lecture depuis le matin « jusqu'à tierce. Dans ces jours-là, tous recevront de la Biblio- « thèque des livres qu'ils liront d'un bout à l'autre ; car on devra « les donner au commencement du carême, et l'on chargera un « ou deux des plus anciens de parcourir le monastère, et de « voir s'il n'y a pas quelque frère paresseux, qui se livre au « repos ou à la conversation, au lieu de se donner à la lecture... « le dimanche tout le monde lira (2). »

On le voit, la règle bénédictine honorait entre tous le travail d'esprit, puisqu'elle faisait de la lecture l'œuvre du dimanche et des jours saints. Dès lors, non-seulement les moines pâlirent sur les livres, mais encore eurent à cœur de les multiplier sous

(1) Haiminius, Alcuini discipulus, Carolique Magni condiscipulus.
Æditaus sancti Vedasti confecit librum de miraculis sancti Patroni, cujus initium : Sane quæ nuper ex oculis probavimus. Liber iste etiam num legi solet per octavam ecclesiæ cathedralis Atrebatensis. Præterea *edidit* hymnos et sermonem de virtutibus præfati sancti, qui incipit his verbis : Excitentur, obsecro, filii,... etc.

(2) In Quadragesimæ diebus a mane usque ad tertiam lectioni vacent. In quibus diebus accipient omnes singuli codices de bibliotheca, quos per ordinem ex integro legant, etc, etc. (Petri Diaconi de ortu et obitu justorum Caroli Casinensis, apud Maï, T. VI.)

toutes les formes. De là ces innombrables et précieux manuscrits et cette véritable légion de copistes dont la plume ne s'arrêta qu'avec l'invention de l'imprimerie.

Ce rôle de copistes (librarii) réputé si modeste, était fort en honneur dans l'antiquité et le fut encore au moyen-âge. Alcuin, que nous nous plaisons à citer, les tenait en haute estime, ainsi que le prouve cette inscription que l'on avait mise dans le Scriptorium (salle des copistes) de beaucoup de monastères :

« Qu'ici prennent place ceux qui écrivent les oracles de la loi divine et les paroles des Pères. Qu'ils prennent garde de ne pas mêler au texte leurs frivolités. Frivole aussi que leur main n'écrive pas trop vite. Qu'ils cherchent des livres corrigés avec soin, que leur plume exercée suive bien la ligne. Qu'ils séparent les sens en marquant les membres des périodes et les incises. Qu'ils mettent les points à leur place, afin qu'on ne lise pas des erreurs (1), qu'on ne s'arrête pas tout à coup quand on fait une lecture dans l'église. C'est une bonne œuvre que d'écrire les saints livres; le copiste lui-même ne reste pas sans récompense. Mieux vaut copier des livres que de faire des fosses dans les vignes. Plus tard le copiste obtiendra le grade de maître, il pourra trouver de nouvelles doctrines, et expliquer celles des Anciens (2).

C'est par le travail quotidien des scribes que s'enrichirent les bibliothèques des cloîtres en Europe. Ce qui soutenait leur patiente ardeur, c'est que transcrire les livres d'autrui était une œuvre méritoire et qui ouvrait le ciel.

Une pieuse légende, conservée au Monastère d'Arras, nous montre saint Vaast s'intéressant lui-même, du haut du ciel, au travail des copistes et leur promettant qu'autant de mots écrits par eux leur seront autant de péchés remis.

En effet, parmi les plus anciens manuscrits de ce monastère, il y en a un de saint Augustin, sur les Psaumes, écrit dans le IXe siècle, à la tête duquel le moine Radulphe qui l'a copié est

(1) Les règles de la ponctuation n'étaient pas encore observées universellement au XVIe siècle, et les premiers imprimeurs ne les suivirent pas toujours fidèlement.

(2) Migne, œuvres d'Alcuin, t. II, p. 745.

représenté avec l'habit monastique et où on lit des vers latins dont voici le sens :

« Humble moine, du nom de Radulphe, j'ai pu, avec l'appui
« du Christ, copier ce manuscrit tout plein d'une céleste doc-
« trine. Que nul ne m'incrimine, si l'attrait de la récompense
« m'a guidé, car je sais tout le prix de celle qui est réservée à
« mon travail. Mais cette récompense, quelle est-elle ? dis-tu.
« Tu vas la connaître : S. Vaast, du haut du ciel, contemple combien
« de lignes ont sillonné la page, combien d'empreintes mon stylet
« a laissées sur le parchemin, et souriant à ma pénible besogne
« il me dit : Autant de lettres, autant de mots que tu as tracés
« sur ce livre sont autant de péchés que je t'ai pardonnés.

« Ce droit de pardon le Christ me l'a accordé à tout jamais.
« Ton travail, mon fils, ne profitera pas qu'à toi seul, et tu pour-
« ras appliquer à qui tu voudras, une partie de la récom-
« pense que tu as méritée. — Tel est le précieux salaire que
« saint Vaast, notre bien-aimé Père, accorde aux copistes ; c'est
« la ferme espérance de l'obtenir qui m'a fait transcrire ce livre.
« Si jamais quelqu'un songe à le détruire, que la terre s'entrou-
« vre, et que tout vivant, il soit jeté aux flammes de l'enfer (1). »

Une telle pensée, dans ce siècle de foi naïve, devait, on le comprend facilement, tenir toujours en éveil l'ardeur des copistes et les soutenir dans ce rude labeur, dont on ne peut aujourd'hui se figurer les difficultés. Garder l'héritage de l'esprit humain, veiller à la conservation des lettres était alors, non pas une satisfaction de vanité, mais une affaire de conscience. C'est ce qui explique les trésors immenses renfermés dans la Bibliothèque de Saint-Vaast, malgré les six incendies qui la consumèrent.

Des dons en manuscrits étaient faits aussi au monastère ; et l'on retrouve encore au dernier feuillet d'un manuscrit du XIe siècle (n° 849) intitulé : *sancti Augustini tractatus super Johannem,* la liste des 32 ouvrages légués par l'Abbé Sewoldus.

Le travail des religieux de Saint-Vaast n'était pas exclusif, et ne se bornait pas aux livres sacrés et aux Pères de l'Eglise. De

(1) Voyage littéraire de deux religieux Bénédictins, 2e vol. Page 64, où se trouvent les vers latins du moine Radulphe.

tout temps ils firent aussi une large part aux textes profanes. En voici une preuve évidente : dans le catalogue des manuscrits de la Bibliothèque dArras, œuvre patiente et érudite de M. Quicherat, on voit inscrit sous le n° 325 : *un Registrum Litterarum sancti Gregorii, in-folio mediocri* du XIIe siècle. Or, au verso du dernier feuillet, même écriture que le reste du volume, on a découvert le catalogue des manuscrits de Saint-Vaast, à cette époque, c'est-à-dire il y a six cents ans.

On est tout heureux d'y voir figurer beaucoup d'ouvrages de l'antiquité grecque et latine et entre autres : 2 Virgile, 2 Lucain, 1 Horace, plusieurs traités d'Aristote et de Cicéron, etc..., l'énumération en serait trop longue.

La passion des études saines, le goût du beau, les habitudes d'esprit large et libéral semblent avoir toujours été de tradition au monastère de Saint-Vaast. Tout nous fait présumer qu'elle ne s'y perdit jamais.

Pour nous en convaincre, il suffit de suivre année par année, le Nécrologe déjà cité ; à chaque page nous trouvons le nom d'un religieux, qui après avoir suivi les cours des Universités naissantes de Paris, de Louvain, de Douai, revient au monastère pour inspirer et entretenir le feu sacré dans l'âme des novices.

Enfin l'imprimerie est découverte ; les livres vont succéder aux manuscrits. Ceci tuera cela — et la primitive librairie (1) va bientôt se remplir de millier de volumes.

En effet, moins de deux siècles après cette admirable invention, les livres abondent déjà tellement au monastère de Saint-Vaast que l'Abbé Philippe de Caverel n'hésite pas à leur ménager un plus vaste et plus commode emplacement. Voici la description que donne de cette Bibliothèque le Père Ignace, toujours consulté et toujours inépuisable, lorsqu'il s'agit de notre histoire locale. N'oublions pas que nous sommes encore dans l'ancienne Abbaye.

« Le bâtiment qui la renferme est partagé en deux places. La « plus grande a 120 pieds dix pouces de longueur et 32 pieds

(1) Le Bâtiment existait déjà l'an 1132 (Le Père Ignace).

« deux pouces de largeur. La seconde place qui est pourtant la « première en entrant a 39 pieds de longueur, la largeur qui est « inégale a 26 pieds compensés.

« Les tablettes des deux places occupent 1 pied 3 pouces, la « soubasse ou plaine de ces tablettes est haute d'un pied 3 pou- « ces au-dessus de la soubasse. Les dix ou onze rayons ont « quinze pieds de hauteur. La corniche au-dessus a un pied qua- « tre pouces de hauteur. Les champs contournés ont entre les « sommiers deux pieds de hauteur; le tout mesuré au pied d'Ar- « tois, qui est de onze pouces.

« Les tablettes n'ont point d'autres ornements qu'une sculp- « ture unie ou cartouche, sans aucun portrait ni en relief ni en « peinture : excepté sur la largeur des montants qui est de qua- « tre pouces ».

Le corps de logis subsistait déjà, mais la Bibliothèque ne prit véritablement son agrandissement que lorsque l'Abbé Philippe de Caverel, le seul Abbé qui, dans le Nécrologe, mérita le nom de Directeur des constructions, fit établir les boiseries.

Dès que les galeries furent accommodées à l'usage de la Bibliothèque, cet Abbé y mit tous les livres qui parurent en public de son temps, de sorte que le vaisseau fut bientôt rempli.

Mais l'œuvre de Philippe de Caverel ne s'arrêta pas là ; il fit d'abord un sage réglement sur la police de la bibliothèque (1), de plus il comprit que ces richesses littéraires devaient être confiées à la garde d'hommes intelligents et instruits, capables de les classer méthodiquement, dans le magnifique local qu'il venait de leur préparer.

Son choix se porta tout naturellement sur les religieux qui avaient achevé leurs études ou même professé au collége de St-Vaast de Douai.

Venantius Duhot (2), premier bibliothécaire en 1622, consacra plusieurs années à ce travail de classement, qui ne dura pas moins de douze ans.

(1) Voir à l'appendice. Pièce n° 1.

(2) Bibliothecarius Primus 1622 — ordinat novam Bibliothecam, 1634.
(Nécrologe de Saint-Vaast).

Dès 1628, il fut secondé par Jean Buirette (1), qui, après avoir été Sous-Régent au Collége de Douai, était revenu au monastère d'Arras. En 1633, Philippe de Werpe (2), après de brillantes études faites à Douai, se joignit aussi à eux pour mener à bonne fin cette ingrate mais indispensable besogne.

Ces trois religieux exercèrent les premiers les fonctions de bibliothécaires de l'Abbaye. Leur tâche fut lourde et leurs services incontestables.

Il n'eut pas été juste de laisser leurs noms dans l'oubli. On pourra voir à l'appendice le nom de tous les bibliothécaires, depuis 1622 jusqu'à 1883 (3).

C'est à leurs soins persévérants qu'on doit la rédaction du catalogue, dans lequel on enregistra, sans aucun doute, les acquisitions successives dont un contemporain a pu constater l'importance, au commencement du XVIIIe siècle. Non seulement les acquisitions de livres faites par les Bénédictins étaient considérables, mais le travail des copistes ne disparut jamais complètement du monastère, et nous trouvons encore en 1684, le religieux Guillaume de Beaumaretz qui transcrit avec un art remarquable, *egregia manu*, de nombreux manuscrits (4).

Chose plus curieuse encore, à la même époque, c'est-à-dire à la fin du XVIIe siècle, une véritable imprimerie fonctionnait dans l'abbaye. C'est un religieux du nom de Rupertus Bostica (5), italien d'origine, qui en avait la direction et qui composa le Grand Graduel du chœur de St-Vaast avec beaucoup d'autres ouvrages.

Les caractères en métal, achetés à grands frais, existaient encore en 1740.

(1) Subregens collegii Duaceni, — Bibliothecarius 1629 — curam sumit novæ Bibliothecæ, quam cum D° Venantio Duhot, unus e præcipuis in ordinem composuit, annis 1631-1638.

(*idem*).

(2) Frequentatis a se Duacensibus scolis, e primis incubuit novæ ordinationi Bibliothecæ monasterii — 1633 — quartus Prior simul Bibliothecarius, 1641.

(3) Appendice, Pièce n° 2.

(4) Guillielmus de Baumaretz, 1649-1704. Collationes capitulares, acta Ecclesiæ Atrebatensis tempore Episcopi Lamberti, aliaque innumera, manu egregia transcripsit.

(5) Rupertus Bostica, 1651-1711. — Vacavit interim per æstates, confectioni variorum librorum, utens caracteribus planis auricalcis, medio perforatis, qui adhuc nobis residui sunt, non levi pretio comparati.

(Nécrologe).

Ce qui contribua aussi à enrichir promptement la Bibliothèque c'est que bien des religieux, en mourant, faisaient au monastère des legs importants. Nous avons, par hasard, retrouvé récemment la liste alphabétique (deux cents noms au moins) de tous les religieux de St-Vaast qui ont laissé leurs livres à la bibliothèque de leur abbaye. Le seul Athanasius Desbaulx, laissa 1007 volumes; Dom Vigor de Briois, Abbé de St-Vaast, 1371 volumes.

Joachim Lecocq, mort en 1728, légua douze cents manuscrits qu'il avait achetés de ses deniers (1).

Le nombre des nouveaux livres augmentant de jour en jour, on en ôta plus de la moitié des livres anciens, que l'on conserva dans une arrière bibliothèque, ou que l'on distribua à différents particuliers. On fit même des échanges avec des monastères voisins. En effet, il est « à remarquer (disent les auteurs du voyage « littéraire) que parmi les manuscrits qui ornent aujourd'hui la « Bibliothèque de St-Vaast, il y en a un grand nombre qui viennent de celle des Célestins d'Amiens. » On ne peut pas comprendre comment ces manuscrits sont passés de la Bibliothèque des Célestins à celle de St-Vaast, à moins qu'on ne dise que ces Pères les ont vendus, au commencement de l'*impression*, pour avoir des livres imprimés, qui leur paraissaient plus commodes, et que les religieux d'Arras, qui ont toujours cultivé les lettres, les ont achetés : voilà ce qui nous paraît le plus probable (2).

Les richesses littéraires affluaient donc de tous côtés et de diverses sources dans la Bibliothèque de St Vaast. La grande salle contenait vingt mille volumes, la seconde sept mille et la petite quatre mille y compris les manuscrits au nombre de treize cents. Voici quelques détails sur la composition du catalogue dont nous avons parlé plus haut :

Il comprend 45 classes divisées en un index général des au-

(1) Joachimus Le Cocq reliquit nostræ Bibliothecæ mille ducentos codices exaratos, quos ex parcimonia sua collegerat.

(Nécrologe).

(2) Voyage littéraire de deux religieux Béndictins de la Congrégation de Saint-Maur, t. II, page 62.

teurs et dans six autres volumes auxquels on fait renvoi par nom alphabétique de l'auteur.

Dans cette bibliothèque on trouve les grands ouvrages, les Polyglottes de Paris, d'Angleterre, de Complute, d'Arias Montanus, quatorze cents interprètes et plusieurs commentaires, tous les Pères, la Bibliothèque des Pères par Combéfis, etc..., quatre éditions différentes des conciles généraux, mille volumes de droit de canon.

L'histoire ecclésiastique ou Monasticon Anglicanum, en 3 volumes ; le Spicilège de Dachery et plusieurs autres ; les Scolastiques, où sont les œuvres de St Thomas, imprimées à Louvain en 11 vol.; Albert Le Grand, en 21 vol.; Le collége de Salamanque; Suarès, en 19 vol., etc.

Le droit civil fait 1,200 volumes, parmi lesquels on trouve le Traité des Traités, en 30 volumes.

L'Histoire profane fait 7 ou 8 classes.

Celle de France est de 1,200 volumes ; celle des Pays-Bas contient 300 vol., l'Histoire de Byzance, 28 vol.

La classe des mélanges est fort ample : il y a celle des Rites, Controversistes, Casuistes et autres.

La classes des Ordres Religieux est de 900 volumes. La classe des Hérétiques contient 300 volumes, les ouvrages de Luther, de Calvin, de Dominis et autres s'y trouvent.

Les affaires touchant les disputes de l'Ecole, depuis cent ans, font 500 volumes.

La classe des Livres Grecs et Hébreux est composée de 700 volumes. Celle des Livres Espagnols, Italiens, Allemands, Turcs, etc., contient 200 volumes.

Les manuscrits font 7 ou 8 classes (1).

Ces quelques détails sommaires que nous avons voulu recueillir sont très incomplets, mais ils sont pourtant suffisants pour nous donner une idée de ce qu'était alors la Bibliothèque de St-Vaast. On y amassait toutes les productions de l'esprit hu-

(1) L'on conserve précieusement l'Alcoran manuscrit et le Roman de la Rose. La plupart de ces manuscrits sont ornés de miniatures très fines qui servent de vignettes ou qui sont aux lettres majuscules. On y conserve aussi l'ouvrage de Durand de la première impression. Ce livre est de l'an 1459. Il contrefait en tout le manuscrit, de même que le livre de Henri VIII, roi d'Angleterre, contre Luther en 1522.

main et une large place y était faite aux auteurs profanes à côté des auteurs sacrés

Il ne faudrait pas s'étonner d'y voir figurer près de mille volumes en langue étrangère; car le religieux Antonius Chasse, après avoir professé près de dix ans, à Douai, la philosophie et la théologie, nommé ensuite Grand-Prieur de St-Vaast d'Arras, en 1672, y créa bientôt des chaires de langues orientales (Grec et Hébreux). Dans ce but il appela à lui de tous les pays des maîtres capables qui, à leur tour, devaient former d'autres maîtres dans l'Abbaye (1).

A partir de cette époque la plupart des novices se livrèrent avec ardeur à l'étude de ces langues.

Comme on le voit, les religieux de St-Vaast ne reculaient devant aucun sacrifice pour entretenir chez eux l'amour des lettres et pour enrichir sans cesse leur bibliothèque.

Dans de telles conditions, elle ne tarda pas à être réputée excellente, soit pour le nombre soit pour la qualité des livres, et à passer avec justice pour la meilleure et la plus nombreuse qui fût en province.

Tel est du moins le jugement qu'en portèrent, dans leur second voyage littéraire, les deux religieux bénédictins de la Congrégation de St-Maur, qui la vinrent visiter le 2 juillet 1718.

Ils y séjournèrent une semaine et publièrent plusieurs années après (1724) les impressions qu'ils avaient emportées d'Arras.

Nous en citerons quelques unes concernant la Bibliothèque :

« Nous demandâmes à saluer Monsieur le Grand Prieur, qui « envoya chercher le Bibliothéquaire (2), et ordonna qu'on nous « communiquât tout ce qu'il y avait..... Il y a un grand nombre « de manuscrits que nous examinâmes tout à loisir, et dont on « nous permit de copier tout ce que nous voulûmes. La plupart « sont des ouvrages des Saints Pères et des histoires ecclésias-

(1) Omnes vacant eruditioni linguarum orientalium, nempe græcæ et hæbraicæ, quas abhinc in monasterium induxit Dominus magnus Prior Chasse, accessitis undequacunque convenientibus et magistris extraneis qui in eodem cœnobio alios magistros efficerent.

(Nécrologe, p. 278).

(2) Gaspard Gaulier.

« tiques et monastiques comme dans la plupart des bibliothè-
« ques des moines ; nous y vîmes un très beau texte des Evangi-
« les écrit en lettres d'or, qui servait autrefois à la messe. Une
« grande Bible qu'on prétend avoir été donnée au monastère par
« Charles le Chauve, et dans laquelle nous trouvâmes des varia-
« tions si considérables dans les livres des Paralipomènes, que
« nous crûmes que ce pouvait être l'ancienne version italique.
« Une ancienne collection des conciles et des décrétales des Pa-
« pes, l'histoire d'Angleterre du vénérable Bède, en lettres lom-
« bardes, l'Histoire ecclésiastique de Ruffin, l'Histoire de Jo-
« seph, un registre des lettres du Pape Alexandre III. Il y a
« aussi des manuscrits modernes qui peuvent servir à illustrer
« l'Histoire des deux derniers siècles, et particulièrement tout
« ce qui s'est passé dans les guerres des Flandres.

« Parmi les manuscrits récents, il y en a un qui a pour titre
« la Violette, qui parle des vertus chrétiennes, dont l'auteur
« s'est fait connaître par ces paroles :

« Jou Godefrois fiex de Jehan Le Coispelier jadis Bourgeois
« de Saint-Omer, moyne de l'ordre de Saint-Benoist de l'abie
« de Saint-Eugène de les Sene le veille en Toskane, nés en la
« ville de Saint-Omer susdite, fit chest livre en la sovent dite
« ville, en l'onneur de Dieu, de se mere, et de tous seins, spé-
« cialement de monsieur Saint-Georges, l'an de grasse MCCC
« et XL deux, environ le seint Jehan Baptiste en esté, pour le
« commun pourfit et l'amour des habitans, ou je me tenoie molt
« aloijes tant de char et de sanc, comme de lynage, comme de
« pure benivolent bien deservie envers mi souvent (1).

« Après avoir examiné la Bibliothèque, Monsieur le grand
« Prieur nous mit entre les mains quatre grands cartulaires très
« beaux, et où il y a d'excellentes choses, qui peuvent servir à
« éclaircir l'histoire. Nous en copiâmes quelques endroits, dont
« nous pourrons faire part au public.

Pour compléter cette citation, nous ajouterons quelques détails de la même époque, puisés à une autre source (2), et qui nous

(1) Ce manuscrit est perdu. — On croit que l'auteur Godefroy Le Coispelier et frère Jehan le Long (dit Iperius), tous deux Bénédictins, sont les premiers qui aient écrit en français dans l'Artois.

(2) Le père Ignace. — *Mémoires du Diocèse d'Arras*, t. 5, pag. 516.

montrent les religieux de Saint-Vaast tenant en grande estime la géographie et la numismatique.

« Il y a au milieu de la grande salle une mappe-monde d'une « grandeur prodigieuse de l'an 1529.

« De plus il y a un médaillier à 24 laies (ou layettes) où se « trouvent 4 à 5 mille médailles d'argent et de cuivre, entre au- « tres une de plomb : c'est la première que les Gueux firent « frapper aux Païs Bas, l'an 1566.

« Il y a dans une armoire 991 singularités soit microscopes, « soit coquillages ou autres choses curieuses (1).

Les philosophes athées ou incrédules du règne de Louis XV n'étaient pas eux-mêmes exclus de cette Bibliothèque.

Nous avons retrouvé dans les Archives départementales plusieurs notes de libraires de Paris où figurent les œuvres d'Helvetius, de Lamettrie, de Voltaire, etc., achetées par dom Emilien Raulin, qui fut bibliothécaire de l'abbaye de 1750 à 1767.

Les États d'Artois s'intéressaient aussi à la prospérité de cette Bibliothèque, et avaient créé pour son entretien, en 1737, une rente de 48 livres un sol, monnoye d'Artois.

Mais les galeries de la Bibliothèque, dues à la générosité de Philippe de Caverel, bâties vers l'angle des deux murs, dont l'un donnait sur la place de la Magdeleine et l'autre sur la rue des Teinturiers, devaient bientôt disparaître avec le monastère, qui tombait en ruines.

Les richesses littéraires qui les contenaient allaient être transférées dans les salles magnifiques que l'on admire encore tous les jours.

Ce fut sous l'administration du Cardinal Armand-Gaston-Maximilien de Rohan, Évêque de Strasbourg, nommé Abbé commandataire de Saint-Vaast en 1716.

Cet homme éminent, qu'il ne faut pas confondre avec le Cardinal Louis-René-Édouard, prince de Rohan, dernier Abbé commandataire de Saint-Vaast, travailla à accroître chaque jour la prospérité de l'Abbaye bénédictine.

Il recherchait la société des gens qui s'adonnaient à l'étude des sciences, et il avait, dans ses voyages en Italie, recueilli une riche bibliothèque. A son retour de Rome, en 1722, il tint des

(1) La mappemonde et quelques-uns de ces objets existent encore aujourd'hui.

conférences avec les savants les plus éclairés; l'abbé Oliva en fut secrétaire. Non content de veiller sans cesse aux intérêts de la Bibliothèque d'Arras, il avait auprès de lui des religieux versés dans la littérature et qui étaient chargés des bibliothèques sociétaires, qu'il avait formées à Strasbourg et à Saverne (1).

Ce n'était, à vrai dire, qu'une préoccupation secondaire pour lui. Il fallait, en effet, songer à reconstruire l'Abbaye dont le clocher lézardé en maints endroits menaçait la sécurité et la vie des habitants du voisinage.

Le Conseil d'Artois somma l'Abbé de le démolir; le roi de France approuva son arrest, le 20 janvier 1741.

Après des difficultés de toutes sortes, dom Vigor de Briois, successeur du Cardinal de Rohan, put enfin, en décembre 1750, prendre des mesures énergiques.

Toutes les constructions anciennes disparurent, et l'on se mit résolument à l'œuvre. L'immense travail de la reconstruction dura longtemps; il s'écoula près de vingt ans avant que les religieux prissent possession de leur nouvelle résidence.

La Bibliothèque était alors sous la direction de dom Hébert, qui procéda à son installation avec le plus grand zèle. Ce n'était pas seulement un érudit mais encore un esprit fin et un peu sceptique, à en juger par les titres d'ouvrage imaginaires qu'on lui attribue, et qui sont placés aux quatre angles de la grande salle.

A propos des salles de la Bibliothèque actuelle, nous avons recueilli tout récemment un détail assez curieux, au moment même où les volontaires du génie d'Arras en prenaient exactement les dimensions et en dressaient le plan (2). Le Père Godefroid Reichart, bénédictin du monastère de Gœttering (Gottericense), près Vienne, Basse-Autriche, venant consulter les manuscrits

(1) *Histoire de l'abbaye de Saint-Vaast*, par A. de Cardevaque, page 49.

(2)

Salle des manuscrits, longueur	6 m 70.
Grande salle. »	45 . 80.
Salle des collections. »	6 . 70.
2 Murs de sépar. épaisseur 80 c.	1 . 60.
Longueur totale.	60 m 80.
Larg. commune aux 3 salles.	8 m 50.
Plus grande hauteur.	9 . 50.

de la Bibliothèque d'Arras fut frappé de sa complète ressemblance avec celle de son monastère : même disposition des trois salles, même nombre de fenêtres, mêmes boiseries, même voûte. Il n'y trouva qu'une différence : les voûtes de la bibliothèque de Gœttering sont ornées de peintures. Quelques jours après, un autre visiteur, un officier supérieur, qui a fait la campagne du Mexique, fut frappé lui aussi, en entrant dans la Bibliothèque d'Arras de son identité avec celle de Mexico. N'y-a-t-il pas là une singulière coïncidence qui pourrait peut-être faire découvrir le nom de l'architecte de Paris, qui conçut le plan général de l'Abbaye, et que l'on ne connaît pas encore aujourd'hui ?

Les bénédictins de St-Vaast, à peine installés dans l'Abbaye reconstruite, comprirent qu'ils ne devaient pas jouir en avares du riche trésor que renfermait leur bibliothèque.

Le 3 janvier 1784, ils résolurent de la rendre publique deux jours de la semaine, savoir : le mercredi et le samedi après-midi, depuis deux heures jusqu'à cinq heures.

Elle restait cependant fermée lorsqu'une fête tombait ces jours-là, et aussi pendant la quinzaine de Pâques, l'octave de la Fête-Dieu, et les vacances qui devaient commencer le 14 août et finir le 1er octobre.

Cinq ans après cette mesure si libérale et si conforme à l'esprit des Bénédictins de Saint-Vaast, éclatait la Révolution de 1789.

II

1789

Les petits côtés de l'histoire présentent aussi parfois d'utiles enseignements. Les évènements qui se sont succédé de 1789 à 1794 dans l'Abbaye de Saint-Vaast d'Arras si émouvants qu'ils soient, ne sont sans doute qu'un épisode secondaire du drame politique et social de cette époque. Mais ils offrent pourtant assez d'intérêt pour mériter d'être retracés, même en ne parlant que de la bibliothèque de ce célèbre monastère.

En 1789, les établissements religieux, surtout les congrégations d'hommes, n'avaient plus rien ou presque rien de leur ancienne prospérité.

Dans tel couvent, 19 moines au lieu de 80, dans tel autre 4 au lieu de 50; nombre de monastères réduits à trois ou deux habitants et même à un seul; presque toutes les congrégations d'hommes en voie de dépérissement; plusieurs finissant faute de novices; parmi les religieux une tiédeur générale; en beaucoup de maisons du relâchement; dans quelques-unes des scandales; un tiers à peine de religieux attachés à leur état, les deux autres tiers souhaitant rentrer dans le monde (1).

Mais les Bénédictins de Saint-Vaast fort heureusement, avaient échappé à la décadence commune des autres ordres (2). Sans avoir sa splendeur des premiers jours, l'Abbaye d'Arras était encore assez florissante et comptait près de 100 religieux profès, au moment où tous les membres du clergé de France allaient être dispersés,

(1) Montalembert, les moines d'Occident et H. Taine.

(2) M. Taine ne tarit pas sur leur éloge : Les Bénédictins continuent la Gallia Christiana et à soixante ans, travaillent l'hiver dans une chambre sans feu.

Dès le 10 octobre 1789, Talleyrand avait remis à l'Assemblée nationale, au nom du Comité des finances, un rapport sur les biens du clergé,il constatait que le clergé en était usufruitier et il concluait que la nation pouvait en revendiquer la propriété.

Après une discussion d'une vivacité extrême, l'Assemblée décrète, le 2 novembre, que les biens ecclésiastiques *étaient à la disposition de la nation.*

Dans notre rapide étude sur l'histoire de la Bibliothèque d'Arras, nous n'avons à envisager ce décret qu'à deux points de vue : 1° la réunion au domaine public des richesses littéraires et artistiques que renfermaient alors les Etablissements religieux, — 2° les moyens employés par l'Etat pour en assurer la conservation.

Douze jours après, la même Assemblée (14 novembre 1789) déclare à tous les monastères et chapitres où il existe des bibliothèques qu'ils seront tenus de déposer aux greffes des sièges royaux ou des municipalités les plus voisines des états et catalogues des livres qui se trouveront dans les dites bibliothèques... d'y désigner particulièrement les manuscrits, d'affirmer les dits états véritables, de se constituer gardiens des livres et manuscrits compris aux dits états, enfin, d'affirmer qu'ils n'ont point connaissance qu'il ait été soustrait aucuns des livres et manuscrits qui étaient dans les dites Bibliothèques et archives. »

On comprend sans peine que ce décret ne fut pas tout d'abord de facile application, et que la plupart des religieux ne s'y prêtèrent que de fort mauvaise grâce. — Les résistances presque générales provoquèrent de sévères mesures ; et par un décret du 20 mars 1790, l'Assemblée nationale chargea les officiers municipaux de dresser dans la huitaine « un état et description « sommaires des meubles précieux et des Bibliothèques des mai- « sons ecclésiastiques de leur ressort. »

Des lettres patentes du Roi (26 mars 1790) confirment en ces termes le décret de l'Assemblée relatif aux Bibliothèques des communautés religieuses:

Art. 5. — Les officiers municipaux se transporteront dans la huitaine de la publication des présentes, dans toutes les maisons des religieux de leur territoire, s'y feront représenter tous les registres et comptes de régie, les arrêteront et formeront un résultat des revenus et des époques de leur échéance. Ils dresseront, sur papier libre et sans frais, un état et description sommaire de l'argenterie, argent monnayé, des effets de la sacristie, bibliothèque, livres, manuscrits, médailles et du mobilier le plus précieux de la maison, en présence de tous les religieux, à la charge et garde desquels ils laisseront les dits objets, et dont ils recevront les déclarations sur l'état actuel de leurs maisons, de leurs dettes mobilières et immobilières et des titres qui les constatent.

La municipalité d'Arras ne tarda guère à appliquer ces diverses prescriptions à l'égard de l'Abbaye de Saint-Vaast, ainsi que le constatent les pièces suivantes tirées des Archives départementales

« L'an mil-sept-cent-quatre-vingt-dix, le vingt-cinq mai, neuf heures du matin, en exécution d'un jugement rendu par la Municipalité d'Arras,le vingt de ce mois, sur le réquisitoire du Procureur de la commune du même jour, nous Philippe Arnould Thomas et Joseph François Jouenne, officiers municipaux d'Arras, commissaires nommés par ledit jugement, accompagnés de Théodore Joseph Stanislas Forgeois, greffier commis en la municipalité d'Arras, sommes transportés avec le procureur de la commune, en l'Abbaye royale de Saint-Vaast d'Arras, où étant, et parlant à M. le Grand-Prieur de ladite Abbaye, nous l'avons requis de faire assembler tous les religieux de laditte Abbaye, dans la salle ordinaire du Chapitre, et y étant entré avec le Procureur de la commune, en présence des Grand-Prieur et de tous les religieux assemblés au dit Chapitre, avons fait faire lecture des lettres-patentes du Roi, données à Paris le vingt-six mars dernier, sur un décret de l'Assemblée nationale concernant les Religieux, ensemble du réquisitoire du Procureur de la Commune et du jugement rendu sur icelui, le dit jour vingt de ce mois et avons ensuite annoncé que nous allions procéder aux opérations ordonnées par l'article cinq des dittes lettres patentes et de la manière prescrite par le dit article ; auquel effet avons requis le dit Grand-Prieur et religieux assemblés de satisfaire aux dispositions reprises audit article cinq desdittes lettres patentes, sur quoi ils ont déclaré qu'ils sont prêts de nous représenter toutes les pièces nécessaires et de faire les déclarations ordonnées, en observant que les registres et compte de régie ainsi que les lettres qui constatent les dettes mobiliaires et immobiliaires de leur maison se trouvent déposés dans différents quartiers de cette maison. En conséquence, nous nous sommes transportés avec ledit Procureur de la Commune accompagnés des dits Grand-Prieur et religieux, successivement dans les différents dépôts.

Nous ne les suivrons pas dans leur visite à M. le Grand-Receveur et ne reproduirons pas l'inventaire fort détaillé de l'argenterie et de tous les objets trouvés dans la sacristie, la cuisine, et les chambres et appartements des religieux. Ce n'est pas opportun ici ; mais nous nous arrêterons avec eux dans la Bibliothèque et laisserons la parole à M. le greffier :

« Ce fait, nous nous sommes transportés dans la Bibliothèque de ladite Abbaye, où étant, après avoir examiné et atteint l'heure de sept heures du soir, la continuation a été remise à demain vingt-sept de ce mois, huit heures du matin, et avons *signés.*

Jouenne, Thomas, Delepouve et Forgeois.

Et ledit jour vingt-sept may, audit an mil sept cent quatre-vingt-dix, deux heures de relevée, nous officiers municipaux, commissaires susdits accompagnés et en présence que dessus, nous sommes de rechef transportés en l'Abbaye royale de St-Vaast d'Arras et dans la *Bibliotecque* de la ditte Abbaye, où étant, nous avons procédé à la continuation de l'énumération des volumes d'icelle bibliotecque, dans laquelle s'est trouvé vingt-six mille deux cent soixante-deux volumes y compris treize cent vingt manuscrits, tant de philosophie, théologie, droit, histoires, poésie et ouvrages pies.

Et attendu qu'il est huit heures sonnées, avons remis la continuation des présents devoirs à demain vingt-huit de ce mois, huit heures du matin et avons signé.

Et le vingt-huit mai, mil sept cent quatre-vingt-dix, huit heures du matin, nous officiers municipaux et commissaires susdits accompagnés et en présence que dessus, nous sommes transportés de rechef en l'Abbaye royale de St-Vaast d'Arras et dans la Bibliothèque de laditte Abbaye, où étant avons trouvé un recueil d'estampes en quarante-quatre volumes de différentes formes, y compris l'histoire des campagnes du prince Eugène, en deux volumes, et le Nobiliaire général d'Artois et de Picardie en un volume.

Dans le fond de la ditte Bibliotecque s'est trouvé la Tour de Babel en *coquilliage*, au-dessous de laquelle se trouvent enchassées des médailles en *métail*.

Dans la place d'entrée de la dicte Bibliotecque s'est trouvé une armoire contenant plusieurs pièces d'histoire naturelle. Dans une chambre au-dessus de la première pièce de la ditte Bibliotecque s'est trouvé deux cent quinze tableaux, tant grands que petits, parties à cadres de bois unis et parties à cadres de bois dorés.

Et attendu qu'il est midy sonné avons remis, etc., 28 mai 1790, suivent les signatures.

Un décret du 13 février 1790 avait, on se le rappelle, supprimé les vœux monastiques. En vertu de ce décret, les moines de St-Vaast avaient donc la faculté de sortir de leur Abbaye ou d'y vivre en commun. Ils devaient pourtant faire connaître à la municipalité du lieu de leur naissance s'ils optaient pour la vie civile ou pour la vie religieuse. L'application de ce décret par la Municipalité d'Arras donna lieu à une scène très émouvante dont les Archives départementales ont conservé le récit.

Dès le 2 juin 1790, les officiers municipaux avaient reçu du Grand-Prieur la déclaration que le nombre des religieux profès était encore de 79 dans l'Abbaye de St-Vaast, le collége de Douay, les Prévotés d'Haspres, de Berclau, de Gores et de la Beuvrière.

Trois jours après, le 5 juin, ces mêmes officiers municipaux, accompagnés du Procureur de la Commune, se rendent dans la ditte Abbaye, et font rassembler tous les religieux dans la grande salle du Chapitre. Là (nous laisserons parler le procès-verbal) avons interpellé lesdits Grand-Prieur et religieux de St-Vaast présents en cette assemblée, au lieu capitulaire, de nous déclarer s'ils veulent s'expliquer sur leur intention de sortir des maisons de leur ordre ou d'y rester.

A quoi ils ont tous *répondus* individuellement que leur intention est de rester dans l'Abbaye de St-Vaast, située en cette ville d'Arras, à laquelle ils sont attachés par leurs vœux de religieux et notamment par celui de stabilité.

Cette réponse unanime est d'autant plus remarquable, que la fidélité aux engagements est loin d'être alors aussi vivace dans les autres monastères (1).

Au surplus, ajoutent les officiers municipaux, avons *laissés* à la charge et garde des dits Grand-Prieur et religieux de cette maison tous les registres et comptes de régie (2) qu'ils nous ont présentés, ainsi que l'argenterie, l'argent *monnayer*, les effet de la sacristie, Bibliotecque, livres manuscrits et médailles, le mobilier le plus précieux et autres objets repris au présent état ou inventaire (commencé le 25 mai).

Ainsi fait, clos et arrêté le dit jour cinq juin mil sept cent quatre-vingt-dix, neuf heures et demie du matin. – Suivent les signatures de tous les religieux.

Don Jean-Chrysostôme Lemercier, Grand-Prieur.
Don Jean Sohier, *tier*-Prieur et *bibliothéquaire*.
Don Ferdinand Leblanc, sous-bibliotéquaire, et celles des officiers municipaux.

Les décrets se succédaient rapidement dans l'Assemblée constituante; le 12 juillet 1790, elle votait la constitution civile du clergé.

En octobre suivant, elle procédait à l'aliénation des biens nationaux, et par les décrets des 12 et 23 dudit mois, elle commettait aux Directoires des départements eux-mêmes, le soin de faire faire un inventaire des meubles précieux et des bibliothèques dans toutes les maisons ecclésiastiques où les Municipalités n'auraient pas rempli ce devoir.

Quelques articles de ce décret sont à citer :

Art. 2. — Il sera fait, de l'ordre des Directoires du Département, par les Directoires de district ou par tels préposés que ceux-ci commettront, un catalogue des livres, manuscrits, mé-

(1) A Besançon sur 226 religieux, 79 seulement montrent quelque affection pour leur état. Les autres préfèrent sortir, notamment tous les Dominicains, moins cinq ; tous les Carmes déchaussés moins un ; tous les grands Carmes.
Sauzay, L. 224 (novembre 1790); inutile de multiplier les citations du même genre.

(2) Nous y avons relevé que le cardinal de Rohan, Abbé de St-Vaast, touchait une rente de deux cent vingt-cinq mille francs.

dailles, machines et autres objets de ce genre, qui se trouveront dans les bibliothèques ou cabinets des corps, maisons et communautés supprimés, et conservés provisoirement, ou un récolement sur les catalogues ou inventaires qui auront déjà été faits.

Art. 3. — Il sera fait une distinction des livres et autres objets à conserver d'avec ceux qui seront dans le cas d'être vendus. Pour y parvenir, les Municipalités seront entendues dans leurs observations; les Directoires de district les vérifieront, et ceux de département donneront leur avis et enverront le tout au Corps législatif, pour être statué ce qu'il appartiendra.

Art. 7. — Les dépositaires des objets ci-devant énoncés seront tenus de les représenter à la première réquisition, à peine d'y être contraints, même par corps.

L'Assemblée nationale ne se bornait pas, dans le cas présent, à promulguer des décrets, elle y joignait de sages instructions pour en assurer la prompte exécution.

« Parmi les effets mobiliers des établissements ecclésiastiques, dont les biens font partie des domaines nationaux, il se trouve une infinité de monuments qui intéressent les lettres, les sciences et les arts. Pour les conserver il est nécessaire d'en prévenir la dispersion et d'en empêcher le dépérissement.

L'Assemblée nationale a déjà pourvu au premier de ces moyens en décrétant que les scellés seraient apposés sur les maisons ecclésiastiques supprimées. Il est à désirer que les Municipalités mettent la plus grande célérité dans l'exécution de ce décret, et qu'elles n'omettent aucun des lieux de leurs territoires respectifs qui recèlent quelques-uns des monuments dont il s'agit.

Moyens généraux. — Manuscrits.

Rien n'est plus nuisible aux manuscrits que l'humidité; on se gardera donc d'en placer aucun sur le plancher, ni même sur les tablettes trop voisines du plancher; on établira des courants d'air, autant qu'il sera possible, afin d'empêcher l'air stagnant de produire, surtout dans les manuscrits sur vélin ou sur les parchemins, une fermentation qui ne tarderait pas à les altérer. On en secouera la poussière, car elle contribue à la génération des insectes. Enfin on ne négligera aucun des moyens qu'on emploie ordinairement contre les rats et les souris.

Livres imprimés.

Ce qu'on vient d'observer à l'égard des manuscrits est également applicable aux livres imprimés. Il faut en écarter l'humidité ; et pour y parvenir, on doit laisser les livres dans les bibliothèques sur des planches ou des tablettes. Si l'on est forcé de les transporter dans des dépôts provisoires, il faut les arranger dans ces dépôts, sur des planches soutenues par des supports, et tellement disposées, que les livres soient éloignés d'un pied, au moins, du mur ou du plancher. Il faut qu'il y ait entre les rangs une distance convenable pour la libre circulation de l'air qu'on pourra tirer de petites ouvertures correspondantes, pratiquées dans les murs ou les fenêtres, et qu'on garnira de grilles ou de mailles, si cela paraît nécessaire. On aura grand soin de ne jamais placer de livres sur le plancher, et on emploiera, dans leur déplacement, le plus d'ordre qu'il sera possible, pour que les divisions déjà établies dans les bibliothèques puissent subsister.

Après ces détails un peu minutieux mais vraiment très sages, viennent des observations particulières qu'on peut résumer ainsi : si l'on est forcé de placer dans un seul et même dépôt provisoire des livres tirés de différentes maisons religieuses, on aura soin de faire des divisions et indiquer sur chacune le nom de la maison dont les livres seront provenus.

Les scellés seront apposés sur les portes et les fenêtres, et l'on visitera souvent l'extérieur de ces dépôts pour s'assurer qu'on n'a pas tenté d'y entrer.

Partout où les précautions indiquées n'auraient pas été prises, les commissaires, afin de les appliquer, sont autorisés à lever les scellés.

Après ces divers décrets de l'Assemblée nationale et la proclamation du Roi, Choquet et Hazard, officiers municipaux de la ville d'Arras, commissaires nommés par acte de délibération du Corps municipal, et d'après l'arrêté des Directoires du District d'Arras, accompagnés de Stanislas Forgeois, greffier commis en la municipalité de cette ville, et de Delpouve, Procureur de la commune,se transportent,le 25 décembre 1790, en l'Abbaye royale de Saint-Vaast. — Le Prieur et tous les religieux sont encore priés de s'assembler dans la salle ordinaire du Chapitre, on leur annonce que l'on va procéder aux opérations ordonnées par ladite proclamation et par l'instruction générale jointe à la loi. — Requis de satisfaire à ces diverses dispositions, ils déclarent qu'ils sont prêts à représenter tous les meubles, effets mobiliers repris dans l'inventaire déjà fait, suivant le procès-verbal du 25 mai dernier et jours suivants.

Alors M. le Grand-Prieur et tous les religieux se rendent avec les représentants de la Municipalité d'Arras dans les divers appartements de l'Abbaye pour en faire l'inventaire.

Le lendemain 26 mai,les mêmes opérations continuent avec le même appareil. Les officiers municipaux commissaires avaient commencé leur visite par la bibliothèque. Ils font avec le plus grand soin le récollement et l'énumération des volumes et des effets qui s'y trouvent, reconnaissent que tout est encore existant, et avant d'en sortir, terminent ainsi leur procès-verbal :

« La porte de cette bibliothèque étant fermée, nous avons fait « apposer le scellé sur icelle,lequel scellé avons laissé à la garde « de Nicolas Bataille, domestique, par provision, qui a déclaré « s'en charger et la clef de la ditte bibliothèque lui ayant été re- « mise. »

La visite des Commissaires municipaux ne devait pas se borner à la Bibliothèque, ils avaient pour mission d'inventorier tout ce qui se trouvait en la possession des moines de St-Vaast. Leurs volumineux procès verbaux renferment quelques détails qui se rattachent incidemment au sujet qui nous occupe. — J'ai cru bon de les citer. — Voici cet extrait :

« Nous sommes transportés dans la thrésorerie, et comme dans la ditte thrésorerie il se trouve différentes pièces, qui ne sont pas absolument utiles pour le culte divin, nous avons fait distraction de certaines : telles que les croix pectorales pour l'office des rogations, deux petits bâtons d'argent doré, des anciennes *mittres brodé* et plusieurs reliquaires et morceaux d'argenterie que nous avons *placée* dans une armoire où se trouve le coffre contenant, ainsi que les dicts religieux nous l'ont déclaré, les ossements du roi Thiéry et de la reine *Dauda* (Doda?) sa femme, et après en avoir fait fermer les portes nous avons fait apposer le scellé sur icelles. »

Les commissaires municipaux terminent leur visite par l'inventaire de 215 tableaux qui se trouvaient dans la salle au-dessus de la bibliothèque, et font apposer les scellés sur les fenêtres et portes des appartements. Ils déclarent en outre qu'ils laissent tous les meubles et effets sous la garde et possession des dits Prieur et religieux.

Les mesures ordonnées par l'Assemblée constituante avaient été, comme on le voit, fidèlement exécutées. Les Bénédictins de St-Vaast étaient autorisés à rester dans le monastère qu'ils avaient refusé de quitter, mais les scellés y étaient apposés partout. On ne leur avait strictement laissé que les objets nécessaires à l'exercice du culte, ou à leur usage personnel. Ils devaient bientôt en être expulsés et partir en exil ou monter à l'échafaud. Leurs immenses propriétés et leur riche mobilier, réputés biens nationaux, allaient être vendus à l'encan.

Mais la Municipalité d'Arras, sagement inspirée, souhaitait vivement que leur belle bibliothèque n'eût pas le même sort. Ainsi, dans une pétition assez longue qu'elle adressait (en juillet 1790) au District, on trouve cette phrase significative : Il serait bien intéressant de conserver à la ville d'Arras la bibliothèque de St-Vaast, mais la pénurie de nos fonds ne nous permettant pas d'en faire l'acquisition, nous espérons que le Département nous viendra en aide. (Lecesne, tome I. *Arras pendant la Révolution.*) Voir aussi l'appendice, Pièce n° 3.

La confiscation devait quelques mois plus tard trancher la question.

Du reste, les instructions venues de Paris, les décrets successifs de l'Assemblée constituante et de l'Assemblée législative en 1791 et 1792, ne laissaient aucun doute à cet égard ; « les livres « des maisons religieuses et autres établissements supprimés « devaient, par une juste distribution, devenir la propriété de « tous les départements de l'Empire. »

Pour atteindre ce but et pour qu'il y eût unité d'action dans toute la France, un comité fonctionnait à Paris et était chargé de résoudre toutes les questions concernant les bibliothèques et les monuments des arts.

Il ordonna que dans chaque ville on dressât sous les yeux de personnes compétentes, à l'aide de catalogues ou de cartes indicatives exactes et fidèles, l'état complet de tous les monuments ou objets intéressant la littérature, les sciences et les arts qu'on avait réunis au domaine public et qui provenaient des communautés religieuses et de certaines corporations civiles.

Tous ces documents partiels devaient être envoyés au Comité qui en ferait un classement général. Il ne s'agissait nullement, comme on l'a cru à tort, d'envoyer à Paris tous les livres de province, mais simplement des catalogues réguliers ou des cartes exactes.

La Municipalité d'Arras voulut qu'on se mît immédiatement à l'œuvre. La tâche fut rude et difficile. Les volumes des bibliothèques particulières venant des ordres religieux ou des émigrés étaient si nombreux qu'on dût les entasser dans les cloîtres de Notre-Dame, dans la Bibliothèque du Chapitre d'Arras, ou au premier étage de l'Abbaye de St-Vaast, et constituèrent ce qu'on appelait alors les *dépôts littéraires.* L'inventaire qui dura plusieurs années, forma 60 volumes. (Voir à l'appendice.)

L'exécution en fut d'autant plus pénible que dans le début, les hommes compétents manquèrent, et que des prétentions exorbitantes venant de Paris les entravèrent. Les Municipalités eurent même quelquefois à craindre que les livres les plus précieux, enregistrés par elles, ne fussent revendiqués pour les bibliothèques de la capitale.

En effet, comme le dit dans ses mémoires (1) Grégoire, Evêque de Blois, membre de l'Institut : « Les Parisiens en général ne « voyent que leur cité ; on dirait qu'à peine se doutent-ils que la « France eût d'autres villes, ou du moins qu'à leurs yeux ce sont « des points imperceptibles. Une conséquence de ce préjugé est « de vouloir accaparer tous les monuments ; et comme cet es- « prit domine dans les Académies et Comités littéraires de la

(1) 1 vol. page 343.

« capitale, composés de membres, la plupart habitant Paris, « des relations habituelles avec le Ministère leur facilitent les « moyens d'extraire de tous les dépôts qui sont en France ce qui « tente leur convoitise.

« J'avais sans relâche combattu cette manie, aussi injuste « qu'impolitique, de dépouiller les départements. Les productions « du génie et les moyens d'instruction sont les propriétés commu- « nes; ils doivent être répartis sur la surface de la France, com- « me les reverbères dans une cité; mais on veut tout accumuler « ici.

« Arras possédait une bible des premières éditions de Mayence, « j'avais empêché qu'Arras ne fût volé; pendant mon absence, le « Comité décida en faveur du vol. »

Cette page du savant conventionnel Grégoire m'avait vivement frappé, quand quelques semaines après je retrouvai aux Archives départementales la pièce suivante très intéressante :

ÉGALITÉ, LIBERTÉ, FRATERNITÉ

Paris, le 19 Floréal l'an III de la
République française une et indivisible.

Comité d'Instruction publique,

Les représentants du Peuple composant le Comité d'Instruction publique,

Aux citoyens administrateurs du District d'Arras,

Citoyens,

En faisant le relevé des livres contenus dans le catalogue que votre administration a adressé à la Commission temporaire des Arts, on a reconnu qu'il devait se trouver dans la Bibliothèque des Bénédictins de St-Vaast, n° 7094, une bible en deux volumes in-folio, dont voici la description : sur le dos on lit cette *datte 1450*. Le premier volume commence par ces mots : *Incipit Epistola Sancti Hieronymi ad Paulinum*, le second volume commence par ces mots : *Jungat Epistola*.

Cet ouvrage est précieux comme monument de l'origine de l'imprimerie; il n'existe pas dans le grand dépôt national.

C'est pourquoi nous vous prions de le faire parvenir au Comité d'Instruction publique, en vous invitant d'apporter à cet envoi toute la précaution dont l'objet est susceptible.

Salut et fraternité.

DELEYRE.
LALANDE, secrét.

Je voulus en avoir le cœur net et savoir ce qu'était devenue la Bible d'Arras. Je priai donc un de mes bons amis (M. Quesnon) qui a l'honneur d'être en relation avec M. Léopold Delisle, de vouloir bien lui soumettre la question. Voilà la réponse qu'il eut l'amabilité de faire quelques jours après :

BIBLE D'ARRAS.

La Bibliothèque nationale possède, sous le n° A. 79 de l'inventaire une Bible en deux volumes in-folio, qui ont été reliés au XVIIIe siècle et qui ont alors reçu au dos l'inscription :

BIBLIA
MOGVNTIN
MCCCL.

Rien avant votre communication ne m'avait indiqué comment ce livre nous était arrivé, mais j'aurais dû le savoir ; car plus d'un bibliographe en a parlé. Cette bible n'est point de l'année 1450 ; elle est sans date et l'on s'accorde à en rapporter l'exécution à Henri Eggestein, qui exerça l'art typographique à Strasbourg, au moins à partir de 1471.

L'exemplaire de la bible d'Eggestein que l'Abbaye de Saint-Vaast avait recueilli, avait dû être splendiment relié au XVIe siècle pour un personnage dont le nom est ciselé sur la tranche :

ANTONIUS ROCURTIUS.

Cette Bible est aujourd'hui à la Bibliothèque nationale, catalogue D. n° 1044. — EC. *Biblia sacra Moguntiœ*, 2 vol. in-folio. La date se trouve sur le dos des volumes; on ne la trouve pas dans l'ouvrage. — Pages à deux colonnes. Lettres initiales en couleur, papier un peu gris. Caractères ronds et lisibles. Bien conservé.

Cette Bible précieuse n'est donc pas perdue pour tout le monde, et ceux qui voudraient avoir de plus amples renseignements pourront consulter un article de M. Prunelle, qui doit se trouver au magasin encyclopédique de Millin, 1806, T. I, p.77.

Je reviens au laborieux inventaire commencé et poursuivi avec la plus grande activité, sous la surveillance du District d'Arras. Les infatigables travailleurs qui le confectionnèrent furent Topino, Isnardi et Prévots.

Le second d'entr'eux l'oratorien Isnardi, joua, dans la suite, un rôle si préjudiciable aux intérêts de la Bibliothèque d'Arras qu'il n'est pas hors de propos de lui consacrer quelques lignes.

J.-B. Isnardi, né le 1er août 1749, entra à l'oratoire le 8 mars 1771. Il était directeur des études au collège d'Arras, quand la Révolution éclata. — Le District d'Arras, dans sa séance du 24 septembre 1792 (1), le nomma commissaire-bibliographe, et le chargea de faire le catalogue des bibliothèques des maisons religieuses et chapitres supprimés, des maisons d'émigrés, etc. — et des objets scientifiques.

Dans la séance du 23 Frimaire an III de la République Française (2), le même Isnardi est nommé premier bibliothécaire de la Bibliothèque *centrale* du Pas-de-Calais, à Arras.

Le Père Isnardi avait comme auxiliaire principal Prévôts ; et il est équitable de reconnaître que leur travail avançait rapidement et ne pouvait être remis en de meilleures mains. On les traitait cependant fort peu généreusement ; et en lisant les réclamations fréquentes conservées aux archives et adressées par eux aux District d'Arras, on est surpris de voir qu'on marchandait leur salaire et qu'on leur refusait et les fagots et les chandelles. Le froid et l'obscurité les contraignirent maintes fois de s'arrêter.

D'autres fonctions plus importantes et aussi plus lucratives appelèrent bientôt le Père Isnardi loin d'Arras.

(1) 5e Registre aux Arrêtés du District d'Arras, page 220.
(2) 11e Registre aux Arrêtés du district D'Arras, page 290.

Les écoles centrales venaient d'être créées, et un décret du 7 Pluviose an III (26 janvier 1795) avait ordonné l'établissement d'une bibliothèque publique auprès de chaque école centrale. — Arras avait légitimement espéré, comme chef-lieu du département du Pas-de-Calais avoir cette école. L'influence de Daunou, tout puissant au corps législatif, fit donner la préférence à Boulogne, sa ville natale. Après avoir fait choix des professeurs il fallut pourvoir de livres la Bibliothèque de cette nouvelle école. Le citoyen Isnardi en avait été nommé bibliothécaire, par un décret du 26 ventôse an VII (16 mars 1798).

L'Administration départementale voyant de très mauvais œil l'Ecole centrale décidément fixée à Boulogne, avait systématiquement usé de lenteurs et d'atermoiements. Isnardi ne l'ignorait pas; aussi, il ne s'était pas encore rendu à son poste, le 3 avril, donnant pour raison les fonctions qu'il remplissait dans la Commission des poids et mesures. Il finit cependant par s'installer ; et aussitôt il mit l'Administration départementale en demeure de lui fournir des livres et se fit autoriser par elle, le 11 germinal (31 mars) à visiter les *dépôts littéraires* pour former une bibliothèque et des cabinets de physique et d'histoire naturelle. Travail considérable dans lequel il eut à lutter, d'une part, contre les difficultés matérielles du désordre où étaient enfouies toutes les richesses littéraires, puis contre les difficultés morales qu'il rencontrait dans la méfiance de l'Administration, irritée de voir accumuler à Boulogne toutes les ressources des autres villes (1).

Isnardi fit dans le département, une première tournée qui dura vingt-huit jours. Nous n'extrayons de son rapport que ce qui est relatif à Arras : « Au dépôt d'Arras, sur 80,000 volumes, il en a choisi 3,000 (la plupart sont des doubles, dit-il). Il y a aussi trouvé un certain nombre d'instruments de physique, une petite collection d'histoire naturelle, des médailles, des gravures nécessaires à l'Ecole centrale.

Les affirmations d'Isnardi ne doivent être acceptées qu'avec une certaine réserve. En effet, dans leur rapport du 15 vendé-

(1) M. G. de Hautecloque, l'Enseignement dans le Pas-de-Calais de 1789 à 1804, page 268.

miaire, les Commissaires d'Arras, les citoyens Morel et Colin déclarent que dans le dépôt de cette ville, le citoyen Isnardi a choisi les manuscrits les plus rares et les plus précieux, sans consulter l'Administration municipale chargée de la surveillance du dépôt; qu'il laisse les ouvrages les plus insignifiants et les plus communs, que, de plus, il veut enlever tout le cabinet d'histoire naturelle, toutes les médailles, les gravures précieuses et les instruments de physique des dépôts d'Arras et de Saint-Omer. Enfin, ils concluaient en se plaignant de ce qu'Arras fût plus dépouillé que les autres villes et en demandant la communication immédiate de tous les catalogues. Le 22 octobre 1798, conformément à ce rapport, l'Administration du Pas-de-Calais décida qu'on réclamerait les catalogues à Arras, à Béthune et à Saint-Omer et qu'on se livrerait à un nouvel examen des livres qu'ils renfermaient.

Isnardi vint à Arras en décembre, pour emballer les livres. Il se plaignit encore du peu de concours qu'on lui prêtait. Cependant, ajoutait-il (sur les 180,000 volumes des dépôts du Pas-de-Calais, il n'en avait pris que 8 à 9,000).

Il serait superflu de récriminer aujourd'hui sur la façon dont le Père Isnardi a rempli sa mission. Son choix tomba évidemment de préférence sur les livres de l'Abbaye de Saint-Vaast, qu'il connaissait parfaitement; il en avait fait l'inventaire, le catalogue et le classement. Aussi, quand on feuillette aujourd'hui la longue liste des livres choisis pour l'École centrale de Boulogne, et qu'on trouve parmi les 85 manuscrits sur parchemin emportés au loin, les homélies de Bède, la Cité de Dieu de saint Augustin, les Commentaires de saint Jérôme sur les Prophètes, les Œuvres de Jean Gerson, 3 exemplaires des Heures de la Vierge, etc., n'est-on pas en droit de se demander si le savant Isnardi ne consulta pas son goût bien plus que les besoins de l'école? N'est-ce pas plutôt un musée qu'il a voulu former qu'une bibliothèque utile! (1)

(1) Dans son catalogue des manuscrits de Boulogne, Sir Pillips signale 32 manuscrits de l'Abbaye de Saint-Vaast, 31 de la Cathédrale d'Arras, et 16 de Saint-Bertin de Saint-Omer. De quelle utilité pouvaient-ils être aux professeurs ou aux élèves de l'Ecole centrale de Boulogne?

Les Boulonnais, hâtons-nous de le dire, surent fort bien apprécier l'importance de ses services.

A la fermeture de l'École centrale (1er mai 1802), Isnardi resta bibliothécaire de la ville, conservateur du musée et du cabinet d'histoire naturelle jusqu'à sa mort, arrivée en 1830. L'oratorien s'était marié, avait su se concilier la reconnaissance et les sympathies de la ville de Boulogne, dont il fut conseiller municipal.

Isnardi eut pour successeur à Arras Prévost, qui l'avait si patiemment secondé dans le travail des nombreux catalogues. Leur collaboration, qui dura six ans, peut à bon droit s'appeler la période des inventaires.

Avec Prévost commence aussi ou plutôt se continue sans interruption la période des restitutions aux émigrés. On se trompe assez généralement sur la nature des mesures prises à l'égard des biens des émigrés. — Tout d'abord, sans doute, et dans l trouble des esprits, on avait fait main basse sur tous les meubles et immeubles de ceux qui avaient quitté la France ou qu'on avait incarcérés comme suspect. Mais dès le 23 pluviose an III de la République, la commission exécutive de l'Instruction publique, s'était empressée de faire de sages restrictions et de donner à cet égard des ordres formels; elle s'exprimait ainsi :

Citoyens,

Dans beaucoup de district on s'est emparé des bibliothèques appartenant à des citoyens d'abord reclus et mis ensuite en liberté par le comité de sûreté générale ou les représentants en mission.

Les commissaires chargés de la confection des catalogues considérant ces Bibliothèques comme nationales, lorsqu'elles n'étaient tout au plus que séquestrées, en ont fait l'inventaire, et nous ont envoyé les cartes avec celles des Bibliothèques qui appartenaient réellement à la nation.

Pour rectifier cette erreur et en prévenir les conséquences, nous vous invitons, 1° à nous faire parvenir un état exact des livres ou bibliothèques qui auraient été rendus aux propriétaires mais dont les cartes auraient été envoyées dans nos bureaux; 2° à enjoindre à vos commissaires de retirer des envois de cartes à nous faire celles qui seraient relatives à ces bibliothèques; 3° nous vous invitons personnellement à vous hâter de faire restituer à ceux auxquels la loi a rendu la liberté, les bibliothèques que vous auriez pu mettre sous séquestre. Le respect des propriétés est le Palladium de la liberté, il vous commande impérieusement cette mesure et nous vous chargeons de nous en rendre compte dans le plus bref délai.

Salut et fraternité

GAZET, GUINGUENÉ, CLÉMENT DE RIS.

Les revendications des intéressés arrivèrent alors de tous côtés à Arras. — Prévost apporta dans cette tâche difficile de répartition beaucoup de tact, de mesure et de zèle.

« On vient tous les jours en réclamer et nous avons la satis-
« faction de voir que les personnes qui les reçoivent sont satis-
« faites et du soin que l'on apris (sic) de conserver exactement
« tous les livres et des précautions que l'on aprises (sic) pour
« les empêcher de se gâter. » (Rapport de Prévost).

Par ses soins, 28 bibliothèques furent rendues à leurs légitimes propriétaires, ainsi que le constate un état signé par lui, fort heureusement retrouvé aux Archives départementales et qu'on pourra consulter avec un certain intérêt à l'appendice (1).

Si le bibliothécaire Prévost s'était prêté de bonne grâce aux restitutions à faire aux émigrés ; il n'avait pu se résigner à voir la ville de Boulogne conserver, quand l'Ecole centrale eut cessé d'exister, tous les livres et manuscrits distraits de la Bibliothèque d'Arras. Il s'adresse alors au général de brigade, Préfet du Pas-de-Calais (8 août 1807) et le prie instamment de faire rendre à Arras les belles éditions qui sont en double à Boulogne et qu'il lui signale. De son côté, M. le Préfet du Pas-de-Calais, soucieux de faire valoir les droits d'Arras, soumet la question au Ministre de l'Intérieur qui lui répond :

« Par l'arrêté du gouvernement du 8 pluviôse an XI, les Bibliothèques des ci-devant Ecoles centrales ont été données aux villes qui possédaient ces établissements supprimés. C'est à ce titre que Boulogne-sur-Mer est entré en possession des collections qui avaient été réunies précédemment pour l'usage de l'Ecole centrale du Département du Pas-de-Calais, et la Bibliothèque

(1) Appendice, pièce n° 5.

étant depuis longtemps constituée et devenue communale, il n'est plus permis d'en extraire des ouvrages qui pourraient convenir à d'autres établissements, si ce n'est dans le cas d'un échange convenu de gré à gré pour leur utilité mutuelle.

Paris, 22 décembre 1807.

Cette réponse ministérielle mettait fin aux débats. Plus tard et à diverses reprises la ville d'Arras essaya de les reprendre. Mais tous les Maires qui s'occupèrent de cette malencontreuse affaire n'obtinrent jamais que la même fin de non recevoir (1). Chose curieuse, lorsque sous Louis XVIII, M. le comte de Galametz, d'Arras, tenta d'obtenir la restitution de la bibliothèque de son père, M. le Ministre du roi invoqua de rechef l'arrêté du 8 pluviôse an XI, et le débouta de sa demande.

C'est aussi pendant la gestion de M. Prévost que l'on commença à organiser les bibliothèques de la Préfecture, de l'Evêché (2), du Grand-Séminaire, de l'Ecole secondaire (collége communal). Pour les former on fit un choix spécial et minutieux parmi les livres des corporations religieuses supprimées et qui se trouvaient emménagés dans le dépôt littéraire, vaste salle de 150 pieds de long sur 30 de large, située au premier étage au-dessus de la belle Bibliothèque de la ci-devant Abbaye de Saint-Vaast.

Cette dernière bibliothèque, nous nous plaisons à le reconnaître, avait été de la part de la Municipalité d'Arras l'objet d'un soin jaloux, depuis qu'elle était devenue sienne, le jour où la *Convention nationalisa les livres des nobles et des prêtres* (3). Nous n'avons retrouvé dans les Archives aucune trace de ces absurdes et inutiles dilapidations signalées dans les autres villes voisines, où l'on extrayait par charretées de précieux manuscrits et des livres splendides pour fabriquer des gargousses.

(1) Appendice, pièce nº 4.

(2) M. Lachaise, Préfet du département du Pas-de-Calais, mettait à la disposition de Mgr de la Tour d'Auvergne, la Bibliothèque de l'ancienne abbaye d'Auchy-lez-Hesdin, et celle de Mgr de Conzié, ancien *évêque d'Arras* (3 Thermidor an 13).

(3) En vertu de l'article 13 de la loi du 8 Pluviose an II, ainsi conçu : L'administration des Bibliothèques publiques et la police réglementaire appartient aux Municipalités sous la surveillance des administrations du District.

Après avoir conservé religieusement toutes les richesses littéraires des moines de Saint-Vaast et des autres congrégations disparues, l'unique souci des représentants de l'autorité à Arras était d'en faire jouir le public le plus tôt possible. C'est pourquoi le Conseil municipal, à la date du 13 décembre 1794, délibère sur l'opportunité de la réouverture de la Bibliothèque de Saint-Vaast.

En prévision de la rendre infiniment utile, en y réunissant beaucoup d'ouvrages nouveaux trouvés dans plusieurs bibliothèques d'émigrés ou autres, le Conseil prend des mesures pour que le public en profite, et spécifie qu'on ne peut ni prendre soi-même les livres sur les tablettes, ni surtout les emporter sous aucun prétexte. Ces mesures portèrent leurs fruits ; le 3 novembre 1806, M. Prévost écrivait officiellement au secrétaire de la Préfecture : Les amateurs peuvent depuis longtemps faire des recherches dans la Bibliothèque, y prendre des notes, tous les jours, le matin et l'après-midi, excepté le samedi et le dimanche de chaque semaine.

Ce laborieux et honnête bibliothécaire fut malheureusement remplacé, après sa mort, par le sieur Pierre, Léonor, Roger, Eloi, Josse Caron. M. le Maire de la ville d'Arras, baron d'Herlincourt, l'avait nommé bibliothécaire « d'après la connaissance « que nous avons des bonnes vie et mœurs et des connaissances « en cette partie du sieur Caron, ancien membre du Directoire « du Pas-de-Calais (1). »

Tels sont les termes formels de cet arrêté, *16 août 1814*.

Il n'y a pas que les épitaphes ou les oraisons funèbres qui soient menteuses. Témoin ce brevet de vertu décerné au sieur Caron, qui ne justifia nullement la confiance qu'on avait en lui. Son court passage d'une année à la Bibliothèque d'Arras fut néfaste. Sous le poids des plus graves accusations il fut obligé de fuir, à la fin de 1815. — La justice fit une enquête. — Les nombreux témoins entendus déposèrent que des garnitures de cheminées en marbre, des matières d'or et d'argent, des tableaux, des livres, des parchemins étaient soustraits fréquem-

(1) Registre aux arrêtés, tome VI, page 42.

ment par Caron. Ces derniers étaient vendus au poids et par sacs. La quantité devait en être énorme ; un libraire qui ignorait la provenance de ces parchemins, déclara en avoir acheté une fois 400 livres pesant.

Les pièces de la procédure qui subsistent encore ne permettent aucun doute à cet égard. Nous n'aurions pas insisté, si cette malheureuse question n'eût été remise au jour en 1829 par Sir Philipps, et il y a quelques mois à peine par M. l'Archiviste du Département, M. Loriquet, qui a retrouvé à Calais dans ses tournées d'inspection, quelques-uns de ces parchemins volés.

M. Jules Quicherat lui-même dans l'avertissement placé en tête de son catalogue des manuscrits à Arras, dressé en 1841, et qui ne parut qu'en 1872, signale les agissements de ce bibliothécaire, et nous n'avons rien de mieux à faire que de le citer :

« Du temps de l'Empire, la conservation de la Bibliothèque « d'Arras était confiée à un M. Caron qu'on accuse généralement « d'avoir réduit les manuscrits d'Arras à l'état déplorable où ils « sont, en détachant de chacun des volumes sur velin un nom« bre considérable de feuillets qui furent secrètement vendus à « la livre. Sir Thomas Philipps n'a pas craint de flétrir publi« quement (en latin) le nom de M. Caron, en tête de son catalo« gue imprimé ; et peut-être lui était-il permis plus qu'à tout au« tre d'affirmer, du moins le fait de la vente, car il parvint, dans « ses voyages, à découvrir la trace des parchemins volés. Il en « trouva une partie, 30 kilos environ, chez un relieur d'Amiens, « de qui il s'empressa de les racheter. »

M. POCHON

1815-1826

M. Pochon, qui exerçait à Arras la profession de médecin, fut appelé à succéder au sieur Caron. L'administration comprit alors, mais un peu tard, la nécessité d'avoir, pour la Bibliothèque d'Arras, un inventaire exact et complet. Ce fut l'œuvre accomplie par M. Pochon, qui, à sa mort en 1826, laissa deux énormes in-folio où se trouvent inscrits par ordre alphabétique tous les ouvrages que l'on possédait alors. — De nos jours ils sont encore de la plus grande utilité, et tiennent lieu provisoirement de catalogue imprimé.

M. FAUCHISON

1826-1839.

A la mort de M. Pochon, M. Fauchison, ancien principal du collège d'Arras, fut nommé bibliothécaire le 24 février 1826.

Je commençai de suite (c'est lui-même qui parle) par la vérification du dernier inventaire 1817-1818 que j'ai remise en double au Conseil municipal le 7 mars 1827, sous ce titre : situation de la bibliothèque d'Arras à l'époque du 24 février 1826. Cet Etat étant terminé, j'ai entrepris celui des manuscrits dont l'analyse, en un vaste tableau synoptique, a été aussi envoyée en double à la Mairie, le 6 février 1830. »

Le travail que M. Fauchison s'imposa pendant 13 ans est considérable ; il a laissé 4 gros volumes in-fol. qui sont aujourd'hui à la Bibliothèque et où l'on remarque un catalogue des manuscrits de la Bibliothèque fait avec le plus grand soin. Chacun des manuscrits est accompagné d'une étude sur les erreurs ou omissions remarquées parmi les 1037 articles, contenus dans le catalogue inventaire de 1817.

M. Fauchison, n'eut pas seulement à constater des erreurs, il s'aperçut encore que de nombreuses lacérations avaient été faites aux manuscrits les plus rares. Il ne savait comment les expliquer, puisqu'aucune écriture n'en faisait mention. Mais d'importantes révélations allaient le mettre sur la voie.

Sir Thomas Philipps, Baronnet anglais, archéologue distingué, parcourait le Nord et le Pas-de-Calais pour y faire des recherches historiques et archéologiques. Il s'arrêtait chez tous les libraires, bouquinistes et relieurs, où il recueillait tout ce qu'il rencontrait d'anciennes écritures soit en volumes ou en feuilles, en velin ou en papier, soit chroniques ou chartes. Il visitait les archives et les bibliothèques publiques, telles que celles de

Saint-Omer, Boulogne, Calais, Lille, etc., explorait les manuscrits où il puisait des notes, prenait des extraits de catalogues, qu'il faisait ensuite imprimer à ses frais. Il y avait plusieurs mois qu'il avait quitté Arras, où, avec la permission de la municipalité,il avait fait les mêmes recherches aux archives et àla bibliothèque, lorsqu'il envoya à la Mairie d'Arras, le catalogue abrégé de tous les manuscrits que renferme la Bibliothèque. On y trouve en tête du volume une amère censure des dilapidations qu'il a remarquées.

Cependant Sir Thomas Philipps avait terminé son voyage en France, lorsqu'il écrivit de Calais à M. le baron de Hautecloque, Maire d'Arras à cette époque plusieurs lettres tout récemment retrouvées par hazard (1). Il l'informait que dans ses différentes tournées, il avait recouvré une grande quantité de feuillets velin (entre autres 20 kilos à Amiens) qui avaient été détachés des manuscrits de la Bibliothèque d'Arras et qu'il s'offrait de les lui céder moyennant la somme qu'il avait déboursée lui-même.

La réponse se faisant attendre, Sir Philipps renouvela ses propositions et engagea M. le Maire à faire des recherches chez les relieurs, épiciers, libraires, marchands de papier d'Arras, d'Amiens, de Lille et des autres villes voisines pour toutes les chartes anciennes du XVe XVIe et XVIIe siècles qui concernent l'Artois. Belles pièces et des plus précieuses. Quant aux parchemins proposés alors par Sir Philipps ils ne furent pas achetés. Mais en décembre 1841, M. Jules Quicherat écrivait :

« Les informations que j'ai prises sur le sort de ces parchemins m'ont appris qu'ils n'ont pas quitté la France, qu'ils sont actuellement entre les mains de M. Dufaitel, membre de la société d'Agriculture sciences et arts de Calais et que depuis plusieurs années, ce savant s'est offert à les céder à la ville d'Arras, pour la modique somme de 80 fr. sans que sa proposition désintéressée ait reçu l'accueil qu'elle méritait. »

Ce sont sans doute ces feuillets de manuscrits que M. l'archiviste du département espère recouvrer.

Tous ces travaux partiels de M. Fauchison, qui semblent

(1) Voir une de ces lettres à l'appendice.

déjà si importants quand on les examine de près, se rattachaient à un ouvrage considérable dont il avait conçu le plan et qui excéda ses forces, car il ne l'a pas publié. Il n'a laissé en dehors de ces catalogues qu'un in-folio de 362 pages, sous le titre de *Travail bibliographique*, renfermant des études sur les raretés typographiques du XVe et du XVIe siècle, sur l'imprimerie des Aldes, des Etiennes, des Elzevirs, etc.

Quoiqu'il en soit, et bien que l'œuvre de M. Fauchison soit restée inachevée, il est impossible de ne pas saluer avec reconnaissance le nom de cet ardent et zélé bibliothécaire.

C'est encore pendant la gestion de M. Fauchison que l'immense local de la Bibliothèque avec toutes ses dépendances, devint légalement propriété de la ville d'Arras.

Comme la Municipalité n'obtint cet heureux résultat qu'après de longs démêlés et d'actives démarches, il n'est pas oiseux, ce me semble, d'entrer ici dans quelques détails.

Cette question se lie étroitement à celle des bâtiments réservés aujourd'hui aux Archives départementales.

Dans les premières années de la Révolution, des administrations départementales et des administrations de district furent établies.

La garde de tous les titres, registres et autres documents provenant des administrations antérieures ou des dépôts publics supprimés, leur fut confiée.

Bientôt les actes nombreux de ces mêmes administrations, la suppression des districts et la réunion de leurs archives à celles du département accrurent tellement la masse des papiers à conserver que l'on sentit la nécessité d'un vaste dépôt, où le tout pût être classé et conservé avec ordre et sûreté.

Les bâtiments de l'ancienne Abbaye de St-Vaast étaient alors sans emploi, la partie de ces bâtiments qui autrefois avait servi d'archives à cette abbaye fut affectée aux Archives du Département. Mais, comme elle était loin de suffire pour l'immense quantité de papiers composant ces archives, on y ajouta une galerie en entresol, appelée autrefois *ambulata* et située au-dessus de la partie nommée les grands cloîtres.

Le local de l'ancienne bibliothèque de l'Abbaye fut également concédé à la ville d'Arras pour en faire la bibliothèque publique.

Tous ces locaux étaient contigüs, situés à l'extrémité des bâtiments de l'Abbaye, aboutissant à la voie publique par le terrain situé vis-à-vis le grand portail de la Cathédrale. Il fallut les isoler. Le département et la ville d'Arras firent à frais communs ouvrir une porte sur ce terrain. Les anciennes communications intérieures furent fermées en maçonnerie. Dès lors, les Archives du Département et la Bibliothèque de la ville restèrent entièrement séparées de la masse des bâtiments de l'Abbaye de St-Vaast.

Les choses en étaient là, lorsque par un décret du 9 frimaire an XII, cette masse de bâtiments fut partagée en deux parties. Une moitié fut affectée au logement d'habitation de la sénatorerie de Douai, l'autre moitié fut affectée à la maison d'habitation de la 2e cohorte de la Légion d'honneur.

Des arrangements furent pris à cette occasion avec M. le Sénateur Jacqueminot, titulaire de la sénatorerie du Nord. Voulant donner au département du Pas-de-Calais, et à la ville d'Arras en particulier, des marques de sa bienveillance, M. Jacqueminot fit l'abandon à vie pour la portion comprise dans le lot de bâtiments qui étaient à son usage, savoir :

Au département du Pas-de-Calais de la portion de bâtiments qui servaient, depuis plusieurs années au dépôt des Archives départementales ;

Et à la ville d'Arras de tous les bâtiments de la Bibliothèque publique.

(Voir à l'appendice les conditions exigées et accordées pour cette cession, ainsi que la délibération du Conseil municipal approuvant toutes les mesures prises par le Maire, M. Vaillant, pièces n° 6 et n° 7).

Des entrées et des escaliers particuliers (tels qu'ils existent encore aujourd'hui) furent établis pour le service des Archives et de la Bibliothèque par le département et la ville. Ces travaux furent exécutés et coûtèrent 3,178 fr. 28 c., payables par moitié par la ville et le département.

La ville et le département jouissaient donc de ces immenses

locaux ; mais cette portion de bâtiments attribuée, par le décret de frimaire an XII, à la sénatorerie de Douai, fut réunie au domaine de la couronne par ordonnance royale du 4 février 1814. Cette ordonnance déterminait l'emploi qui serait fait de l'ancienne dotation du Sénat et de la sénatorerie. Depuis lors, diverses portions de cette partie de bâtiments furent successivement affermées sans toutefois rien changer à la situation des Archives et de la Bibliothèque communale d'Arras.

Rien n'avait été modifié dans cet état de choses, depuis 20 ans, bien que la portion de l'Abbaye de Saint-Vaast, occupée par les Archives départementales et la Bibliothèque publique, affectée à la Sénatorerie avant la rentrée du roi Louis XVIII, servît à la dotation de la Chambre des Pairs.

Mais en 1828, le Conseil général du département du Pas-de-Calais, ému du projet de loi présenté à la Chambre et consistant à réunir au domaine extraordinaire de la couronne les immeubles provenant de la dotation du Sénat, se demandait, avec inquiétude, si l'Abbaye de Saint-Vaast ne serait pas aliénée et vendue par l'administration des Domaines. Il redoutait que des spéculateurs, comme cela n'arrive que trop souvent, ne voulussent acheter cette propriété pour démolir les batiments et les convertir en habitations particulières sur des dimensions plus appropriées à cet usage. Qu'adviendrait-il alors? Un monument dont la beauté consiste principalement dans la grande uniformité de son ensemble, serait en partie détruit, et ressemblerait à ces ruines d'anciens monuments, qui paraissent avoir été conservés pour attester à la fois leur ancienne splendeur et les ravages du temps.

Le Conseil général, ne se bornant pas à de stériles doléances, invitait M. le Préfet à faire les demarches nécessaires pour savoir si une transaction pouvait avoir lieu entre le Domaine extraordinaire d'une part, le département du Pas-de-Calais et la ville d'Arras de l'autre, pour conjurer ce danger, et quelles seraient les conditions auxquelles le Domaine de la Couronne y consentirait.

Les pressentiments du Conseil général n'allaient être que trop justifiés ; le 4 juin 1830, M. le Ministre des finances, Montbel, écrivait à M. le Préfet du Pas-de-Calais :

L'article 7 de la loi du 28 mai 1829 a ordonné la remise à l'administration des Domaines des immeubles provenant de l'ancienne dotation du Sénat et des Sénatoreries et a rendu applicables à ces immeubles les lois et instructions qui régissent les autres biens domaniaux.

Le Ministre ajoutait : L'État a intérêt à aliéner ces immeubles ; j'ai décidé en conséquence que cette aliénation aurait lieu ; je vous invite donc à vouloir bien, après avoir entendu le directeur des Domaines, faire les dispositions nécessaires pour que ces immeubles soient mis en vente le plus prochainement possible.

Il n'y avait plus de temps à perdre : aussi, dans ses délibérations des 14 et 21 août 1829, 22 et 25 janvier, et 16 décembre 1830, voyons-nous le Conseil municipal d'Arras solliciter de M. le Directeur des Domaines l'autorisation d'acquérir la partie des bâtiments et terrains de l'ancienne Abbaye de Saint-Vaast, qu'il voulait conserver, dans un but reconnu d'utilité publique.

Il serait trop long, non pas de reproduire, mais même d'analyser toutes les pièces qui furent échangées entre la ville d'Arras, la Préfecture, l'Administration des Domaines et le Ministère avant d'arriver à une solution. Mgr l'Évêque d'Arras, de la Tour d'Auvergne s'était mis aussi sur les rangs comme acquéreur et espérait fixer irrévocablement le Petit Séminaire dans une partie de l'Abbaye. Mais la ville d'Arras devait avoir la préférence.

En effet, M. le baron Louis, Ministre des finances, ayant accueilli la demande du Conseil municipal d'Arras tout en rejetant la proposition d'une rente annuelle de 6,000 fr., écrivait le 6 mai 1831 à M. le Préfet du Pas-de-Calais qu'il autorisait l'expertise contradictoire entre la ville d'Arras et l'Administration des Domaines des immeubles à concéder.

Les experts nommés dans ce but furent M. Deliège, arpenteur géomètre, dans l'intérêt du Domaine, et M. Traxler, architecte de la ville d'Arras, dans l'intérêt de ladite ville.

Après avoir procédé à la délimitation de la propriété à acquérir, examiné la situation de l'édifice, tant par rapport à la solidité que par celui des grosses et menues réparations reconnues urgentes, ils déclarèrent que la dépense totale de ces réparations devaient s'élever à la somme de 25,900 fr. Ils ajoutèrent que, ayant égard aux dépenses indispensables pour mettre les bâtiments en bon état, ils estimaient ces bâtiments et dépendances, valoir en capital valeur réelle et en vente, la somme de 121,800 francs.

Dès le 1er juillet 1831, le Conseil municipal d'Arras, présidé par M. Dudouist, Maire, votait, après délibération, l'acquisition, moyennant la somme de 121,800 fr. payable par cinquième annuellement, de la partie occidentale des bâtiments de l'ancienne Abbaye de St-Vaast, provenant de la dotation de l'ancien Sénat.

Dans une autre séance, en date du même mois, le même conseil établit la preuve des ressources que la ville pourrait destiner à l'acquisition projetée, lors même que son budget annuel ne permettrait pas l'imputation des 21 à 25,000 francs à payer par chaque terme, sans pour cela obérer la caisse municipale. (Le registre aux délibérations renferme l'énumération des ressources dont disposait alors le Conseil municipal.)

L'affaire, si longtemps débattue et maintes fois ajournée, était donc heureusement terminée, grâce aux efforts intelligents et persévérants du Conseil municipal.

La ville d'Arras, mise en possession par décret des livres de la Bibliothèque, devenait propriétaire de l'immeuble, comme on le devient d'ordinaire, c'est à dire en vertu d'un contrat régulier de vente bien et dûment passé par-devant notaires. (Voir à l'appendice l'acte de concession, pièce n° 8).

M. Fauchison eut dans M. Bacouel un successeur vraiment digne de lui.

M. BACOUEL

1839-1853

Après avoir, pendant de longues années, été professeur distingué du collége d'Arras, M. Bacouel fut nommé bibliothécaire de la ville d'Arras en 1839.

Pendant 24 ans et jusqu'à la dernière heure (en dépit de la

presque cécité qui l'avait frappé), il eut à cœur de remplir ses délicates fonctions avec la plus grande ponctualité.

L'étendue de ses connaissances et l'aménité de son caractère attiraient à lui les habitués de la Bibliothèque.

Comprenant qu'il ne suffisait pas de posséder les trésors littéraires qui lui étaient confiés, mais qu'il fallait les conserver, il lutta sans cesse contre cette funeste incurie qui laisse tout dépérir. 178 manuscrits in-f° velin ou papier, couverts en bois et la plupart vermoulus, reçurent, grâce à ses instances, la solide et sévère reliure qu'on remarque aujourd'hui.

Du reste, les manuscrits de la Bibliothèque semblent avoir eu toutes ses prédilections. Aussi, lorsque M. Jules Quicherat vint en faire l'inventaire en 1840, s'est-il plu à lui donner un témoignage public de sa reconnaissance : « Le bibliothécaire actuel, M. Ba-
« couel, a contribué avec tout le zèle imaginable à la confection
« du présent catalogue. »

Ce sont les expressions mêmes dont M. Quicherat se sert dans la préface de son savant ouvrage, publié seulement en 1872.

Il est probable que M. Bacouel a profité de la compétence de M. Quicherat, pendant son séjour à Arras, pour rédiger lui-même un catalogue des manuscrits d'Arras, terminé le 1er mai 1845; catalogue fort bien fait et qu'on a retrouvé récemment dans les papiers de la Bibliothèque ainsi que les notes de M. Jules Quicherat.

M. CARON

1853-1882

M. Caron, Zéphir-François-Cicéron, professeur de 3e au collége d'Arras, recueillit le 1er mars 1853, la succession de M. Bacouel que ses infirmités et son grand âge avaient contraint de résilier ses fonctions.

Quelques années après l'installation de M. Caron, le Conseil municipal de la ville d'Arras décida qu'il serait procédé, le 15 décembre 1856, à la vente d'environ 7,000 volumes provenant de de la Bibliothèque communale de cette ville. M. Caron déploya beaucoup d'activité dans le travail préparatoire qu'exigeait cette vente, qui ne produisit qu'un résultat dérisoire : 2,787 fr. 60 c. Mais du moins le bibliothécaire eut-il la satisfaction d'obtenir du Conseil municipal, dans sa séance du 3 février 1857, que le produit de cette vente serait destiné à l'acquisition d'ouvrages qui manquaient à la Bibliothèque.

Fin connaisseur et surtout amateur passionné de l'antiquité grecque et latine, M. Caron n'hésita pas à faire acheter les plus belles éditions des classiques anciens.

L'année suivante, il eut une autre préoccupation ; il s'adressa au Conseil municipal et obtint une somme de 1,500 pour l'impression du catalogue des manuscrits, à 500 exemplaires.

Ce catalogue était imprimé en 1860, et M. Caron dans son avant-propos s'exprimait ainsi : « Pour les indications données, « on a eu pour guides trois juges compétents, qui ont vu et dé« crit ces manuscrits, le baronnet sir Thomas Philipps, Mone de « Carlsruhe et J. Quicherat. »

Il eut été équitable de citer encore les travaux si complets (mais restés inédits dans les armoires de la Bibliothèque) de ses deux prédécesseurs immédiats, MM. Fauchison et Bacouel. C'est là sans doute un oubli involontaire, car quelques lignes plus loin, M. Caron remercie son habile collaborateur, M. Guesnon, des fac-simile qu'il a dessinés et joints au volume, et qui sont un utile complément de description en même temps qu'un ornement.

Depuis l'impression du catalogue, des achats assez nombreux ont été faits dans les ventes particulières, notamment à celle de M. Dancoisne, par l'intermédiaire de M. Paul Laroche, alors bibliothécaire-adjoint.

De plus, à la mort de M. Godin, archiviste du département, sa riche collection de généalogies des familles de notre pays vint s'ajouter aux manuscrits de la Bibliotheque. C'est après l'œuvre du Père Ignace (32 volumes in-folio), la source que l'on explore le plus fréquemment et avec le plus de complaisance.

Avant de prendre sa retraite, en octobre 1882, M. Caron eut encore le plaisir de voir aboutir les démarches qu'il avait faites auprès de M. le Ministre de l'Instruction publique, pour obtenir une collection de toutes les publications des Académies de Madrid.

Grâce au service des échanges internationaux ces collections sont aujourd'hui à la Bibliothèque d'Arras.

A. WICQUOT,

Bibliothécaire de la ville d'Arras.

1er Mai 1885.

APPENDICE

N° 1

Leges in bibliotecha observandæ.

1° Nullus quemvis externum sive laïcum sive Regularem sine expressa superioris venia in Bibliotecham admittat.

2° Cum quis externus in Bibliotecham inducitur nunquam in ea solus maneat sed ei Bibliotecharius vel quem superior expedire judicaverit semper assistat.

3° Nemo præsumat e Bibliotecha libros extra domum et qualibuscumque transmittere sine expresso R^di D^ni Abbatis assensu.

4° Si quis ob studium particulare communibus Bibliotechæ libris uti desideret nullatenus eos in cubiculum assumat nisi prius syngrapham seu proprium nomem Bibliotechario tradat.

5° Singulis trimestribus vel communes libri erunt ab unoquoque in Bibliotecham referendi, vel renovandæ chartulæ quibus quisque se istis libris indigere denuo testetur.

6° In Bibliotecha summum omnes silentium inviolabiliter servent.

7° Inter legendum nullus librorum paginas seu folia plicet, laceret, neque in eis quicquam aut lineas ducat.

8° Libros omnes eo loco et ordine quo repereris antequam e Bibliotecha recedas modeste clausos, sine ulla adstantium perturbatione, restitues.

(Arch. générales du Pas-de-Calais.)

N° 2

Liste des Bibliothécaires de l'Abbaye de Saint-Vaast, depuis 1622 jusqu'à 1789.

1622 Venantius Duhot, bibliotecarius primus ordinat novam bibliothecam.
1634 Johannes Buirette.
1641 Philippe de Werpe.
1643 Joannes Carpentier.
1644 Joannes Le Censier.
1650 Philippus Albertus Despretz.
1666 Antonius Le Sergent.
1676 Stephanus Le Pez.
1680 Joachimus Le Cocq.
1687 Bertinus Lanvin.
1699 Bonifacius Lallart.
1711 Mathias Fleschel.
1713 Carolus de Beaurains.
1718 Gaspar Gaulier.
1721 Maurus Lefebure.
1722 Hugues Delecourt.
1734 Remigius Tournon.
1750 Dom Raulin.
1767 Nicolas Hebert.
1786 Liard.
1788 Dubois.

(Voir le Nécrologe publié par M. le chanoine Van Drival)

Bibliothécaires depuis 1789.

1792 J.-B. Isnardi, oratorien.
1798 Ch.Prévost.
1814 Eloi-Josse Caron, ancien membre du Directoire du Pas-du-Calais.
1815 Louis Pochon, médecin.

1826 Charles-Marie Fauchison, chef d'institution à Arras.
1839 Charles Bacouel, professeur de seconde au collége d'Arras.
1853 Zéphir-François-Cicéron Caron, professeur de seconde au collége d'Arras.
1882 Auguste Wicquot, professeur de philosophie au collége d'Arras.

N° 3

Pétition de la Société des Amis de la Constitution.

La Société des amis de la Constitution avait présenté à MM. les officiers municipaux de la ville d'Arras, le 28 juin 1790, une pétition fort pressante pour les engager à acquérir les livres de la Bibliothèque de la ci-devant Abbaye de St-Vaast.

Voici la réponse qu'on lui adressa :

Il n'est personne qui ne convienne que la conservation de la Bibliothèque de l'Abbaye de St-Vaast ne soit vraiment un objet d'utilité publique pour la ville d'Arras, et ne tende aux progrès des connaissances littéraires. Sous cet aspect la proposition de la Société des amis de la constitution est de nature à intéresser tous les administrateurs qui doivent favoriser le progrès des lettres.

Il ne reste donc qu'à s'occuper de la possibilité des moyens de parvenir à ce but désirable.

L'on propose de comprendre parmi les biens nationaux pour une somme desquels la Municipalité d'Arras a déjà souscrit, la Bibliothèque appartenant cy-devant à l'Abbaye de Saint-Vaast.

Sur cela il faut observer que les biens pour lesquels la Municipalité d'Arras va faire tomber sa soumission, sont ceux dont elle a la perspective de faire la vente. Il n'en serait pas de même de la Bibliothèque de Saint-Vaast, que suivant le projet, elle ne devrait acquérir que pour conserver. Il faudrait par conséquent que la commune d'Arras trouvât dans ses fonds de quoi faire une acquisition de près de trente *mil* volumes sans espoir d'aucun recours pour la venger d'une pareille dépense. Il est notoire que l'état des finances de la commune d'Arras ne lui permet pas de se livrer à un pareil achat.

Le seul moyen qui paraît se présenter de maintenir en cette ville ce dépôt précieux est de solliciter à cet effet MM. les administrateurs du Département et du District. Leur attachement à tout ce qui concerne l'instruction publique doit faire espérer qu'ils en accueilleront favorablement la demande.

D'ailleurs les décrets de l'Assemblée nationale qui placent entre leurs mains l'administration des biens ecclésiastiques les mettent à portée d'aviser dans leur sagesse aux moyens de conserver à la Ville d'Arras un trésor littéraire si avantageux aux sciences.

N° 4

Séance du 6 ventôse an XI deux heures de relevé.

Un membre observe que l'Ecole centrale du Département à Boulogne va cesser ses fonctions le 1er germinal prochain, que lors de la formation de la bibliothèque de cette école, il a été retiré de celle publique de cette ville à la ci-devant abbaye de St-Vaast une grande qnantité d'ouvrages et d'objets littéraires ; que cette destruction laisse des vides considérables dans la partie des sciences, arts et belles lettres, qu'il serait très intéressant de rétablir ; en conséquence il propose d'en faire la réclamation.

Cette proposition étant appuyée, le Conseil a délibéré d'une voix unanime, de charger le citoyen Maire de faire cette réclamation auprès des autorités supérieures, auquel effet il est autorisé de faire toutes les demandes et diligences nécessaires, pour obtenir la réintégration dans la Bibliothèque publique de cette ville d'Arras, de tous les livres et objets littéraires qui en ont été distraits pour celle de l'Ecole centrale à Boulogne.

Etant huit heures du soir, le Président a levé la séance.

WATELET, MARTIN.

Registre aux délibérations, 21. page 462.

N° 5

ÉTAT des catalogues dont les Bibliothèques ont été rendues, avec la datte des redditions et celle des arrêtés en vertu desquelles elles ont été rendues.

3. *Foleran* ou Beaufort. La partie *Foleran* a été rendue le 11 frimaire et 9 pluviôse an IV, par arrêté du District d'Arras du 23 germinal an III.

5. *Liger*. Cette bibliothèque a été rendue le 8 frimaire an IV, par arrêté du Département du 6 vendémiaire de la même année.

7. Ci-devant *comte d'Oisie*. Cette bibliothèque a été rendue le 29 brumaire an V, par arrêté du Département du 28 brumaire an IV.

10. *D'Aix*. Cette bibliothèque a été rendue le 6 nivôse an IV, conformément à l'arrêté du District du 5 vendémiaire an IV.

11. *Rollin*. Cette bibliothèque a été rendue le 11 floréal an IV, conformément à l'arrêté du Département du 5 floréal an IV.

13. *Le Roux* et supplément, ces deux objets ont été rendus le 7 nivôse an IV.

16. *D'Aousse* dit *Jumelle*, etc. La partie de l'ex-curé d'Arleux a été rendue le 10 ventôse an IV, conformément à l'arrêté du Département du 2 pluvôse an IV, celle de Henry, ex-curé, a été rendue le 13 prairial, conformément à l'arrêté du Département du 22 floréal an V.

18. *De l'Aulne*, l'horlogère, etc. La partie de De l'Aulne a été rendue le 2 prairial an IV par arrêté du Département du 21 floréal an IV.

20. *Lallart Dellebuquière*. Cette bibliothèque a été rendue le 16 fructidor an III par arrêté du Département du 11 thermidor an II.

27. *Desruelles, Ansart et Legrand*. La partie Desruelles a été rendue le 23 thermidor an IV par arrêté du Département du 19 prairial an IV.

32. *Develle*. Cette bibliothèque a été rendue le 12 prairial an IV, conformément à l'arrêté du Département du 18 floréal de la même année.

37. *Dupuis*.Cette bibliothèque a été rendue le 9 messidor an III, conformément à l'arrêté du District du 2 messidor de la même année.

38. *Grimbert* sœurs. Cette bibliothèque a été rendue le 14 messidor an III, en vertu de l'arrêté du District du 29 prairial de la même année.

39. *Deslions*. Cette bibliothèque a été rendue le 6 prairial an IV, conformément à l'arrêté du Département du 29 messidor an III.

40. *Vinely*, ex-chanoine. Cette bibliothèque a été reudue le 2 prairial an IV, en vertu de l'arrêté du Département du 16 floréal de la même année.

41. *Dambrine* et *Avart*. Ces deux parties ont été rendues le 13 messidor et le 4 fructidor an III, d'après l'arrêté du Département du 7 messidor an III.

42. *Moinart*. Cette bibliothèque a été rendue le 20 floréal an VI, en vertu de l'arrêté du Département du 14 germinal de la même année.

43. *De Gouy*, ex-chanoine, le 19 vendémiaire an IV, arrêté du Département du 13 vendémiaire an IV.

45. *Mocomble*, ex-bénéficier, le 29 vendémiaire an V, arrêté du Département du 7 thermidor an IV.

47. *Darry*, ex-moine. Le 29 messidor an III, arrêté du District, du 21 messidor an III.

48. La veuve *Rogiez*. Le 21 prairial an IV, arrêté du Département du 3 desdits mois et an.

49. *Le Tierce*. Le 6 thermidor an III, arrêté du département du 5 messidor même année.

52. *Delleforterie*, etc. La partie de Goudemant a été rendue le 18 messidor an III, en vertu de l'arrêté du Département du 14 des dits mois et an.

53. Robert de *Gantesse*. Le 17 fructidor an III, arrêté du Département du 14 thermidor an III.

54. Charlotte de *Gantesse*. Même jour, arrêté du Département du 14 thermidor an III.

56. *Lefebvre de Goui*, sœurs. Le 23 nivôse an III, arrêté du District du 1er des dits mois et an.

57. *Ozenne*. Le 23 nivôse an III, arrêté du District du 1er nivôse an III.

60. *Thuillier*. Le 9 fructidor an IV, arrêté du Département du 4 fructidor même année.

Je soussigné, certifie le présent *état* sincère et véritable.

Fait à Arras, le seize vendémiaire, an sept de la République française une et indivisible.

PRÉVOST,
Conservateur du Département.

ÉTAT des catalogues des différentes Bibliothèques du Dépôt littéraire d'Arras, dont les doubles ont été remis à l'Administration centrale du Département du Pas-de-Calais, le 16 vendémiaire an VII de la République française une et indivisible.

1. Ci-devant Abbaye de St-Vaast, 2 vol. suppl. 1 vol. manuscrits 1 vol.
2. Ci-devant Académie d'Arras.
6. Ci-devant Collége d'Arras.
14. Lagarde, ex-chanoine d'Arras.
15. La Basèque. Supplément.
16. D'Aousse dit Jumelle, l'ex-curé d'Arleux, Henry, ex-curé, etc.
17. Bourelle de Vitry.
18. De Caulne, l'horlogère, Pequeur, Caron, Poulain, ex-chanoine.
19. Théry, ex-chanoine d'Arras.
22. Ci-devant Séminaire d'Arras.
23. Ci-devant Récollets d'Arras.
24. Supplément du ci-devant Séminaire d'Arras.
25. Ci-devant Dominicains d'Arras.
26. Ci-devant Abbaye d'Hénin-Liétard.
27. Desruelles, Ansart et Legrand, ex-moines.
28. Ci-devant Chapitre d'Arras et manuscrits.

29. Ci-devant Carmes d'Arras.
30. Ci-devant Capucins d'Arras.
31. Catalogues des Livres au rebut des différentes maisons religieuses.
33. Ci-devant Abbaye de Marœuil.
34. Ci-devant Trinitaires d'Arras.
35. Malbaux ex-chanoine d'Arras.
36. La veuve Bataille.
44. Abraham, ex-bénéficier d'Arras.
46. Brouqsault.
50. Dambrines dit Desquerchin.
58. Hermant.
59. Le Roy D'hourtebisse.

État des catalogues du Dépôt d'Arras, dont les doubles ont été remis au District d'Arras par le citoyen Isnardi.

3. Foleran, ex-chanoine d'Arras, et le ci-devant Comte de Beaufort.
4. Conzié, ci-devant évêque d'Arras.
8. Beauval.
9. Galamé.
21. Ci-devant Abbaye de St-Eloy.
51. Livre provenant du ci-devant District d'Arras.
55. De Cunchy.
61. Ci-devant Abbaye de Dommartin. Le double de ce catalogue a été *remi* au Département, le 23 nivôse an V.

N° 6

Cession à vie du 3 Nivôse, an XIV.

Par devant Deleville et son confrère, notaires publics, résidant à Arras, soussignés furent présents:

M. Jean-Ignace Jacqueminot, membre du Sénat conservateur,

titulaire de la Sénatorerie de Douai, commandant de la Légion d'honneur, demeurant à Paris, d'une part ;

M. Jacques-François de la Chaise, général de brigade, préfet du Pas-de-Calais, membre de la Légion d'honneur, stipulant pour et au nom du département du Pas-de-Calais, de deuxième part ;

M. Jacques-Louis Vaillant, officier de la Légion d'honneur, trésorier de la seconde cohorte, Maire de la ville d'Arras, stipulant pour la commune d'Arras, en vertu de la délibération du Conseil municipal en date du 30 messidor an XIII, dont l'expédition demeurera annexée aux présentes, de troisième part ;

M. le Sénateur a exposé que par arrêté du gouvernement du 9 frimaire an XII, les bâtiments de la ci-devant abbaye de Saint-Vaast d'Arras ont été divisés ; que ceux désignés par un lavis rouge ont été attribués à la Légion d'honneur, et que ceux indiqués par un lavis nacre pâle, forment le chef-lieu de la Sénatorerie du Nord ;

Qu'il suit de cette division que la Sénatorerie a le droit de jouir des bâtiments indiqués au plan qui demeurera annexé aux présentes, par les lettres A, B, C, D, E, F, G, H, la portion lettre I du grand chapitre, un côté lettre K des grands cloîtres, et la portion lettre L des corridors qui précèdent lesdits cloîtres; qu'elle a pareillement droit de jouir du terrain désigné au susdit plan par la lettre O.

(Ce plan est conservé aux Archives départementales.)

Que le susdit terrain O comprend un jardin botanique formé aux frais de la ville d'Arras.

Que les Archives du département sont placées dans un entresol au-dessus des ci-devant cloîtres et en occupent tout le carré.

Que le local de la Bibliothèque est établi dans le local désigné au plan par la lettre F et dans les pièces E, G, y attenantes.

M. le Sénateur voulant donner au département du Pas-de-Calais et à la ville d'Arras en particulier des marques de sa bienveillance, a, par ces présentes, fait l'abandon à vie pour la portion comprise dans son lot,

Sçavoir :

Au département du Pas-de-Calais de la portion de bâtiments indiquée au plan par la lettre H, pour servir de dépôt aux Archives du département et de la chambre au-dessus de la pièce G pour servir de bureau à l'archiviste.

Et à la ville d'Arras du terrain lettre O, pour laisser subsister le jardin botanique, et de tous les bâtiments à partir de la bibliothèque inclusivement jusques et compris ceux lettre H et la portion I du grand chapitre.

Pour, par le département du Pas-de-Calais et la ville d'Arras, jouir respectivement des bâtiments et terrains ci-dessus désignés, pendant la vie de M. le sénateur Jacqueminot, aux conditions ci-après déclarées :

1° Le département et la ville d'Arras feront faire respectivement à leurs frais dans l'intérêt du titulaire de la Sénatorerie les réparations conservatoires qu'exigent les bâtiments dont l'usage leur est abandonné, et ils entretiendront ces bâtiments en bon état, à peine de déchéance du benéfice du susdit abandon, laquelle sera encourue par le retard d'exécuter les réparations, trois mois après qu'ils en auront été sommés par écrit.

2° L'escalier existant dans la partie du bâtiment H, conduisant tant aux chambres de l'étage supérieur qu'à celui au-dessus du bâtiment G sera commun et sera même continué à la hauteur du premier étage à l'effet d'arriver dans la grande pièce au-dessus de la bibliothèque où se trouve actuellement un dépôt littéraire.

3° La partie n° 1 donnant entrée dans la pièce E, qui précède la bibliothèque, sera interdite au public, elle sera seulement à l'usage de M. le Sénateur, pour qu'il puisse se rendre dans la bibliothèque par l'intérieur de ses appartements.

4° Le passage actuel pour accéder au local des Archives par la cour d'entrée, le vestibule C, les parties I du corridor et le vestibule où est placé le grand escalier double qui communique aux Archives sera supprimé. On accèdera désormais aux Archives par le passage qui conduit à l'Église, auquel effet il sera ouvert une porte dans une fausse croisée du bâtiment H pour communiquer à l'escalier entre les pièces G et H.

5° Pour communiquer à la bibliothèque, il sera ouvert une porte à l'endroit n° 4, dans l'un des vitraux du grand chapitre. Pour passer dans la partie I de ce chapitre, il sera pratiqué une autre porte dans l'enfoncement de l'armoire n° 5, de là on parviendra dans la pièce G, et ensuite dans la bibliothèque.

La porte n° 6 sera conservée pour accéder de la partie de bâtiments assignée à la Légion d'honneur à la bibliothèque.

6° Le côté K du grand cloître restera ouvert à M. le Sénateur afin qu'il puisse parvenir à l'Église par le *périptèle* lettre N.

7° Il sera construit à l'acquit et pour l'avantage de M. le Sénateur un mur de clôture d'environ soixante mètres de longueur sur la ligne n° 7, pour fermer le jardin de la Sénatorerie lettre Q.

8° Le mur de clôture mentionné en l'article 7 ci-dessus, devant principalement servir de séparation avec le terrain P qui forme une dépendance de l'Église, qui a été concédée pour être érigée en Église cathédrale du diocèse d'Arras, sera élevé et entretenu aux frais du département.

9° Les autres constructions et distributions ci-dessus indiquées pour l'établissement des passages et communications seront faites et entretenus par le département et la ville d'Arras, chacun à raison des objets qui leur sont abandonnés.

10° Dans le cas où l'exécution des stipulations ci-dessus présenterait quelques doutes, lesdites stipulations seront interprêtées dans le sens le plus favorable à l'intérêt du titulaire de la Sénatorerie.

11° Les droits auxquels le présent abandon pourra donner ouverture seront supportés respectivement par le département et la ville d'Arras.

12° La valeur locative des objets abandonnés au département a été fixée au revenu annuel de 40 francs et celle des objets abandonnés à la ville d'Arras au revenu annuel de 60 francs, le tout pour l'acquit des droits d'enregistrement.

13° M. le Préfet et M. le Maire d'Arras ont respectivement accepté l'abandon ci-dessus, sous l'autorisation du gouvernement aux conditions contenues au présent acte.

Fait et passé à Arras après lecture, le 3 nivose an XIV, et ont MM. les comparants signé avec lesdits notaires.

Signé : JACQUEMINOT.

LACHAISE, VAILLANT.

Enregistré à Arras le 2 janvier 1806.

Etc.

Signé : GROSSEMY.

N° 7

CONSEIL MUNICIPAL D'ARRAS

EXTRAIT DES REGISTRES AUX DÉLIBÉRATIONS DU CONSEIL MUNICIPAL D'ARRAS.

Séance du 30 Messidor, an XIV, trois heures du soir.

La séance est ouverte sous la présidence de M. le Maire.

Le secrétaire fait la lecture d'une lettre du Général, Préfet du Département du Pas-de-Calais par laquelle il autorise M. le Maire de cette ville de convoquer le Conseil municipal à l'effet de délibérer sur l'acceptation de la session proposée par M. le sénateur de la partie de la ci-devant Abbaye de Saint-Vaast actuellement *occupée* par la bibliothèque, les pièces *afférantes* et le jardin botanique, figuré au plan déposé sur le bureau.

Le Conseil municipal a résolu d'accepter la cession des emplacements et des autres accessoires relatifs à la dite Bibliothèque et au jardin botanique et a unanimement arrêté que M. le Maire serait chargé de témoigner à M. le Sénateur la reconnaissance du Conseil pour cet acte de bienveillance et de désintéressement envers les habitants de cette ville ; que les entretiens réparations et travaux à faire tant aux dits bâtiments que pour la nouvelle entrée à établir pour parvenir à la *ditte* bibliothèque seraient à la charge de la ville et qu'il sera fourni une pompe en place de celle qui se trouve dans le jardin botanique, qui avait été déplacée du jardin de M. le Sénateur.

M. le Maire est spécialement et instamment invité de prier M. le Sénateur d'interposer ses bons offices pour obtenir à toujours les objets cédés, soit de la part du grand chancelier, soit de la part du Gouvernement.

Pour extrait conforme expédié par M. le Préfet du département du Pas-de-Calais.

Le Secrétaire en chef de la Mairie d'Arras,

Signé : LEGILLION.

N° 8

PRÉFECTURE DU PAS-DE-CALAIS.

Concession faite à la ville d'Arras de la portion de l'ancienne abbaye de Saint-Vaast, remise à l'Administration des Domaines, en vertu de la loi du 28 mai 1829.

L'an mil huit-cent trente un, le trente un décembre, nous conseiller d'Etat, Préfet du département du Pas de-Calais, officier de l'Ordre royal de la Légion d'honneur, stipulant au nom de l'État, en présence de Suin, Directeur de l'Enregistrement et des Domaines du même Département, chevalier de l'Ordre royal de la Légion d'honneur, au nom et comme représentant l'Administration des Domaines, stipulant au besoin au même titre d'une part.

En exécution de l'ordonnance du Roi du vingt-sept octobre mil huit cent trente un, dont les dispositions suivent.

« Vu la demande formée par le Conseil municipal de la ville « d'Arras (Pas-de-Calais) tendante à obtenir la concession de « la portion de l'ancienne Abbaye de Saint-Vaast provenant des « anciennes sénatoreries, pour y placer des Ecoles, Ateliers de « charité, ou y former des Etablissements municipaux en con- « servant néanmoins la Bibliothèque et les Archives du Dépar- « tement qui y sont en ce moment placées.

« Vu le procès-verbal d'estimation contradictoire, en date du « du 4 juin mil huit cent trente un et jours suivants, qui fixe le « prix de la dite portion à *cent vingt un mille huit cent francs.*

« Vu la délibération du Conseil d'administration de l'Enregis- « trement des Domaines, en date du neuf août mil huit cent « trente un, et l'avis du Directeur de cette administration.

« Vu l'adhésion donnée par notre Ministre du Commerce et « des travaux publics, à la demande du Conseil Municipal d'Ar- « ras,

« Vu l'avis du Conseil d'État du 7 février mil huit cent huit,

« approuvé le 22 du même mois, portant que les biens de l'État « sont, comme les propriétés particulières, susceptibles d'être « aliénés, sur estimation d'experts pour cause d'utilité publique, « départementale ou communale.

« Considérant que la demande de la ville d'Arras est fondée « sur de véritables motifs d'utilité communale.

« Sur le Rapport de notre Ministre secrétaire d'Etat des fi- « nances, Nous avons ordonné et ordonnons ce qui suit.

ARTICLE 1er.

« Le Préfet du Pas-de-Calais, est autorisé à concéder à la « ville d'Arras, au prix de *cent vingt un mille huit cents francs,* « montant de l'estimation contradictoire qui a eu lieu, le onze « juin mil huit cent trente un, la portion de l'ancienne Abbaye « de Saint-Vaast remise à l'administration des Domaines, en « vertu de la loi du vingt huit mai mil huit cent vingt-neuf, con- « formément aux plans et autres documents de division dressés « entre la Légion d'honneur et l'ancien Sénat.

« Le procès-verbal d'estimation contenant désignation des « objets cédés et le plan des lieux seront joints à l'acte de con- « cession.

ART. 2.

« Le prix d'estimation sera versé par la ville d'Arras, dans la « caisse du Domaine aux époques et avec les intérêts fixés par « les lois des quinze floréal an X et cinq ventôse an XII.

ART. 3.

« La ville d'Arras acquittera, en outre, tous les frais relatifs « à l'acquisition.

ART. 4.

« La dite ville sera tenue de laisser à leur destination ac- « tuelle à perpétuité, le local occupé par la Bibliothèque publi- « que et par les Archives du Département et ce, sans indemnité « pour le premier objet et sauf examen de toute prétention qui « serait formée à l'égard du second, mais sans que, dans aucun « cas, le Domaine de l'Etat puisse intervenir dans les contesta- « tions qui surviendraient.

ART. 5.

« Nos Ministres Secrétaires d'État des Finances et du Com-

« merce et des Travaux publics sont chargés de l'exécution de « la présente ordonnance. »

Fait à Paris, le vingt-sept octobre mil huit cent trente-un.

Signé : LOUIS-PHILIPPE.

Par le Roi :

Le Ministre Secrétaire d'État des Finances,

Signé : LOUIS.

Avons concédé à la ville d'Arras, ce acceptant pour elle, M. Dudouit, Maire de la dite ville, à ce dûment autorisé par le Conseil municipal d'icelle, suivant les délibérations énoncées dans la dite ordonnance, d'autre part :

La portion de l'ancienne abbaye de Saint-Vaast, remise à l'Administration des Domaines, en vertu de l'article 7 de la loi du vingt-huit mai mil huit cent vingt-neuf, par l'agent de la Dotation des anciennes sénatoreries, suivant procès-verbal du deux janvier mil huit cent trente.

Cette portion concédée est déterminée par les plans et autres documents de division dressés entre la Légion d'honneur et l'ancien Sénat ; et par le procès-verbal d'estimation contradictoire du onze juin mil huit cent trente-un contenant désignation des objets cédés et le plan des lieux, lesquels seront joints à l'acte de concession.

La dite concession a lieu moyennant le prix principal de *cent vingt-un mille huit cents francs*, montant de l'estimation contradictoire du dit jour onze juin mil huit cent trente-un.

Cette somme sera versée par la Ville d'Arras, dans la caisse du Receveur des Domaines en la même ville, aux époques et avec les intérêts fixés par les lois des quinze et seize floréal an X et cinq ventôse an XII ; c'est-à-dire, qu'elle sera acquittée en numéraire par cinquième, savoir le premier dans les trois mois de ce jour ou de la date du présent acte de concession ; le deuxième un an après le premier, et les autres cinquièmes aussi successivement d'année en année ; le premier terme ne payera point d'intérêts, mais il sera dû, à raison de cinq pour cent par an, pour chacun des quatre autres termes.

La Ville payera le droit d'enregistrement dans les vingt jours de cet acte de concession, à raison de deux pour cent plus le dixième, elle payera en outre celui de timbre des minutes et expéditions du dit acte de concession, d'estimation et autres relatifs à cette acquisition.

Elle se conformera de plus aux dispositions générales des lois relatives à l'aliénation des domaines de l'Etat.

Aux termes de l'article 4 de l'ordonnance ci-dessus transcrite, le local occupé par la Bibliothèque publique et celui occupé par les Archives du Département, conserveront à perpétuité leur destination actuelle, et ce, sans indemnité pour le premier objet, et aussi à l'égard du second objet, sans aucune indemnité ni loyer quelconque pour la jouissance future et perpétuelle, la Ville d'Arras ayant renoncé formellement à toute prétention à ce sujet, ainsi qu'il résulte d'une délibération du Conseil municipal du sept juillet mil huit cent trente-un, qui demeurera annexée au présent acte, avec la lettre de M. le Ministre du Commerce et des Travaux publics, du trente novembre suivant.

Fait à Arras les jour, mois et an que dessus.

Le Maire d'Arras,
DUDOUIT.

Le Directeur des Domaines,
SUIN.

Le Conseiller d'Etat Préfet du Pas-de-Calais,
Baron de TALLEYRAND.

Enregistré à Arras, le douze janvier 1832, f° 65, n° C. 1, 2 et 3, reçu deux mille six cent soixante-dix-neuf francs soixante centimes, dixième compris.

THOMASSIN.

THÉOLOGIE

TITRE I

ÉCRITURE SAINTE

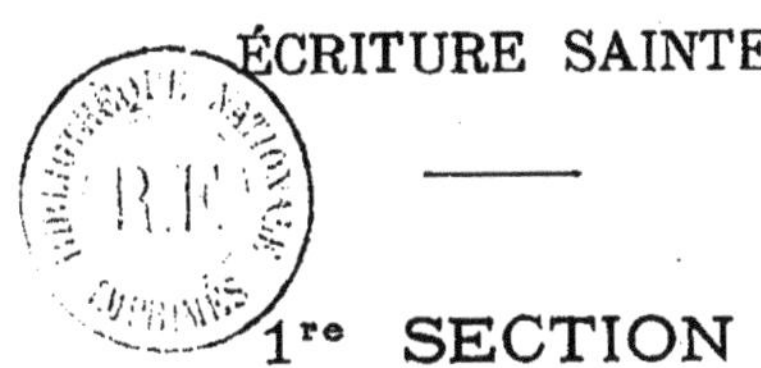

1re SECTION

TEXTES ET VERSIONS DE LA BIBLE

CHAPITRE I

BIBLES ENTIÈRES

a. Polyglottes

1. Biblia polyglotta, hebraice, chald., gr. et lat.; nunc primum impressa de mandato ac sumptibus Franc. Ximenez. In Complutensi universitate, industria Arnoldi G. DE BROCARIO, 1514-17, in-fol., 5 v. (Complète en 6 v.)

2. Biblia Sacra polyglotta hebraice, chald., græce et latine, Philip. II. jussu edita, cum Benedicti ARIÆ MONTANI studio. *Antuerpiæ*, 1569-73, avec fig., in-fol. 8 v.

3. Biblia hebraica et chaldaica, cum mœsora ac selectis hebræorum interpr. commentariis, studio BUXTORFI. *Basileæ*, 1618, in-fol., 2 v.

4. Biblia samaritana, chaldaica, græca, syriaca, latina et arabica. MICH. LEGAY, edidit. *Paris*, 1644, gr. in-fol., 10 v.

b. Bibles en hébreu et en latin

5. Biblia hebraica cum punctis, *Venetiæ*, 1521, in-4°, 2 vol.

6. Biblia hebraica, *Antuerpiæ*, 1566, in-12, 4 vol.

7. Biblia Ebræa cura et studio Eliæ HUTERI, *Hamburgi*, 1588, in-fol., 1 vol.

8. Biblia Sacra hebraica. *Basileæ*, 1618, in-24, 7 vol.

9. Biblia Sacra, hebraica. *Basileæ*, 1618, in-24, 7 vol.

10. Biblia hebraica. Eorumdem latina interpretatio Xantis PAGNINI, B. ARIÆ MONTANI et quorumdam aliorum collato studio, ad hebraicam dictionem diligentissime expensa. *Aureliæ*, 1619, in-fol., 1 vol.

11. Biblia Sacra hebræa correcta et collata. *Amstelodami*, 1661, in-8°, 2 vol.

12. Biblia hebraica... 1701, in-18, 1 vol.

13. Biblia hebraica a Johanne LEUSDEN et Everardo VAN DER HOOGHT. *Amstelædami*, 1705, in-8°, 2 vol.

14. Biblia hebraica secundum ultimam editionem Jos. ATHIÆ a Johanne LEUSDEN. *Londini*, 1837, in-8°, 1 vol.

15. Biblia Sacra (hebraice)..., in-24, 7 vol.

c. Bible en grec

16. Biblia græca et latina. *Basileæ*, 1550, in-12, 4 vol.

d. Bibles en latin

17. Biblia cum concordantiis Veteris et Novi Testamenti revisa, studio Joan. DE GRADIBUS. *Lugduni*, 1526, in-fol., 1 v.

18. Biblia juxta divi Hieronymi STRIDONENSIS translationem. *Coloniæ*, 1530, in-fol., 1 vol.

19. Biblia Sacra interprete Xante PAGNINO. *Coloniæ*, 1541, in-fol., 1 v.

20. Biblia Sacra, latine, vulgatæ editionis, ad fidem vetustissimorum codicum emendata. *Lutetiæ*, 1546, in-fol., 1 vol.

21. Biblia Sacra juxta Vulgatam. *Parisiis*, 1549, in-fol., 1 v.

22. Biblia utriusque Testamenti. *Lutetiæ*, 1557, in-fol., 3 v.

23. Biblia Sacra, Veteris et Novi Testamenti, juxta vulgatam editionem, opera Renati BENEDICTI. *Lutetiæ*, 1564, in-fol., 1 v.

24. Biblia. D. Martin LUTHER. *Francfort-sur-le-Mein*, 1565, in-fol. 1 v.

25. Biblia Sacra vulgatæ editionis, Sixti V Pont. Max. jussu recognita atque edita. *Antuerpiæ*, 1603. in-fol. 1 v.

26. Biblia Sacra variarum translationum tomis tribus distincta. *Antuerpiæ*, 1616, in-fol., 3 v.

27. Biblia Sacra et Leonardi MARII in ea commentarius. *Coloniæ Agrippinæ*, 1621, in-fol., 1 v.

28. Biblia Sacra vulgatæ editionis cum scholiis Joannis MARIANÆ. *Antuerpiæ*, 1624, in-fol., 2 v.

29. Biblia Sacra cum scholiis a TREMELLIO, Francisco JUNIO ET Theodoro BEZÆ. *Hanoviæ*, 1624, in-fol., 1 v.

30. Testamentum Vetus, græce et latine, cum scholiis romanæ editionis, accessit Novum Testamentum cum vulgata versione. *Lutetiæ*, 1628, in-fol, 3 v.

31. Biblia Sacra vulgatæ editionis, cum expositionibus priscorum Patrum. *Antuerpiæ*, 1630, in-fol., 1 v.

32. Biblia Sacra cum commentariis R. P. GORDONI, e societate Jesu. *Lutetiæ*, 1632. in-fol., 3 v.

33. Biblia sacra cum glossa ordinaria a STRABO Fuldensi collecta. *Duaci*, 1634, in-fol., 6 v.

34. Biblia Sacra Vulgatæ editionis, Sixti V jussu recognita et Clementis VIII auctoritate edita. *Parisiis*, 1642, in-fol., 8 v.

35. Biblia Sacra, latine, vulgatæ editionis. Editio chronologicis et historicis illustrata notis, studio D.-J.-B. Claude LANCELOT, cum ejus præfatione una cum chronologia sacra et geographia (Nic. Sanson). *Parisiis*, 1662, in-fol., 1 v.

36. Biblia Sacra vulgatæ editionis. *Lugduni*, 1669, in-fol., 1 v.

37. Biblia Sacra cum universis Franc. VATABLI et variorum interpretum annotationibus. *Parisiis*, 1729, in-fol., 1 v.

38. Bibliorum Sacrorum latinæ versiones antiquæ, opera Petri SABATIER. *Remis*, 1743, in-fol., 3 v.

39. Biblia cum summariorum apparatu. *Lugduni*, 1514, in-8°, 1 v.

40. Biblia cum summariorum apparatu. *Lugduni*, 1515, in-8°, 1 v.

41. Biblia Sacra utriusque Testamenti. *Nurembergæ*, 1522, in-4°, 1 v.

42. Biblia Veteris et Novi Testamenti. *Parisiis*, 1543, in-8°, 1 v.

43. Biblia Sacra. *Parisiis*, 1543, in-8°, 1 v.

44. Biblia Sacra. *Antuerpiæ*, 1587, in-8°, 1 vol.

45. Biblia Sacra vulgatæ editionis. *Antuerpiæ*, 1605, in-4°, 1 v.

46. Biblia Sacra vulgatæ editionis. *Antuerpiæ*, 1650, in-4°, 1 v.

47. Biblia Sacra vulgatæ editionis. *Parisiis*, 1653, in-4°, 1 v.

48. Biblia ad vetustissima exemplaria nunc recens castigata. *Antuerpiæ*, 1663, in-8°, 1 v.

49. Biblia Sacra vulgatæ editionis Sixti V jussu recognita et Clementis VIII auctoritate edita. *Coloniæ Agrippinæ*, 1670, in-32, 6 v.

50. Biblia Sacra vulgatæ editionis. *Moguntiæ*, 1609, in-4°, 1 v.

51. Biblia Sacra vulgatæ editionis. *Parisiis*, 1691, in-4°, 1 v.

52. Biblia Sacra vulgatæ editionis. *Rhotomagi*, 1769, in-8°, 1 v.

53. Biblia Sacra integrum utriusque Testamenti corpus complectens, diligenter recognita et emendata. In-12, 1 v.

54. Biblia Sacra integrum utriusque Testamenti corpus complectens, diligenter recognita et emendata. In-12, 1 v.

e. Bibles en latin et en français

55. La Sainte Bible, latin-français, par René BENOIST, *Angevin*. *Paris*, 1568, in-4°, 1 v.

56. La Sainte Bible, en latin et en français, avec des notes littérales et la concordance des quatre Evangélistes et les livres apocryphes, par LEMAISTRE DE SACI. *Paris*, 1717, in-fol., 1 v.

57. La Sainte Bible, en latin et en français, par LEMAISTRE DE SACI. *Paris*, 1742, in-12, 21 v.

f. Bibles en français

58. Ancien et Nouveau Testament. *Anvers*, 1530, in-fol., 1 v.

59. Bible en français, nouvellement historiée, revue et corrigée, en 2 tomes. *Paris*, 1545, in-fol., 1 v.

60. La Sainte Bible, traduite en français, par René BENOIST. *Paris*, 1566, in-fol., 1 vol.

61. La Sainte Bible, traduite du latin en français, avec les arguments sur chaque livre. *Anvers*, 1578, in-fol., 1 v.

62. La Sainte Bible française selon la vulgaire latine, revue par le commandement du pape Sixte V, par Pierre FRIZON. *Paris*, 1621, in-fol., 2 v.

63. La Sainte Bible, traduite sur les textes originaux avec les différences de la Vulgate. *Cologne*, 1730, in-12, 1 v.

64. Nouvelle traduction de la Bible suivant la Vulgate. *Bruxelles*, 1745, in-4°, 8 vol.

65. La Sainte Bible contenant l'Ancien et le Nouveau Testament, traduite en français sur la Vulgate, par M. LE MAISTRE DE SACY. *Paris*, 1759, in-fol., 1 v.

66. La Sainte Bible, traduite et approuvée

par les Théologiens de Louvain. *Paris,* 1586, in-fol., 1 vol.

67. La Sainte Bible par les Théologiens de Louvain. *Lyon,* 1596, in-4°, 1 vol.

68. Bible (la Sainte), traduite par les Théologiens de l'Université de Louvain. *Lyon,* 1603, in-fol., 1 vol.

69. Bible (la Sainte) de la traduction des docteurs catholiques de l'Université de Louvain. *Paris,* 1615, in-fol., 1 vol.

70. La Sainte Bible par les pasteurs de l'Eglise de Genève. *Amsterdam,* in-fol., 1 vol.

71. La Sainte Bible qui contient le Vieux et le Nouveau Testament par les soins de Samuel DES MARETS. *Amsterdam,* 1669, in-fol., 2 vol.

72. La Bible par Robert Pierre OLIVETAN. *Neuchâtel,* 1535, in-fol., 1 vol.

g. Bible en italien

73. Biblia vulgare historiada per Nicolao DE MALERMI. *Italice.* 1502, *Venetiis* in-fol., 1 vol.

h. Bible en hollandais

74. Biblia sacra, dat is de geheel heylighe schristure bedeylt int oudt ende nieu Testament. *T'Antwerpen,* 1599, in-fol. 1 vol.

CHAPITRE II

ANCIEN TESTAMENT

a. Grec. Latin

75. Vetus Testamentum græcum juxta exemplar Vaticanum. *Amstelodami,*1683, in-8°, 1 vol.

76. Vetus Testamentum græcum, juxta septuaginta interpretes. *Parisiis,* 1839, in-8°, 2 vol.

77. Vigenti et quatuor libri Testamenti Veteris. *Basileæ,* 1536, in-4°, 1 vol.

78. Vetus Testamentum latine redditum, additus est index lectionum hebraicarum græc. latin. *Romæ,* 1588, in-fol., 2 vol.

CHAPITRE III

NOUVEAU TESTAMENT

a. En hébreu

79. Novum D. Jesu Christi Testamentum ab Elia HUTTERO (Hebraice). *Londini,* 1661, in-8°, 1 vol.

80. Novum Testamentum hebraicum. *Londini,* 1661, in-8°, 1 vol.

b. En syriaque, grec et latin

81. Testamentum Novum. Syriace, græce et latine, autore Immanuel TREMELLIO. *Parisiis,* 1569, in-fol., 1 vol.

c. En grec

82. Novum Testamentum græcum. *Parisiis*, 1549, in-18, 1 vol.

83. Novum Jesu Christi Testamentum. Græce. *Lutetiæ*, 1550, in-fol., 1 vol.

84. Novum Testamentum. Græce. *Lutetiæ*, 1554, in-12, 1 vol.

85. Novum Testamentum. Græce. *Lutetiæ*, 1568, in-18, 1 vol.

86. Novum Testamentum. Græce. *Antuerpiæ*, 1574, in-32, 1 vol.

87. Novi Testamenti libri omnes. Græce. *Oxonii*, 1635, in-12, 1 vol.

88. Novi Testamenti libri omnes. Græce. *Oxonii*, 1635, in-12, 1 vol.

89. Novum Testamentum. Græce. *Parisiis*, 1642, in-fol., 1 vol.

90. Novum Testamentum. Græce. *Roterodami*, 1658, in-18, 1 vol.

91. Novum Testamentum. Græce. *Amstelodami*, 1675, in-12, 1 vol.

92. Novum Testamentum. Græce. *Londini*, 1819, in-12, 1 vol.

d. En grec et en latin

93 Novum Testamentum Jesu Christi, græce et latine, studio ERASMI. *Basileæ*, 1571, in-12, 1 v.

94. Novum Testamentum, græce, cum vulgata interpretatione latina græci contextus lineis inserta. *Antuerpiæ*, 1583, in-8°, 1 vol.

95. Novum Testamentum græcum, cum vulgata interpretatione latina græci contextus lineis inserta. ARIÆ MONTANI opera. *Antuerpiæ*, 1584, in-fol., 1 v.

96. Novum Testamentum græco-latinum vulgata interpretatione latina a Theologis Louaniensibus. *Coloniæ*, 1592, in-8°, 1 vol.

97. Novum Jesu Christi Testamentum, græce et latine. *Lugduni*, 1611, in-32, 1 vol.

98. Novum Testamentum, græce et latine, *Parisiis*, 1842, in-8°, 1 v.

e. En latin

99. Novum Testamentum ab ERASMO recognitum. *Basileæ*, 1519, in-fol., 1 v.

100. Novum Testamentum, ERASMO interprete. *Antuerpiæ*, 1520, in-8°, 1 v.

101. Novum Testamentum ex ERASMI recognitione. *Basileæ*, 1527, in-fol., 1 v.

102. Novum Jesu Christi D. N. Testamentum. 1551, in-12, 2 v.

103. Novum Testamentum Joannis BENEDICTI cura recognitum. *Parisiis*, 1551, in-18, 2 v.

104. Testamenti Novi editio vulgata. *Lugduni*, 1553, in-16, 1 v.

105. Novum Testamentum. *Lovanii*, 1563, in-4°, 1 v.

106. Novum Testamentum Jesu Christi. *Antuerpiæ*, 1584, in-32, 1 v.

107. Novum Testamentum, studio Stephani CURCELLÆI editum. *Amstelodami*, 1675, in-12, 1 v.

f. En français

108. Le Nouveau Testament de Notre-Seigneur J.-C., par René BENOIT. *Anvers*, 1567, in-8°, 1 v.

109. Le Nouveau Testament de N. S. J.-C., par René BENOIT. *Paris*, 1569, in-32, 1 v.

110. Le Nouveau Testament de N. S. J.-C., par les Théologiens de Louvain. *Paris*, 1572, in-32, 1 v.

111. Le Nouveau Testament de N. S. J.-C., traduit en français. *Mons*, 1667, in-12, 1 v.

112. Le Nouveau Testament, traduit en français selon l'édition vulgate. *Mons*, 1669, in-12, 1 v.

113. Le Nouveau Testament de N. S. J.-C., traduit en français. *Mons*, 1688, in-12, 1 v.

114. Le Nouveau Testament, traduit sur l'ancienne édition latine, avec des notes par AMELOTE, prêtre de l'Oratoire. *Paris*, 1688, in-4°, 2 v.

115. Le Nouveau Testament en français. *Bruxelles*, 1702, in-12, 2 v.

116. Le Nouveau Testament en français. *Paris*, 1705, in-8°, 8 v.

117. Le Nouveau Testament de N. S. J.-C., traduit en français par DE BEAUSOBRE et LENFANT. *Lausanne*, 1760, in-4°, 2 vol.

118. Le Nouveau Testament, traduit de la Vulgate par LE MAISTRE DE SACY. *Paris*, 1816, in-8°, 1 v.

119. Le Nouveau Testament de N. S. J.-C., traduit sur la Vulgate par LE MAISTRE DE SACY. *Paris*, 1818, in-8°, 1 vol.

g. En italien

120. Il nuovo ed eterno Testamento di Giesu Christo. *In Lione*, 1556, in-16, 1 vol.

121. Il nuovo Testamento, latino ed volgare, tradotto dal testo greco. *In Lyone*, 1558, in-18, 2 v.

h. En flamand.

122. Nouveau Testament, imprimé en langue flamande. 1577, in-12, 1 vol.

CHAPITRE IV

CONCORDANCES DE LA BIBLE

123. Repertorium apostillarum utriusque Testamenti D. HUGONIS, Cardinalis. *Basileæ*, 1504, in-fol., 6 v.

124. Concordantiæ majores Bibliæ. *Argentorati*, 1530, in-fol., 1 v.

125. Concordantiæ majores Sacræ Bibliæ. *Basileæ*, 1549, in-fol., 1 v.

126. Concordantiæ breviores ex Sacris Bibliorum libris. *Parisiis*, 1551, in-12, 1 vol.

127. Concordantiæ novæ utriusque Testamenti, juxta tropos et phrases a Joanne BENEDICTO. *Parisiis*, 1562, in-fol., 1 v.

128. Concordance et recueil universel de tous les mots principaux des livres de la Bible. 1566, in-fol., 1 v.

129. BULLOCUS (Gregor.). Œconomia methodica concordantiarum Sacræ Scripturæ. *Antuerpiæ*, 1572, in-fol. 1 v.

130. Concordantiæ Bibliorum utriusque Testamenti. *Antuerpiæ*, 1585, in-4°, 1 v.

131. Concordantiæ Bibliorum Sacrorum,

studio Francisci LUCÆ. *Antuerpiæ*, 1617, in-fol., 1 v.

132. Concordantiæ Bibliorum Sacrorum vulgatæ editionis, opera et studio Francisci LUCÆ Brugensis. *Antuerpiæ*, 1617, in-fol., 1 v.

133. Bibliorum Sacrorum concordantiæ a Petro EULARD. *Antuerpiæ*, 1625, in-4°, 1 vol.

134. Bibliorum Sacrorum concordantiæ a Petro EULARD. *Antuerpiæ*, 1625, in-4°, 1 vol.

135. Bibliorum Sacrorum concordantiæ per Gasparem DE ZAMORA, e societate Jesu. *Romæ*, 1627, in-fol., 1 v.

136. Sacra et theologica chronologia et concordantia temporum Regum Juda et Israel, ad intelligendos Regum, Paralipomenon et alios Veteris Testamenti libros perutilis. auct. Mich. PALUDANO. *Lovanii*, 1628, in-4°, 1 v.

137. Concordantiæ Bibliorum hebraicæ methodo dispositæ. Joan. BUXTORFIUS. *Basileæ*, 1632, in fol., 1 v.

138. Concordantiæ Bibliorum Sacrorum a Francisco LUCA. *Antuerpiæ*, 1642, in-fol., 1 v.

139. Bibliorum Sacrorum vulgatæ editionis concordantiæ a Franc. LUCA. *Coloniæ*, 1684, in-4°, 1 v.

140. Sacrorum Bibliorum vulgatæ editionis concordantiæ, ad recognitionem jussu Sixti V. Pont. Max. Bibliis adhibitam recensitæ atque emendatæ a Francisco LUCA. *Coloniæ Agrippinæ*, 1684, in-4°, 1 v.

2me SECTION

COMMENTAIRES

a. Interprètes de l'ancien et du nouveau Testament

141. Enucleamenta Bibliæ compilata Gregorianis codicibus per fratrem GUERNERIUM. *Parisiis*, 1518, in-8°, 1 v.

142. Theosophia Joannis ARBOREI, complectens sanam et luculentam difficillimorum locorum tum Veteris tum Novi Testamenti expositionem. (Tomus primus et secundus.) *Parisiis*, 1540, in-fol., 1 v.

143. D. Aurelii AUGUSTINI tam in Vetus quam in Novum Testamentum commentarii. *Basileæ*, 1542, in-fol., 1 v.

144. Theosophia Joannis ARBOREI, complectens sanam et luculentam difficillimorum locorum tum Veteris tum Novi Testamenti expositionem. (Tomus tertius.) *Parisiis*, 1553, in-fol., 1 v.

145. Flores Bibliorum, sive loci communes omnium fere materiarum ex Veteri ac Novo Testamento excerpti. *Antuerpiæ*, 1555, in-12, 1 v.

146. Apophthegmata biblica a Samuele QUICHELBERGO. *Coloniæ*, 1571, in-12, 1 v.

147. Allegoriæ simul et tropologiæ in locos utriusque Testamenti. *Parisiis*, 1574, in-8°, 1 v.

148. Adami SASBOUR opera omnia. *Coloniæ Agrippinæ*, 1575, in-fol., 1 v.

149. In sacra Biblia notationes, a Franc. LUCA Brugensi. *Antuerpiæ*, 1580, in-4°, 1 vol.

150. Explicationes catholicæ locorum fere omnium Veteris ac Novi Testamenti, per P. Felicianum CAPITONUM. *Coloniæ*, 1581, in-12, 1 v.

151. Petri AUREOLI in universam Scripturam commentaria. *Parisiis*, 1585, in-8°, 1 vol.

152. Hieronymi OSORII, Lusitani, opera omnia. *Romæ*, 1592, in-fol., 2 v.

153. Benedicti PERERII primus tomus selectarum disputationum in Sanct. Scripturam. *Ingolstadii*, 1601, in-4°, 1 v.

154. Bazilii Zanchii in omnes Sanctæ Scripturæ libros notationes. *Coloniæ Agrippinæ*, 1602, in-18, 1 v.

155. Benedicti Pererii in Sacram Scripturam disputationes. *Ingolstadii*, 1603, in-4°, 2 v.

156. Garneri Gregoriani allegoricæ omnium pene rerum in Bibliis contentarum explanationes. *Parisiis*, 1608, in-12, 1 vol.

157. Benedicti Pererii quartus tomus selectarum disputationum in Sacram Scripturam. *Lugduni*, 1608, in-4°, 1 v.

158. Controversiarum D. D. Joannis Alphonsi Curiel libri duo. *Salmanticæ*, 1611, in-fol., 1 v.

159. Guilelmi Estii annotationes in præcipua ac difficiliora Sacræ Scripturæ loca. *Duaci*, 1629, in-fol., 1 v.

160. Brevis explicatio sensus literalis totius S. Scripturæ, a S. Menochio. *Coloniæ Agrippinæ*, 1630, in-fol., 2 v.

161. Sacræ Bibliorum metaphoræ a Silvestro Petra Sancta. *Coloniæ Agrippinæ*, 1631, in-4°, 1 v.

162. Jacobi Tirini commentarius in Vetus et Novum Testamentum. *Antuerpiæ*, 1632, in-fol. 3 v.

163. Sancti Bernardi Biblia, sive collectio et explicatio omnium locorum Sacræ Scripturæ labore Davidis Lenfant. *Parisiis*, 1655, in-4°, 1. v.

164. Biblia maxima versionum ex linguis orientalibus collectarum earumque concordantia cum Vulgata, par Jean de la Haye. *Lutetiæ*, 1660, in-fol., 19 v.

165. Danielis Brenii breves in Vetus et Novum Testamentum adnotationes. *Amstelædami*, 1664, in-fol., 1 v.

166. Joannis Pauli Oliva Stromatum ex divinis Scripturis tomi tres. *Lugduni*, 1677, in-fol., 3 v.

167. Contradictiones apparentes Sacræ Scripturæ a Dominico Magrio. *Lovanii*, 1679, in-16, 1 v.

168. Guilelmi Estii annotationes in præcipua ac difficiliora Sacræ Scripturæ loca. *Parisiis*, 1684, in-fol., 1 v.

169. Guilelmi Estii annotationes in præcipua ac difficiliora Sacræ Scripturæ loca. *Antuerpiæ*, 1699, in-fol., 1 v.

170 Joannis Stephani Menochii doctoris theologi e societate Jesu commentarii totius Scripturæ. *Lutetiæ*, 1719, in-fol., 2 vol.

171. Commentaire littéral sur tous les livres de l'Ancien et du Nouveau Testament, par le R. P. D. Augustin Calmet. *Paris*, 1724, in-fol., 9 v.

172. La Sainte Bible avec des parallèles et des sommaires par David Martin, ministre de l'Evangile. *Leipsig*, 1727, in-8°, 1 vol.

173. R. P. Jacobi Tirini Antuerpiani commentarius in Sacram Scripturam. *Lugduni*, 1736, in-fol., 2 v.

174. Synopsis doctrinæ sacræ, seu insigniora et præcipua ex Veteri et Novo Testamento loca. *Lutetiæ*, 1743, in-8°, 1 v.

175. Sainte Bible en latin et en français avec des notes tirées du commentaire de D. Augustin Calmet, etc. *Paris*, 1747, in-4°, 17 v.

176. Sainte Bible, en latin et en français, avec des notes littérales, critiques et historiques tirées du commentaire de Dom Augustin Calmet et de M. l'abbé de Vence. *Paris*, 1748, in-4°, 14 v.

b. Interprètes de l'ancien Testament

177. Scripturæ Sacræ cursus completus ex commentariis omnium perfectissimis. (Migne). *Parisiis*, 1837-1840, in-4°, 28 vol.

178. Augustini Steuchi Eugubini opera quæ exstant omnia. *Parisiis*, 1577, in-fol., 2 v.

c. Interprètes du nouveau Testament

179. Epitome annotationum in Novum Testamentum ex quinta et ultima Desiderati ERASMI Roterodami æditione. *Antuerpiæ*, 1538, in-8°, 1 v.

180. Thomæ DE VIO CAJETANI cardinalis sancti Xisti in Novum Testamentum juxta sensum literalem commentarii. *Lugduni*, 1556, in-12, 1 v.

181. Novi Testamenti catholica expositio, authore Augustino MARLORATO. *Genevæ*, 1585, in-fol., 2 vol.

182. Jesu Christi Novum Testamentum ex Theodori BEZÆ interpretatione. *Franekeræ*, 1594, in-16, 1 v.

183. D.N. Jesu Christi Novum Testamentum cum commentariis Ludovici WOLZOGENII. *Amstelodami*, 1656, in-fol., 2 v.

184. Explication de saint AUGUSTIN et des autres Pères latins sur le Nouveau Testament. *Paris*, 1665, in-8°, 1 v.

185. Version expliquée du Nouveau Testament de N. S. J.-C., par Mgr GODEAU. *Paris*, 1672, in-12, 1 vol.

186. Abrégé de S. JEAN CHRYSOSTOME sur le Nouveau Testament. *Mons*, 1676, in-8°, 2 v.

187. Explication de S. AUGUSTIN et des autres Pères latins sur le Nouveau Testament. *Paris* 1689, in-8°, 4 v.

188. Le Nouveau Testament avec des réflexions morales. *Paris*, 1692, in-8°, 4 v.

189. Le Nouveau Testament, en français, avec des réflexions morales sur chaque verset, par Mgr l'évêque de Châlons. *Paris*, 1696, in-12, 4 vol.

190. Le Nouveau Testament, avec réflexions morales. *Paris*, 1699, in-8°, 4 v.

191. Réflexions morales avec des notes sur le Nouveau Testament. *Paris*, 1714, in-12, 4 v.

3me SECTION

A. LIVRES SÉPARÉS DE L'ANCIEN TESTAMENT AVEC OU SANS COMMENTAIRES

a. Pentateuque et ses divers livres

192. Le Pentateuque, hebraice. 1566, in-12, 1 v.

193. SEPHER RABBOTH, commentarius in Pentateuchum (hebraice et chaldaice). *Pragæ*, 1618, in-fol., 1 v.

194. Pentateuchi versio latina antiquissima e codice Lugdunensi, par Ulysse ROBERT. *Paris*, 1881, in-fol., 1 v.

195. Pentateuchum MOYSI. In-32, 6 v.

196. Cathena seu explicatio locorum qui in Pentateucho subobscuriores occurrunt ex antiquis græcorum theologis deprompta, Francisco Zephyro FLORENTINO interprete. *Coloniæ Agrippinæ*, 1573, in-12, 1 vol.

197. Commentaria in Pentateuchum MOSI a fratre Hieronymo AB OLEASTRO. *Lugduni*, 1596, in-fol., 1 v.

198. Pentateuchus MOYSIS commentario illustratus a R.P. Jacobo BONFRERIO. *Antuerpiæ*, 1625, in-fol., 1 v.

199. Paraphrasis intertexta editioni vulgatæ in Pentateuchum Moysi, per Petrum Vincentium DE MARZILLA. *Salmanticæ*, 1610, in-fol., 1 v.

200. Sancti BRUNONIS in Pentateuchum Moysi commentaria. *Duaci*, 1648, in-4°, 1 vol.

201. Cornelii JANSENII Episcopi Iprensis Pentateuchus sive commentarius in quinque libros Moysis. *Parisiis*, 1649, in-4°, 1 v.

202. Commentarii illustres in quinque Mosaicos libros Thomæ DE VIO. *Parisiis*, 1539, in-fol., 1 v.

203. Ligatio Isaac seu commentarius in PENTATEUCHUM et quinque libros : RUTH, ECCLESIASTEN, THRENOS, ESTHER et CANTICUM, Auctore Isaac BEN ARMAA. Hebraice. *Venetiis*, 1573, in-fol., 1 v.

204. PHILONIS Judæi in libros Mosis commentarii. *Parisiis*, 1552, in-fol., 1 v.

205. Primus liber legis Mosaicæ. Hebraice. *Parisiis*, 1535, in-4°, 1 v.

206. Secundus liber legis Mosaicæ. Hebraice. *Parisiis*, 1536, in-4°, 1 v.

207. Primus liber legis Mosaicæ. Hebraice. *Parisiis*, 1537, in-4°, 1 v.

208. Rabbi MENAHHEN in legem Mosaicam, hebraice. In-4°, 1 v.

209. Liber Genesis, hebraice. *Parisis*, *R. Stephani*, 1543, in-4°, 1 v.

210. Arbor vitæ concionatorum in Genesim Joannis DE LA HAYE. *Paris*, 1633, in-fol., 1 v.

211. SEPHER THORA— Livre de la loi—seu commentarii rabbini pars secunda super Genesim, Hebraice. In-4°, 1 v.

212. Reverendi Patris D. Joannis FERI in totam Genesim non minus eruditæ quam catholicæ enarrationes. *Coloniæ Agrippinæ*, 1572, in-12, 1 v.

213. Joh. Henrici HOTTINGERI historiæ creationis examen theologico-philologicum. *Heidelbergæ*, 1659, in-4°, 1 v.

214. Explication du livre de la Genèse. *Paris*, 1722, in-12, 6 v.

215. Expositio in Genesim ab Adami noxa ad natum Isaac usque, aliquot homiliis partita, auctore Fratre Firmino CAPITIS. *Parisiis*, 1570, in-12, 1 v

216. Marini MERSENNI quæstiones celeberrimæ in Genesim. *Lutetiæ*, 1623, in-fol., 1 vol.

217. Benedicti PERRERII Valentini commentariorum et disputationum in Genesim tomi quatuor. *Coloniæ Agrippinæ*, 1606, in-fol., 1 v.

218. Benedicti FERNANDII Borbensis Lusitani commentariorum in Genesim libri. *Lugduni*, 1623, in-fol., 3 v.

219. Fratris Francisci ARRETINI commentaria scholastica in Genesim. *Venetiis*, 1615, in-4°, 1 v.

220. Catena in Genesim ex authoribus ecclesiasticis plus minus sexaginta, authore Aloysio LIPPOMANO. *Parisiis*, 1546, in-fol., 1 v.

221. Glossæ magnæ in sacram Genesim, authore Ascanio MARTINENGO. *Patavii*, 1597, in-fol., 2 vol.

222. Divi Joannis CHRYSOSTOMI in totum Geneseos librum Homiliæ. *Basileæ*, 1523, in-fol., 1 v.

223. Genesis sive Mosis prophetæ liber primus ex translatione Joannis CLERICI. *Amstelodami*, 1710, in-fol., 6 v.

224. Henrici Ludovici CASTANÆI in Genesim exercitationes. *Pictavii*, 1628, in-4°, 1 vol.

225. Enarrationes Ambrosii CATHARINI in quinque priora capita libri Geneseos. *Romæ*. 1552, in-fol., 1 v.

226. Martini DEL RIO pharus sacræ sapientiæ, seu commentarii et glossæ literales in Genesim. *Lugduni*, 1608, in-4°, 1 vol.

227. Pensées morales et chrétiennes sur le texte de la Genèse, par l'abbé LE MÈRE. *Rouen*, 1733, in-12, 2 v.

228. Catena in Exodum ex auctoribus ecclesiasticis plus minus sexaginta connexa, auctore Aloysio LIPPOMANO. *Parisiis*, 1550, in-fol., 1 v.

229. Victoria Hebræorum adversus Ægyptios. Commentaria in priora quindecim Exodi capita, auctore Joanne NODIN. *Lugduni*, 1611, in-fol., 1 v.

230. Reverendi Pátris Joannis Feri annotationes in Exodum et Numeros. *Coloniæ*, 1571, in-8°, 1 v.

231. Commentarii literales et conceptuales in Exodum, auctore Joanne de la Haye. *Parisiis*, 1638, in-fol., 1 v.

232. Sebastiani Barradii itinerarium filiorum Israel ex Egypto in terra repromissionis. *Antuerpiæ*, 1621, in-fol., 1 v.

233. Commentarii exegetici literales in Canticum Moysis et Ezechiæ, auctore P. Augustino Quiros. *Lugduni*, 1623, in-4°, 1 v.

234. Liber oculorum Mosis, seu Ruth, Threni, Ecclesiastes, Esther, Canticum variæque glossæ rabbinicæ, hebraice, in-4°, 1 v.

235. Commentarii in Canticum magnum Moysis. *Antuerpiæ*, 1622, in-4°, 1. v.

236. Cosmæ Magaliani commentarii in Canticum primum Mosis. *Lugduni*, 1609, in-4°, 1 v.

237. Petri Serrani in Levitici libr. commentaria. *Antuerpiæ*, 1572, in-fol., 1 v.

238. Isychii presbyteri Hierosolymorum in Leviticum libri septem. *Basileæ*, 1527, in-fol., 1 v.

239. Joannis Lorini commentarii in Leviticum. *Duaci*, 1620, in-fol., 1 v.

240. Radulphi Flaviacensis in mysticum illum Moysi Leviticum libri XX. *Coloniæ*, 1536, in-fol., 1 v.

241. Joannis Lorini commentarii in Deuteronomium. *Lugduni*, 1629, in-fol., 2 v.

242. Explication littérale de l'ouvrage des Six Jours, par d'Asfeld. *Bruxelles*, 1733, in-32, 1 v.

243. Explication de l'ouvrage des Six Jours, par les abbés Duguet et d'Asfeld. *Paris*, 1740, in-12, 1 v.

b. Livres historiques

244. Reverendissimi domini Thomæ de Vio Cajetani Cardinalis in omnes authenticos Veteris Testamenti historiales libros commentarii. *Parisiis*, 1546, in-12, 1 v.

245. Angelomi monachi ordinis divi Benedicti enarrationes in quatuor libros Regum. *Coloniæ*, 1530, in-fol., 1 v.

246. Commentarii in quatuor libros Regum, auctore de Mendoça. *Parisiis*, 1622, in-fol., 3 vol.

247. Gasparis Sanctii in quatuor libros Regum et duos Paralipomenon commentarius. *Antuerpiæ*, 1624, in-fol., 1 v.

248. Claudii Rangolii commentarii in libros Regum. *Lutetiæ*, 1621, in-fol., 2 v.

249. Cosmæ Magaliani in sacram Judicum historiam explanationes. *Lugduni*, 1626, in-fol., 1 v.

250. De varia republica sive commentaria in librum Judicum Bened. Aria Montano descriptore. *Antuerpiæ*, 1592, in-4°, 1 v.

251. Judices et Ruth, explanati a Nicolao Serario. *Moguntiæ*, 1609, in-fol., 1 v.

252. Josne, Judices et Ruth commentario illustrati a R. P Jacobo Bonfrerio. *Parisiis*, 1631, in-fol., 1 v.

253. Gasparis Sanctii in libros Ruth, Esdræ, Nehemiæ commentarii. *Lugduni*, 1628, in-fol., 2 v.

254. Commentarius Cornelii a Lapide in Esdram, Nehemiam, Tobiam. *Antuerpiæ*, 1645, in-fol., 1 v.

255. Friderici Nauseæ Blancicampiani in librum Tobiæ enarrationes. *Coloniæ*, 1532, in-12, 1 v.

256. In sacros divinorum Bibliorum libros Tobiam, Judith, Esther, Machabæos commentarius, auctore Nicolao Serario. *Moguntiæ*, 1610, in-fol., 3 v.

257. Réflexions morales sur le livre de Tobie. *Paris*, 1727, in-12, 1 v.

258. Tobias explanationibus historicis il-

lustratus a Fabiano JUSTINIANO. *Antuerpiæ*, 1629, in-fol., 1 v.

259. Speculum aureum vitæ moralis seu Tobias ad vivum delineatus, auctore Davide A MAUDEN. *Antuerpiæ*, 1631, in-fol., 1 vol.

260. Le Livre de Judith, avec des réflexions morales sur tous les versets, par le P. DE LA NEUVILLE. *Paris*, 1728, in-12, 1 vol.

261. R. P. Francisci ARDENTII in librum Esther commentarii, concionibus christianis accommodati. *Coloniæ Agrippinæ*, 1595, in-12, 1 v.

262. Nicolai SERARII, societatis Jesu theologi, Josue. *Lutetiæ Parisiorum*, 1610, in-fol., 1 v.

263. Cosmæ MAGALIANI Brucharensis in sacram Josue historiam commentariorum tomi duo. *Turnoni*, 1612, in-fol., 1 v.

264. Josuæ Imperatoris historia illustrata atque explicata ab Andræa MASIO. *Antuerpiæ*, 1574, in-fol., 1 v.

265. Bened. ARIÆ MONTANI de optimo imperio sive in lib. Josuæ commentarium. *Antuerpiæ*, 1583, in-4°, 1 v.

266. Gasparis SANCTII in librum Job commentarii cum paraphrasi. *Lugduni*, 1625, in-fol., 1 v.

267. Paraphrastica elucidatio in librum D. Job. *Parisiis*, 1547, in-8°, 1 v.

268. Essai sur le livre de Job. *Paris*, 1768, in-12, 2 v.

269. Le livre de Job, traduit en vers français, par M. LEVAVASSEUR. *Paris*, 1826, in-8°, 1 v.

270. Joannis de PINEDA commentariorum in Job libri tredecim. *Coloniæ Agrippinæ*, 1605, in-fol., 3 v.

271. Catena in B. Job absolutissima, e græco in latinum conversa. *Lugduni*, 1586, in-4°, 1 v.

272. Explication du livre de Job. *Paris*, 1732, in-12, 4 v.

273. Sancti ODONIS moralium in Job libri XXXV, studio D. Martini MARRIER. *Lutetiæ*, 1617, in-8°, 1 v.

274. Joannis MERCERI commentarii in Jobum et Salomonis proverbia. *Amsterodami*, 1651, in-fol., 1 v.

275. Paraphrases sur Job, par le P. Pierre MAUCORPS. *Paris*, 1619, in-4°, 1 v.

276. Jacobi BOLDUCI commentaria in librum Job. *Lutetiæ*, 1619, in-4°, 1 v.

277. Les Morales de S. GRÉGOIRE, Pape, sur le livre de Job. *Lyon*, 1692, in-8°, 4 vol.

c. Psaumes

278. Psalterium hebraicum. *Basileæ*, 1547, in-32, 1 v.

279. Psalmi DAVIDIS hebraici cum interlineari versione Xantis PAGNINI. *Raphelengii*, 1608, in-12, 1 v.

280. Liber Psalmorum, hebraice, cum versione latina Santis PAGNINI. *Basileæ*, 1705. in-32, 1 v.

281. Psalmi DAVIDIS hebraici cum interlineari versione Xantis PAGNINI, ARIÆ MONTANI studio. *Antuerpiæ*, 1608.

282. Psalmi DAVIDIS, Proverbia SALOMONIS, Ecclesiastes et Canticum Canticorum, hebraice, cum interlineari versione Santis PAGNINI. *Parisiis*, 1632, in-12, 1 v.

283. Quincuplex Psalterium a Jacobo FABRO Stapulensis secunda emissio. *Parisiis*, 1508, in-fol., 1 v.

284. Quincuplex Psalterium. *Parisiis*, 1513, in-fol., 1 v.

285. Liber Psalmorum cum translationibus quatuor. *Argentoratum*, 1545, in-8°, 1 vol.

286. Liber Psalmorum DAVIDIS regis et prophetæ ex Arabico idiomate in latinum translatus. *Romæ*, 1614, in-4°, 1 v.

287. Psalterium DAVIDIS græco latinum. *Parisiis*, 1605, in-18, 1 v.

288. Psalterium Davidicum, græce. In-12, 1 vol.

289. Psalterium Davidicum cum aliquot canticis ecclesiasticis; litaniæ, hymni ecclesiastici. *Parisiis*, 1527, in-12, 1 v.

290. Psalterium Davidicum vetus, studio Wilhelmi DAMASILINDI. *Coloniæ*, 1576, in-12, 1 v.

291. Psalmi DAVIDIS vulgata editione mendis innumeris repurgati et distinctionibus ad usum Ecclesiæ insigniti. *Atrebati*, 1611, in-12, 1 v.

292. Psalmorum versio nova ex hebræo fonte. *Parisiis*, 1762, in-12, 1 v.

293. DAVIDIS Regis ac prophetæ Psalmorum liber. J. Mauricius SUERE DU PLAN. *Parisiis*, 1786, in-12, 1 v.

294. Psalterium Davidicum. *Parisiis*, 1584, in-8°, 1 v.

295. Psalmorum et Canticorum versio vulgata et versio nova ad hebraicam veritatem facta. *Parisiis*, 1755, in-18, 1 v.

296. Psalmi DAVIDIS vulgata editione mendis innumeris repurgati et distinctionibus ad usum Ecclesiæ insigniti. *Atrebati*, 1603, in-12, 1 v.

297. Psalmi DAVIDIS. *Parisiis*, 1581, in-8°, 1 v.

298. Psalmi DAVIDIS. *Coloniæ*, 1615, in-4°, 1 vol.

299. Psalmorum liber. *Lovanii*, 1571, in-4°, 1 v.

300. Psalterium Davidicum vetus. *Antuerpiæ*, 1568, in-12, 1 v.

301. Liber Psalmorum cum versione latina. In-18, 1 v.

302. Liber Psalmorum cum notis a Ludovico ELLIES DU PIN. *Parisiis*, 1691, in-4°, 1 v.

303. Liber Psalmorum vulgatæ editionis cum notis. *Parisiis*, 1729, in-4°, 1 v.

304. Psalmorum versio nova ex hebræo fonte, et version française. *Parisiis*, 1762, in-12, 2 v.

305. DAVIDIS Regis ac prophetæ aliorumque vatum Psalmi a Benedicto ARIA MONTANO. *Antuerpiæ*, 1574, in-4°, 1 v.

306. In Hymnos ecclesiasticos fere omnes Michaelis TIMOTHEI Gateensis brevis elucidatio. *Venetiis*, 1582, in-4°, 1 v.

307. DAVIDIS Regis et prophetæ Psalmi omnes in carmen conversi per Jacobum LATOMUM. *Antuerpiæ*, 1637, in-12, 1 v.

308. Psaumes de DAVID, traduction nouvelle selon l'hébreu et la Vulgate. *Paris*, 1678, in-12, 1 v.

309. Les Psaumes, traduction nouvelle, par M. Eugène GENOUDE. *Paris*, 1819, in-8°, 1 v.

310. Psalmes de DAVID, traduits au plus près de leur sens propre. *Paris*, 1563, in-8°, 1 v.

311. Traduction nouvelle des Pseaumes de DAVID, faite sur l'hébreu par LAUGEOIS. *Paris*, 1762, in-12, 2 v.

312. Les Pseaumes, dans l'ordre historique, nouvellement traduits sur l'hébreu. *Paris*, in-12, 1 v.

313. Traduction des Pseaumes de DAVID, selon la nouvelle version latine du texte hébreu. *Lyon*, 1767, in-12, 1 v.

314. Les Pseaumes de DAVID. *Amsterdam*, in-24, 1 v.

315. Le Livre des Psaumes, ancienne traduction française, publiée pour la première fois par Francisque MICHEL. *Paris*, 1876, in-4°, 1 v.

316. Traduction complète des Psaumes en vers français, sur les textes hébreux des LXX et de la Vulgate, par G. ENLART DE GRANDVAL. *Paris*, 1828, in-8°, 1 v.

317. Les Pseaumes de DAVID, mis en vers français par Jean METEZEAU. *Paris*, 1610, in-12, 1 v.

318. Traduction complète des Pseaumes, en vers français. *Paris*, 1819, in-8°, 1 vol.

319. Les Psaumes, en vers français. *Paris*, 1697, in-12, 1 v.

320. Traduction complète des Psaumes, en vers français par G. ENLART DE GRANDVAL. *Paris*, 1828, in-8°, 1 v.

321. Discours moraux sur les sept Pseau-

mes pénitentiels composés en italien par CIBO GHISI et traduits en français par BAUDOUIN. *Paris*, in-12, 3 v.

322. Jesus Maria Joseph super septem Psalmos pœnitentiales auct. R. P. LAURENTIO A JESU. *Duaci*, 1674, in-4°, 1 v.

323. In septem Psalmos pœnitentiales paraphrasis per Casparum VLENBERGIUM. *Coloniæ*, 1591, in-16, 1 v.

324. Joannis REUCHLINI in septem Psalmos pœnitentiales hebraicos grammatica explanatio. 1529, in-12, 1 v.

325. Septem Psalmorum pœnitentialium pia atque non indocta enarratio per DIONYSIUM Carthusianum. *Coloniæ*, 1532, in-18, 1 v.

326. KMICHUS in Psalmos hebraice. In-fol., 1 vol.

327. Decapla in Psalmos sive commentarius ex decem linguis a Joanne VICCARS. *Londini*, 1655, in-fol., 1 v.

328. Richardi PAMPOLITANI, Anglo Saxonis Eremitæ, in Psalterium Davidicum enarratio. *Coloniæ*, 1536, in-fol., 1 v.

329. Petri LOMBARDI in totum Psalterium DAVIDIS commentarii absoluti. *Parisiis*, 1541, in-fol., 1 v.

330. JOANNIS BAPTISTÆ, Monachi D. Benedicti in Psalmos commentaria. *Basileæ*, 1540, in-fol., 1 v.

331. Elucidatorium in Psalmos Davidicos a J. DE BERCHT. *Antuerpiæ*, 1634, in-4°, 1 vol.

332. Antonii FLAMINII in librum Psalmorum brevis explanatio. *Antuerpiæ*, 1547, in-18, 1 v.

333. Expositionis Psalmorum DAVIDIS liber primus. *Venetiis*, 1628, in-4°, 1 v.

334. Vigenti septem Psalmi interpretati, authore Adriano LAMETIO. *Parisiis*, 1547, in-8°, 1 v.

335. EUTHYMII monachi commentarii in omnes Psalmos e græco in latinum conversi per Philippum SAULUM. *Parisiis*, 1547, in-8°, 1 v.

336. DIONYSII Carthusiani insigne commentariorum opus in Psalmos omnes Davidicos. *Parisiis*, 1547, in-fol., 1 v.

337. Jacobi JANSONII in Psalterium et Cantica expositio. *Lovanii*, 1597, in-4°, 1 vol.

338. Antonii AGELII commentarii in Psalmos et in divini officii cantica. *Parisiis*, 1611, in-fol., 1 v.

339. Elucidatio in omnes Psalmos juxta veritatem a Francisco TITELMANO. *Parisiis*, 1552, in-fol., 1 v.

340. LUDOLFI Carthusiensis in Psalterium expositio. *Parrhisiis*, 1520, in-4°, 1 vol.

341. D. HAYMONIS brevis ac dilucida in omnes Psalmos explanatio. *Parisiis*, 1633, in-fol., 1 v.

342. Commentaria in Psalmos Davidicos auctoris incogniti. *Lutetiæ*, 1613, in-fol., 2 vol.

343. Eusebii PAMPHILI commentarii in Psalmos, opera Bernardi DE MONTFAUCON. *Parisiis*, 1706, in-fol., 2 v.

344. In Psalterium DAVIDIS J. B. FOLENGII commentarii. *Basileæ*, 1543, in-fol., 1 vol.

345. Matthiæ BREDEMBACHII in Psalmos prophetæ DAVIDIS commentaria. *Coloniæ*, 1540, in-fol., 1 v.

346. In omnes Psalmos commentarius literalis et historicus, autore Simeone DE MUIS. *Parisiis*, 1630, in-fol., 1 v.

347. Stephani FABRITII in CL Psalmos DAVIDIS conciones sacræ. *Bernæ Helvetiorum*, 1664, in-fol., 1 v.

348. REMIGII Episcopi Autissiodoris enarrationum in Psalmos DAVID liber unus. *Coloniæ*, 1536, 1 v.

349. Liber Psalmorum cum argumentis paraphrasi et annotationibus. *Lutetiæ*, 1683, in-4°, 1 v.

350. Liber Psalmorum cum selectis annotationibus in loca difficiliora, auctore J.-B. DU HAMEL. *Rotomagi*, 1701, in-12, 1 v.

351. Liber Psalmorum DAVIDIS. Annotationes in eosdem ex hæbreorum commentariis. *Lutetiæ*, 1546, in-12, 1 v.

352. Psalterium paraphrasibus illustratum, servata ubique ad verbum HIERONYMI translatione, Raynerio SNOYGOUDANO auctore. *Lugduni*, 1542, in-12, 1 v.

353. Jacobi JANSONII Amsteledamensis Sacræ Scripturæ Lovanii professoris in librum psalmorum et cantica officii Romani expositio iterata. *Lovanii*, 1611, in-4°, 1 vol.

354. Literalis Psalmorum DAVIDIS explicatio, auctore Matthæo HOEN. *Coloniæ Agrippinæ*, 1630, in-12, 1 v.

355. Cathena aurea super Psalmos a Francisco DE PUTEO. *Parisiis* 1534, in-fol., 1. v.

356. Explanatio in Psalmos, auctore Roberto BELLARMINO Cardinali. *Antuerpiæ*, 1624, in-4°, 1 v.

357. Paraphrasis in Psalmos Davidicos Cornelii JANSENII. *Lugduni*, 1578, in-fol., 1 vol.

358. Jacobi PAREZ expositiones in psalmos DAVIDIS et in cantica ferialia. *Parisiis*, 1507, in-fol., 1 v.

359. Joannis LORINI libri commentariorum in librum Psalmorum. *Lugduni*, 1622, in-fol., 2 v.

360. Paraphrasis in Psalmos Davidicos, authore HOPPERO Frisio. *Antuerpiæ*, 1590, in-12, 1 v.

361. Liber Psalmorum, additis canticis, cum notis Jacobi Benigni BOSSUET Episcopi Meldensis. *Lugduni*, 1691, in-8°, 1 vol.

362. Centum quinquagenta Psalmi Davidici succincta paraphrasi explicati ab Adriano CROMMIA. *Antuerpiæ*, 1652, in-18, 1 v.

363. Paraphrase des Pseaumes de DAVID, par le P. DE CADENET. *Paris*, 1660, in-8°, 1 vol.

364. Paraphrase des Pseaumes de DAVID, par GUILLEBERT. *Rouen*, 1620, in-12, 1 vol.

365. Paraphrase des Pseaumes de DAVID, par Antoine GODEAU. *Paris*, 1676, in-18, 1 vol.

366. Paraphrase ou déclaration sur tous les Pseaumes de DAVID par Jacques DURAND, *Lyon*, 1627, in-18, 1 v.

367. La première partie des collations royales, contenant l'exposition de deux Psaumes davidiques, par Pierre DORÉ. *Paris*, 1546, in-32, 1 v.

368. Les Triomphes du Roy sans Pair. Psaume de DAVID par Pierre DORÉ. *Paris*, 1548, in-32, 1 v.

369. Second livre des paraphrases sur le sens mystique et littéral des Pseaumes de DAVID, par le P. Jean DU BEC. *Saint-Malo*, 1603, in-12, 1 v.

370. Paraphrase des 150 Pseaumes de DAVID, tant littérale que mystique, par Antoine DE LAVAL. *Paris*, 1630, in-4°, 1 vol.

371. Lyra prophetica DAVIDIS Regis, studio Victorini BYTHNERI. *Tiguri*, 1685, in-8°, 1 v.

372. Psalmorum DAVIDIS paraphrasis poetica Georgii BUCHANANI Scoti. *Herbonæ*, 1590, in-18, 1 v.

373. Joannis BOCHII in Psalmos DAVIDIS variæ observationes physicæ, ethicæ, politicæ et historicæ. *Antuerpiæ*, 1608, in-12, 1 v.

374. Le Psaultier, avecques l'exposition sur DE LIRA, en françoys. In-4°, 2 v.

375. La saincte et sacrée exposition de Mgr Saint AUGUSTIN sur la première quinquagène du Psautier de DAVID. *Lille*, 1519, in-fol., 1 v.

376. Oratio academica in illud PSALMISTÆ : omnis homo mendax. *Duaci*, 1670, in-4°, 1 vol.

377. Paraphraze sur le Pseaume 148e : Laudate Dominum de cœlis, laudate eum in excelsis. *Douay*, 1672. in-12, 1 v.

378. Moralis explicatio Psalmi CXVIII : Beati immaculati in via, opera Joannis DEL RIO. *Antuerpiæ*, 1617, in-16, 1 v.

379. Psalmus sexagesimus sextus pie explicatus per Reverendum D. Joannem FERUM. *Moguntiæ*, 1554, in-18, 1 v.

380. La Fleur des Pseaumes, par le P. BINET. *Arras*, 1618, in-32, 1 v.

381. Harmonie des Psaumes et de l'Evangile, par PLUCHE. *Paris*, 1764, in-12, 1 vol.

382. Les Pseaumes expliqués dans le sens propre, ou les rapports des Pseaumes à J.-C. *Paris*, 1766, in-12, 1 v.

383. Jugement et observations de l'abbé LADVOCAT sur les traductions des Pseaumes de M. PLUCHE. *Paris*, 1763, in-12, 1 vol.

d. Livres sapientiaux.

384. In Proverbia SALOMONIS Roberti HOLCOTI explanationes. *Parrhisiis*, 1515, in-4°, 1 v.

385. Psalmi, Proverbia SALOMONIS, Ecclesiastes, Canticum Canticorum, cum brevibus ex hebræo annotationibus. *Parisiis*, 1528, in-4°, 1 v.

386. Parabolæ SALOMONIS ad veritatem hebraicam castigatæ et per Cardinalem Thomam DE VIO enarratæ. *Lugduni*, 1545, in-12, 1 v.

387. Commentarii Joannis ARBOREI Laudunensis in Proverbia SALOMONIS. *Parisiis*, 1549, in-fol., 1 v.

388. Venerabilis BEDÆ in Proverbia SALOMONIS in Cantica Canticorum libri VII 1581, in-fol., 1 v.

389. Hieronymi OSORII Lusitani in Parabolas SALOMONIS commentarius. *Antuerpiæ*, 1596, in-18, 1 v.

390. Theodori PELTANI in Proverbia SALOMONIS scholia. *Antuerpiæ*, 1606, in-4°, 1 v.

391. Ferdinandi Quirini DE SALAZAR expositio in Proverbia SALOMONIS. *Parisiis*, 1619, in-fol., 1 v.

392. Catena Græcorum Patrum in Proverbia SALOMONIS, R. Theodoro PELTANO interprete. *Antuerpiæ*, 1614, in-12, 1 v.

393. Les Proverbes de SALOMON expliqués en forme de paraphrase par Nicolas GUILBERT. *Paris*, 1634, in-12, 1 v.

394. Livres moraux de l'Ancien Testament, contenant les Proverbes de SALOMON, l'Ecclésiaste, le Cantique des Cantiques et la Sagesse, par DE BELLEGARDE. *Paris*, 1701, in-8°, 1 v.

395. Commentaire littéral sur les Proverbes de SALOMON, par le R. DE CARRIÈRE. *Reims*, 1711, in-12, 2 v.

396. Les Proverbes, l'Ecclésiaste, le Cantique des Cantiques, la Sagesse, traduction nouvelle par M. Eug. GENOUDE. *Paris*, 1820, in-8°, 1 v.

397. Commentaria in librum Ecclesiastæ, partim paraphrastice partim aliter a Gerardo MORINGO accurate concinnata. *Antuerpiæ*, 1533, in-12, 1 v.

398. Commentarii Joannis ARBOREI Laudunensis in Ecclesiasten et in Cantica Canticorum. *Parisiis*, 1537, in-fol., 1 v.

399. Commentarii in Ecclesiasten SALOMONIS cum annotationibus ex hæbreo et æditione græca in singula capita per fratrem TITELMANNUM. *Parisiis*, 1552, in-18, 1 vol.

400. Joannis LORINI commentarii in Ecclesiasten. *Lugduni*, 1606, in-4°, 1 v.

401. Hieronymi OSORII Junioris commentaria in Ecclesiasten. *Lugduni*, 1611, in-4°, 1 v.

402. Ecclesiastæ encomia de vanitate, studio Jacobi DARDEI. *Leodii*, 1632, in-4°, 1 vol.

403. Joannis TOLLENARII speculum vanitatis, sive Ecclesiastes dilucidatus. *Antuerpiæ*, 1635, in-4°, 1 v.

404. Commentarii in Ecclesiasten, auctore R. P. Cornelio Cornelii a LAPIDE. *Antuerpiæ*, 1630, in-fol., 1 v.

405. Joannis MAURY theatrum universæ vanitatis, seu excursus morales in Ecclesiasten SALOMONIS. *Parisiis*, 1646, in-8°, 1 vol.

406. Paraphrase sur le livre de l'Ecclesiaste, en vers français, par le P. Gatien

DE MORILLON. *Paris*, 1670, in-12, 1 v.

407. L'Ecclesiaste de SALOMON, traduit de l'hébreu en latin et en français. *Paris*, 1771, in-12, 1 v.

408 In Canticum Canticorum homiliæ quindecim. *Parisiis*, 1517, in-4°, 1 v.

409. Cantica Canticorum. *Parisiis*, 1521, in-fol., 1 v.

410. RUPERTI Abbatis in Cantica Canticorum commentarius. 1540, in-fol., 1 v.

411. Petri NANNII Alcmariani in Cantica Canticorum scholia. *Lovanii*, 1554, in-4°, 1 vol.

412. Canticum Canticorum SALOMONIS regis. *Parisiis*, 1520, in-4°, 1 v.

413. Commentaria quædam in Cantica Canticorum. *Burgis*, 1581, in-4°, 1 v.

414. Canticum Canticorum SALOMONIS versibus et commentariis illustratum, Gilb. GENEBRARDO auctore. *Parisiis*, 1585, in-12, 1 v.

415. SALOMONIS Cantica Canticorum cum notis D. THOMÆ AQUINATIS. *Parisiis*, 1587, in 8°, 1 v.

416. Francisci MONCÆII Atrebatii sacra bucolica sive Cantici Canticorum poetica paraphrasis. *Parisiis*, 1587, in-4°, 1 v.

417. Jacobi JANSSONII in Canticum Canticorum SALOMONIS commentarius. *Lovanii*, 1603, in-16, 1 v.

418. Cantici Canticorum interpretatio, auctore F. JOANNE A JESU MARIA. *Moguntiæ*, 1603, in-12, 1 v.

419. In Canticum Canticorum SALOMONIS commentarius, authore Martino DEL RIO. *Parisiis*, 1608, in-4°, 1 v.

420. De Philotheia in Cantica Canticorum libri X. *Friburgi Helvetiorum*, 1609, in-4°, 1 v.

421. Considérations spirituelles sur le Cantique des Cantiques de SALOMON, par le F. JEAN DES ANGES. *Paris*, 1609. in-8°, 1 vol.

422. Lud. SOTTO-MAIOR ad Canticum Canticorum notæ posteriores. *Parisiis*, 1611, in-4°, 1 v.

423. Commentarii Michaelis GHISLERII Romani in Canticum Canticorum. *Parisiis*, 1613, in-fol., 1 v.

424. Gasparis SANCTII in Canticum Canticorum commentarii. *Lugduni*, 1616, in-4°, 1 vol.

425. Expositio moralis in Canticum Canticorum, auctore Ludovico DE PONTE. *Parisiis*, 1622, in-fol., 1 v.

426. P. Pauli SHERLOGI Anteloquia in SALOMONIS Canticorum Canticum. *Lugduni*, 1623, in-fol., 1 v.

427. In Canticum Canticorum SALOMONIS expositio Matthæi CANTACUZENI, interprete Vincentio RICCARDO. *Romæ*, 1624, in-fol., 1 v.

428. Canticum Canticorum SALOMONIS paraphrase continua enarratum, auctore Arnoldo CATHIO. *Antuerpiæ*, 1625, in-12, 1 vol.

429. Joannis MALDERI in Canticum Canticorum SALOMONIS commentarius. *Antuerpiæ*, 1628, in-12, 1 v.

430. Commentaria super Canticum Canticorum SALOMONIS. *Coloniæ Agrippinæ*, 1630, in-4°, 1 v.

431. THEODORET. Explication du Cantique des Cantiques (græce). 1639, in-4°, 1 v.

432. Explicatio literalis Cantici Canticorum studio Caroli Mariæ DE VEIL. *Londini*, 1679, in-8°, 1 v.

433. Prologus Roberti HOLKOT in libro Sapientiæ SALOMONIS. *Parisiis*, 1511, in-8°, 1 v.

434. Joannis LORINI commentarii in Sapientiam. *Lugduni*, 1607, in-4°, 1 v.

435. R. Patris Christophori CASTRI Ocaniensis in Sapientiam SALOMONIS commentarius. *Lugduni*, 1613, in-4°, 1 v.

436. In librum Sapientiæ commentarii et historiæ, auctore fratre Gonsalvo CERVANTES. *Hispali*, 1614, in-fol., 1 v.

437. R. P. Laurent DEAPONTE in Sapientiam SALOMONIS. *Parisiis*, 1629, in-fol., 1 vol.

438. La Sagesse de SALOMON paraphrasée

par N. Guillebon. *Paris*, 1631, in-12, 1 vol.

439. Les conseils de la Sagesse, ou le recueil des maximes de Salomon. *La Haye*, 1698, in-32, 2 v. en un.

440. Operis Hierarchi sive de Ecclesiastico principatu libri III, autore Cosma Magaliano. *Lugduni*, 1609, in-4°, 2 v.

441. Octavii de Tufo commentaria in Ecclesiasticum. *Coloniæ Agrippinæ*, 1629, in-fol., 1 v.

442. Joannis de Pinna commentarii in Ecclesiasticum. *Lugduni*, 1630, in-fol., 1 v.

443. R. P. Oliveri Bonartii in Ecclesiasticum commentarius. *Antuerpiæ*, 1634, in-fol., 1 v.

c. Prophètes.

444. Les prophètes Isaïe, Jérémie, Ezéchiel et Daniel (hebraïce). In-24, 1 v.

445. Isaiæ, Jeremiæ, Ezechielis et Danielis prophetiæ (hebraïce). In-24, 5 v.

446. Commentarii Rabbi Davidis Kimhi in Prophetas. *Parisiis*, 1557, in-4°, 1 v.

447. Dionysii Carthusiani enarrationes in quatuor Prophetas majores. *Coloniæ*, 1557, in-fol., 1 v.

448. Mirabilis liber qui prophetias revelationesque demonstrat. *Parrhisiis*, 1523, in-8°, 1 v.

449. Joannis Maldonati commentarii in prophetas quatuor Jeremiam, Baruch, Ezechielem et Danielem. *Moguntiæ*, 1611, in-4°, 1 v.

450. Morceaux choisis des Prophètes, mis en français, par l'abbé Champion de Nilon. *Paris*, 1777, in-12, 2 v.

451. Essai d'un commentaire littéral et historique sur les Prophètes, par le P. Dom Pezron. *Paris*, 1693, in-12, 1 v.

452. Michaelis Ghislerii in Jeremiam prophetam commentarii. *Lugduni*, 1623, in-fol., 3 v.

453. Les Lamentations de Jérémie, en langue espagnole, par F. André de Soto. *Bruxelles*, 1609, in-18, 1 v.

454. Paraphrase sur Jérémie, par le P. Pierre Maucorps. *Paris*, 1644, in-18, 1 vol.

455. Commentarius litteralis in Threnos, id est Lamentationes Jeremiæ prophetæ, auctore Martino del Rio. *Lugduni*, 1608, in-4°, 1 v.

456. Patris Christophori a Castro commentariorum in Jeremiæ prophetias, lamentationes et Baruch libri sex. *Parisiis*, 1609, in-fol., 1 v.

457. Commentarii in lamentationes Hieremiæ prophetæ et in Malachiam prophetam. *Lugduni*, 1595, in-8°, 1 v.

458. Theodoreti Episcopi Cyrensis commentarii in Jeremiam, Baruch et lamentationes, per Joannem Picum. *Lutetiæ*, 1564, in-12, 1 v.

459. Joannis a Jesu Maria lamentationum Jeremiæ et psalmi XLI interpretatio. *Coloniæ Agrippinæ*, 1611, in-12, 1 vol.

460. Abbatis Joachim divina prorsus in Jeremiam prophetam interpretatio. *Coloniæ*, 1577, in-12, 1 v.

461. Explication des principales prophéties de Jérémie, d'Ezéchiel et de Daniel. *Avignon*, 1749, in-12, 5 v.

462. Les Prophéties de Jérémie et de Baruch, traduites de l'hébreu et du grec en latin et en français. *Paris*, 1780, in-12, 6 v.

463. Œuvres du prophète Jérémie, traduites en vers et en prose par A. Savary. *Paris*, 1855, in-8°, 1 v.

464. Jérémie, poème en quatre chants, par M. Desmarais. *Ipres*, 1772, in-8°, 1 v.

465. Jérémie, poème en quatre chants, par M. Desmarais. *Ipres*, 1772, in-8°, 1 vol.

466. Isaiæ prophetæ vetus et nova ex hebraïco versio. *Antuerpiæ*, 1565, in-8°, 1 vol.

467. Isaiæ prophetiæ, hebraïce. In-4°, 1 vol.

468. Prophetia Esaiæ cum catholica expositione ecclesiastica quam Augustinus Marloratus contulit. *Genevæ*, 1610, in-fol., 1 v.

469. Hieronymi Osorii Lusitani, Episcopi Silvensis, paraphrasis in Isaiam. *Coloniæ Agrippinæ*, 1579, in-12, 1 v.

470. Haymonis Episcopi Halberstattensis longe exactissima in Isaiam prophetam commentaria. *Coloniæ*, 1531, in-12, 1 v.

471. Paraphrase sur Isaïe, par le P. Maucorps. *Paris*, 1645, in-18, 1 v.

472. Explication de la prophétie d'Isaïe sur l'enfantement de la sainte Vierge, par M. Bossuet. *Paris*, 1704, in-18, 1 v.

473. Procopii sophistæ variarum in Esaïam prophetam commentationum epitome. *Parisiis*, 1580, in-fol., 1 v.

474. Hieronymi Oleastri in Isaïam prophetam commentarii. *Lutetiæ*, 1622, in-fol., 1 v.

475. Thaddæi Perusini explanatio in Esaïam prophetam. *Perusiæ*, 1598, in-4°, 2 vol.

476. Commentaria in Esaïam prophetam ex sacris scriptoribus græcis, authore Leone Castro. *Salmanticæ*, 1570, in-fol. 1 vol.

477. Commentariorum in Isaïam prophetam libri, auctore M.F. Didaco Alvarez a Medina. *Romæ*, 1599, in-4°, 2 v.

478. Gasparis Sanctii in Isaïam prophetam commentarii. *Moguntiæ*, 1616, in-f°, 1 vol.

479. Explication de la prophétie d'Isaïe. *Paris*, 1734, in-12, 6 v.

480. Traduction nouvelle du prophète Isaïe, par feu M. Deschamps. *Paris*, 1760, in-12, 1 v.

481. Prophéties d'Isaïe, traduction en vers par A. Savary. *La Rochelle*, 1859, in-8°, 1 v.

482. Omelie Divi Gregorii super Ezechielem. *Paris*, 1508, in-8°, 1 v.

483. Prophetia Ezechielis cum commentario Johannis Coccei. *Amstelodami*, 1669, in-fol., 1 v.

484. Mysticæ Ezechielis quadrigæ Joannis Roberti, græce et latine. *Moguntiæ*, 1515, in-fol., 1 v.

485. Commentarii in canticum Ezechiæ auctore Fr. Balthasaro Paez. *Lugduni*, 1623, in-4°, 1 v.

486. Gasparis Sanctii in Ezechielem et Danielem prophetas commentarii. *Lugduni*, 1619, in-fol., 1 v.

487. Benedicti Pererii Valentini commentariorum in Danielem prophetam libri sexdecim. *Antuerpiæ*, 1594, in-12, 1 vol.

488. Daniel propheta commentariis pro concione explicatus, auctore F. Jacobo Veldio. *Antuerpiæ*, 1576, in-12, 1 v.

489. Susanna Danielica F. Joannis Dagonneau. *Parisiis*, 1612, in-12, 1 v.

490. Duodecim Prophetæ, hebraïce. *Parisiis*, 1539, in-4°, 1 v.

491. Prophetæ duodecim minores versione latina et commentario illustrati a Johanne Cocceio. *Lugduni Batavorum*, 1652, in-fol., 1 v.

492. Prophetæ duodecim minores versione latina et commentario illustrati a Joanne Cocceio. *Lugduni Batavorum*, 1652, in-fol., 1 v.

493. Fratris Hectoris Pinti Lusitani opera omnia latina (commentarii in Prophetas). *Lutetiæ Parisiorum*, 1617. in-fol., 1 v.

494. Haymonis Episcopi Halberstattensis in XII prophetas minores enarratio. *Coloniæ*, 1533, in-12, 1 v.

495. Pauli de Palatio in XII Prophetas minores commentaria. *Lugduni*, 1684, in-8°, 1 v.

496. Bened. Ariæ Montani commentaria in duodecim Prophetas. *Antuerpiæ*, 1583, in-4°, 1 v.

497. Christophori Castri commentariorum in duodecim Prophetas libri duodecim. *Moguntiæ*, 1616, in-fol., 1 v.

498. R. P. Francisci Riberæ in duodecim Prophetas minores commentarii historici selecti. *Coloniæ Agrippinæ*, 1600, in-12, 1 v.

499. Ruperti Abbatis Tuitiensis in XII Prophetas commentariorum libri XXXII. *Lovanii*, 1567, in-fol., 1 v.

500. Francisci Riberæ in librum duodecim Prophetarum commentarii. *Duaci*, 1612, in-fol., 1 v.

501. Paraphrase sur les Douze petits Prophètes, par le P. Pierre Maucorps. *Paris*, 1645, in-18, 1 v.

502. Les Douze petits Prophètes, traduits en français par Sacy. *Paris*, 1679, in-8°, 1 vol.

503. Remigii Altisiodorensis Episcopi luculentissima enarratio in undecim Prophætas posteriores. *Antuerpiæ*, 1545, in-fol., 1 v.

504. Vaticinationes Abdiæ, Jonæ et Sophoniæ prophetarum. *Paris*, 1566, in-4°, 1 vol.

505. Francisci a Messana Hieronymiani lectura in Zachariam. *Antuerpiæ*, 1597, in-4°, 1 v.

506. Antonii de Guevara in Habacuc prophetæ vaticinium commentaria. *Antuerpiæ*, 1609, in-4°, 1 v.

507. Gasparis Sanctii in Zachariam prophetam commentarii. *Lugduni*, 1616, in-4°, 1 v.

508. P. F. Joannis Deveyrolles in prophetam Zachariam quæstiones literales et morales. *Parisiis*, 1631, in-fol., 1 v.

509. In Habacuc prophetam Antonii Agellii commentarium. *Antuerpiæ*, 1597, in-12, 1 v.

510. Les Prophéties d'Habacuc, traduites de l'hébreu en latin et en français. *Paris*, 1775, in-12, 2 v.

511. Michæas cum commentariis Kimhi (hebraïce). *Parisiis*, 1539, in-4°, 1 v.

512. In Malachiam novissimum veteris testamenti prophetam Mathurini Quadrati homiliæ. *Parisiis*, 1575, in-12, 1 vol.

513. In Hosseam prophetam commentaria, authore Hieronymo Guadalupense. *Lugduni*, 1586, in-8°, 1 v.

514. Targum seu paraphrasis caldaïca in Hoseæ, Joelis et Amosi gravissimas prophetias. *Parisiis*, 1556, in-4°, 1 v.

B. LIVRES SÉPARÉS DU NOUVEAU TESTAMENT

a. *Evangiles*

515. Liber sacrosancti Evangelii (syriace.) *Viennæ Austriacæ*, 1555, in-4°, 1 v.

516. Sanctum Evangelium (græce), 1624, in-fol., 1 v.

517. Evangelia et Epistolæ dominicorum festorumque dierum (græce). *Antuerpiæ*, 1555, in-16, 1 vol.

518. Evangelia et Epistolæ (græce). *Antuerpiæ*, 1569, in-12, 1 v.

519. Sanctum J. Christi Evangelium. Acta Apostolorum. *Parisiis*, 1541, in-4°, 1 v.

520. Sanctum Jesu Christi Evangelium. Acta Apostolorum. *Lovanii*, 1577, in-4°, 1 vol.

521. Evangelia et Epistolæ. *Gandavi*, 1574, in-12, 1 v.

522. Sanctum J. Christi Evangelium. Acta Apostolorum. *Lovanii*, 1569, in-4°, 1 vol.

523. Jesu Christi Evangelia ab Ulfila Gothorum in Mœsia Episcopo, circa annum 360. *Stockholmiæ*, 1671. in-4°, 1 v.

524. Quatuor D. N. Jesu Christi Evangeliorum versiones perantiquæ duæ, Gothica scilicet et Anglo-Saxonica (Franciscus Junius). *Amsteledami*, 1684, in-4°, 1 vol.

525. La première partie du nouveau Tes-

tament de Jésus-Christ extraite de mot à mot de la Sainte Bible. *Anvers*, 1541, in-8°, 1 v.

526. Les Saints Evangiles, traduction de LEMAISTRE DE SACI. *Paris*, 1862, in-fol., 1 v.

527. L'Evangile pour tous les jours de l'année, 1637, in-fol., 1 v.

528. In quatuor Evangelia enarrationes. Antonius BROICKWY. *Coloniæ*, 1539, in-fol., 1 v.

529. DYONISII CARTHUSIANI in quatuor Evangelistas enarrationes. *Coloniæ*, 1532, in-fol., 1 v.

530. Commentaria Nicolaï GORRANI in quatuor Evangelia. *Coloniæ*, 1537, in-fol., 1 v.

531. Evangelia cum commentariis D. THOMÆ DE VIO. 1532, in-fol., 1 v.

532. Adami CONTZEN Commentaria in quatuor J. C. Evangelia. *Coloniæ Agrippinæ*, 1626, in-fol., 1 v.

533. Scholia in quatuor Evangelia, per R. P. Emmanuelem SA. *Lugduni*, 1610, in-4°, 1 v.

534. THEOPHILACTI Bulgariæ Archiepiscopi in quatuor Evangelia enarrationes innumeris pene locis, per Phil. MONTANUM. *Basiliæ*, 1554, in-fol., 1 v.

535. THEOPHILACTI Archiepiscopi Bulgariæ in quatuor Domini nostri Jesu Christi Evangelia enarrationes. *Parisiis*, 1541, in-fol., 1 v.

536. THEOPHILACTI in Evangelia interpretatio (græce). *Romæ*, 1542, in-fol., 1 vol.

537. Pauli DE PALACIO enarrationes in sacrosanctum Evangelium. *Lugduni*, 1571, in-8°, 1 v.

538. Joannis MAJORIS Hadingtonani in quatuor Evangelia expositiones et disputationes contra hæreticos. *Parisiis*, 1529, in-fol., 1 v.

539. Joannis MALDONATI Sapharensis in quatuor Evangelistas. *Lutetiæ Parisiorum*, 1651, in-fol., 1 v.

540. In sacrosancta quatuor Jesu Christi Evangelia Francisci LUCÆ Brugensis commentarius. *Antuerpiæ*, 1606, in-fol., 1 vol.

541. Commentaria in sacrosancta quatuor Christi Evangelia ex CHRYSOSTOMI aliorumque veterum scriptis magna ex parte collecta, auctore Euthymio ZIGABONO. *Parisiis*, 1544, in-12, 1 v.

542. Paraphrase et explication des quatre Evangiles, réunis en un seul. *Paris*, 1744, in-12, 4 v.

543. Authentica SS. quatuor Evangelistarum fides, auctore Antonio PEREZ. *Lugduni*, 1626, in-4°, 1 v.

544. Clarissima et facillima in quatuor J. Christi Evangelia nec non in Actus Apostolorum scholia. *Parisiis*, 1552, in-fol., 1 v.

545. Postillæ majores, sive expositio Epistolarum et Evangeliorum totius anni, per Joannem de VERDELLAY. *Lugduni*. 1566, in-12, 1 v.

546. Expositio litteralis et moralis sancti Evangelii Jesu Christi secundum quatuor Evangelistas, auctore Natali ALEXANDRO. *Parisiis*, 1703. in-fol., 1 v.

547. Triplex expositio in sacrosancta Domini nostri Jesu Christi Evangelia a Bernardino A PICONIO. *Lutetiæ*, 1726, in-fol., 1 v.

548. Expositions et remarques sur les Evangiles, par Pierre de BULLIOUD. *Lyon*, 1606, in-4°, 1 v.

549. Bened. ARIÆ MONTANI elucidationes in quatuor Evangelia. *Antuerpiæ*, 1575, in-4°, 1 v.

550. Cornelii JANSENII commentarius in sancta Jesu Christi Evangelia. *Lutetiæ*, 1688, in-4°, 1 v.

551. Expositio litteralis et moralis sancti Evangelii Jesu Christi secundum quatuor Evangelistas, auctore R. P. F. Natali ALEXANDRO. *Parisiis*, 1703, in-fol., 1 v.

552. Joannis MALDONATI commentarii in quatuor Evangelistas. *Mussiponti*, 1596, in-fol., 1 v.

553. Vincentii REGII dilucidationum evan-

gelicarum libri VIII. *Coloniæ*, 1615, in-fol., 1 v.

554. In sacrosancta quatuor Jesu Christi Evangelia Francisci LUCÆ commentarii. *Antuerpiæ*, 1612, in-fol., 1 v.

555. Apparatus Evangelicus authore J. DE LA HAYE. *Duaci*, 1611, in-4°, 1 v.

556. Adnotationes et meditationes in Evangelia, auctore Hieronymo NATALI. *Antuerpiæ*, 1607, in-fol., 1 v.

557. L'Evangile expliqué selon les saints Pères, les auteurs ecclésiastiques. *Paris*, 1693, in-8°, 4 v.

558. Postilla catholica, hoc est Evangeliorum dominicalium orthodoxa explicatio a Martino EISENGREIN. *Ingolstadii*, 1576, in-fol., 1 v.

559. Evangelium secundum MATTHÆUM (græce). *Lovanii*, 1534, in-12, 1 v.

560. Explicatio litteralis Evangelii secundum MATTHÆUM et MARCUM, studio Caroli Mariæ DE VEIL. *Londini*, 1678, in-8°, 1 vol.

561. Symbolæ Græcorum patrum in MATTHÆUM collatæ a Balthasare CORDERIO. *Tolosæ*, 1646, in-fol., 2 v.

562. Remarques sur l'Evangile de saint MATHIEU, par Henry-Louis CHASTAIGNIER. *Poictiers*, 1623, in-4°, 1 v.

563. Explication littérale et morale des Evangiles de saint MATHIEU et de saint MARC, sans nom d'auteur. *Paris*, 1699, in-8°, 2 v.

564. RUPERTI Abbatis monasterii Tuitiensis in MATTHÆUM de gloria et honore filii hominis libri XIII. *Coloniæ* 1567, in-fol., 1 v.

565. In sacrosanctum Jesu Christi Evangelium secundum MATTHÆUM commentarii per Claudium GUILLIAUDUM. *Parisiis*, 1562, in-fol., 1 v.

566. In sanctum Jesu Christi Evangelium secundum MATTHÆUM, auctore Joanne HESSELIO. Lovanii, 1572, in-8°, 1 v.

567. In sacrosanctum J. Christi Evangelium in MATTHÆUM enarrationes. FERUS. *Antuerpiæ*, 1570, in-8°, 1 v.

568. Beati Nicolaï BUCCASENI in Jesu Christi Evangelium secundum MATTHÆUM enarrationes. *Tarvisii*, 1603, in-fol., 1 vol.

569. Paraphrastica elucidatio in sacrosancta Jesu Christi Evangelia secundum MATTHÆUM et JOANNEM, auctore D. Francisco TITELMANO. *Lugduni*, 1556, in-12, 1 vol.

570. Reverendi P. D. Joannis SOAREZ Episcopi Conimbricensis commentaria in MARCUM et LUCAM Evangelistas. *Parisiis*, 1578, in-12, 1 v.

571. Catena sexaginta quinque Græcorum Patrum in S. LUCAM a Balthasare CORDIERO. *Antuerpiæ*, 1628, in-fol., 1 vol.

572. Didaci STELLÆ in sacrosanctum Jesu Christi Evangelium secundum LUCAM enarrationes. *Antuerpiæ*, 1608, in-fol., 1 v.

573. Isidori CLARII Episcopi Fulginatis in Evangelium secundum LUCAM orationes quinquaginta quatuor. *Venetiis*, 1565, in-8°, 1 v.

574. Francisci TOLETI Cardinalis commentarii in sacrosanctum Evangelium secundum LUCAM. *Parisiis*, 1600, in-fol., 1 vol.

575. Enarrationes in sacrosanctum Jesu Christi Evangelium secundum JOANNEM. *Venetiis*, 1587, in-4°, 1 v.

576. Francisci RIBERÆ in sanctum Jesu Christi Evangelium secundum JOANNEM commentarii. *Lugduni*, 1623, in-4°, 1 vol.

577. Venerabilis BEDÆ in sanctum Jesu Christi secundum JOANNEM Evangelium expositio. *Parisiis*, 1539, in-fol., 1 v.

578. Consideratio principii Evangelii S. JOHANNIS, auctore Johanne COCCEIO. *Franekeræ*, 1654, in-4°, 1 v.

579. ORIGENIS commentariorum in B. JOANNIS Evangelium tomi novem. *Parisiis*, 1555, in-fol., 1 v.

580. Postilla apprime magistralis super JOANNIS Evangeliare Domini ALBERTI MAGNI. *Coloniæ*, 1536, in-fol., 1 v.

581. Explication littérale et morale de l'Evangile de saint JEAN, sans nom d'auteur. *Paris*, 1702, in-8°, 3 v.

582. Catena Patrum Græcorum in sanctum JOANNEM a Balthasare CORDERIO Anterpiano. *Antuerpiæ*, 1630, in-fol., 2 v.

583. Divi CYRILLI Patriarchæ Alexandrini in Evangelium JOANNIS commentaria. *Basileæ*, 1524, in-fol., 1 v.

584. Venerabilis BEDÆ in sanctum Jesu Christi secundum JOANNEM Evangelium expositio. *Parisiis*, 1539, in-fol., 1 v.

585. Francisci TOLETI in sacrosanctum JOANNIS Evangelium commentarii. *Coloniæ Agrippinæ*, 1599, in-fol., 1 v.

586. Exposition du sixième chapitre de l'Evangile saint JEAN. *Lyon*, 1574, in-12, 1 v.

587. In sanctum Jesu Christi Evangelium secundum JOANNEM enarrationes per Joan. FERUM. *Parisiis*, 1567, in-8°, 1 v.

588. NONNII poetæ in Evangelium S. JOANNIS paraphrasis Græca a Christophoro HEGENDORPHINO latina facta. *Halæ Suevorum*, 1640, in-8°, 1 v.

589. Joannis LORINI in tres B. JOANNIS et duas B. PETRI Epistolas commentaria. *Moguntiæ*, 1610, in-4°, 1 v.

590. In sacrosanctum Jesu Christi Evangelium secundum JOANNEM enarrationes. *Lutetiæ*, 1550, in-fol., 1 v.

591. NONNI PANOPOLITANI paraphrasis sancti secundum Joannem Evangelii. Cum notis Nicolai ABRAHAMI (græce). *Parisiis*, 1623, in-12, 1 v.

b. Actes des Apôtres

592. Actes des Apôtres et Epîtres de saint Paul (græce), 1641, in-4°, 1 vol.

593. Actus Apostolorum a S. LUCA conscripti per Bartholomæum Petrum LINTRENSEM. *Duaci*, 1622, in-4°, 1 v.

594. Enarrationes vetustissimorum theologorum in Acta Apostolorum. *Antuerpiæ*, 1545, in-fol., 1 v.

595. Catena explanationum veterum Sanctorum Patrum in Acta Apostolorum et Epistolas catholicas. Joanne Bernardo FELICIANO interprete. *Basileæ*, 1552, in-12, 1 v.

596. In canonicas Apostolorum Epistolas J. Bapt. FELENGIO autore. *Lugduni*, 1555, in-8°, 1 v.

597. Joannis FERI in Acta Apostolorum enarrationes. *Parisiis*, 1563, in-12, 1 v.

598. In XII priora capita Actuum Apostolicorum commentaria Joannis HOFMEISTERI. *Parisiis*, 1565, in-12, 1 v.

599. Annotationes in Epistolam Canonicam JACOBI Apostoli per Jacobum A LOGENHAGEN. *Antuerpiæ*, 1572, in-16, 1 v.

600. Joannis LORINI in Acta Apostolorum commentaria. *Lugduni*, 1605, in-fol., 1 v.

601. Gasparis SANCTII commentarii in Actus Apostolorum. *Coloniæ Agrippinæ*, 1617, in-4°, 1 v.

602. Joannis ZONARÆ Monachi in Canones Apostolorum commentarii. *Lutetiæ*, 1618, in-fol., 1 v.

603. Expositiones antiquæ in Acta Apostolorum et in PAULI Epistolas. *Veronæ*, 1632, in-fol., 1 v.

604. Acta Sanctorum Apostolorum ad literam explicata, studio Caroli Mariæ DE VEIL. *Londini*, 1674, in-8°, 1 v.

605. Analyse des Actes des Apôtres par le P. MAUDHUY. *Paris*, 1697, in-12, 2 v.

606. Commencement de l'Histoire de l'Eglise, ou paraphrase sur les Actes des Apôtres, par le P. L. RICLOT. *Paris*, 1738, in-12, 2 v.

c. Epîtres des Apôtres

607. Epistolæ PAULI et aliorum Apostolorum. *Parisiis*, 1572, in-8°, 1 v.

608. In canonicas Apostolorum septem Epistolas collatio per Claudium GUILLIAUDUM. *Lugduni*, 1544, in-4°, 1 v.

609. Jacobi FABRI Stapulensis, theologi celeberrimi, commentarii in Epistolas catholicas. *Antuerpiæ*, 1540, in-12, 1 v.

610. Elucidatio in omnes Epistolas apostolicas. *Parisiis*, 1532, in-8°, 1 v.

611. Scholion in locos difficiles aut ambiguos Epistolarum apostolicarum, authore Tac. Nicolao ZEGERO. *Coloniæ Agrippinæ*. 1553, in-12, 1 v.

612. Absolutissima in omnes Beati PAULI et septem catholicas Apostolorum Epistolas commentaria, auctore D. Guilielmo ESTIO. *Parisiis*, 1679, in-fol., 2 v.

613. Tomus paraphraseon D. ERASMI Roterodami in omnes Epistolas apostolicas atque canonicas, vigilantissima cura emendatus, 1548, in-12, 3 v.

614. Commentaria in omnes PAULI Apostoli et septem canonicas aliorum Apostolorum Epistolas a Liberto FROMONDO. *Lovanii*, 1663, in-fol., 1 v.

615. In omnes D. PAULI Apostoli et alias septem canonicas Epistolas Ambrosii CATHARINI commentaria. *Parisiis*, 1566, in-fol., 1 v.

616. Laurentii PIGNORII symbolarum Epistolicarum liber primus. *Patavii*, 1629, in-12, 1 v.

617. Les Epîtres de saint PAUL (græce). *Paris*, 1549, in-18, 2 v.

618. Paraphrase sur les Epîtres canoniques, par Ant. GODEAU, Evêque de Grasse. *Paris*, 1651, in-32, 1 v.

619. Sancti REMIGII Episcopi Rhemensis explanationes Epistolarum Beati PAULI Apostoli. *Moguntiæ*, 1514, in-fol., 1 v.

620. Jacobi FABRI commentaria in D. PAULI Epistolas. *Parisiis*, 1515, in-fol., 1 vol.

621. Sancti THOMÆ DE AQUINO super Epistolas PAULI commentaria *Parisiis*, 1518, in-4°, 1 v.

622. CHRYSOSTOMI in PAULUM commentarius (græce). *Veronæ*, 1529, in-fol., 1 vol.

623. Postilla elucidativa Nicolaï de GORRAN super Epistolas PAULI. *Parisiis*, 1531, in-fol., 1 v.

624. DIONYSII CARTHUSIANI in omnes Beati Pauli Epistolas commentaria. *Paris*, 1537, in-fol., 1 v.

625. HAYMONIS in divi PAULI Epistolas omnes interpretatio. *Parisiis*, 1550, in-8°, 1 vol.

626. In omnes divi PAULI Apostoli Epistolas collatio. *Parisiis*, 1550, in-8°, 1 v.

627. B. THEODORETI Cyrensis Episcopi in S. PAULI Epistolas commentarius. *Florentiæ*, 1552, in-12, 1 v.

628. Œcumenii in omnes S. PAULI Epistolas commentarii. *Basileæ*, 1553, in-12, 2 vol.

629. Brevissima in omnes D. PAULI Epistolas scholia, authore Joanne GAGNÆIO. *Parisiis*, 1563, in-8°, 1 v.

630. Commentarius in Epistolas quæ sacro Quadragesimæ tempore populo solent enarrari. *Lovanii*, 1572, in-12, 1 v.

631. Angelici Doctoris D. THOMÆ AQUINATIS doctissima in omnes PAULI Apostoli Epistolas commentaria. *Antuerpiæ*, 1591, in-fol., 1 v.

632. Benedicti JUSTINIANI Genuensis in omnes B. PAULI Apostoli Epistolas explanationum tomi duo. *Lugduni*, 1612, in-fol., 2 v.

633. In omnes divi PAULI Apostoli Epistolas commentarius, authore Guilielmo ESTIO. *Duaci*, 1614, in-fol., 2 v.

634. Epitome commentariorum Guilielmi ESTII in omnes D. PAULI Epistolas. *Antuerpiæ*, 1619, in-8°, 1 v.

635. Monopanton id est unum ex omnibus Divi PAULI Epistolis, Dionysio RIKEL autore. *Antuerpiæ*, in-18, 1 v.

636. Analyse des Epîtres de saint PAUL et des Epîtres canoniques. *Paris*, 1696, in-12, 2 v.

637. Explications et réflexions sur les Epîtres de saint Paul. *Paris*, 1700, in-12, 2 v.

638. Les Epîtres de saint PAUL glosées par un vénérable docteur en théologie. *Paris*, 1551, in-12, 1 v.

639. Exegesis in Epistolam Beati PAULI ad Romanos, auctore reverendo Joanne FERO. *Parisiis*, 1559, in-12, 1 v.

640. Commentaria in Epistolam Beati PAULI Apostoli ad Romanos, authore Raymundo PASQUALIO. *Barcinone*, 1597, in-fol., 1 v.

641. Fratris Dominici SOTO Segobiensis in Epistolam Divi PAULI ad Romanos commentarii. *Antuerpiæ*, 1550, in-8°, 1 vol.

642. In Epistolam Beati PAULI ad Romanos commentaria, nunc recens conscripta ac edita, auctore Gerardo MATTHISIO. *Coloniæ*, 1562, in-12, 1 v.

643. Sancti PAULI Apostoli Epistola ad Romanos cum commentario Johannis COCCEI. *Lugduni Batavorum*, 1668, in-4°, 1 v.

644. R. P. Adami CONTZEN commentaria in Epist. sancti PAULI Apostoli ad Romanos. *Coloniæ Agrippinæ*, 1629, in-fol., 1 v.

645. Francisci TOLETI in Epistolam B. PAULI Apostoli ad Romanos commentarii. *Moguntiæ*, 1603, in-4°, 1 v.

646. In PAULI Apostoli Epistolam ad Romanos commentaria R. D. Cornelii MUSSI. *Venetiis*, 1588, in-4°, 1 v.

647. Expositio tum dilucida, tum brevis Epistolæ divi PAULI ad Romanos, auctore Philiberto HARESCHE. *Parisiis*, 1536, in-12, 1 v.

648. F. Nicolaï GRANDIS in Epistolam D. PAULI ad Romanos æditio. *Parisiis*, 1546, in-8, 1 v.

649. Præ Adamitæ sive exercitatio super versibus duodecimo et decimo quarto Epistolæ D. PAULI ad Romanos. 1655, in-18, 1 v.

650. Paraphrase sur l'Epître de saint PAUL aux Romains, par GODEAU, Evêque de Grasse. *Paris*, 1651, in-32, 1 v.

651. Observations historiques et théologiques sur l'Epitre de saint PAUL aux Romains, par l'Archevêque de Rouen. *Gaillon*, 1661, in-8°, 1 v.

652. Exposition paraphrastique sur l'Epître de saint PAUL aux Romains, par le Père RAPINE. *Paris*, 1633, in-12, 1 v.

653. Explication littérale et morale sur l'Epître de saint PAUL aux Romains, par l'abbé LE TOURNEUX. *Paris*, 1715, in-12, 1 vol.

654. Epître de saint PAUL aux Romains, traduite en français. *Bruxelles*, 1709, in-12, 8 v.

655. Paraphrase sur l'Epître de saint PAUL aux Hébreux, par Ant. GODEAU, Evêque de Grasse. *Paris*, 1651, in-32, 1 v.

656. Commentaires de M. Jehan CALVIN sur toutes les Epistres de l'Apostre S. PAUL et aussi sur l'Epistre aux Hébrieux. 1561, in-8°, 1 v.

657. Commentaria et disputationes in Epistolam PAULI ad Hebræos, auctore Ludovico TENA. *Londini*, 1661, in-fol., 1 v.

658. Francisci RIBERÆ in Epistolas S. PAULI ad Hebræos commentarii. *Turnoni*, 1601, in-8°, 1 v.

659. Paraphrase sur les Epîtres de saint PAUL aux Thessaloniciens, par Ant. GODEAU, Evêque de Grasse. *Paris*, 1651, in-12, 1 v.

660. Paraphrase sur les deux Epîtres de saint PAUL aux Corinthiens, par Ant. GODEAU, Evêque de Grasse. *Paris*, 1691. in-32, 1 v.

661. Claire et facile exposition de la divine Epître de saint PAUL aux Ephésiens, par Etienne PARIS, évêque d'Abelonne. *Paris*, 1552, in-12, 1 v.

662. F. Joannis HOFMEISTER in utrasque sancti PAULI ad Corinthios Epistolas homiliæ. *Coloniæ*, 1545, in-4°, 1 v.

663. Hieronymi SERIPANDII Cardinalis commentarius in Epistolam PAULI ad Galatas. *Antuerpiæ*, 1547, in-12, 1 v.

664. Paraphrasis et compendiaria explicatio ad nonnullas PAULI Epistolas. *Ingolstadii*, 1613, in-4°, 1 v.

665. Commentarius in priorem D. PAULI Apostoli ad Timotheum Epistolam a STEVARTIO. *Ingolstadii*, 1611, in-4°, 1 v.

666. Ludovici SOTTO-MAIOR commentarius in priorem ac posteriorem PAULI Apostoli Epistolam ad Timothæum. *Parisiis*, 1610, in-fol., 1 v.

667. In Epistolam PAULI Apostoli ad Titum commentarius, collectore Claudio ESPENCÆO. *Parisiis*, 1567, in-8°, 1 v.

668. Sancti Apostoli PAULI Epistola ad Titum cum commentario Johannis COCCEI. *Lugduni Batavorum*, 1668, in-4°, 1 v.

669. In Epistolam B. PAULI Apostoli ad Philippenses commentarii, auctore J. Ant. VELAZQUEZ. *Lugduni*, 1628, in-fol., 2 v.

670. D. PAULI Apostoli Epistola ad Philemonem, auctore Francisco FEU-ARDENTIO. *Coloniæ*, 1587, in-12, 1 vol.

671. In priorem Beati PAULI Apostoli ad Thimotheum Epistolam commentarius, auctore D. Joanne HESSELIO. *Lovanii*, 1568, in-12, 1 v.

672. In Epistolam beati JACOBI Apostoli commentarii a Balthasaro PAES. *Antuerpiæ*, 1617, in-4°, 1 v.

673. Anatomia Christiani deformati juxta Epistolæ D. JUDÆ Apostoli exegeticam præscriptionem, opera Henrici LANCELOTZ. *Antuerpiæ*, 1613, in-8°, 1 v.

674. Prophetia sive Epistola Sancti JUDÆ Apostoli de Hæreticis. *Camberii*, 1634, in-4, 1 v.

675. Joannis LORINI in catholicas BB. JACOBI et JUDÆ Apostolorum Epistolas commentarii. *Lugduni*, 1619, in-fol., 1 v.

d. Apocalypse

676. Ambrosii ANSBERTI in Apocalypsim libri decem. *Coloniæ*, 1536, in-fol., 1 v.

677. PRIMASII UTICENSIS, in Africa Justinopoli civitate Episcopi, commentariorum libri quinque in Apocalypsim JOANNIS Evangelistæ. *Basileæ*, 1544, in-12, 1 v.

678. Collectanea in sacram Apocalypsim. *Parisiis*, 1571, in-8°, 1 v.

679. Andreæ CÆSARÆ in JOHANNIS Apostoli Apocalypsim commentarii. *Ingolstadii*, 1584, in-4°, 1 v.

680. Petri BULENGERI Trecensis in Apocalypsim D. JOANNIS Apostoli ecphraseos et scholiorum libri septem. *Parisiis*, 1589, in-12, 2 v.

681. Francisci RIBERÆ in sacram beati JOANNIS Apostoli et Evangelistæ Apocalypsim commentarii. *Antuerpiæ*, 1602, in-12, 1 v.

682. Commentarii exegetici in Apocalypsim JOANNIS Apostoli, auctore Blasio VIEGAS Lusitano. *Parisiis*, 1606, in-4°, 1 v.

683. Ludovici AB ALCASAR Hispalensis vestigatio arcani sensus in Apocalypsi. *Antuerpiæ*, 1614, in-fol., 1 v.

684. Francisci RIBERÆ in sacram beati JOANNIS Apostoli et Evangelistæ Apocalypsim commentarii. *Duaci*, 1623, in-12, 1 vol.

685. Catechesis theologica in sanctam D. JOANNIS Apocalypsim auctore P. Antonio A SANCTO MICHAELE Arelatensi. *Parisiis*, 1625, in-12, 1 v.

686. Ludovicus AB ALCASAR in eas veteris Testamenti partes quas respicit Apocalypsis. *Lugduni*, 1631, in-fol., 1 v.

687. Les derniers combats de l'Eglise représentés dans l'explication de l'Apocalypse, par le P. Bernardin DE MONTEREUL. *Paris*, 1641, in-4°, 1 v.

688. In Apocalypsim sacratissimarum Christi totius militantis Ecclesiæ revelationum melliflua explanatio. In-12, 1 v.

689. De Gregorio LOPEZ Tratado del Apocalypsi. *En Madrid*, 1678, in-4°, 1 v.

690. L'Apocalypse expliquée par l'histoire ecclésiastique. *Paris*, 1707, in-4°, 1 v.

691. Analyse de l'Apocalypse, par MAUDUY. *Paris*, 1714, in-12, 1 v.

692. Commentaire sur l'Apocalypse, par l'abbé DE CABANES. *Paris*, 1724, in-12, 1 v.

693. L'Apocalypse expliquée selon le sens spirituel où sont révélés les arcanes qui y sont prédits et qui jusqu'à présent ont été profondément cachés, Emmanuel SWEDENBORG, traduit du latin par LE BOYS DES GUAYS. *Saint-Amand-Montrond* (Cher), 1855, in-8°, 3 v.

e. Apocryphes

694. Joannis DALLOEI de Pseudepigraphis apostolicis libri III. *Hardervicii*, 1653, in-8°, 1 v.

695. Dubia Evangelica in tres partes distributa opera Friderici SPANHEMII. *Genevæ*, 1658, in-4°, 2 v.

696. Codex Pseudepigraphus veteris Testamenti a Johanne Alberto FABRICIO. *Hamburgi*, 1713, in-8°, 1 v.

697. Livres Apocryphes de l'ancien Testament en latin et en français. *Paris*, 1742, in-12, 2 v.

f. Histoire et concorde des Evangiles

698. Evangelicæ veritatis enarratoris Simonis DE CASSIA opus, 1533, in-f°, 1 v.

699. ZACHARIÆ Episcopi de concordia Evangelistarum libri quatuor, 1535, in-f°, 1 vol.

700. Tetramonon, sive symphonia quatuor Evangeliorum in unam historiam, per F. Gabrielem A PUTEO HERBOSO, *Parisiis*, 1547, in-16, 1 v.

701. Concordia evangelica per Cornelium JANSENIUM Hulstensem. *Lovanii*, 1549, in-12, 1 v.

702. Pandecta legis evangelicæ, Dionysio RICHEL auctore. *Parisiis*, 1551, in-16, 1 vol.

703. Commentaires de Jean CALVIN sur la concordance ou harmonie, composée des trois Evangélistes, assavoir SAINCT MATTHIEU, SAINCT MARC et SAINCT LUC, 1563, in-8°, 1 v.

704. Tabulæ compendiosæ in Evangelia et Epistolas a Joanne SPANGENBERGO. *Lovanii*, 1563, in-f°, 1 v.

705. Historia ac harmonia evangelica seu quatuor Evangelistæ in unum historiæ corpus congesti, Joanne RUBO HANNONIO auctore. *Duaci*, 1571, in-12, 1 v.

706. Cornelii JANSENII commentariorum in suam concordiam ac totam historiam evangelicam partes quatuor. *Lovanii*, 1571, in-f°, 1 v.

707. Syntaxis historiæ evangelicæ. *Lovanii*, 1572, in-4°, 1 v.

708. Cornelii JANSENII commentariorum in suam concordiam ac totam historiam evangelicam partes IIII. *Lovanii*, 1577, in-fol., 1 v.

709. Commentariorum in evangelicam harmoniam tomi quatuor per F. Thomam BEAUX-AMIS. *Parisiis*, 1594, in-fol., 2 v.

710. Enoch Evangelicus qui, ut alter ab Adam septimus orbis Patriarcha, de judicio apud Judam Apostolum prophetavit, authore P. Henrico WILLOT. *Leodii*, 1598, in-4°, 1 v.

711. Alfonsi SALMERONIS Toletani commentarii in evangelicam historiam. *Coloniæ Agrippinæ*, 1602, in-fol., 8 v.

712. Evangelistarum quaternio, seu evangelicæ historiæ dispositio. *Duaci*, 1607, in-4°, 1 v.

713. Triumphus veritatis ordinati Evangelii quadriga invectæ authore Joanne DE LA HAYE. *Duaci*, 1609, in-fol., 2 v.

714. Triumphus veritatis ordinati Evangelii quadriga invectæ, authore Joanne DE LA HAYE. *Duaci*, 1609, in-fol., 2 v.

715. R. P. Sebastiani BARRADII commen-

taria in concordiam et historiam evangelicam. *Antuerpiæ*, 1617, in-fol., 2 v.

716. Monotessaron Evangelicum, authore Bartholomæo Riccio. *Augustoriti Pictonum*, 1621, in-8°, 1 v.

717. Commentaria moralia in evangelicam historiam. *Parisiis*, 1624, in-fol. 2 v.

718. Quatuor unum, id est quatuor Evangelistarum concordia. *Coloniæ*, 1631, in-fol., 1 v.

719. Historia et harmonia evangelica, studio J. Bourchesii. *Montibus*, 1644, in-fol., 1 v.

720. Historia et concordia evangelica. *Parisiis*, 1660, in-18, 1 vol.

721. Histoire évangélique confirmée par la Judaïque et la Romaine, par Dom. Paul Pezron. *Paris*, 1696, in-12, 2 v.

722. Analyse de l'Evangile selon l'ordre historique de la concorde, par le Père Maudhuy. *Paris*, 1697, in-12, 4 v.

723. Harmonia sive concordia quatuor Evangelistarum, autore Bernardo Lamy. *Parisiis*, 1701, in-12, 1 v.

724. Commentaire littéral sur l'histoire et concorde des 4 Evangélistes, par le Père de Carrières. *Reims*, 1711, in-12, 1 v.

725 Méditations sur la concorde de l'Evangile avec le texte de la concorde des quatre Evangélistes. *Paris*, 1733, in-12, 3 v.

4me SECTION

HISTOIRE DE LA BIBLE

a. Histoire de l'Ancien et du Nouveau Testament

726. Magistri Petri Comestoris historia scholastica super libros Bibliæ. *Lugduni*, 1534, in-12, 1 v.

727. Chronicorum multiplicis historiæ utriusque Testamenti, Christiano Massæo authore, libri viginti. *Antuerpiæ*, 1540, in-fol., 1 v.

728. Matth. Beroaldi Chronicum Scripturæ Sacræ autoritate constitutum. *Parisiis*, 1575, in-fol., 1 v.

729. La sainte Bible réduite en Epitome par l'histoire divine et sacrée de Sévère Sulpice, par Jean Filleau. *Paris*, 1579, in-12, 1 v.

730. Dialogorum sacrorum ad linguam simul et mores puerorum formandos libri quatuor : Sebastiano Castalione autore. *Basileæ*, in-12, 1 v.

731. L'histoire sainte jadis réduite en Epitome latin par S. Sulpice Sévère Archevêque de Bourges. *Rouen*, 1626, in-12, 1 vol.

732. Nouvel abrégé de différentes histoires, depuis la création du monde. (*Græce*), 1637, in-4°, 1 v.

733. Chronicorum multiplicis historiæ utriusque Testamenti, Christiano Massæo authore, libri viginti. *Antuerpiæ*, 1640, in-fol., 1 v.

734. Annales veteris Testamenti a prima mundi origine, Jacobo Usserio digestore. *Londini*, 1650, in-fol., 2 v.

735. Historiæ ecclesiasticæ novi Testamenti Enneas, authore Joh. Hottingero. *Hanoviæ*, 1655, in-12, 1 v.

736 L'histoire Sainte par Nic. Talon, de la Compagnie de Jésus. *Paris*, 1655, in-fol., 2 v.

737 Bibliotheca historiæ sacræ veteris Testamenti, autore Christiano Schotano. *Franequeræ*, 1662, in-fol., 2 v.

738. Histoire de l'Ancien Testament. tirée de l'Ecriture Sainte, par Arnauld d'Andilly. *Paris*, 1675, in-4°, 1 v.

739. Histoire abrégée de la Bible, réduite en questions, par César de Rochefort. *Lyon*, 1685, in-12, 1 v.

740. Histoire de l'ancien Testament. *Paris*, 1690, in-12, 1 v.

741 Abrégé de la Bible. *Paris*, 1692, in-18, 1 v.

742. L'histoire du vieux et du nouveau Testament, par DE ROYAUMOND. *Paris*, 1699, in-12, 1 v.

743. Discours historiques et critiques sur les éléments les plus mémorables du vieux et du nouveau Testament, par M. SAURIN. *Amsterdam*, 1720, in-8°, 6 v.

744. L'histoire du vieux et nouveau Testament. *Anvers*, 1722, in-8°, 1 v.

745. Synopsis variarum resolutionum in historiam sacram veteris et novi Testamenti, per Vincentium NICOLLE. *Duaci*, 1725 in-4°, 1 v.

746. Synopsis variarum resolutionum in historiam sacram veteris et novi Testamenti, per Vincentium NICOLLE. *Duaci*, 1725, in-4°, 1 v.

747. Francisci BUDDEI historia ecclesiastica veteris Testamenti. *Halæ Magderburgicæ*, 1726, in 4°, 2 v.

748. Histoire de l'ancien et du nouveau Testament et des Juifs, par le R. P. Augustin CALMET. *Paris*, 1737, in-4°, 4 v.

749. Chronologie de l'histoire sainte et des histoires étrangères, par Alphonse DES VIGNOLES. *Berlin*, 1738, in-4°, 2 v.

750. Histoire de la religion où est comprise toute l'histoire sainte, depuis Adam jusqu'à J.-C., par l'abbé MALLEMANS. *Paris*, 1704, in-12, 6 v.

751 Histoire sainte des deux alliances. *Paris*, 1741, in.12, 7 v.

752 Abrégé de l'histoire de l'ancien Testament. *Paris*. 1747, in-12, 10 v.

753 Abrégé de l'histoire de l'ancien Testament. *Paris*, 1753, in-12, 10 v.

b. Figures de la Bible

754. Figuræ Bibliæ clarissimi viri nec non in sacra pagina doctissimi fratris Antonii DE RAPELOGIS emendatæ. 1525, in-12, 1 v.

755. Sacrosancta quatuor Jesu Christi D. N. Evangelia, arabice scripta, latine reddita figurisque ornata. *Romæ*, 1619, in-fol., 1 v.

756. Les Peintures sacrées sur la Bible, par le P. Antoine GIRARD. *Paris*, 1657, in-fol., 1 v.

757. L'Histoire du vieux et du nouveau Testament, représentée avec des figures, par le sieur DE ROYAUMONT. *Paris*, 1712, in-fol., 1 v.

c. Biographies bibliques

758. L'Histoire sacrée des bonheurs et malheurs d'Adam et Eve, prêchée par le P. GAZET. *Arras*, 1616, in-12, 1 v.

759. L'Histoire de Moïse, tirée de la Sainte Ecriture. *Liége*, 1699, in-16, 1 v.

760. La Vie d'Adam avec des réflexions, traduite de l'italien de LOREDANO. *Paris*, 1695, in-12, 1 v.

761. Friderici SPANHEMII historia Jobi. *Genevæ*, 1670. in-4°, 1 v.

762. Jobi historiæ docta explicatio per Joannem FERUM. *Coloniæ*, 1571, in-8°, 1 vol.

763. Jacobi JANSSONII in prophetam Job enarratio. *Lovanii*, 1623, in-fol., 1 v.

764. Job ou sa véritable généalogie par Jacques D'AUZOLES LAPEIRE. *Paris*, 1623, in-8°, 1 vol.

765. ELIAS THESBITES sive de rebus Eliæ prophetæ commentarius posthumus. *Parisiis*, 1631, in-4°, 1 v.

766. Dissertation sur Elie et Enoch, par M. BOULANGER. In-12, 1 v.

767. Histoire de la Vie de David ; l'abbé DE CHOISY. *Amsterdam*, 1692, in-12, 1 v.

768. Les Victoires et Triomphes de David. *Paris*, 1610, in-8°, 1 v.

769. RICHARDUS de duodecim Patriarchis. In-18, 1 v.

770. Historia sacra Patriarcharum, opera Henrici HERDEGGERI. *Amstelodami*, 1667, in-4°, 1 v.

d. Vie de Jésus-Christ

771. Joachimi PERIONII de vita rebusque gestis Jesu Christi. *Coloniæ Agrippinæ*, 1571. in-18, 1 v.

772. La Vie de Jésus-Christ, notre Sauveur, écrite en latin par le Père LUDOLPHE DE SAXE, traduite par le seigneur DE FRESNOY. *Paris*, 1582, in-fol., 1 v.

773. Historiæ evangelicæ unitas, labore Alani COPI, seu singularia vitæ Domini nostri Jesu Christi. *Duaci*, 1603, in-4°, 1 vol.

774. Prosapia de Christo a D. Francisco GOMEZ DE SANDOVAL. 1614, in-4°, 1 v.

775. Vita Jesu Christi e quatuor Evangeliis per LUDOLPHUM DE SAXONIA ex ordine Carthusianorum. *Antuerpiæ*, 1618, in-fol., 1 vol.

776. Trias evangelica sive quæstio triplex de anno, mense, et die Christi nati baptisati et mortui a Mich. SENESCHALLO. *Leodii*, 1649, in-4°, 1 v.

777. L'Histoire chrétienne par Nic. DE BRALION, laquelle comprend celle des vies de Jésus-Christ et de la sainte Vierge Marie. *Paris*, 1650, in-4°, 1 v.

778. Vita et doctrina Jesu Christi ex quatuor Evangelistis collecta, studio Nicolaï AVANCINI. *Parisiis*, 1695, in-12, 1 v.

779. Dissertation chronologique et historique touchant l'année de la naissance de J. C., par LE NOBLE. *Paris*, 1693, in-12, 1 vol.

780. Explication de la généalogie de Notre-Seigneur, et ce qui a précédé sa naissance, selon saint MATHIEU et saint LUC. *Rouen*, in-12, 1 v.

781. La vie de Jésus-Christ, tirée des quatre Evangiles, par le P. de MONTEREUL. *Lyon*, 1704, in-12, 5 v.

782. Historia Jeschuæ Nazareni a Judæis blaspheme corrupta a Joh. Jac. HULDRICO. *Lugduni*, 1705, in-12, 1 v.

783. Histoire de la vie et des miracles de Jésus-Christ, par le R. P. D. Augustin CALMET. *Bruxelles*, 1720, in-12, 1 v.

784. Emanuel ou paraphrase évangélique, comprenant l'histoire et la doctrine des quatre Evangiles de Jésus-Christ, poème chrétien par Philippe LE NOIR. *Amsterdam*, 1758, in-8°, 1 v.

785. Histoire de la vie de Notre-Seigneur Jésus-Christ, par le Père de LIGNY. *Avignon*, 1784, in-8°, 1 v.

786. Recherches historiques sur la personne de Jésus-Christ, sur celle de Marie, par un ancien bibliothécaire. *Dijon*, 1829, in-8°, 1 v.

787. Vie de Jésus ou examen critique de son histoire, traduite de l'allemand, par E. LITTRÉ. *Paris*, 1839, in-4°, 4 v.

788. Vie de Jésus, par Ernest Renan. *Paris*, 1863, in-8°, 1 v.

789. La vie de Jésus et son nouvel historien, par M. H. WALLON. *Paris*, 1864, in-12, 1 v.

790. Speculum Passionis Domini Nostri Jesu Christi per Udalricum PINDER. *Nurembergen*, 1507, in-4°, 1 v.

791. Liber de Passione Domini Nostri Jesu Christi. Historia certaminis Apostolici a JULIO AFRICANO. *Basileæ*, 1551, in-fol., 1 v.

792. De utroque Jesu Christi adventu, authore Petro ALITE Carnutensi. *Parisiis*, 1561, in-4°, 1 v.

793. Livre du Mont du Calvaire, où sont contenus les mystères de la Passion, par Dom de GUEUDRE, traduit de l'espagnol, par BELLE-FOREST. *Paris*, 1571, in-12, 2 vol.

794. De descensu Jesu Christi ad Inferos ex symbolo Apostolorum ab Henrico Vico Oosthorii. *Antuerpiæ*, 1586, in-4°, 1 vol.

795. Historia admiranda de Jesu Christi stigmatibus sacræ Sindoni impressis ab Alph. Paleoto. *Duaci*, 1607, in-4°, 2 v.

796. Apparatus in revelationem Jesu Christi, authore Guilielmo Alabastro Anglo. *Antuerpiæ*, 1607, in-4°, 1 v.

797. Passionis Jesu Christi historia, auct. Carolo Stengelio. *Augustæ Vindelicorum*, 1622, in-4°, 1 v.

798. Jesu Christi coruscationum sacræ enarrationes, auctore Edvardo Westhono. *Antuerpiæ*, 1631, in-fol., 1 v.

799. Gerardi Joannis Vossii Harmoniæ evangelicæ de passione, morte, resurrectione Jesu Christi. *Amstelodami*, 1656, in-4°, 1 v.

800. Jacobi Lydii florum sparsio ad historiam Jesu Christi passionis. *Trajecti ad Rhenum*, 1701, in-16, 1 v.

801. Explication du mystère de la Passion de Notre-Seigneur Jésus-Christ, suivant la concorde. *Paris*, 1728, in-12, 2 vol.

802. Explication de l'ouverture du côté et de la sépulture de Jésus-Christ, suivant la concorde. *Bruxelles*, 1731, in-12, 1 v.

803. Verba Christi græce et latine ex sacris Evangeliis aliisque novi Testamenti libris collecta, cura Laurentii Stephani Rondet. *Parisiis*, 1744, in-12, 1 v.

804. Parabolæ evangelicæ mysteria, miracula et documenta Christi, colligebat Josephus Vallart. *Lutetiæ*, 1742, in-8°, 1 vol.

5me SECTION

PHILOLOGIE SACRÉE

a. Introduction à l'étude de l'Ecriture Sainte

805. Regulæ intelligendi scripturas sacras. *Lugduni*, 1546, in-12, 1 v.

806. Æconomia Bibliorum sive partitionum Theologicarum libri quinque authore Georgio Edero. *Coloniæ Agrippinæ*, 1571, in-fol., 1 v.

807. Collectaneum Bibliorum quinque libris sententias divinæ Scripturæ ad certos titulos seu locos communes redigens. auctore Joanne Pechano. *Coloniæ*, 1541, in-18, 1 vol.

808. Ad Mysticos sacræ Scripturæ sensus varia dictionum significatio, per Johannem Boulæse. *Parisiis*, 1575, in-18, 1 v.

809. De assidua lectione sacræ Scripturæ, opera Francisci Agricolæ. *Leodii*, 1600, in-24, 1 v.

810. Sacra ars memoriæ ad Scripturas divinas in promptu habendas memoriterque ediscendas accommodata, per Leandrum de S. Martino. *Duaci*, 1623, in-12, 1 v.

811. Sixtini Amama Frisi anti-barbarus Biblicus in VI libros distributus. *Franequeræ*, 1656, in-4°, 1 v.

812. Briani Waltoni Biblicus apparatus. *Tiguri*, 1673, in-fol., 1 v.

813. De la lecture de l'Ecriture sainte contre les paradoxes du chanoine Mallet. *Anvers*, 1682, in-12, 1 v.

814. De la lecture de l'Ecriture sainte contre les paradoxes extravagans et impies de M. Mallet, chanoine de Rouen. *Anvers*, 1682, in-12, 1 v.

815. L'Esprit de la Religion, ou l'Abrégé du livre de la science universelle des saintes Ecritures, par le P. Benoît de Paris Laugeois. *Paris*, 1686, in-12, 1 v.

816. Introduction à l'Ecriture sainte, com

posée en latin par le P. LAMY. *Lyon*, 1699, in-12, 1 v.

817. Sacrorum Bibliorum notio generalis, auctore M. HUMBLOT. *Parisiis*, 1700, in-12, 1 v.

818. Dissertation préliminaire, ou Prolégomènes sur la Bible, par ELLIES DU PIN. *Paris*, 1701, in-8°, 3 v.

819. Règles pour l'intelligence des saintes Ecritures, par DUGUET. *Paris*, 1716, in-12, 1 v.

820. Dissertations qui peuvent servir de prolégomènes de l'Ecriture sainte, par le R. P. Augustin CALMET. *Paris*, 1720, in-4°, 3 v.

821. Tables sacrées, ou nouvelles méthodes pour lire toute l'Ecriture sainte. *Paris*, 1761, in-4°, 1 v.

b. Examen et autorité des Textes

822. Moyens pour discerner les bibles françaises Catholiques d'avec les Huguenotes, par Pierre FRISON. *Paris*, 1521, in-fol., 1 v.

823. Antapologia P. SUTORIS in quamdam ERASMI apologiam. *Parisiis*, 1526, in-4°, 1 vol.

824. Santis PAGNINI Lucensis isagogæ ad sacras litteras. *Coloniæ*, 1540, in-fol., 1 v.

825. De sacrarum Litterarum communicatione, earumque sensu germano a fratre Guillelmo BERNARD. *Parisiis*, 1547, in-12, 1 v.

826. Romanæ correctionis in latinis Bibliis editionis vulgatæ jussu Sixti V Pont. max. recognitis loca insigniora. *Antuerpiæ*, 1603, in-18, 1 v.

827. Romanæ correctionis in latinis Bibliis editionis vulgatæ loca insigniora a Francisco LUCA. *Antuerpiæ*, 1608, in-12, 1 v.

828. Romanæ correctionis in latinis Bibliis loca insigniora a Fr. LUCA. *Antuerpiæ*, 1618, in-4°, 1 v.

829. Clavis Scripturæ sacræ auctore Matthia FLACIO Illyrico. *Basileæ*, 1629, in-fol., 1 v.

830. Samuelis PETITI variarum lectionum libri quatuor. *Parisiis*, 1633, in-4°, 1 v.

831. Joannis MORINI Blesensis Diatribe elentica de sinceritate Hebræi Græcique textus dignoscenda. *Parisiis*, 1639, in-12, 1 v.

832. Auctoritas Scripturæ Sacræ hebraicæ, græcæ et latinæ, auctore D. Joanne D'ESPIÈRES. *Duaci*, 1651, in-4°, 1 v.

833. Isaaci VOSSII de septuaginta interpretibus eorumque tralatione et chronologia dissertationes. *Hagæ Comitum*, 1661, in-4°, 1 v.

834. Jacobi USSERII Armachani de Græca septuaginta Interpretum versione Syntagma. *Londini*, 1655, in-4°, 1 v.

835. Défense des versions de l'Ecriture sainte, des offices de l'Eglise et des ouvrages des Pères, par M. ARNAULD. *Cologne*, 1688, in-12, 1 v.

836. Histoire des traductions françaises de l'Ecriture sainte. *Paris*, 1692, in-12, 1 vol.

837. Traité méthodique, ou manière d'expliquer l'Ecriture par le secours des trois syntaxes, par Dom Jean MARTIANAY. *Paris*, 1704, in-12, 1 v.

838. Salomonis GLASSII Philologia sacra totius Veteris et Novi Testamenti. *Lipsiæ*, 1705, in-4°, 1 v.

839. Lettres de l'Abbé DE VILLEFROY à ses élèves pour servir d'introduction à l'intelligence des divines Ecritures, relativement à la langue originale. *Paris*, 1751, in-12, 2 v.

840. Traité de la Vérité et de l'Inspiration des livres du vieux et du nouveau Testament, par JAQUELOT. *Amsterdam*, 1752, in-12, 2 v.

841. Des Titres primitifs de la révélation, ou considérations critiques sur la pureté et l'intégrité du texte original des livres saints de l'ancien Testament, par le P. Gabriel FABRICY. *Rome*, 1772, in-4°, 2 v.

842. Des Titres primitifs de la révélation, ou considérations critiques sur la pureté du texte original des livres saints de l'Ancien Testament par le R. P. Gabriel Fabricy. *Rome*, 1772, in-8°, 2 v.

843. Briani Waltoni in Biblia polyglotta prolegomena. *Lipsiæ*, 1777, in-8, 1 v.

844. Phrases Scripturæ sacræ ex sanctis et orthodoxis scriptoribus, per fratrem Laurentium. *Antuerpiæ*, 1571, in-12, 1 v.

845. Sentences tirées de divers auteurs sacrés (græce). 1624, in-4°, 1 v.

c. *Critiques généraux*

846. F. Ambrosii Catharii claves ad intelligentiam sanctarum Scripturarum. *Lugduni*, 1543, in-12, 1 v.

847. Bibliotheca sancta e Sixto Senensi. *Coloniæ*, 1576, in-fol., 1 v.

848 Judicia e multis quædam virorum clarissimorum de laboribus Petri Kirstenii. *Lipsiæ*, 1611, in-fol., 1 v.

849. Adagialia sacra Veteris et Novi Testamenti, interprete Martino del Rio. *Lugduni*, 1612, in-4°, 1 v.

850. Analogia Veteris ac Novi Testamenti, authore Martino Becano. *Parisiis*, 1620, in-8°, 1 v.

851. Ludovici de La Cerda adversaria sacra. *Lugduni*, 1626, in-fol., 1 v.

852. Aloysii Novarini electa sacra. *Lugduni*, 1623, in-fol., 1 v.

853. Aloysii Novarini electa sacra. *Lugduni*, 1629, in-fol., 1 v.

854. Ludovici Cappelli critica sacra. *Lutetiæ Parisiorum*, 1650, in-fol., 1 v.

855. Isaaci Casauboni de rebus sacris et ecclesiasticis exercitationes XVI. *Genevæ*, 1655, in-4°., 1 v.

856. Critici sacri sive doctissimorum virorum in SS. Biblia annotationes et tractatus. *Londini*, 1660, in-fol., 12 v.

857. Synopsis criticorum aliorumque SS. Scripturæ interpretum, opera Matthæi Poli. *Londini*, 1669, in-fol., 2 v.

858. Martini Becani analogia Veteris ac Novi Testamenti. *Lugduni*, 1675, in-16, 1 vol.

859. Thomæ Crenii opuscula, quæ ad historiam ac philologiam sacram spectant. *Rotterodami*, 1693, in-12, 7 v.

860. Eduardi Pocockii notæ miscellaneæ philologico-biblicæ. *Lipsiæ*, 1705, in-4°, 1 vol.

861. Explications de plusieurs textes difficiles de l'Ecriture par le R. P. D. Jacques Martin. *Paris*, 1730, in-4°, 1 v.

862. Explications de plusieurs textes difficiles de l'Ecriture sainte par Dom ** religieux Bénédictin. *Paris*, 1730, in-4°, 2 vol.

863. Explications de plusieurs textes difficiles de l'Ecriture par le R. P. Dom ** Bénédictin. *Paris*, 1730, in-4°, 2 v.

864. Pour et contre la Bible, par Sylvain M..... *Jérusalem*, 1801, in-8°, 1 v.

865. La Bible, par le Comte Agénor de Gasparin. *Paris*, 1879, in-12, 2 v.

d. *Traités critiques particuliers*

866. Franc. Georgii Veneti Minoritani in Scripturam sacram problemata. *Parisiis*, 1574, in-4°, 1 v.

867. Assertio veritatis Hebraicæ adversus exercitationes in utrumque Samaritanorum Pentateuchum, autore Simeone de Muis. *Parisiis*, 1631, in-12, 1 v.

868. Exercitationes Anti-Morinianæ de Pentateucho Samaritano, authore Joanne Henrico Hottingero. *Tiguri*, 1644, in-4°, 1 vol.

869. Ioannis Buxtorfii Anticritica seu vindiciæ veritatis Hebraicæ adversus Ludovici Cappelli criticam. *Basileæ*, 1653, in-4°, 1 v.

870. Histoire critique du Vieux Testament par le P. Richard SIMON. *Rotterdam*, 1685, in-4°, 1 v.

871. Sentiments de quelques théologiens de Hollande sur l'histoire critique du Vieux Testament, composée par le Père SIMON. *Amsterdam*, 1685, in-12, 1 v.

872. Défense des sentiments de quelques théologiens de Hollande sur l'histoire critique du Vieux Testament. *Amsterdam*, 1686, in-12, 1 v.

873. Défense des sentiments de quelques théologiens de Hollande sur l'histoire critique du Vieux Testament. *Amsterdam*, 1686, in-12, 1 v.

874. Réponse au livre intitulé sentiments de quelques théologiens de Hollande sur l'histoire critique du Vieux Testament par le Prieur DE BOLLEVILLE. *Rotterdam*, 1686. in-4°, 1 v.

875. Histoire des traductions françaises de l'Ecriture Sainte. *Paris*, 1692, in-18, 1 vol.

876. Disquisitiones Biblicæ in universum Pentateuchum, authore Claudio FRASSEN. *Parisiis*, 1705, in-4°, 1 v.

877. Nouveaux éclaircissements sur l'origine et le Pentateuque des Samaritains. *Paris*, 1760, in-8°, 1 v.

878. Principes discutés pour faciliter l'intelligence des livres prophétiques. *Paris*, 1755, in-12, 14 v.

879. Principes généraux pour l'intelligence des Prophéties. *Paris*, 1763, in-12, 1 vol.

880. Les Prophéties de l'Ancien Testament, par Mgr MEIGNAN. *Paris*, 1878, in-8°, 1 v.

881. Les Prophéties contenues dans les premiers livres des Rois, par Mgr MEIGNAN. *Paris*, 1878, in-8°, 1 v.

882. Libellus de præstantissimis Novi Testamenti donis, auct. Gerardo VERWUST. *Lovanii*, 1593, in-16, 1 v.

883. Adagialia sacra Novi Testamenti Græco-latina a P. Andrea SHOTTO. *Antuerpiæ*, 1629, in-4°, 1 v.

884. Danielis HEINSII sacrarum exercitationum ad Novum Testamentum libri XX. *Lugduni Batavorum*, 1639, in-fol., 1 v.

885. L'histoire et les dialogues présentés au Roi avec les remarques sur la traduction du Nouveau Testament par SORLIN DES MARESTS. *Paris*, 1668, in-12, 1 v.

886. Défense de la traduction du Nouveau Testament imprimé à Mons, contre les sermons du P. MAINBOURG, jésuite. *Cologne*, 1668, in-12, 1 v.

887. Examen de quelques passages de la traduction française du Nouveau Testament, imprimée à Mons. *Rouen*, 1676, in-12, 1 v.

888. Observationes critico-sacræ in sacrum N. Testamenti codicem, studio Adriani COCQUII. *Lugduni Batavorum*, 1678, in-4°, 1 v.

889. Nouvelle défense de la traduction du Nouveau Testament contre le livre du chanoine MALLET. *Cologne*, 1680, in-8°, 1 vol.

890. Observations sur la nouvelle défense de la version française du Nouveau testament, imprimée à Mons. *Paris*, 1685, in-4°, 1 v.

891. Difficultés proposées au Père BOUHOURS, sur sa traduction française des quatre Evangélistes. *Amsterdam*, 1697, in-12, 1 v.

892. Difficultés proposées au Révérend Père BOUHOURS, sur sa traduction française des quatre Evangélistes. *Amsterdam*, 1697, in-12, 1 vol.

893. Essais de traduction ou remarques sur les versions françaises du Nouveau Testament. *Paris*, 1713, in-12, 1 v.

894. Eliæ PALAIRET observationes philologico-criticæ in sacro Novi Fœderis libros. *Lugduni Batav.*, 1752, in-8°, 1 v.

895. Les Evangiles et la critique au XIXe siècle par Mgr Guillaume MEIGNAN. *Paris*, 1870, in-8°, 1 v.

e. *Dissertations sur certains points de l'Ecriture Sainte*

896 Liber generationis et regenerationis Adam, Bened. Aria MONTANO descriptore. *Antuerpiæ*, 1593, in-4°, 1 v.

897. Aaron Purgatus, sive de vitulo aureo libri duo, auct. Francisco MONCÆIO. *Atrebati*, 1606, in-12, 1 v.

898. Commentarii in visiones Veteris Testamenti Ant. FERNANDII CONIMBRISENSIS. *Lugduni*, 1617, in-fol., 1 v.

899 Dissertationum theologico-philologicarum fasciculus a J. Henrico HOTTINGERO. *Heidelbergæ*, 1660, in-4°, 1 v.

900. Increpatio Barjesu, sive polemicæ adsertiones locorum aliquot Sanctæ Scripturæ ab imposturis perversionum in Catechesi Racoviana, per Matthœum WRENT. *Londini*, 1660, in-4°, 1 v.

901. Joannis MORINI exercitationes biblicæ de Patriarcharum et Primatum origine. *Parisiis*, 1660, in-fol., 1 v.

902. Réflexions sur la Religion chrétienne, par FERRAND ; contenant l'explication des prophéties de Jacob et de Daniel sur la venue du Messie. *Paris*, 1679, in-12, 2 v.

903. Traité de la situation du Paradis terrestre, par Pierre Daniel HUET. *Paris*, 1691, in-12, 1 v.

904. Thomas CRENII exercitationes. *Lugduni in Batavis*, 1697, in-12, 5 v.

905. Dissertations sur l'arche de Noë et sur l'hémine et la livre de St-Benoit, par Jean LE PELLETIER. *Rouen*, 1700, in-12, 1 vol.

906. Dissertations sur l'arche de Noë et sur l'hémine et la livre de St-Benoit, par Jean LE PELLETIER de Rouen. *Rouen*, 1704, in-12, 1 v.

f. *Géographie Physique et Histoire naturelle de la Bible*

907. BIBLIA, hebræa, chaldæa, græca et latina nomina virorum, mulierum, populorum, urbium, fluviorum, cœterorumque locorum quæ in Bibliis leguntur. *Parisiis*, 1540, in-fol., 1 v.

908. BIBLIA ad vetustissima exemplaria castigata, hebræa, chaldæa, græca et latina nomina virorum, mulierum, populorum, idolorum, urbiumque quæ in Bibliis leguntur. *Lovanii*, 1547, in-fol., 1 v.

909. L'harmonie du Monde divisée en trois cantiques, par Guy LEFEBVRE DE LA BODERIE. *Paris*, 1578, in-fol., 1 v.

910. Similitudinum ac parabolarum quæ in BIBLIIS ex herbis atque arboribus desumuntur explicatio, auctore LEVINO LEMNIO. *Francofurti*, 1591, in-18, 1 v.

911. Naturæ historia, prima in magni operis corpore pars, Benedicto Aria MONTANO descriptore. *Antuerpiæ*, 1601, in-fol. 1 v.

912. Joannis BUSTAMANTINI de reptilibus vere animantibus Sanctæ Scripturæ libri sex. *Lugduni*, 1620, in-8°, 1 v.

913. Itinerarium Benjaminis cum versione et notis CONSTANTINI L'EMPEREUR AB OPPYCK. *Lugduni Batavorum*, 1633, in-12, 1 vol.

914. Historica, theologica et moralis Terræ Sanctæ elucidatio, auctore Francisco QUARESMIO. *Antuerpiæ*, 1639, in-fol., 2 v.

915. BOCHARTI Samuelis geographia sacra. *Francofurti*, 1647, in-4°, 1 v.

916. Géographie sacrée et historique de l'Ancien et du Nouveau Testament. In-12, 2 vol.

917. Samuelis BOCHARTI opera omnia. Hoc est, Phaleg, Chanaan et Hierozoicon, quibus accesserunt dissertationes variæ ad illustrationem sacri codicis. *Lugduni Batavorum*, 1712, in-fol., 3 v.

918. Hierophyticon sive commentarius in loca Scripturæ Sacræ quæ plantarum fa-

ciunt mentionem, auctore Matthæo HILLERO. *Trajecti ad Rhenum*, 1725, in-4°, 1 v.

919. Recueil de Trois pièces sur l'Ecriture sainte. — Marée dans la mer Rouge. — Division de l'année ecclésiastique. *Paris*, 1755, in-12, 1 v.

920. Notice de l'Ecriture sainte, ou description topographique, chronologique, historique et critique des royaumes, tribus, villes, bourgs, montagnes, mers, déserts, etc., dont il est fait mention dans la Vulgate, par le P. COLOME. *Paris*, 1773, in-8°, 1 v.

921. La Bible et l'astronomie par Thomas BRUNTON. *Paris*, 1875, in-8°, 1 v.

922. Analyse et conclusion. Récapitulation des ouvrages publiés par Thomas BRUNTON. *Paris*, 1875, In-8°, 1 v.

923. Le Monde et l'homme primitif selon la Bible, par Mgr MEIGNAN. *Paris*, 1879, in-8°, 1 v.

g. Dictionnaires

924. Thesaurus linguæ sanctæ. *Lugduni*, 1529, in-fol., 1 v.

925. Lexicon chaldaïcum, talmudicum et rabbinicum a Joan. BUXTORFIO filio. *Basileæ*, 1539, in-fol., 1 v.

926. Lexicon Biblicon sacræ philosophiæ per Andream PLACUM. *Coloniæ*, 1544, in-fol., 1 v.

927. Thesaurus linguæ Sanctæ ex David KIMHI, PAGNINO authore. *Parisiis*, 1548, in-4°, 1 v.

928. Spiraculum tubarum, authore Guilielmo ALABASTRO Anglo. *Londini*, in-fol., 1 vol.

929. Thesaurus linguæ sanctæ, sive Lexicon hebraicum, opera Joannis MERCERI. *Coloniæ Allobrogum*, 1614, in-fol., 1 v.

930. Onomatographia, sive descriptio nominum varii et peregrini idiomatis quæ in latina vulgata editione occurrunt. *Lugduni*, 1617, in-4°, 1 v.

931. Dictionarium latino-arabicum Davidis Regis, labore Joannis Baptistæ DU VAL. *Parisiis*, 1632, in-4., 1 v.

932. Thesaurus philologicus', seu clavis Scripturæ, authore Joh. Henrico HOTTINGERO. *Tiguri*, 1649, in-4°, 1 v.

933. Georgii PASORIS grammatica græca sacra Novi Testamenti. *Groningæ Frisiorum*, 1655, in-8°, 1 v.

934. Petri RAVANELLII bibliotheca sacra, seu thesaurus Scripturæ canonicæ. *Genevæ*, 1660, in-fol., 2 v.

935. Georgii PASORIS lexicon græco latinum in Jesu Christi N. Testamentum. *Genevæ*, 1662, in-8°, 1 v.

936. Johannis COCCEI lexicon et commentarius sermonis hebraïci et chaldaïci Veteris Testamenti. *Amstelodami*, 1669, in-fol., 1 v.

937. Georgii PASORIS manuale Novi Testamenti, auctum vocibus quæ occurrunt in versionibus antiquis græcis Veteris Testamenti, auctore Christiano SCHOTANO. *Amstelodami*, 1672, in-18, 1 v. (2 ex.).

938. Georgii PASORIS manuale Novi Testamenti. *Amstelodami*, 1672, in-18, 1 v.

939. Georgii PASORIS manuale Novi Testamenti. *Amstelodami*, 1672, in-18, 1 v.

940. Hierolexicon, sive sacrum dictionarium. *Romæ*, 1677, in-fol., 1 v.

941. Critica sacra id est observationes in omnes radices vel primitivas voces hebræas Veteris Testamenti, juxta ordinem alphabeticum, ab Eduardo LEIGH. *Amstelodami*, 1679, in-fol., 1 v.

942. Le grand dictionnaire de la Bible par Maître SIMON, docteur en theologie. *Lyon*, 1703, in-fol., 2 v.

943. Henrici OPITII novum lexicon hebræo-chaldæo biblicum. *Lipsiæ*, 1705, in-4°, 1 v.

944. Dictionnaire historique, critique et chronologique de la Bible par Dom Augustin CALMET, *Paris*, 1730, in-fol., 4 vol.

945. Dictionnaire historique, critique et chronologique de la Bible par le R.P. Augustin CALMET. *Genève*, 1730, in-4°, 4 v.

946. Dictionnaire portatif, historique, théologique, géographique, critique et moral de la Bible. *Paris*, 1756, in-8°, 1 v.

TITRE II

LITURGIE

CHAPITRE I

INTRODUCTION ET TRAITÉS GÉNÉRAUX

947. Rituum ecclesiasticorum sive sacrarum cæremoniarum Sanctæ Romanæ Ecclesiæ libri tres non ante impressi. *Venetiis*, 1516, in-fol., 1 v.

948. Rationale divinorum officiorum, G. DURANDUS. *Lugduni*, 1553, in-4°, 1 v.

949. Fragmenta quædam CAROLI MAGNI de veteris Ecclesiæ ritibus ac cæremoniis a Wolfgango LAZIO. *Antuerpiæ*, 1560, in-12, 1 v.

950. Rationale divinorum officiorum a R. D. Gulielmo DURANDO concinnatum. *Lugduni*, 1565, in-8°, 1 v.

951. De divinis catholicæ Ecclesiæ officiis ac ministeriis, per Melchiorem HITTORPIUM. *Coloniæ*, 1568, in-fol., 1 v.

952. De divinis catholicæ Ecclesiæ officiis ac ministeriis, per Melchiorem HITTORPIUM. *Coloniæ*, 1568, in-fol., 1 v.

953. Sacrarum cæremoniarum sive rituum ecclesiasticorum Sanctæ Romanæ Ecclesiæ libri tres. *Coloniæ Agrippinæ*, 1572, in-12, 1 v.

954. Exposition et interprétation mystique de tous les offices divins et cérémonies de l'Eglise catholique, traduite du latin en français du Père RUPERT par Jean BOUILLON. *Paris*, 1572, in-12, 1 v.

955. Pastorale canones et ritus ecclesiasticos complectens. *Antuerpiæ*, 1589, in-4°, 1 v.

956. Antiquitatum liturgicarum arcana. *Duaci*, 1605, in-12, 3 v.

957. De divinis catholicæ Ecclesiæ officiis et mysteriis, per Melchiorem HITTORPIUM. *Parisiis*, 1610, in-fol., 1 v.

958. Francisci BERNARDINI Ferrarii de ritu sacrarum Ecclesiæ catholicæ concionum libri duo. *Mediolani*, 1620, in-4°, 1 vol.

959. Compendium cæremoniarum in celebratione divinorum officiorum observandarum, opera Joannis JACOBS. *Antuerpiæ*, 1621, in-12, 1 v.

960. Compendium cæremoniarum in celebratione divinorum officiorum observandarum ex prescripto cæremonialis ac Missalis Romani, opera Joannis JACOBS. *Antuerpiæ*, 1621, in-12, 1 v.

961. Gabrielis ALBASPINI de veteribus Ecclesiæ ritibus observationum libri duo. *Lutetiæ Parisiorum*, 1623, in-4°, 1 v.

962. Les Raisons de l'office, par Claude VILLETTE. *Rouen*, 1625, in-12, 1 v.

963. Synopsis veterum religiosorum ri-

tuum atque legum, studio Antonii CARACCIOLI. *Parisiis*, 1628, in-4°, 1 v.

964. Manuale cæremoniarum juxta ritum Romanum, opera Michaelis BAULDRY. *Parisiis*, 1637, in-12, 1 v.

965. Thesaurus sacrorum rituum, seu commentaria in rubricas Missalis et Breviarii Romani a Bartholomæo GAVANTO. *Lugduni*, 1652, in-4°, 1 v.

966. Thesaurus sacrorum rituum, seu commentaria in rubricas Missalis Romani a Bartholomæo GAVANTO. *Parisiis*, 1652, in-4°, 1 v.

967. Pratique des cérémonies de l'Eglise, selon l'usage Romain, par DU MOLIN. *Paris*, 1667, in-8°, 1 v.

968. Pratique des cérémonies de l'Eglise, selon l'usage Romain, par l'abbé DU MOLIN. *Paris*, 1667, in-12, 1 v.

969. Joannis Stephani DURANTI libri tres de ritibus Ecclesiæ catholicæ. *Lugduni*, 1675, in-4°, 1 v.

970. Rerum liturgicarum libri duo, auctore Johanne BONA. *Lutetiæ Parisiorum*, 1676, in-8, 1 v.

971. La liturgie sacrée où l'antiquité, les mystères et les cérémonies de la sainte Messe sont expliqués par M. Gilbert GRIMAUD. *Paris*, 1686, in-12, 3 v.

972. Museum italicum seu collectio veterum scriptorum ex bibliothecis italicis eruta a D. Johanne MABILLON et D. Michale GERMAIN. *Lutetiæ Parisiorum*, 1687, in-4°, 2 v.

973. Lettre de Dom Claude DE VERT à M. JURIEU sur les cérémonies de la Messe. *Paris*, 1690, in-12, 1 v.

974. Dissertation sur les mots de Messe et de Communion, par Dom Claude DE VERT. *Paris*, 1694, in-12, 1 v.

975. De l'ancienne coutume de prier et d'adorer debout le jour du dimanche et de fête, et durant le temps de Pâques (par Jean LE LORRAIN). *Liège*, 1700, in-12, 2 v.

976. De antiquis Ecclesiæ ritibus libri quatuor a D. Edmundo MARTENE. *Rotomagi*, 1700, in-4°, 2 v.

977. De antiquis Ecclesiæ ritibus libri quatuor a D. Edmundo MARTENE. *Rotomagi*, 1700, in-4°, 3 v.

978. Thesaurus sacrorum rituum, seu commentaria in rubricas Missalis et Breviarii Romani, auctore Bartholomæo GAVANTO. *Coloniæ Agrippinæ*, 1705, in-4°, 2 v.

979. Tractatus de antiqua Ecclesiæ disciplina in divinis celebrandis officiis, studio Domini Edmundi MARTENE. *Lugduni*, 1706, in-4°, 1 v.

980. Histoire des cérémonies et des superstitions qui se sont introduites dans l'Eglise. *Amsterdam*, 1717, in-12, 1 v.

981. Explication simple, littérale et historique des cérémonies de l'Eglise, par Claude DE VERT. *Paris*, 1720, in-8°, 4 v.

982. De antiquis Ecclesiæ ritibus libri collecti a R. P. D. Edmundo MARTENE. *Antuerpiæ*, 1736, in-fol., 4 v.

983. Conformités des cérémonies modernes avec les anciennes. *Amsterdam*, 1744, in-12, 1 v.

984. Liturgie ancienne et moderne. *Paris*, 1752, in-12, 1 v.

CHAPITRE II

TRAITÉS PARTICULIERS

a. Heures Canoniales

985. Enchiridion sive manuale de oratione et horis canonicis, auct. Martino AB AZPILCUETA. *Romæ*, 1586, in-4°, 1 v.

986. Exercitatorium spirituale et directorium horarum canonicarum a F. Garcia CISNERIO. *Duaci*, 1615, in-12, 1 v.

987. Oliverii BONARTII de horis canonicis et sacrosancto Missæ sacrificio tractatus duo. *Antuerpiæ*, 1653, in-4°, 1 v.

988. De horis canonicis tractatus, auctore R. D. Bartholomæo a S. FAUSTO. *Lugduni*, 1627, in-8°, 1 v.

989. De reformandis horis canonicis consultatio auctior et emendatior, auctore STELLA. 1675, in-18, 1 v.

b. De la Messe

990. Gabrielis BIEL sacri canonis Missæ mystica et litteralis expositio. *Basileæ*, 1510, in-fol., 1 v.

991. Tractatus de expositione mysteriorum Missæ per fratrem Franciscum TITELMANUM. *Parisiis*, 1536, in-12, 1 v.

992. Speculum antiquæ devotionis circa Missam et omnem alium cultum Dei a Joanne COCHLÆO. *Moguntiæ*, 1549, in-fol., 1 vol.

993. Speculum antiquæ devotionis circa Missam a Joanne COCHLÆO. *Moguntiæ*, 1549, in-fol., 1 v.

994. De Missæ sacrificio tractatus, auctore CUNERO Petro a Browershaven. *Lovanii*, 1572, in-12, 1 v.

995. Ordo seu ritus celebrandi Missas et solennes et privatas. *Antuerpiæ*, 1572, in-18, 1 v.

996. Methodica praxis rite sæpe sacrificandi, studio Petri BRUHSEMII. 1629, in-18, 1 v.

997. Brevis elucidatio totius Missæ, interrogationibus et responsionibus distincta, jussu Francisci VANDER-BURGH Archiepiscopi Cameracensis publicata. *Montibus*, 1639, in-12, 1 v.

998. De sacrificio Missæ expedite celebrando libri tres, auctore P. Thoma TAMBURINO. *Antuerpiæ*, 1656, in-18, 1 v.

999. Sacrosancti Missæ sacrificii institutio per Bertrandum DE SOULE. *Duaci*, 1698, in-12, 1 v.

1000. Traité historique de la liturgie sacrée, ou de la Messe, par Lazare-André BOCQUILLOT. *Paris*, 1701, in-8°, 1 v.

1001. Lettre sur l'ancienne discipline de l'Eglise touchant la célébration de la Messe. *Paris*, 1708, in-16, 1 v.

1002. Du secret des mystères, ou l'apologie de la rubrique des Missels, par l'abbé DE VALLEMONT (Pierre-Lorrain). *Paris*, 1710, in-12, 1 v.

1003. Explication littérale, historique et dogmatique des prières et des cérémonies de la Messe, par le Père Pierre LE BRUN. *Paris*, 1716, in-8°, 2 v.

1004. Explication des prières et des cérémonies de la sainte Messe, par l'abbé E. VAN DRIVAL. *Arras*, 1862, in-16, 1 v.

1005. LA MESSE. Etudes archéologiques sur ses monuments, par Ch. ROHAULT DE FLEURY. *Paris*, 1883, gr. in-4°, 3 v.

c. Sacrements, Exorcismes, Sacres

1006. Liturgie, c'est à dire le formulaire des prières publiques dans l'administration des Sacrements. *Genève*, 1665, in-8°, 1 vol.

1007. Praxis pastoralis seu manipulus theologiæ moralis de VII Ecclesiæ Sacramentis, auctore Henrico MANICART. *Coloniæ*, 1688, in-12, 1 v.

1008. Guidon. Manipulum curatorum officia sacerdotum secundum ordinem septem Sacramentorum perbreviter complectens. ...., in-8°, 1 v.

1009. L'Antiquité des cérémonies qui se pratiquent dans l'administration des Sacremens, par J. GRANCOLAS. *Paris*, 1692, in-12, 1 v.

1010. Baptisterium et instructorium curatorum continens Sacramenta Ecclesiæ et modum ea administrandi. *Avenioni*, 1569, in-12, 1 v.

1011. Sacra institutio baptizandi aliaque Sacramenta, quæ simplex sacerdos conferre potest, administrandi, juxta ritum Sanctæ Romanæ Ecclesiæ. *Parisiis*, 1607, in-12, 1 v.

1012. Josephi VICECOMITIS observationes ecclesiasticæ de Baptismi ritibus. *Parisiis*, 1618, in-8°, 1 v.

1013. Praxis rite administrandi Sacramenta Pœnitentiæ et Eucharistiæ, cum instructione de ritibus et cæremoniis in sacrificio Missæ servandis, auctore Nicolao DE TOMBENS. *Antuerpiæ*, 1712, in-12, 1 vol.

1014. Manuale exorcismorum R. D. Maximiliani AB EYNATTEN industria collectum. *Antuerpiæ*, 1619, in-12, 1 v.

1015. Diversi tractatus de potestate ecclesiastica coercendi Dæmones circa energumenos (Raphael DE LA TORRE). *Coloniæ Agrippinæ*, 1629, in-4°, 1 v.

1016. Cérémonial de l'élection des Papes. *Paris*, 1655, in-12, 1 v.

d. De la Psalmodie

1017. De divina psalmodia ejusque causis, mysteriis et disciplinis, auctore D. Joanne BONA. *Parisiis*, 1663, in-4°, 1 v.

1018. De ecclesiastica hymnodia libri tres, auctore Anacleto SICCO Cremonensi. *Antuerpiæ*, 1634, in-12, 1 v.

e. Des vêtements

1019. De vestium usu et varietate sanctissimi Papæ ac Cardinalium per totum annum. *Parisiis*, 1616, in-12, 1 v.

1020. De stola in Archidiaconorum visitationibus gestanda a Paræcis disceptatio, auctore Joannis Baptistæ THIERS. *Parisiis*, 1679, in-12, 1 v.

f. Des Eglises et de leur mobilier

1021. Traité de l'exposition du Saint-Sacrement de l'autel par l'abbé THIERS. *Paris*, 1679, in-12, 2 v.

1022. Hieronymi MAGII de tintinnabulis liber postumus. *Hanoviæ*, 1608, in-12, 1 vol.

1023. Traitez des cloches et de la sainteté de l'offrande du pain et du vin aux messes des morts par l'abbé THIERS. *Paris*, 1721, in-12, 1 v.

g. Des Processions, des Fêtes et autres Cérémonies

1024. Sacrorum elæochrismaton myrothecium sacroprophanum, auctore Fortunato SCACCHO. *Romæ*, 1625, in-4°, 1 v.

1025. De sacro ritu præferendi crucem majoribus prælatis Ecclesiæ, authore Antonio DU SAUSSAY. *Parisiis*, 1628, in-4°, 1 v.

1026. De festorum dierum imminutione liber, auct. J. B. THIERS. *Parisiis*, 1677, in-16, 1 v.

1027. Heortologia, sive de festis propriis locorum et ecclesiarum opus novum, authore Carolo GUYETO. *Lutetiæ*, 1657, in-fol., 1 v.

1028. Francisci Mariæ SAMUELLI praxis nova observanda in ecclesiasticis sepulturis. *Taurini*, 1678, in-4°, 1 v.

h. De la canonisation

1029. Traicté ou recueils de l'ancien et moderne usage des canonizations des Saints; R. P. François VICTON. *Paris*, 1634, in-8°, 1 v.

1030. Analyse de l'ouvrage du Pape BENOÎT XIV sur les béatifications et canonisations. *Paris*, 1759, in-12, 1 v.

CHAPITRE III

LITURGIE DES ÉGLISES ORIENTALES ET DES ÉGLISES GRECQUES

1031. Liturgies de Saint-Jean CHRYSOSTOME (græce). *Romæ*, 1526, in-8°, 1 v.

1032. Liturgiæ sive missæ sanctorum Patrum, auctore F. Claudio DE SAINCTES. *Parisiis*, 1560, in-fol., 1 v.

1033. Liturgiæ, sive missæ sanctorum Patrum, auctore F. Claudio DE SAINCTES. *Antuerpiæ*, 1560, in-12, 1 v.

1034. Liturgie des saints Pères (græce). *Parisiis*, 1560, in-fol., 1 v.

1035. Liturgie de S. CHRYSOSTOME et de S. Basile (græce), 1640, in-4°, 1 v.

1036. Liber pontificalis Ecclesiæ Græcæ, labore Isaacii HABERTI. *Parisiis*, 1643, in-fol., 1 v.

1037. Rituale Græcorum, complectens ritus et ordines divinæ liturgiæ juxta usum Orientalis Ecclesiæ. *Lutetiæ*, 1647, in-fol., 1 vol.

1038. Les anciennes liturgies, ou la manière dont on a dit la sainte Messe dans chaque siècle, dans les Eglises d'Orient et dans celles d'Occident. *Paris*, 1697, in-8°, 1 vol.

1039. Liturgiarium Orientalium collectio, opera Eusebii RENAUDOTII. *Parisiis*, 1716, in-4°, 2 v.

1040. Menologia seu Menæa Græcorum per totum annum græce edita, cura THEOPHYLACTI Hieromonachi Tranphurnari. *Venetiis*, 1620, in-fol., 4 v.

1041. Menologia seu Menæa Græcorum per totum annum græce edita, cura THEOPHYLACTI Hieromonachi Tranphurnari. *Venetiis*, 1620, in-fol., 4 v.

1042. Nouvelle anthologie, ou recueil de prières pour l'année (græce). *Romæ*, 1598, in-8°, 1 v.

1043. Anthologie, ou recueil de prières (græce), 1630, in-fol., 1 v.

1044. Anthologie. Recueil de prières pour l'année (græce), 1630, in-fol., 1 v.

1045. Liturgie comprenant des prières et des hymnes (græce), 1631, in-4°, 1 v.

1046. Livre liturgique ou recueil de prières (græce), 1642, in-fol., 1 v.

1047. Livre liturgique, prières (græce), in-fol., 1 v.

1048. Recueil de prières pour tous les jours de l'année (græce), 1643, in-fol., 1. vol.

1049. Liturgie, livre de prières (græce), in fol., 1 v.

1050. Liturgie. Recueil de prières (græce), in-4°, 1 v.

1051. Liturgie. Recueil de prières (græce), in-4°, 1 v.

1052. Prières à Dieu (græce), in-fol., 1 v.

1053. Livre de prières (græce), in-12 1 v.

1054. Livre de prières (græce), 1629, in-4° 1 v.

1055. Livre de prières (græce), in-32, 1 vol.

1056. Eucologium. Livre de prières (græce), in-4°, 1 v.

1057. Horæ in laudem Beatissimæ Virginis Mariæ (græce). *Parisiis*, 1543, in-16, 1 vol.

1058. Livre de prières (Arménien), 1685, in-12, 1 v.

1059. Rituel juif, hébreu et portugais, ... in-18, 1 vol.

CHAPITRE IV

LITURGIE ROMAINE

a. Bréviaire et ses différentes parties

1060. Breviarium Romanum ex decreto sacrosancti Concilii Tridentini restitutum, Pii V Pont. Max. jussu editum. *Paris*, 1588, in-fol., 1 v.

1061. Breviarium Romanum ex decreto Concilii Tridentini restitutum. *Parisiis*, 1647, in-4°, 2 v.

1062. Bréviaire Romain, noté selon un nouveau système de chant par l'abbé Demotz. *Paris*, 1728, in-18, 1 v.

1063. Le Bréviaire Romain suivant la réformation du Concile de Trente. *Paris*, 1742, in-8°, 4 v.

1064. Bréviaire Romain, traduit en allemand à l'usage des monastères de femmes. *Augsbourg*, 1535, in-4°, 1 v.

1065. Octavarium Romanum hoc est lectiones II et III Nocturni recitandæ infra Octavas festorum a R. P. Bartholomæo Gavanto compilatum. *Parisiis*, 1652, in-fol., 1 v.

1066. Octavarium Romanum. *Neapoli*, 1628, in-12, 1 v.

1067. Octavarium Romanum. *Antuerpiæ*, 1628, in-8°, 1 v.

1068. Officia nova in Breviario Romano post recognitionem Clementis VIII. *Insulis*, 1656, in-18, 1 v.

1069. Heures à l'usaige de Rôme tout au long sans requérir. Avec la destruction de Hiérusalem, les figures de la vie de l'homme et plusieurs aultres belles figures. *Paris*, 1513, in-8°., 1 v.

1070. Judoci Clichtovei elucidatiorium ecclesiasticum ad officium Ecclesiæ pertinentia planius exponens et quatuor libros complectens. *Parisiis*, 1515, in-fol., 1 vol.

1071. Elucidatorium ecclesiasticum ad officium Ecclesiæ pertinentia planius exponens et quatuor libros complectens (Judoci Clichtovei). *Parisiis*, 1556, in-fol., 1 v.

1072. Hymni Breviarii Romani, Urbani VIII jussu editi. *Atrebati*, 1630, in-12, 1 vol.

1073. Les rubriques générales et particulières du Bréviaire Romain par Louis Paschalis, *Paris*, 1638, in-12, 1 v.

b. Missel et ses différentes parties

1074. Liturgica Latinorum Jacobi Pamelii, duobus tomis digesta. *Coloniæ Agrippinæ*, 1571, in-4°, 2 v.

1075. Missale Romanum ex decreto sacrosancti Concilii Tridentini restitutum. *Antuerpiæ*, 1573, in-4°, 1 v.

1076. Missale Romanum ex decreto sacrosancti Concilii Tridentini restitutum. *Parisiis*, 1605, in-8°, 1 v.

1077. Epitome Gradualis Romani seu cantus Missarum dominicalium et festivarum a D. de la Feuillée revisum. *Pictavii*, 1749, in-12, 1 v.

1078. Rubricæ generales Missalis Romani

Clementis VIII auctoritate recogniti. *Augustæ Vindelicorum*, 1616, in-24, 1 v.

1079. L'Office de la Semaine sainte selon le Missel Romain. *Paris*, 1667, in-8°, 1 v.

1080. L'office de la Semaine sainte selon le Missel et le Bréviaire de Rome et de Paris. *Paris*, 1733, in-32, 1 v.

1081. Missæ in agenda Defunctorum tantum deservientes ex Missali Romano recognito desumptæ. *Lugduni*, 1740, in-4°, 1 vol.

1082. Processionale Romanum juxta Breviarium sacrosancti Concilii Tridentini. *Lutetiæ*, 1723, in-8°, 1 v.

c. Rituel et ses parties

1083. Rituale Romanum Pauli V Pontificis maximi jussu editum. *Antuerpiæ*, 1688, in-12, 1 v.

1084. Rituale Romanum Pauli V Pontificis maximi jussu editum. *Lugduni*, 1688, in-12, 1 v.

1085. Ordo perpetuus divini officii juxta ritum Breviarii ac Missalis sanctæ Romanæ Ecclesiæ. *Divione*, 1759, in-18, 1 v.

1086. Pontificale Romanum ad omnes cæremonias quibus nunc utitur sacrosancta Romana Ecclesia accommodatum. *Venetiis*, 1572, in-fol., 1 v.

1087. Pontificale Romanum ad omnes pontificias cæremonias accommodatum. *Venetiis*, 1582, in-fol., 1 v.

1088. Pontificale Romanum Clementis VIII Pont. Max. jussu restitutum atque editum. *Romæ*, 1595, in-fol., 1 v.

1089. Pontificale Romanum Clementis VIII. Pont. Max. jussu restitutum atque editum. *Antuerpiæ*, 1627, in-fol., 1 v.

1090. Pontificale Romanum Clementis VIII et Urbani VIII auctoritate recognitum. *Bruxellis*, ... in-12, 3 v.

1091. Cæremoniale Episcoporum jussu Clementis VIII. Pont. Max. reformatum. *Parisiis*, 1633, in-fol., 1 v.

1092. Cæremoniale Episcoporum Clementis VIII auctoritate recognitum, *Parisiis*, 1669, in-12, 1 v.

1093. Cæremoniale Episcoporum Clementis VIII auctoritate recognitum. *Lugduni*, 1680, in-12, 1 v.

1094. Cæremoniale Episcoporum Clementis VIII primum, nunc denuo Innocentii papæ X auctoritate recognitum, *Lugduni*, 1680, in-12, 1 v.

1095. Cæremoniale Episcoporum Clementis VIII primum, nunc denuo Innocentii Papæ X auctoritate recognitum. *Parisiis*, 1669, in-12, 1 v.

1096. Series ordinationum ex Pontificali Romano. *Atrebati*, ... in-18, 1 v.

1097. Series ordinationum ex Pontificali Romano. *Atrebati*, ... in-18, 1 v.

1098. Series ordinationum ex pontificali Romano. *Atrebati*, ... in-18. 1 v.

1099. Praxis Archiepiscopalis Curiæ Neapolitanæ, auct. Marco Antonio Genuense. *Neapoli*, 1602, in-4°, 1 v.

1100. Praxis Episcopalis, auctore D. Thoma Zerola. *Coloniæ Agrippinæ*, 1680, in-4°, 1 vol.

1101. Pastorale ad usum Romanum accommodatum, Joannis Hauchini jussu editum. *Antuerpiæ*, 1607, in-4°, 1 v.

CHAPITRE V

LITURGIE DE FRANCE

a. Traités généraux

1102. Voyages liturgiques de France, ou recherches faites en diverses villes du royaume par De Moléon. *Paris*, 1718, in-8°, 1 v.

1103. Ordinationes universi cleri Gallicani cum commentariis. Franc. HALLIER. *Parisiis*, 1665, in-4°, 1 v.

1104. Canones ecclesiastici ad Ecclesiæ Gallicanæ usum ex libris sacris studiose collecti. *Parisiis*, 1605, in-12, 1 v.

1105. Le Bréviaire ou office ecclésiastique brièvement expliqué et déduit en pratique. *Liège*, 1633, in-32, 1 v.

b. Traités particuliers

a. Liturgie des divers diocèses

1106. Rituel Romain du pape Paul V, à l'usage du diocèse d'Alet, par Nic. PAVILLON. *Paris*, 1677, in-4°, 1 v.

1107. Lettre de Mgr l'Evêque de Saint-Pont à Mgr l'Evêque de Toulon touchant le Rituel d'Alet, in-32, 1 v.

1108. Breviarium Ambianense auctoritate Francisci FAURE, Ambianensis Episcopi, editum. *Ambiani*, 1683, in-12, 4 v.

1109. Breviarium Aurelianense, pars hyemalis. *Aurelianis*, 1693, in-8°, 1 v.

1110. Breviarium Aurelianense, pars æstiva. *Aurelianis*, 1693, in-8°, 1 v.

1111. Breviarium ad usum insignis Ecclesiæ collegiatæ D. Audomari subjectæ. *Antuerpiæ*, 1550, in-12, 1 v.

1112. Breviarium ad usum insignis Ecclesiæ collegiatæ D. Audomari subjectæ. *Antuerpiæ*, 1550, in-12, 1 v.

1113. Rituale Ecclesiæ Audomarensis una cum necessariis instructionibus Francisci DE VALBELLE DE TOURVES. *Audomari*, 1727, in-4°, 1 v.

1114. Ordinarium sanctorum cathedralis Ecclesiæ S. Audomari redactum ad formam Breviarii Romani Clementis VIII et Urbani VIII auctoritate. *Antuerpiæ*, 1633, in-12, 1 v.

1115. Diurnale ad usum insignis Ecclesiæ Atrebatensis. *Atrebati*, 1615, in-18. 1 v.

1116. Breviarium Atrebatense. *Atrebati*, 1517, in-18, 1 v.

1117. Breviarium ad usum insignis Ecclesiæ Atrebatensis. *Atrebati*. 1595, in-12, 2 vol.

1118. Missale ad usum insignis Ecclesiæ Atrebatensis, in-fol., 1 v.

1119. Missale ad usum insignis Ecclesiæ Atrebatensis. *Atrebati*, in-fol., 1 v.

1120. Manuale sacerdotum ad usum Ecclesiæ et Diœcesis Atrebatensis, Francisci RICHARDOT jussu editum. *Atrebati*, 1563, in-4°, 1 v.

1121. Manuale parochorum ad usum Diœcesis Atrebatensis Hermanni ORTEMBERGI Episcopi jussu concinnatum. *Atrebati*, 1623, in-4°, 1 v.

1122. Manuale parochorum ad usum Diœcesis Atrebatensis Hermanni ORTEMBERGI Episcopi jussu concinnatum. *Duaci*, 1644, in-4°, 1 v.

1123. Prima pars et secunda pars Manualis Atrebatensis. *Duaci*, 1675, in-4°, 1 v.

1124. Officia propria festorum quæ in Ecclesia Atrebatensi antiquitus solita sunt celebrari. *Atrebati*, in-12, 1 v.

1125. Processionale cum Rituale ad usum Ecclesiæ regii monasterii S. Vedasti, apud Atrebates. *Insulis Flandrorum*, 1674, in-4°, 1 v.

1126. Rituale ad usum Diœcesis Atrebatensis auctoritate D. Joannis DE BONNEGUIZE Episcopi Atrebatensis editum, anno 1757. *Atrebati*, 1826, in-4°, 1 v.

1127. Rituale ad usum Diœcesis Atrebatensis auctoritate de Joannis DE BONNEGUISE editum. *Atrebati*, 1757, in-4°, 1 v.

1128. Rituale ad usum Diœcesis Atrebatensis auctoritate Joannis DE BONNEGUIZE Episcopi Atrebatensis editum, anno 1757, in-4°, 1 v.

1129. Missale Parisiense cum proprio Atrebatensi Roberti Joannis Caroli DE LA TOUR D'AUVERGNE-LAURAGUAIS Episcopi Atrebatensis auctoritate edito. *Lutetiæ*, 1841, in-4°, 1 v.

1130. Missale Parisiense cum proprio Atrebatensi D. Hugonis Roberti Joannis Caroli DE LA TOUR D'AUVERGNE-LAURAGUAIS auctoritate edito. *Lutetiæ*, 1841, in-fol., 1 v.

1131. Breviarium ad usum insignis Ecclesiæ Atrebatensis. *Atrebati*, 1595, in-12, 2 vol.

1132. Missale ad usum Ecclesiæ Atrebatensis. *Atrebati*, 1508, in-4°, 1 v.

1133. Diurnale ad usum insignis Ecclesiæ Atrebatensis. *Atrebati*, 1615, in-32, 1 v.

1134. Proprium Atrebatense auctoritate DE LA TOUR D'AUVERGNE-LAURAGUAIS, Episcopi Atrebatensis, editum. *Atrebati*, 1806, in-12, 1 v.

1135. Proprium Atrebatense Hug. Roberti Joannis Caroli DE LA TOUR D'AUVERGNE Episcopi auctoritate editum. *Atrebati*, 1806, in-8°, 1 v.

1136. Propre noté du Diocèse d'Arras, imprimé par ordre de Monseigneur l'Evêque. *Arras*, 1806, in-8°, 1 v.

1137. Manuale ordinandorum auctoritate Episcopi Atrebatensis editum, ad usum seminarii episcopalis. *Atrebati*, 1819, in-18, 1 v.

1138. Rituale Romanum Pauli Pontificis maximi jussu editum et nonnulla ad usum Ecclesiæ Atrebatensis auctoritate Petri Ludovici PARISIS ordinata. *Atrebati*, 1854, in-4°, 1 v.

1139. Ordinarium Ecclesiarum parochialium Petri Lud. PARISIS jussu editum. *Atrebati*, 1855, in-8°, 1 v.

1140. Officia propria festorum quæ in Ecclesia Atrebatensi antiquitus solita sunt celebrari, juxta usum Breviarii Romani accommodata. *Parisiis*, 1670, in-12, 1 vol.

1141. Officia propria festorum quæ in Ecclesia Atrebatensi antiquitus solita sunt celebrari, juxta usum Breviarii Romani accommodata. *Atrebati*, 1721, in-12, 1 v.

1142. Officia propria festorum quæ in Ecclesia Atrebatensi antiquitus solita sunt celebrari, juxta usum Breviarii Romani accommodata. *Atrebati*, 1721, in-12, 1 v.

1143. Officia propria festorum quæ in Ecclesia Atrebatensi antiquitus solita sunt celebrari, juxta usum Breviarii Romani accommodata. *Atrebati*, in-18, 1 v.

1144. Diurnale Bellovacense. *Bellovaci*, 1623, in-16, 1 v.

1145. Hymnes et proses nouvelles à l'usage de quelques églises de Beauvais. *Beauvais*, 1725, in-12, 1 v.

1146. Breviarium ad metropolitanæ Bizuntinorum Ecclesiæ usum. In-12, 1 v.

1147. Officia propria sanctorum insignis Ecclesiæ cathedralis et Diœcesis Morino-Boloniensis. *Boloniæ*, 1756, in-12, 1 v.

1148. Breviarium juxta exquisitum Ecclesiæ Cameracensis ordinarium, 1507, in-16, 1 v.

1149. Missale secundum usum Ecclesiæ Cameracensis. *Parisiis*, 1503, in-fol., 1 v.

1150. Officiarium curatorum insignis Ecclesiæ Cameracensis. *Parisiis*, 1503, in-8°, 1 v.

1151. Manuale parochorum ad usum Ecclesiarum civitatis et Diœcesis Cameracensis. *Antuerpiæ*, 1606, in-4°, 1 v.

1152. Manuale parochorum ad usum Ecclesiarum civitatis et Diœcesis Cameracensis. *Cameraci*, 1622, in-4°, 1 v.

1153. Breviarium Ebroïcense, pars hiemalis. *Parisiis*, in-12, 1754, 4 v.

1154. Breviarium ecclesiasticum, editi jam prospectus executionem exhibens in gratiam ecclesiarium in quibus nova facienda erit Breviariorum editio. *Embricæ*, 1726, in 12, 2 v.

1155. Horæ diurnæ Breviarii ecclesiastici in gratiam ecclesiarum in quibus nova facienda erit Breviariorum editio. *Embricæ*, 1726, in-18, 1 v.

1156. Rituale Metense auctoritate Domini

D. Henrici Caroli du Cambout Episcopi Metensis editum. *Metis*, 1713, in-4°, 1 v.

1157. Rationale divinorum officiorum Guillelmi Durandi Minatensis Ecclesiæ Episcopi. *Argentinæ*, 1501, in-fol., 1 v.

1158. Breviarium Narbonense, jussu et auctoritate editum Caroli le Goux de la Bercherie, Archiepiscopi Narbonensis. *Parisiis*, 1709, in-12, 4 v.

1159. Missel de Paris imprimé par ordre de Mgr l'Archevêque de Paris. *Paris*, 1738, in-18, 4 v.

1160. Projet d'un nouveau Bréviaire. *Paris*, 1720, in-18, 1 v.

1161. Réponses aux remarques sur le nouveau Bréviaire de Paris. *Paris*, 1680, in-8°, 1 v.

1162. Heures de Paris. *Paris*, 1515, in-12, 1 v.

1163. Heures de cour, dédiées à la Reine, par Claude Sanguin. *Paris*, 1667, in-4°, 1 vol.

1164. Officium sanctissimi nominis Jesu ad usum Ecclesiæ parochialis S. Pauli Parisiensis. *Parisiis*, 1678, in-18, 1 v.

1165. Quinzaine de Pâques notée à l'usage de Paris. *Paris*, 1740, in-12, 1 v.

1166. Manuale pastorum juxta ritum Parisiensem. *Lutetiæ Parisiorum*, 1725, in-4°, 1 vol.

1167. Cæremoniale Parisiense a M. Martino Sonnet. *Lutetiæ Parisiorum*, 1662, in-8°, 1 vol.

1168. L'Année Sainte ou nouvelle traduction du Missel. *Paris*, 1701, in-12, 2 vol.

1169. Missale percelebris Pictavensis Ecclesiæ accuratissimæ recognitum. *Pictavis*, 1519, in-4°, 1 v.

1170. Sacerdotale vulgo Manuale pro Ecclesia et Diœcesi Sylvanectensi. *Rhemis*. 1585, in-4°, 1 v.

1171. Heures à l'usage du diocèse de Sens, par Mgr l'Archevêque de Sens. *Sens*, 1733, in-12, 1 v.

1172. Missale sanctæ Ecclesiæ Trecensis Jacobi Benigni Bossuet Trecensis Episcopi auctoritate editum. *Trecis*, 1736, in-fol., 1 vol.

b. Offices particuliers

1173. Divina liturgia S. Apostoli et Evangelistæ Marci (græce). *Parisiis*, 1583, in-12, 1 v.

1174. Cantus Passionum secundum quatuor Evangelistas et Lamentationum Jeremiæ prophetæ pro majori Hebdomada. *Lutetiæ Parisiorum*, 1648, in-4°, 1 v.

1175. Cantus Passionum secundum quatuor Evangelistas, et Lamentationum Jeremiæ prophetæ, pro majori Hebdomada. *Lutetiæ Parisiorum*, 1648, in-4°, 1 v.

1176. Heures de nostre Dame, translatées du latin en français et mises en ryme. *Paris*, 1527, in-8°, 1 v.

1177. Horæ Beatæ Virginis Mariæ. 1556, in-12, 1 v.

1178. Horæ in laudem Beatissimæ Virginis Mariæ ad usum Romanum. *Lugduni*, 1560, in-12, 1 v.

1179. Officium Beatæ Mariæ Virginis latino-Græcum. *Augustæ Vindelicorum*, in-18, 1 v.

1180. Manuale sodalitatis Beatæ Mariæ Virginis a Francisco Veron. *Atrebati*, 1620, in-12, 1 v.

1181. De officio seu horis B. Mariæ Virginis, auctore Alardo Gazæo. *Atrebati*, 1622, in-12, 1 v.

1182. De officio seu horis Beatæ Mariæ Virginis collectanea disquisitio. Auctore Alardo Gazeo. *Atrebati*, 1622, in-12, 1 v. (2 exempl).

1183. Heures de Notre-Dame à l'usage de Rome. *Arras*, ... in-32, 1 v.

1184. Horæ Beatæ Virginis ad usum Romanum, in-4°, 1 v.

1185. L'Office et les actes de l'invocation

du glorieux S. Joseph par le P. Laurent CHIFLETIUS. *Bruxelles*, 1645, in-32, 1 v.

1186. Nouveaux offices des Saints. *Paris*, 1702, in-8°, 1 v.

1187. Officia S. Benedicti item sororis ejus S. Scholasticæ. *Coloniæ Agrippinæ*, 1696, in-4°, 1 v.

1188. Officia propria Sancti Francisci de Paula, fundatoris ordinis Minimorum, *Parisiis*, 1620, in-12, 1 v.

1189. Office de S. Jacques le Majeur, *Paris*, 1739, in-12, 1 v.

1190. Office noté de S. Jacques le Majeur, à l'usage de l'Eglise paroissiale de S. Jacques de la boucherie. *Paris*, 1745, in-12, 1 vol.

1191. Officia propria Sancti Francisci de Paula. *Parrhisiis*, 1620, in-8°, 1 v.

1192. Hymni novi et quædam alia officia Urbani Papæ VIII jussu edita. *Lutetiæ*, 1644, in-12, 1 v.

1193. Psalmi et hymni ecclesiastici cum officio defunctorum. *Lovanii*, 1609, in-4°, 1 vol.

CHAPITRE VI

LITURGIE DES ÉGLISES DE BELGIQUE ET D'ANGLETERRE

1194. Missale ad usum insignis Ecclesiæ Leodiensis, *Antuerpiæ*, 1652, in-fol., 1 vol.

1195. Ordinarius insignis Ecclesiæ Leodiensis, 1521, in-4°, 1 v.

1196. Manuale pastorum ad uniformem administrationem Sacramentorum per Diœcesim Tornacensem. *Lovanii*, 1591, in-4°, 1 v.

1197. Litaniæ in honorem sanctorum Belgii recitandæ. *Duaci*, 1622, in-12, 1 v.

1198. La liturgie des cérémonies et coutumes selon l'Eglise Anglicane, *Genève*. 1665, in-8°, 1 v.

CHAPITRE VII

LITURGIE DES ORDRES MONASTIQUES

a. Traités généraux

1199. De Antiquis monachorum ritibus libri quinque collecti ex variis ordinariis, studio et cura Edmundi MARTENE, *Lugduni*, 1690, in-4°, 1 v.

1200. Rituale monasticum justorumque infirmantibus, moribundis persolvendorum ratio. *Sammielli*, 1619. in-12, 1 vol.

b. Liturgies particulières

1201. Breviarium ad usum sacri et canonici Ordinis Præmonstratensis. *Parisiis*, 1626, in-18, 1 v.

1202. Breviarium Patrum ordinis Sanctæ Crucis sub regula Sancti Augustini militantium, opera et studio P. Pauli REZNERI. *Leodii*, 1624, in-12, 1 v.

1203. Breviarium monasticum secundum ritum monachorum Ordinis S. Benedicti. *Venetiis*, 1590, in-12, 1 v.

1204. Breviarium Benedictinum secundum consuetudinem congregationis Sancti Benedicti Vallisoletani. *Vallisoletani*, 1598, in-12, 1 v.

1205. Breviarium monasticum Pauli Quinti Pont. Maximi auctoritate recognitum pro omnibus sub regula S. Benedicti militantibus. *Romæ*, 1613, in-fol., 1 vol.

1206. Breviarium monasticum Pauli V Pontif. Max. jussu editum pro omnibus sub regula S. Benedicti militantibus. *Campoduni*, 1677, in-fol., 1 v.

1207. Breviarium monasticum Pauli V Pontif. Max. jussu editum pro omnibus sub regula S. Benedicti militantibus. *Campoduni*, 1677, in-fol., 1 v.

1208. Bréviaire Bénédictin, supplément. *Paris*, 1700, in-8°, 1 v.

1209. Breviarium monasticum juxta regulam S. Benedicti et mentem Pauli V Pontificis Maximi. *Nanceii*, 1759, in-8°, 3 vol.

1210. Missale monasticum Pauli V Pont. Maximi auctoritate recognitum pro omnibus sub regula S. Benedicti militantibus. *Lutetiæ*, 1666, in-fol. 1 v.

1211. Octavarium monasticum complectens lectiones recitandas infra Octavas festorum ordinis S. Benedicti. *Lutetiæ*, 1656, in-12, 1 v.

1212. Le diurnal monastique disposé par l'authorité du Pape Paul V pour tous ceux qui militent sous la règle de S. Benoist. *Paris*, 1683, in-4°, 1 v.

1213. Graduale monasticum juxta Missale Pauli Quinti in usum et gratiam monialium Ordinis S.Benedicti. *Parisiis*, 1696, in-4°, 1 v.

1214. Processionale monasticum pro omnibus sub regula Sancti Benedicti militantibus. *Parisiis*, 1659, in-12, 1 v.

1215. Processionale monasticum pro omnibus sub regula S. Benedicti militantibus. *Parisiis*, 1641, in-8°, 1 v.

1216. Ordo divini officii recitandi Missasque celebrandi in monasterio Sancti Vedasti Atrebatensis Ordinis S. Benedicti pro anno 1757. *Duaci*, 1757, in-12, 1 v.

1217. Regula S. Benedicti et vetus cæremoniale. *Parisiis*, 1610, in-8°, 1 v.

1218. Cæremoniale Benedictinum sive antiquæ pietatis Benedictinæ thesaurus. *Parisiis*, 1610, in-8°, 1 v.

1219. Cæremonialis monastici ac Benedictino-Romani ad usum Congregationis S. Mauri pars prima et secunda. *Rothomagi*, 1621, in-8°, 1 v.

1220. Cérémonial des religieuses de l'Ordre de S. Benoist. *Paris*, 1626, in-8°, 1 v.

1221. Processionale cum Rituali ad usum Ecclesiæ regii monasterii S. Vedasti. *Insulis Flandrorum*, 1674, in-4°, 1 v.

1222. Processionale cum Rituali ad usum Ecclesiæ regii monasterii S. Vedasti. *Insulis Flandrorum*, 1674, in-4°, 1 v.

1223. Calendarium Vedastinum. 1675, in-4°, 1 v.

1224. L'office de S. Vaast, évêque et confesseur. *Paris*, 1683, in-12, 1 v.

1225. Rituale monasticum ad usum Congregationis S. Mauri in Gallia ord. Sancti Benedicti. *Parisiis*, 1666, in-4°, 1 vol.

1226. Rituale monasticum ad usum Congregationis S. Mauri in Gallia ord. Sancti Benedicti. *Parisiis*, 1666, in-4°, 1 vol.

1227. Cæremoniale monasticum jussu et auctoritate Capituli generalis Congregationis S. Mauri editum. *Lutetiæ*, 1680, in-4°, 1 v.

1228. Missale ad usum sacri Ordinis Cisterciensis. *Lutetiæ*, 1627, in-fol., 1 v.

1229. Rituale Cisterciense. *Parisiis*, 1689, in-8°, 1 v.

1230. Processionale sacri Ordinis Cisterciensis. *Lutetiæ*, 1627, in-8°, 1 v.

1231. Psalterium sacri Ordinis Cisterciensis. *Lutetiæ*, 1627, in-8°, 1 v.

1232. Horæ in laudem B. Mariæ Virginis ad usum Cisterciensis Ordinis. *Parisiis*, 1626, in-12, 1 v.

1233. Breviarium secundum ritum ac reformationem venerabilium Patrum Monasterii Cluniacensis. *Parisiis*, 1584, in-8°, 1 v.

1234. Breviarium monasticum ad usum sacri Ordinis Cluniacensis juxta regulam S. Benedicti. *Parisiis*, 1686, in-8°, 1 vol.

1235. Breviarium monasticum ad usum sacri Ordinis Cluniacensis. *Parisiis*, 1686, in-8°, 1 v.

1236. Breviarium Cluniacense. *Parisiis*, 1708, in-32, 1 v.

1237. Missale secundum usum ac novam reformationem Monasterii Cluniacensis. *Parisiis*, 1523, in-fol., 1 v.

1238. Missale ad usum Monasterii Cluniacensis. *Rhemis*, 1556, in-fol., 1 v.

1239. Missale monasticum ad usum sacri Ordinis Cluniacensis jussu et authoritate Capituli generalis editum. *Parisiis*, 1717, in-fol., 1 v.

1240. Missale monasticum ad usum sacri Ordinis Cluniacensis. *Parisiis*, 1733, in-fol, 1 v.

1241. Officia propria festorum Monasteriorum S. Victoris Parisiensis. *Duaci*, 1635, in-4°, 1 v.

TITRE III

CONCILES

CHAPITRE I

TRAITÉS CONCERNANT LES CONCILES

1242. Marci Mantua *Bonavitis* Patavini Jurisc. dialogus de Concilio. *Venetiis*, 1541, in-4°, 1 v.

1243. Tractatus de modo generalis Concilii celebrandi per Guillelmum Durandum. *Parisiis*, 1545, in-12, 1 v.

1244. Consualia, hoc est de Conciliis, consiliariis et consiliis doctrina politica ab. Hieronymo Elvero. *Francofurti*, 1620, in-4°, 1 v.

1245. Antiquitas illustrata circa Concilia generalia et provincialia per Emanuelem A Schelstrate. *Antuerpiæ*, 1679, in-4°, 1 vol.

1246. Les combats de l'Eglise militante par les Pères orthodoxes des Conciles généraux et œcuméniques, par le P. Jean Louys de S. Joseph. *Douay*, 1678, in-4°, 1 vol.

1247. Traité de l'étude des Conciles et de leurs collections, divisé en trois parties, par Fr. Salmon. *Paris*, 1724, in-4°, 1 v.

1248. Eclaircissements sur l'autorité des Conciles généraux et des Papes. 1740, in-8°, 1 v.

1249. Du Concile général et de la paix religieuse, par Mgr. H.L.C. Maret. *Paris*, 1869, in-8°, 2 v.

CHAPITRE II

COLLECTION D'ACTES ET CONCILES

a. *Actes des Apôtres*

1250. Francisci TURRIANI adversus Magdeburgenses Centuriatores pro canonibus Apostolorum. *Coloniæ*, 1573, in-4°, 1 v.

1251. Francisci Bernardini FERRARII de antiquo ecclesiasticarum Epistolarum genere libri tres. *Mediolani*, 1613, in-18, 1 v.

1252. PHOTII Patriarchæ Const. cum commentariis Theod. BALSAMONIS Patriarchæ Antiocheni, Nomocanon. Græce. *Lutetiæ*, 1615, in-4°, 1 v.

1253. Canones SS. Apostolorum Conciliorum generalium et provincialium. *Lutetiæ*, 1620, in-fol., 1 v.

1254. Guilielmi BEVEREGII annotationes in SS. Apostolorum, Conciliorum Patrumque canones. *Oxonii*, 1672, in-fol., 2 v.

b. *Collections de Conciles*

1255. Decreta et Concilia a temporibus Apostolorum generalia, auctore Jacobo MERLINO. *Parisiis*, 1524, in-fol., 2 v.

1256. Canones Conciliorum omnium, Joanne SAGITTARIO collectore. *Basileæ*, 1553, in-fol., 1 v.

1257. In quatuor tomos Conciliorum omnium tum generalium tum provincialium index. *Coloniæ Agrippinæ*, 1567, in-fol., 4 vol.

1258. Concilia generalia et provincialia. Epistolæ decretales, studio Severini BINII. *Coloniæ Agrippinæ*, 1606, in-fol., 5 v.

1259. Concilia generalia et provincialia græca et latina, studio Severini BINII. *Lutetiæ*, 1636, in-fol., 10 v.

1260. Conciliorum omnium generalium et provincialium collectio regia. *Parisiis*, 1644, in-fol., 37 v.

1261. Synodorum generalium ac provincialium decreta et Canones, per fr. Christianum LUPUM. *Lovanii*, 1665, in-4°, 5 vol.

1262. Sacrosancta Concilia ad regiam editionem exacta, studio Philippi LABBEI. *Lutetiæ*, 1671, in-fol., 15 v.

1263. Ad sacrosancta Concilia a Philippo LABBEO et G. COSSARTIO edita apparatus alter. *Lutetiæ*, 1672, in-fol., 1 v.

1264. Sacrosancta Concilia ad regiam editionem exacta, studio P. LABBEI et COSSARTII. *Parisiis*, 1672, in-fol., 16 v.

1265. Nova collectio Conciliorum. Stephanus BALUZIUS in unum collegit. *Parisiis*, 1683, (t. 1er), in-fol., 1 v.

1266. Acta Conciliorum et Epistolæ decretales ac constitutiones Summorum Pontificum, studio Philippi LABBEI et Gabr. COSSARTII. *Parisiis*, 1715, in-fol., 12 vol.

c. *Abrégés et extraits*

1267. Sanctiones ecclesiasticæ tam synodicæ quam pontificiæ per Franciscum JOVERIUM. *Parisiis*, 1555, in-fol., 1 v.

1268. Summa pontificalium et synodalium constitutionum in locos seu titulos communes redacta. *Lovanii*, 1570, in-12, 1 vol.

1269. Summa constitutionum Summorum Pontificum et rerum in Ecclesia Romana gestarum a Gregorio IX usque ad Sixtum V per Petrum MALTHÆUM. *Lugduni*, 1588, gr. in-8°, 1 v.

1270. Summa Conciliorum quæ a S. Petro usque ad Gregorium XV Papam celebrata sunt. *Antuerpiæ*, 1623, in-fol., 1 v.

1271. In selectas Summorum Pontificum constitutiones epitome ac theoremata, auctore J. Bapt. SCORTIA. *Lugduni*, 1625, in-8°, 1 v.

1272. Epitome Canonum, Conciliorum omnium, collectore Gregorio DE RIVES. *Lugduni*, 1663, in-fol., 1 v.

1273. Summa omnium Conciliorum et Pontificum per Barth. CARRANZAM. *Parisiis*, 1668, in-8°, 1 v.

1274. Summa Conciliorum omnium ordinata opera ac studio M. L. BAIL Abbavillæi. *Parisiis*, 1672, in-fol., 2 v.

1275. Summa omnium Conciliorum et Pontificum collecta per F. B. CARRANZAM. *Lugduni*, 1676, in-8°, 1 v.

1276. Aliquot constitutiones et decreta apostolica, decreta Episcoporum, universitatum. *Leodii*, 1700, in-12, 1 v.

1277. Delectus Actorum Ecclesiæ Universalis, seu summa nova Conciliorum. *Lugduni*, 1706, in-fol., 2 v.

1278. Analyse des Conciles généraux et particuliers par le Père Charles-Louis RICHARD. *Paris*, 1772, in-4°, 5 v.

CHAPITRE III

CONCILES GÉNÉRAUX

a. Conciles de l'Église Grecque

1279. Acta sacrosancti et œcumenici Concilii octavi, Constantinopoli quarti. *Ingolstadii*, 1604, in-4°, 1 v.

1280. Sacrosancti magni et œcumenici Concilii Ephesini primi acta omnia. *Ingolstadii*, 1576, in-4°, 1 v.

1281. Scholia et notæ ad variorum Patrum Epistolas concernentes acta Ephesini et Chalcedonensis Concilii, auct. Christiano LUPO. *Lovanii*, 1682, in-4°, 1 v.

1282. Hortus fidei Apostolorum et Niceni Concilii articulos continens. Guillelmus PARVIUS. *Parisiis*, 1539, in-12, 1 v.

1283. Concilium Nicenum. Synodi Nicenæ quam Græci septimam vocant actiones. *Coloniæ*, 1540, in-fol., 1 v.

b. Conciles généraux de l'Église Latine

1284. Acta sacri generalis Concilii Constantiensis. *Parisiis*, 1506, in-18, 1 v.

1285. Magni et universalis Constantiensis Concilii tomi VI. *Francofurti*, 1700, in-fol., 3 v.

1286. Canones et decreta sacrosancti œcumenici et generalis Concilii Tridentini. *Lovanii*, 1564, in-12, 1 v.

1287. Canones et decreta sacrosancti œcumenici et generalis Concilii Tridentini. *Antuerpiæ*, 1565, in-4°, 1 v.

1288. Concilium Tridentinum. *Lovanii*, 1567, in-fol., 1 v.

1289. Canones et decreta S. Concilii Tridentini. *Coloniæ*, 1569, in-16, 1 v.

1290. Sacrosancti et œcumenici Concilii Tridentini Paulo III, Julio III et Pio IV Pont. Max. celebrati canones et decreta. *Lugduni*, 1577, in-12, 1 v.

1291. Sacrosancti et œcumenici Concilii Tridentini canones et decreta. *Antuerpiæ*, 1615, in-8°, 1 v.

1292. Decisiones et declarationes Concilii Tridentini, opera D. Joannis DE GALLEMART. *Duaci*, 1615, in-12, 1 v.

1293. Sacrosancti et œcumenici Concili

Tridentini, canones et decreta. *Duaci*, 1618, in-8°, 1 v.

1294. Sacrosancti et œcumenici Concilii Tridentini Paulo III, Julio III et Pio IV, Pontificibus maximis celebrati canones et decreta. *Antuerpiæ*, 1624, in-12, 1 v.

1295. Sacros. Concilii Tridentini canones et decreta. *Parisiis*, 1627, in-8°, 1 v.

1296. Novæ declarationes Congregationis S. R. E. Cardinalium ad decreta Concilii Tridentini. *Lugduni*, 1634, in-4°, 1 v.

1297. Sacros. Concilium Tridentinum, additis declarationibus Cardinalium ex ultima recognitione Joannis DE GALLEMART. *Lugduni*, 1676. in-8°, 1 v.

1298. Apologia indictionis Concilii Tridentini factæ a Pio quarto Pont. Max. .... 1563, in-4°, 1 v.

1299. Apologiæ, seu defensiones decretorum sacrosancti Concilii Tridentini, autore Judoco RAVESTEYN. *Lovanii*, 1568, in-12, 2 v.

1300 Petri FONTIDONII apologia pro Concilio Tridentino. *Antuerpiæ*, 1574, in-12, 1 vol.

1301. Le saint, sacré, universel et général Concile de Trente, traduit du latin en français par le chanoine HERVET. *Rheims*, 1564, in-12, 1 v.

1302. Le saint, sacré, universel et général Concile de Trente, traduit du latin en français par le chanoine HERVET. *Paris*, 1573, in-32, 1 v.

1303. Le saint, sacré, universel et général Concile de Trente. *Paris*, 1588, in-18, 1 v.

1304. Révision du Concile de Trente. ....., 1600, in-12, 1 v.

1305. Réponse aux objections qui se font pour empêcher la réception du Concile de Trente. *Paris*, 1615, in-12, 1 v.

1306. Le saint Concile de Trente œcuménique et général, célébré sous Paul III, Jules III et Pie IV, traduit par l'abbé CHANUT. *Paris*, 1674, in-4°, 1 v.

1307. Sommaire des décrets du Concile de Trente touchant la réformation de la discipline ecclésiastique. *Mons*, 1679, in-18, 1 v.

1308. Le saint, œcuménique et général Concile de Trente, traduit du latin en français par Gentien HERVET. *Lyon*, 1683, in-12, 1 v.

1309. Concilium Romanum in Lateranensi Basilica celebratum. 1725. *Bruxellis*, 1726, in-12, 1 v.

CHAPITRE IV

CONCILES PARTICULIERS

a. Conciles d'Asie et d'Afrique

1310. Sacrum Antiochenum Concilium pro Arianorum Conciliabulo passim habitum, opera ac studio Emanuelis A SCHELSTRATE. *Antuerpiæ*, 1681, in-4°, 1 vol.

1311. FACUNDI Episcopi Hermianensis Provinciæ Africanæ pro defensione Capitulorum Concilii Calchedonensis libri XII. *Parisiis*, 1629, in-8°, 1 v.

1312. Codex canonum Ecclesiæ Africanæ, Christoph. JUSTELLUS edidit. *Lutetiæ*, 1615, in-8°, 1 v.

b. Conciles d'Allemagne et de Belgique

1313. Commentariorum Æneæ SYLVII PICCOLOMINI de Concilio Basileæ celebrato libri duo, in-fol., 1 v.

1314. Canones Concilii provincialis Coloniensis. *Leodiensi*, 1538, in-fol., 1 v.

1315. Decreta Concilii provincialis Coloniensis (anno 1549). *Lugduni*, 1549, in-4°, 1 v.

1316. Canones Concilii provincialis Coloniensis anno celebrati 1536. *Parisiis*, 1558, in-8°, 1 v.

1317. Joannis Malderi Episcopi Antuerpiensis anti-syndica, sive animadversiones in decreta conventus Dordraceni. *Antuerpiæ*, 1620, in-12, 1 v.

1318. Acta Synodi nationalis Dordrechti habitæ. *Dordrechti*, 1620, in-fol., 1 v.

1319. Conciliabuli Dordracensi ascia a Claudio Dausquio. *Rigiaci Atrebatium*, 1629, in-12, 1 v.

1320. Constitutiones et decreta Synodi diœcesanæ Iprensis (1609). *Ipris*, 1610, in-18, 1 v.

1321. Statuta in Synodis Episcopatus Iprensis et decreta per dominos Episcopos ejusdem reimpressa. *Antuerpiæ*, 1673, in-12, 1 v.

1322. Litteræ scriptæ a Cardinale Bullionio ad Capitulum Leodiense. *Parisiis*, 1694, in-4°, 1 v.

1323. Sacra Congregatione Consistoriali Antonelli secretario Leodiensis confirmationis electionis pro Alex. ab Oultremont pars prima. *Leodii*, 1764, in-4°, 1 vol.

1324. Decreta et statuta Synodi provincialis Mechliniensis. *Antuerpiæ*, 1608, in-4°, 1 v.

1325. Decreta et statuta Synodi diœcesanæ Mechlinensis (1609). *Antuerpiæ*, 1639, in-12. 1 vol.

1326. Constitutiones Concilii provincialis Moguntini. *Moguntiæ*, 1549, in-fol., 1 v.

1327. Statuta Synodi diœcesanæ Tornacensis inchoatæ sub reverendissimo Patre Michaele Desne. *Duaci*, 1600, in-12, 1 vol.

1328. Acta Synodi Diœcesanæ Tornacensis habitæ anno 1678, in-16, 1 v.

1329. Summa statutorum synodalium cum prævia synopsi vitæ Episcoporum Tornacensium. *Insulis*, 1726, in-8°, 1 v.

1330. Actes et décrets du IIe Concile provincial d'Utrecht, tenu le 13 septembre 1763. *Utrecht*, 1764, in-12, 1 v.

c. *Conciles d'Espagne, d'Italie, d'Angleterre et de Pologne*

1331. Collectio maxima Conciliorum omnium Hispaniæ et novi Orbis. *Romæ*, 1693, in-fol., 4 v.

1332. Collegium sacrum Bononiense, auctore Ludovico de Beia. *Coloniæ Agrippinæ*, 1629, in-12, 1 v.

1333. Acta Ecclesiæ Mediolanensis a sancto Carolo condita. *Lugduni*, 1683, in-fol., 2 v.

1334. Constitutiones et decreta sex provincialium Synodorum Mediolanensium ab anno 1565. *Venetiis*, 1596, in-4°, 1 vol.

1335. Concilia Magnæ Britanniæ et Hiberniæ in quatuor voluminibus comprehensa a Davide Wilkins. *Londini*, 1737, in-fol., 4 v.

1336. Confessio catholicæ fidei, in Synodo provinciali Petrikoviæ, 1551. *Antuerpiæ*, 1559, in-12, 1 v.

CHAPITRE V

CONCILES, SYNODES, STATUTS SYNODAUX ET MANDEMENTS DES ÉVÊQUES

1337. Concilia antiqua Galliæ, opera ac studio Jac. Sirmondi. *Lutetiæ*, 1629, in-fol., 3 v.

1338. Concilia Galliæ Narbonensis. Stephanus Baluzius in unum collegit, *Parisiis*, 1668, in-8° 1 v.

1339. Decreta Concilii provincialis patriarchalis provinciæ Aquitanæ, Biturigibus celebrati anno 1584. *Lutetiæ*, 1586, in-12, 1 v.

1340. Tous les Synodes nationaux des Eglises réformées de France, par AYMON. *La Haye*, 1710, in-4°, 2 v.

1341. Reformationis ecclesiasticæ decreta generalia omnium Ecclesiarum usibus accommodata a Francisco BONHOMIO. *Coloniæ*, 1575, in-12, 1 v.

1342. Recueil. (Synodes divers). Synodus Parisiensis 824. Synodus Mechliniensis 1570. Synodus Remensis 991, in-12, 1 v.

1343. Decreta Synodi provincialis Aquensis (anno 1585). *Parisiis*, 1586, in-12, 1 vol.

1344. Conférences ecclésiastiques du Diocèse d'Angers sur les Etats. *Avignon*, 1749, in-12, 1 v.

1345. Statuts du Diocèse d'Angers. *Angers*, 1680, in-4°, 1 v.

1346. Statuta Synodi diœcesanæ Audomarensis anno 1583. *Audomari*, 1640, in-4°, 1 v.

1347. Statuta Synodi diœcesanæ Audomarensis anno 1583 celebratæ. *Duaci*, 1583, in-4°, 1 v.

1348. Codex Statutorum synodalium Diœcesis Aurelianensis authoritate ALFONSI DEL'BENE. *Aureliæ*, 1664, in-4°, 1 v.

1349. Statuta synodalia Diocesis Atrebatensis per Franciscum RICHARDOTUM ejusdem Diocesis Episcopum ordinata. *Duaci*, 1570, in-12, 1 v.

1350. Statuta synodalia Diocesis Atrebatensis per Fr. RICHARDOTUM ejusdem Diocesis Episcopum. *Duaci*, 1570, in-4°, 1 v.

1351. Statuta Synodi diocesanæ anno Domini 1584 14 octobre Atrebati celebratæ, sub Episcopo MEDULLARTIO. *Atrebati*, 1585, in-4°, 1 v.

1352. Statuta synodalia Diocesis Atrebatensis. *Antuerpiæ*, 1588, in-4°, 1 v.

1353. Recueil des mandements et instructions pastorales de Messeigneurs les Archevêques et Evêques de France. *Paris*, 1715, in-4°, 1 v.

1354. Ordonnances faites aux Curés et Recteurs des Eglises parochiales du Diocèse d'Arras. *Arras*, 1562, in-12, 1 v.

1355. Réglements et ordonnances de Mgr l'Evêque d'Arras. *Arras*, 1678, in-18, 1 vol.

1356. Réglements et ordonnances de Mgr l'Evêque d'Arras. *Arras*, 1678, in-18, 1 vol.

1357. Réglements et ordonnances de Mgr l'Evêque d'Arras. *Arras*, 1686, in-18, 1 vol.

1358. Réglements et ordonnances de Mgr l'Evêque d'Arras. *Arras*, 1686, in-18, 1 vol.

1359. Réglemens et ordonnances de Mgr l'Evêque d'Arras. *Arras*, 1686, in-18, 1 v.

1360. Lettres et maximes pastorales de Mgr l'Evêque d'Arras. *Paris*, 1707, in-18, 1 vol.

1361. Recueil des ordonnances mandemens et censures de M. l'Evêque d'Arras. *Arras*, 1710, in-12, 1 v.

1362. Ordonnances et mandements de M. l'Evêque d'Arras. *Arras*, in-12, 1710, 1 vol.

1363. Recueil des ordonnances, mandements et censures de M. l'Evêque d'Arras. *Arras*, 1710, in-12, 1 v.

1364. Recueil des ordonnances, mandements et censures de l'Evêque d'Arras. *Arras*, 1710, in-12, 1 v.

1365. Recueil des ordonnances, mandements et censures de M. l'Evêque d'Arras. *Arras*, 1713, in-12, 1 v.

1366. Recueil des réglements et ordonnances du Diocèse d'Arras. *Arras*, 1746, in-12, 1 v.

1367. Lettres et maximes pastorales de Mgr l'Evêque d'Arras. *Arras*, ..., in-18, 1 vol.

1368. Principes de conduite, ordonnances, et statuts du Diocèse d'Arras. *Arras*, ..., in-12, 1 v.

1369. Principes de conduite, ordonnances et statuts du Diocèse d'Arras, imprimés par ordre de Mgr l'Evèque d'Arras. *Arras*, 1806, in-12, 1 v.

1370. Mandements et circulaires de Mgr Parisis. *Arras*, 1858, in-4°, 2 v.

1371. Acta et decreta Synodi diœcesanæ Cameracensis. *Parisiis*, 1551, in-4°, 1 v.

1372. Acta et decreta Synodi diœcesanæ Cameracensis. *Parisiis*, 1551, in-4°, 1 v.

1373. Canones et decreta sacri Concilii provincialis Cameracensis. *Antuerpiæ*, 1565, in-4°, 1 v.

1374. Instruction par manière de formulaire pour les pasteurs et curés de la province de Cambrai, par Mgr Richardot, Evèque d'Arras. *Arras*, 1567, in-12, 1 v.

1375. Concilium provinciale Cameracense, in oppido Montis Hannoniæ habitum anno Domini 1586. *Montibus Hannoniæ*, 1602, in-12, 1 v.

1376. Decreta Synodi diocesanæ Cameracensis (1604). *Montibus*, 1604, in-12, 1 vol.

1377. Decreta Synodi diocesanæ Cameracensis. *Montibus*, 1636, in-12, 1 v.

1378. Statuta curiarum ecclesiasticarum provinciæ Cameracensis. *Tornaci*, 1659.

1379. Decreta Synodi diœcesanæ Cameracensis, præsidente Roberto de Croy. *Montibus*, 1686, in-8°, 1 v.

1380. Instructions pastorales de Mgr l'Archevêque de Cambray. *Valenciennes*, 1708, in-12, 4 v.

1381. Ordonnances, mandements et lettres pastorales de Mgr l'Evèque de Châlons. *Châlons*, 1663, in-18, 1 v.

1382. Règlement de Mgr l'Evêque et Comte de Châlons pour la conduite de son séminaire. *Lyon*, 1682, in-16, 1 v.

1383. Concilium Duziacense, anno Domini 871 celebratum. *Parisiis*, 1658, in-4°, 1 vol.

1384. Concilium provinciale Ebreduni habitum ab D. Petro de Guerin de Tencin. *Gratianopoli*, 1728, in-fol., 1 v.

1385. Ordonnances et instructions synodales par Antoine Godeau, Evêque de Grasse. *Lyon*, 1683, in-18, 1 v.

1386. Statuta synodalia Lingonensis Ecclesiæ edita et restituta consilio D. Claudii de Longbi. *Rhemis*, 1556, in-8°, 1 v.

1387. Recueil de mandements, lettres pastorales et discours de Mgr Fléchier, Evêque de Nismes. ....., 1710, in-18, 1 vol.

1388. Le Premier Concile provincial tenu à Rheims, l'an 1583. *Rheims*, 1586, in-8°, 1 vol.

1389. Concilium provinciale Rhemense primum. *Rhemis*, 1585, in-12, 1 v.

1390. Concilia Rotomagensis provinciæ. *Rotomagi*, 1717, in-fol., 1 v.

1391. De visitatione ac Synodis diœcesana et provinciali canonicæ conclusiones auct. Nicolao Januario. *Parisiis*, 1620, in-16, 1 vol.

1392. Le droit des prêtres dans le Synode ou Concile diocésain. 1779, in-12, 2 v.

TITRE IV

PATROLOGIE

CHAPITRE I

INTRODUCTION A L'ÉTUDE DES SAINTS PÈRES

1393. De la lecture des Pères de l'Eglise, ou méthode pour les lire utilement (par B. D'ARGONNE et P. PELHESTRE). *Paris*, 1697, in-12, 1 v.

1394. La méthode dont les Pères se sont servis en traitant des mystères, par l'abbé de MOISSY. *Paris*, 1683, in-4°, 1 v.

1395. Medullæ theologiæ Patrum syntagma, authore Abrahamo SCULTETO. *Francofurti*, 1634, in-4°, 2 v.

1396. Traité de la morale des Pères de l'Eglise, par Jean BARBEYRAC. *Amsterdam*, 1728, in-4°, 1 v.

1397. Apologie de la morale des Pères de l'Eglise, par le P. D. Remy CEILLIER. *Paris*, 1718, in-4°, 1 v.

1398. Apologie pour les Saincts Pères de l'Eglise. *Paris*, 1651, in-4°, 1 v.

1399. La doctrine de l'Ecriture et des Pères sur les guérisons miraculeuses, par un religieux Bénédictin. .... 1754, in-12, 1 v.

1400. Défense du sentiment des SS. Pères et des docteurs catholiques sur le retour futur d'Elie ..... 1737, in-12, 1 v.

CHAPITRE II

COLLECTIONS ET EXTRAITS DES ŒUVRES DES SAINTS PÈRES

1401. Sacra bibliotheca Sanctorum Patrum, per Margarinum DE LA BIGNE. *Parisiis*, 1576, in-fol., 4 v.

1402. Bibliotheca veterum Patrum et auctorum ecclesiasticorum, per Margarinum DE LA BIGNE. *Parisiis*, 1609, in-fol., 5 v.

1403. Maxima bibliotheca veterum Patrum et antiquorum Scriptorum ecclesiasticorum a Margarino DE LA BIGNE in lucem edita. *Lugduni*, 1677, in-fol., 25 v.

1404. Apparatus ad maximam bibliothecam veterum Patrum Lugduni editam, opera Nicolai LE NOURRY. *Parisiis*, 1703, in-fol., 2 v.

1405. Sanctorum Patrum bibliotheca maxima Lugdunensis, authore Philippo a S. JACOBO. *Augustæ Vindelicorum*, 1719, in-fol., 2 v.

1406. Bibliotheca Patrum apostolicorum græco-latina, autore L. Thoma ITTIGIO. *Lipsiæ*, 1690, in-8°, 1 v.

1407. Sententiæ ex duodecim bibliothecæ Patrum tomis selectæ, per Fr. Franciscum HACHE. *Ambiani*, 1675, in-fol., 1 v.

1408. Epitome Sanctorum Patrum per locos communes, auct. Joanne LOPEZ. *Coloniæ Agrippinæ*, 1607, in-4°, 4. v.

1409. Bibliothèque portative des Pères de l'Eglise. *Paris*, 1758, in-12, 9 v.

1410. Bibliothèque choisie des Pères de l'Eglise grecque et latine ou cours d'éloquence sacrée, par Nicolas-Silvestre GUILLON. *Paris*, 1828, in-12, 36 vol.

1411. Collectanea monumentorum veterum Ecclesiæ græcæ ac latinæ quæ hactenus in Vaticana bibliotheca delituerunt (ZACAGNIUS). *Romæ*, 1698, in-4°, 1 v.

1412. Chrestomathia patristica græca, sive loci illustres ex antiquissimis Patribus græcis selecti. *Uratislaviæ*, 1739, in-8°, 2 vol.

1413. Septem tubæ sacerdotales sive selecti septem SS. Patrum tractatus cum notis BALUZII. *Lugduni*, 1680, in-4°, 1 v.

1414. Favus Patrum. *Lugduni*, 1617, in-32, 1 v.

1415. Supplementum Patrum a Jacobo HOMMEY. *Parisiis*, 1685, in-8°, 1 v.

1416. La théologie des Pères des quatre premiers siècles. *Rennes*, 1729, in-8°, 3 vol.

1417. Pensées ingénieuses des Pères de l'Eglise par le Père BOUHOURS. *Paris*, 1700, in-12, 1 v.

1418. Choix de monuments primitifs de l'Eglise Chrétienne avec notices littéraires, par A. C. BUCHON. *Parisiis*, 1837, in-8°, 1 vol.

1419. Les Pères de l'Eglise. Choix de lectures morales, par Eugène LOUDUN. *Paris*, 1861, in-12, 1 v.

CHAPITRE III

ŒUVRES DES SAINTS PÈRES

a. Saints Pères Grecs

Ier Siècle

1420. PHILONIS Judæi opera. *Basileæ*, 1554, in-fol., 1 v.

1421. Les œuvres de PHILON Juif, mises de grec en français, par Pierre BELLIER. *Paris*, 1575, in-fol., 1 v.

1422. PHILONIS Judæi opuscula tria. *Francofurti*, 1587, in-12, 1 v.

1423. PHILONIS Judæi opera exegetica in libros Mosis. *Coloniæ Allobrogum*, 1613, in-fol., 1 v.

1424. SS. Patrum qui temporibus apostolicis floruerunt, BARNABÆ, CLEMENTIS, HERMÆ, IGNATII opera inedita. *Antuerpiæ*, 1700, in-fol., 2 v.

1425. DIONYSII *Areopagitæ* opera. *Parisiis*, 1519, in-fol., 1 v.

1426. Sancti DYONISII *Areopagitæ* opera omnia quæ extant. Studio Petri LANSSELLII. *Lutetiæ*, 1615, in-fol., 1 v.

1427. Opera S. DIONYSII *Areopagitæ* cum scholiis S. Maximi et paraphrasi Pachymeræ a Balthasare CORDERIO latine interpretata. *Antuerpiæ*, 1634, in-fol., 2 v.

1428. Sancti DIONYSII *Areopagitæ* operum omnium tomi duo, studio et opera Balthasaris CORDERII. *Lutetiæ Parisiorum*, 1644, in-fol., 2 v.

1429. Michaelis SYNGELI de laudibus Divi DIONYSII liber. *Parisiis*, 1587, in-4°, 1 vol.

1430. Caroli HERSENTII in DIONYSII *Areopagitæ* de mystica theologia librum interpretatio. *Parisiis*, 1626, in-8°, 1 v.

1431. Joannis DALLÆI de scriptis quæ sub DIONYSII *Areopagitæ* et IGNATII Antiocheni nominibus circumferuntur libri duo. *Genevæ*, 1666, in-4°, 1 v.

1432. Problème proposé aux savants touchant les livres attribués à Saint DENYS *l'Aréopagite*. *Paris*, 1708, in-8°, 1 v.

1433. HERMÆ discipuli Pauli visiones. *Argentorati*, 1522, in-4°, 1 v.

1434. Clementina, hoc est B. CLEMENTIS

Romani Petri et Pauli Apostolorum discipuli opera *Coloniæ Agrippinæ*, 1569, in-fol., 1 vol.

1435. Dix livres des recognitions de saint CLÉMENT, disciple des Apostres. *Paris*, 1586, in-12, 1 v.

IIe Siècle

1436. Sancti Martyris IGNATII Antiochiæ Archiepiscopi Epistolæ. *Parisiis*, 1558, in-12, 1 v.

1437. Sancti Martyris IGNATII Antiochiæ Archiepiscopi Epistolæ. *Antuerpiæ*, 1566, in-12, 1 v.

1438. Les Epîtres de saint Ignace, Evèque d'Antioche, par EUDEMARE, prêtre. *Rouen*, 1615, in-12, 1 v.

1439. POLYCARPI et IGNATII Epistolæ. *Oxoniæ*, 1644, in-4°, 1 v.

1440. Epistolæ genuinæ Sancti IGNATII Martyris, edidit Isaacus VOSSIUS. *Amstelodami*, 1646, in-4°, 1 v.

1441. Vindiciæ Epistolarum S. IGNATII. Auctore Joanne PEARSON. *Cantabrigiæ*, 1672, in-4°, 1 v.

1442. S. JUSTINI Philosophi et Martyris opera. *Lutetiæ*, 1551, in-fol., 1 v.

1443. S. JUSTINI Philosophi et Martyris opera. *Lutetiæ*, 1551, in-fol., 1 v.

1144. S. JUSTINI Philosophi et Martyris opera. *Lutetiæ*, 1551, in-fol., 1 v.

1445. Les euvres de sainct JUSTIN, Philosophe et Martyr, mises de grec en langage françois, par Jean de MAUMONT. *Paris*, 1559, in-fol., 1 v.

1446. Divi JUSTINI Philosophi opera. *Parisiis*, 1565, in-12, 1 v.

1447. S. JUSTINI Philosophi et Martyris opera. *Haidelbergæ*, 1593, in-fol., 1 v.

1448. Sancti JUSTINI Philosophi et Martyris opera. *Parisiis*, 1636, in-fol., 1 v.

1449. S. JUSTINI Philosophi et Martyris opera omnia. *Parisiis*, 1742, in-fol., 1 vol.

1450. TATIANI oratio ad Græcos. HERMIÆ irrisio gentilium philosophorum. *Oxoniæ*, 1700, in-8°, 1 v.

1451. ATHENAGORÆ Atheniensis philosophi christiani de resurrectione mortuorum liber. *Lovanii*, 1541, in-4°, 1 v.

1452. ATHENAGORÆ Atheniensis Apologia pro christianis (græce et latine), 1557, in-8°, 1 v.

1453. Athenagoræ Atheniensis philosophi Apologia pro Christianis (græce et latine), 1557, in-8°, 1 v.

1454. Apologie d'Athenagoras, philosophe Athénien pour les Chrétiens. *Paris*, 1574, in-12, 1 v.

1455. Divi IRENÆI Episcopi Lugdunensis et Martyris, adversus Valentini et similium Gnosticorum hæreses libri quinque, opera et studio Franc. FEU-ARDENTII. *Parisiis*, 1575, in-fol., 1 v.

1456. S. IRENÆI Episcopi Lugdunensis fragmenta anecdota, studio Jo. Ern. GRABII. *Hagæ Comitum*, 1715, in-4°, 1 v.

IIIe Siècle

1457. CLEMENTIS Alexandrini opera omnia. *Florentiæ*, 1550, in-fol., 1 v.

1458. CLEMENTIS Alexandrini omnia quæ extant opera. *Basileæ*, 1556, in-fol., 1 v.

1459. D. CLEMENTIS opera, Rufino TORANO interprete. *Parisiis*, 1568, in-12, 1 v.

1460. T. Flavii CLEMENTIS Alexandrini presbyteri opera omnia e græco in latinum conversa a Gentiano HERVETO Aureliano. *Parisiis*, 1590, in-fol., 1 v.

1461. CLEMENTIS Alexandrini opera, græce et latine, quæ extant. *Lutetiæ Parisiorum*, 1641, in-fol., 1 v.

1462. CLEMENTIS Alexandrini opera quæ extant. *Wirceburgi*, 1778, in-8°, 3 v.

1463. ORIGENIS Adamantii eximii Scripturarum interpretis opera. *Froben*, 1536, in-fol., 2 v.

1464. ORIGENIS opera omnia. *Parisiis*, 1574, in-fol., 1 v.

1465. ORIGENIS Adamantii philocalia. *Lutetiæ*, 1624, in-4°, 1 v.

1466. ORIGENES defensus sive ORIGENIS Adamantii vita, virtutes, documenta, auctore Petro HALLOIX. *Leodii*, 1648, in-fol., 1 vol.

1467. ORIGENIS contra Celsum libri octo. *Cantabrigiæ*, 1658, in-4°, 1 v.

1468. ORIGENIS dialogus contra Marcionitas, studio Rodolfi WETSTENII. *Basileæ*, 1674, in-4°, 1 v.

1469. Traité d'ORIGÈNE contre Celse, traduit du grec par Elie BOUHÉVEAU. *Amsterdam*, 1700, in-4°, 1 v.

1470. Hexaplorum ORIGENIS quæ supersunt, multis partibus auctiora notis illustravit D. Bernardus DE MONTFAUCON. *Parisiis*, 1713, in-fol., 2 v.

1471. S. GREGORII cognomento Thaumaturgi opera omnia. *Moguntiæ*, 1604, in-4°, 1 v.

1472. B. BASILII Seleuciæ Isauriæ Episcopi orationes XLIV. *Lovanii*, 1604, in-8°, 1 v.

1473. BASILII Seleuciæ Episcopi de vita ac miraculis D. Theclæ libri duo. *Antuerpiæ*, 1608, in-8°, 1 v.

IVe Siècle

1474. EUSEBII PAMPHILI Evangelicæ præparationis libri XV. *Lutetiæ*, 1544, in-fol., 1 v.

1475. EUSEBII PAMPHILI Evangelicæ demonstrationis libri decem. *Lutetiæ*, 1545, in-fol., 1 v.

1476. EUSEBII PAMPHILI Evangelicæ demonstrationis libri decem. *Lutetiæ*, 1545, in-fol., 1 v.

1477. EUSEBII PAMPHILI Cæsariensis viri opera. *Basileæ*, 1559, in-fol., 1 v.

1478. Divi EUSEBII PAMPHILI opera. *Parisiis*, 1575, in-12, 1 v.

1479. EUSEBII PAMPHILI Cæsariensis Episcopi opera quæ extant omnia, opera et studio Joannis DADRÆI. *Parisiis*, 1581, in-fol., 1 vol.

1480. EUSEBII PAMPHILI Cæsareæ Palestinæ Episcopi præparatio Evangelica. Franciscus VIGERUS. *Parisiis*, 1628, in-fol., 2 v.

1481. EUSTHATII Archiepiscopi Antiocheni et Martyris in Hexameron commentarius. *Lugduni*, 1629, in-4°, 1 v.

1482. ATHANASII Magni Alexandrini Episcopi opera. *Basileæ*, 1564, in-fol., 1 v.

1483. Traduction d'un discours de S. ATHANASE contre ceux qui jugent de la vérité par la seule autorité de la multitude. *Paris*, 1651, in-4°, 1 v.

1484. Sancti ATHANASII opera omnia græce et latine, in tres tomos distributa. *Parisiis*, 1698, in-fol., 3 v.

1485. Collectio nova Patrum et scriptorum græcorum EUSEBII, ATHANASII et COSMÆ Egyptii; notis illustravit D. Bernardus DE MONTFAUCON. *Parisiis*, 1707, in-fol., 2 v.

1486. Præclara ac divina quædam quatuor doctrina et sanctitate illustrium Abbatum EPHRÆEM, NILI, MARCI et ESAIÆ opera, e græco in latinum conversa, Petro Fr. ZINO interprete. *Venetiis*, 1574, in-16, 1 vol.

1487. Divins opuscules et exercices spirituels du Père EFREM. *Paris*, 1586, in-12, 1 v.

1488. S. EPHRAEM Syri opera omnia. *Coloniæ*, 1603, in-fol., 1 v.

1489. Sancti EPHRAEM Syri opera omnia (græce et latine). *Romæ*, 1732, in-fol., 6 vol.

1490. Divi BASILII Magni opera græca. *Basileæ*, 1551, in-fol., 1 v.

1491. Divi BASILII Magni Cæsareæ Archiepiscopi omnia quæ in hunc diem latino sermone donata sunt opera. *Parisiis*, 1603, in-fol., 1 v.

1492. Appendix ad Sancti BASILII Magni opera græco-latina. *Parisiis*, 1618, in-fol., 1 vol.

1493. D. BASILII Magni opera græco-latina. *Parisiis*, 1618, in-fol., 2 v.

1494. Sancti Patris nostri BASILII Cæsareæ Cappadociæ Archiepiscopi opera omnia, studio Juliani GARNIER. *Parisiis*, 1721, in-fol., 3 v.

1495. Joannis XIPHILINI et BASILII Magni aliquot orationes. 1775, in-4°, 1 v.

1496. S. CYRILLI Archiepiscopi Hierosolymorum opera, J. GRODECIO interprete. *Antuerpiæ*, 1564, in-12, 1 v.

1497. Vingt trois Catéchèses ou Instructions verbales de S. CYRILLE, Archevêque de Jérusalem. *Paris*, 1564, in-32, 1 v.

1498. Discours très utile et très nécessaire à un chacun à la sortie de l'âme hors de son corps, escrit par S. CYRILLE d'Alexandrie. *Lille*, 1622, in-12, 1 v.

1499. Sancti CYRILLI Archiepiscopi Hierosolymitani opera omnia. *Parisiis*, 1720, in-fol., 1 v.

1500. GREGORII *Nazianzeni* orationes lectissimæ XVI. (Græce). *Venetiis*, 1516, in-12, 1 v.

1501. Divi GREGORII Episcopi *Nazianzeni* opera. *Basileæ*, 1550, in-fol., 1 v.

1502. D. GREGORII *Nazianzeni*, cognomento Theologi, opuscula quædam. *Parisiis*, 1575, in-12, 1 v.

1503. D. GREGORII *Nazianzeni*, cognomento theologi, opera omnia, a Jacobo BILLIO PRUNÆO. *Parisiis*, 1583, in-fol., 1 v.

1504. S. GREGORII *Nazianzeni* arcana *Lugd. Batav.* 1591, in-12, 1 v.

1505. Sancti GREGORII *Nazianzeni* cognomento theologi opera Jac. BILLIUS PRUNÆUS interpretatus est. *Lutetiæ Parisiorum*, 1609, in-fol., 2 v.

1506. Discours de S. GRÉGOIRE de Nazianze sur l'excellence du sacerdoce et les devoirs des Pasteurs. *Paris*, 1747, in-12, 2 vol.

1507. Divi GREGORII Episcopi Nysseni opera. *Basileæ*, 1562, in-fol., 1 v.

1508. GREGORII Nysseni Antistitis de hominis opificio. *Basileæ*, 1567, in-8°, 1 v.

1509. Divi GREGORII Nysseni Episcopi, fratris Basilii Magni, omnia quæ extant opera. *Parisiis*, 1573, in-fol., 1 v.

1510. S. Patris nostri GREGORII Episcopi Nysseni, fratris Basilii Magni, opera quæ extant omnia. *Parisiis*, 1615, in-fol., 2 v.

1511. Sancti Patris nostri MARCI Eremitæ opuscula quædam theologica. *Lutetiæ*, 1563, in-8°, 1 v.

1512. RUFFINI Aquileiensis Presbyteri opera. *Parisiis*, 1580, in-fol., 1 v.

Ve Siècle

1513. D. EPIPHANII Episcopi Cypri de prophetarum vita et interitu commentarius græcus. *Basileæ*, 1529, in-4°, 1 v.

1414. Divi EPIPHANII Episcopi Constantiæ Cypri opera græca. *Basileæ*, 1544, in-fol., 1 v.

1515. EPIPHANII Episcopi Constantiæ Cypri, contra octoginta hæreses opus. *Basileæ*, 1560, in-fol., 1 v.

1516. Divi JOANNIS CHRYSOSTOMI opera omnia. *Parisiis*, 1570, in-fol., 5 v.

1517. D. JOANNIS CHRYSOSTOMI quod multæ quidem dignitatis sed difficile sit Episcopum agere, dialogi sex. *Lovanii*, 1529, in-4°, 1 v.

1518. Le Sacerdoce de saint JEAN CHRYSOSTOME. *Paris*, 1652, in-32, 1 v.

1519. Homélies ou sermons de S. JEAN CHRYSOSTOME, Patriarche de Constantinople, traduits en françois par Paul Antoine DE MARSILLY. *Paris*, 1666, in-12, 3 v.

1520. Divi CHRYSOSTOMI Epistola ad Cæsarium Monachum, authore Jac. BASNAGE, *Roterodami*, 1687, in-12, 1 v.

1521. Sancti Patris nostri JOANNIS CHRYSOSTOMI Archiepiscopi Constantinopoli opera omnia, studio Bernardi DE MONTFAUCON. *Parisiis*, 1718, in-fol., 13 v.

1522. Lettres de S. JEAN CHRYSOSTOME, traduites en français. *Paris*, 1732, in-8°, 1 vol.

1523. Institution d'un Prince Chrétien de SYNÈSE, Evêque Cyrénéen, auteur grec, traduit du grec en français par Daniel d'AUGE. *Paris*, 1555, in-12, 1 v.

1524. SYNESII Cyrenæi de Providentia disputatio. *Basileæ*, 1557, in-12, 1 v.

1525. SYNESII Hymni (græce). *Parisiis*, 1570, in-12, 1 v.

1526. SYNESII Cyrenæi Episcopi Epistolæ. *Parisiis*, 1605, in-12, 1 v.

1527. SYNESII Episcopi Cyrenæi opera quæ exstant omnia. *Lutetiæ*, 1612, in-fol., 1 vol.

1528. Etudes sur la vie et les œuvres de SYNESIUS. *Paris*, 1859, in-8°, 1 v.

1529. Conspectus operum S. NICEPHORI. *Parisiis*, 1705, in-16, 1 v.

1530. S. ISIDORI Pelusiotæ Epistolarum libri tres. *Parisiis*, 1585, in-fol., 1 v.

1531. NILI Archiepiscopi Thessaloniensis de primatu Papæ Romani libri duo. *Lugduni Batavorum*, 1595, in-12, 1 v.

1532. S. Patris NILI opera quædam nondum edita. *Parisiis*, 1639, in-4°, 1 v.

1533. Divi CYRILLI Archiepiscopi Alexandrini opera omnia. *Coloniæ*, 1546, in-fol., 2 vol.

1534. Divi CYRILLI Alexandrini Episcopi opera quæ hactenus haberi potuere. *Basileæ*, 1566, in-fol., 2 v.

1535. Divi CYRILLI Alexandrini Episcopi opera omnia. *Parisiis*, 1573, in-fol., 1 vol.

1536. THEODORETI Episcopi Cyrensis rerum ecclesiasticarum libri quinque. *Basileæ*, 1536, in-4°, 1 v.

1537. THEODORETI Cyrensis de evangelicæ veritatis cognitione. *Antuerpiæ*, 1550, in-12, 1 v.

1538. Beati THEODORETI Episcopi Cyrensis opera. *Coloniæ Agrippinæ*, 1567, in-fol., 1 vol.

1539. Beati THEODORETI Episcopi Cyri opera omnia, cura et studio Jacobi SIRMONDI. *Lutetiæ*, 1642, in-fol., 7 v.

VIe Siècle

1540. Les Instructions de Saint DOROTHÉE, Père de l'Eglise Grecque. *Paris*, 1686, in-8°, 1 v.

1541. Les Instructions de Saint DOROTHÉE, Père de l'Eglise Grecque. *Paris*, 1686, in-12, 1 v.

1542. D. DYONISII Carthusiani enarrationes in librum J. CLIMACI. *Coloniæ*, 1540, in-fol., 1 v.

1543. Joannis CLIMACI scala Paradisi. *Coloniæ*, 1583, in-12, 1 v.

1544. JOANNIS Scholastici Abbatis montis Sina, qui vulgo CLIMACUS appellatur, opera omnia. *Lutetiæ*, 1633, in-fol., 1 v.

1545. L'Echelle de S. JEAN CLIMACHUS, enrichie des plus belles fleurs du pré spirituel. *Paris*, 1634, in-12, 1 v.

1546. Traité de S. JEAN CLIMAQUE des degrés pour monter au ciel, traduit du grec en françois par ARNAULD D'ANDILLY. *Paris*, 1653, in-12, 1 v.

1547. L'Echelle sainte ou les degrés pour monter au ciel, composés par S. JEAN CLIMAQUE, traduits du grec en français par D'ANDILLY. *Paris*, 1707, in-12, 1 v.

VIIe Siècle

1548. Sancti ANASTASII Sinaitæ quæstiones et responsiones de variis argumentis, cura Jacobi GRETSERI. *Ingolstadii*, 1617, in-4°, 1 v.

1549. Theodori presbyteri isagoge in quinque libellos Anastasii. *Parisiis*, 1556, in-12, 1 v.

1550. Pandectes Scripturæ divinitus inspiratæ S. Patris Antiochi. *Parisiis*, 1543, in-4°, 1 v.

VIIIe Siècle

1551. Beati Joannis Damascenis opera omnia. *Basileæ*, 1573, in-fol., 1 v.

1552. Sancti Patris nostri Joannis Damascenis monachi et presbyteri Hierosolymitani opera omnia. P. Michaelis Lequien. *Paris*, 1712, in fol., 2 v.

1553. Le Trésor ou recueil de discours de Damascène, Moine et sous-diacre, sur différents sujets (græce). 1742, in-4°, 1 vol.

IXe Siècle

1554. Photii Epistolæ per Richardum Montacutium latine redditæ. *Londini*, 1651, in-fol., 1 v.

1555. Photii Sanctissimi Patriarchæ Constantinopolitani Epistolæ per Richardum Montacutium. *Londini*, 1651, in-fol., 1 vol.

b. Saints Pères Latins

IIIe Siècle

1556. L'Octavius de Minucius Félix, de la traduction de M. d'Ablancourt. *Paris*, 1664, in-16, 1 v.

1557. Minucii Felicis Octavius, recensione Jacobi Ouzelii. *Lugduni Batavorum*, 1672, in-12, 1 v.

1558. M. Minucii Felicis Octavius, ex recensione Jac. Gronovii. *Lugduni Batavorum*, 1709, in-8°, 1 v.

1559. Opera Q. Septimii Fl. Tertulliani Carthaginensis. *Basileæ*, 1539, in-fol., 1 vol.

1560. Opera Tertulliani et Arnobii studio Renatii Laurentii de La Barre. *Parisiis*, 1580, in-fol., 1 v.

1561. Confessio Tertulliana et Cyprianiana in quatuor digesta libros auctore Theodoro Petreo. *Parisiis*, 1603, in-12, 1 v.

1562. Q. Septimi Florentis Tertulliani Apologeticus. *Lutetiæ*, 1613, in-4°, 1 v.

1563. Q. Sept. Florentis Tertulliani liber de Pallio. *Lutetiæ*, 1622, in-8°, 1 v.

1564. Tertulliani liber de Pallio. *Lutetiæ*, 1622, in-12, 1 v.

1565. Ludovicus de la Cerda in Tertullianum. *Lutetiæ*, 1624, in-fol., 2 v.

1566. Q. S. Florentis Tertulliani ad nationes libri duo. *Aureliopoli*, 1625, in-4°, 1 vol.

1567. F. Tertulliani opera omnia cum Jacobi Pamelii annotationibus. *Rothomagi*, 1662, in-fol., 1 v.

1568. F. Tertulliani opera omnia cum Jacobi Pamelii annotationibus. *Rothomagi*, 1662, in-fol., 1 v.

1569. Tertulliani liber de præscriptionibus contra hæreticos per Fr. Christ. Lupum. *Bruxellis*, 1675, in-4°, 1 v.

1570. Tertullianus Prædicans et supra quamlibet materiam ordine alphabetico dispositam, auct. Michaele Vivien. *Parisiis*, 1679, in-4°, 6 v.

1571. Apologétique de Tertullien ou défense des Chrétiens contre les accusations des Gentils, par Giry. *Paris*, 1684, in-12, 1 vol.

1572. Q. Fl. Tertulliani opera emendata diligentia Nic. Rigaltii. *Parisiis*, 1695, in-fol., 1 v.

1573. Apologétique de Tertullien ou défense des Chrétiens contre les accusations des Gentils, par Giry. *Amsterdam*, 1701, in-12, 1 v.

1574. Q. Septimi Florentis TERTULLIANI Apologeticus. *Ludg. Batav.*, 1718, in-8°, 1 vol.

1575. Divi Cæcilii CYPRIANI Episcopi Carthaginiensis opera. *Basileæ*, 1530, in-fol., 1 vol.

1576. D. Cæcilii CYPRIANI Episcopi Carthaginiensis universa opera. *Coloniæ*, 1544, in-fol., 1 v.

1577. Cæcilius CYPRIANUS ope veterum librorum repurgatus, et libris auctus, MORELLII diligentia et labore. *Parisiis*, 1564, in-fol., 1 v.

1578. Les Œuvres de Sainct Cécile CYPRIAN, jadis Evesque de Carthage. *Paris*, 1574, in-fol., 1 v.

1579. Cæcilii CYPRIANI Carthaginiensis Episcopi opera. *Parisiis*, 1607, in-fol., 1 vol.

1580. S. Cæcilii CYPRIANI opera recognita et illlustrata a Joanne FELLO, Oxoniensi Episcopo. *Oxonii*, 1700, in-fol., 1 v.

1581. Advocatus Antonii PARMENTIER quia in exhibenda causa S. CYPRIANI ostendit se nihil profecisse in logica. *Lovanii*, 1719, in-12, 1 v.

1582. Sancti CYPRIANI Episcopi Carthaginiensis et Martyris opera. *Parisiis*, 1726, in-fol., 1 v.

IVe Siècle

1583. ARNOBII disputationum adversus Gentes libri VIII. *Basileæ*, 1546, in-12, 1 vol.

1584. ARNOBII Afri adversus gentes libri VII. *Wirceburgi*, 1783, in-8°, 1 v.

1585. Cœcilii LACTANTII divinarum institutionum libri septem. *Venetiis*, 1515, in-12, 1 v.

1586. Anthologia LACTANTII Firmiani. *Lugduni*, 1558, in-12, 1 v.

1587. L. Cælii LACTANTII Firmiani opera omnia. *Basileæ*, 1563, in-fol., 1 v.

1588. Cœlii LACTANTII Firmiani divinarum institutionum libri VII. *Antuerpiæ*, 1570, in-8°, 1 v.

1589. Firmiani LACTANTII opera. *Lugduni Batav.*, 1660, in-8°, 1 v.

1590. Lucii Cæcilii Firmiani LACTANTII de mortibus persecutorum liber. *Trajecti ad Rhenum*, 1693, in-8°, 1 v.

1591. Lucii Cecilii LACTANTII liber ad Donatum confessorem de mortibus persecutorum *Parisiis*, 1710, in-8°, 1 v.

1592. Lucii C. LACTANTII opera omnia, cum notis Nic. DUFRESNOY. *Lutetiæ*, 1748, in-4°, 2 v.

1593. L. Cœlii LACTANTII Firmiani divinarum institutionum libri septem. In-12, 1 vol.

1594. D. HILARII Pictavorum Episcopi lucubrationes per Des. ERASMUM emendatæ. *Basileæ*, 1535, in-fol., 1 v.

1595. D. HILARII Pictavorum Episcopi lucubrationes per Des. ERASMUM emendatæ. *Basileæ*, 1570, in-fol., 1 v.

1596. Sancti HILARII Pictavorum Episcopi opera. *Parisiis*, 1693, in-fol., 1 v.

1597. Conraldi BRUNI libri sex.D. OPTATI Afri Episcopi libri sex de Donatistis. *Moguntiæ*, 1549, in-fol., 1 v.

1598. Delibatio Africanæ historiæ ecclesiasticæ OPTATI Milevitani cum annotationibus Fr. BALDUINI. *Parisiis*, 1569, in-12, 1 v.

1599. S. OPTATI Milevitani opera. *Parisiis*, 1631, in-fol., 1 v.

1600. Sancti OPTATI Milevitani Episcopi opera. *Lutetiæ*, 1676, in-fol., 1 v.

1601. Sancti OPTATI Afri de schismate Donatistarum libri septem. *Lutetiæ Parisiorum*, 1700, in-fol., 1 v.

1602. Divi AMBROSII Episcopi Mediolanensis opera. *Basileæ*, 1555, in-fol., 1 v.

1603. Divi AMBROSII Milleloquium summam totius doctrinæ complectens authore F. BARTHOLOMÆO. *Lugduni*, 1556, in-fol., 1 v.

1604. Volumen homiliarum e Sancti AM-

BROSII Episcopi libris contextum, studio Stephani LEINATII. *Antuerpiæ*, 1575, in-fol., 1 v.

1605. Confessio Ambrosiana in libros quatuor digesta. *Coloniæ*, 1580, in-12, 1 vol.

1606. Divi AMBROSII Mediolanensis Episcopi opera. *Parisiis*, 1586, in-fol., 2 v.

1607. Q. Aurelii SYMMACHI Epistolæ. Miscellananeorum libri X. *Parisiis*, 1604, in-4°, 1 v.

Ve Siècle

1608. Marii MERCATORIS opera; edidit Stephanus BALUZIUS. *Parisiis*, 1684, in-12, 1 v.

1609. Divi HIERONYMI opera, studio Mariani VICTORII emendata. *Antuerpiæ*, 1578, in-fol., 4 v.

1610. Sancti HIERONYMI opera, studio ac labore Johannis MARTIANAY. *Parisiis*, 1693, in-fol., 5 v.

1611. Œuvres de Saint JÉROME publiées par M. Benoît MATOUGUES. *Paris*, 1838, in-8°, 1 v.

1612. Confessio Hieronymiana ex omnibus germanis B. HIERONYMI operibus collecta, studio Cornelii SCHULTINGI Steinwichii. *Coloniæ Agrippinæ*, 1585, in-fol., 1 v.

1613. Les Epitres de Monseigneur Sainct HIEROSME en français. *Paris*, 1520, in-fol., 1 v.

1614. Epistres familières de Sainct HIEROSME, divisées en trois livres. Jean de LAVARDIN. *Paris*, 1585, in-4°, 1 v.

1615. Lettres de S. JÉROME divisées en trois livres. *Paris*, 1682, in-8°, 1 v.

1616. Divi HIERONYMI explanationes Isaïæ Prophetæ. Sans date, in-fol., 1 v.

1617. Divi Aurelii AUGUSTINI omnia opera. *Lugduni*, 1563, in-8°, 14 v.

1618. Sancti AUGUSTINI Hipponensis Episcopi opera. *Parisiis*, 1679, in-fol., 9 v.

1619. Omnium operum Divi Aurelii AUGUSTINI Episcopi epitome. *Augustæ Vindelicorum*, 1537, in-fol., 1 v.

1620. Concordantiæ Augustinianæ, labore f. Davidis LENFANT. *Lutetiæ*, 1656, in-fol., 2 v.

1621. D. EUGYPTII Abbatis Aphricani thesaurorum ex D. AUGUSTINI operibus tomi duo. *Basileæ*, 1542, in-fol., 1 v.

1622. Index omnium quæ gravius et insignius a D. Aurelio AUGUSTINO scripta sunt. *Parisiis*, 1555, in-fol., 6 v.

1623. Sainct AUGUSTIN, de la Cité de Dieu, le tout fait en français par Gentian HERVET. *Paris*, 1570, in-fol., 1 v.

1624. La Cité de Dieu de S. AUGUSTIN. *Paris*, 1675, in-8°, 2 v.

1625. La Cité de Dieu de Saint AUGUSTIN, traduite en français, *Bourges*, 1818, in-8°, 3 vol.

1626. D. Aurelii AUGUSTINI confessionum libri tredecim, *Parisiis*, 1530, in-16, 1 v.

1627. D. Aurelii AUGUSTINI confessionum libri tredecim. *Lovanii*, 1563, in-18, 1 v.

1628. D. Aurelii AUGUSTINI libri tredecim confessionum. *Lovanii*, 1573, in-18, 1 v.

1629. D. Aurelii AUGUSTINI libri tredecim confessionum. *Duaci*, 1622, in-18, 1 v.

1630. Confessiones Sancti AUGUSTINI. *In Amberès*, 1626, in-4°, 1 v.

1631. Les confessions de S. AUGUSTIN, traduites en français par M. ARNAULD D'ANDILLY. *Paris*, 1676, in-8°, 1 v.

1632. Les confessions de S. AUGUSTIN. *Paris*, 1688, in-8°, 1 v.

1633. D. Aurelii AUGUSTINI Libri XIII confessionum. *Coloniæ Agrippinæ*, 1699, in-18, 1 v.

1634. Les confessions de S. AUGUSTIN, par le P. DE CERISIERS. *Paris*, 1709, in-12, 1 vol.

1635. Traité du livre de S. AUGUSTIN, de

la grâce et du libre arbitre. *Paris*, 1683, in-12, 1 v.

1636. Les deux livres de S. AUGUSTIN, de la grâce de J.-C. et du péché originel. *Paris*, 1738, in-12, 1 v.

1637. Lettres nouvelles de S. AUGUSTIN traduites en français. *Paris*, 1734, in-8°, 1 vol.

1638. Les lettres de S. AUGUSTIN, traduites en français, par M. DUBOIS. *Paris*, 1737, in-12, 6 v.

1639. D. Aurelii AUGUSTINI de opere Monachorum liber unus. *Coloniæ*, 1529, in-18, 1 v.

1640. Mens AUGUSTINI de statu creaturæ rationalis ante peccatum, authore Fulgentio BELLELLI. *Antuerpiæ*, 1711, in-12, 1 vol.

1641. Commentarius brevis et continuus in libros AUGUSTINI contra Pelagianos Adrumetinos, autore Carolo Joseph TRICASSINO. *Parisiis*, 1681, in-4°, 1 v.

1642. Traitez de morale de S. AUGUSTIN, pour tous les Etats qui composent le corps de l'Eglise. *Paris*, 1680, in-12, 1 v.

1643. Les deux livres de S. AUGUSTIN de la véritable religion et des mœurs de l'Eglise catholique. *Paris*, 1690, in-8°, 1 v.

1644. Philosophia christiana, alias: Sanctus AUGUSTINUS philosophus ab Ambrosio VICTORE. *Parisiis*, 1671, in-12, 5 vol.

1645. Ethica Augustiniana. *Duaci*, 1716, in-12, 1 v.

1646. Flammulæ amoris S. P. AUGUSTINI versibus et iconibus exornatæ, auct. Mich. HOYERO. *Antuerpiæ*, 1629, in-18, 1 vol.

1647. Flammulæ amoris S. P. AUGUSTINI versibus et iconibus exornatæ auct. Michale HOYERO. *Antuerpiæ*, 1639, in-18, 1 vol.

1648. Soupirs du glorieux docteur de l'Eglise S. AUGUSTIN, traduit d'espagnol en français, par le P. VÉRON. *Douai*, 1632, in-32, 1 v.

1649. Les Soliloques et les Méditations de S. AUGUSTIN, traduites par le P. de CERIZIERS. *Paris*, 1705, in-12, 1 v.

1650. Les Soliloques, le Manuel et les Méditations de S. AUGUSTIN. *Paris*, 1715, in-12, 1 v.

1651. Quæ sit AUGUSTINI et doctrinæ ejus authoritas in Ecclesia. *Parisiis*, 1650, in-4°, 1 v.

1652. Oppositions formelles entre S. AUGUSTIN, Evêque d'Hyppone, et l'Augustin de JANSÉNIUS, Evêque d'Ipre, par SALABERT. *Paris*, 1656, in-4°, 1 v.

1653. Sancti AUGUSTINI opuscula quædam selecta. *Bruxellæ*, 1658, in-16, 1 v.

1654. Sanctorum AUGUSTINI et THOMÆ vera et una mens, auctore Vincentio BARONIO. *Parisiis*, 1666, in-12, 1 v.

1655. Divi PAULI Episcopi Nolani opera omnia. *Coloniæ*, 1560, in-12, 1 v.

1656. D. PAULINI Episcopi Nolani opera. *Antuerpiæ*, 1622, in-12, 1 v.

1657. S. Pontii Meropii PAULINI Nolani Episcopi opera. *Parisiis*, 1685, in-4°, 1 vol.

1658. Les lettres de S. PAULIN, ancien Sénateur et Consul Romain, et depuis Evêque de Nole. *Paris*, 1703, in-8°, 1 vol.

1659. Opus illustrissimi et excellentissimi seu spectabilis viri Caroli Magni. Item PAULINI Aquileiensis Episcopi adversus Felicem Urgelitanum et Eliphandum Toletanum. *Francofurti*, 1549, in-8°, 1 v.

1660. Anecdotorum fasciculus, sive PAULINI Nolani, ALANI Magni ac THEOPHYLACTI opuscula aliquot. *Romæ*, 1756, in-4°, 1 v.

1661. VINCENTII Lirinensis pro Catholicæ fidei antiquitate liber. *Lovanii*, 1552, in-4°, 1 v.

1662. VINCENTII Lirinensis adversus prophanas hæreseon novationes libellus. *Duaci*, 1632, in-18, 1 v.

1663. Johannis CASSIANI Libri XII. *Coloniæ*, 1560, in-fol., 1 v.

1664. Joannis CASSIANI Eremitæ opera. *Lugduni*, 1606, in-8°, 1 v.

1665. Joannis CASSIANI opera omnia, cum commentariis D. Alardi GAZÆI, *Atrebati*, 1628, in-fol., 1 v.

1666. Joannis CASSIANI opera omnia cum commentariis D. Alardi GAZÆI, *Parisiis*, 1642, in-fol., 1 v.

1667. Joannis CASSIANI opera omnia cum commentariis D. Alardi GAZÆI. *Lipsiæ*, 1733, in-fol., 1 v.

1668. Divi PETRI CHRYSOLOGI opus homiliarum nunc primum in lucem editum. *Parisiis*, 1544, in-8°, 1 v.

1669. Divi PETRI CHRYSOLOGI opus homiliarum nunc primum in lucem editum, *Parisiis*, 1574, in-12, 1 v.

1670. D. EUCHERII Lugdunensis Episcopi lucubrationes. *Basileæ*, 1531, in-fol., 1 v.

1671. D. EUCHERII de contemptu mundi liber. *Antuerpiæ*, 1621, in-18, 1 v.

1672. S. VALERIANI de bono disciplinæ Sermo. S. ISIDORI Hispalensis fragmentum, 1601, in-12, 1 v.

1673. S. VALERIANI Episcopi Cemeliensis homiliæ XX. *Lutetiæ Parisiorum*, 1612, in-12, 1 v.

1674. Divi PROSPERI Aquitanici, Episcopi Regiensis, opera. *Lugduni*, 1539, in-fol., 1 vol.

1675. Sancti PROSPERI Aquitani opera omnia. *Parisiis*, 1711, in-fol., 1 v.

1676. S. LEONIS Papæ Pontificis Maximi epistolæ. *Parisiis*, 1511, in-4°, 1 v.

1677. S. LEO Magnus, Romanus Pontifex. Theophilus RAINAUDUS. *Lugduni*, 1633, in-fol., 1 v.

1678. Sancti LEONIS Magni Papæ Primi opera omnia. *Lugduni*, 1700, in-fol., 5 v.

1679. SIDONII APOLLINARIS opera. *Parisiis*, 1598, in-8°, 1 v.

1680. C. Sollii APOLLINARIS SIDONII opera. *Parisiis*, 1599, in-4°, 1 v.

1681. Caii Sollii APPOLLINARIS SIDONII Arvernorum Episcopi opera. *Parisiis*, 1609, in-4°, 1 v.

1682. Sollii APOLLINARIS SIDONII Arvernorum Episcopi opera. *Parisiis*, 1614, in-12, 1 v.

1683. SIDONII APOLLINARIS epistolæ, *Basileæ*, 1542, in-4°, 1 v.

1684. D. SALVIANI Massyliensis Episcopi de vero judicio et providentia Dei. *Basileæ*, 1530, in-fol., 1 v.

1685. Traité de la Providence de Dieu, traduit du latin de SALVIAN par Pierre DU RYER. *Paris*, 1634, in-12. 1 v.

1686. Historia persecutionis Vandalicæ in duas partes distincta. Prior complectitur libros quinque VICTORIS Vitensis Episcopi, opera Theodorici RUINART. *Parisiis*, 1699, in-8°, 1 v.

1687. Historia persecutionis Vandalicæ in duas partes distincta. Prior complectitur libros quinque VICTORIS Vitensis Episcopi; opera D. Theodorici RUINART. *Venetiis*, 1732, in-4°, 1 v.

1688. Les Conférences de CASSIEN, traduites en français par DE SALIGNY. *Paris*, 1665, in-8°, 2 v.

VIe Siècle

1689. S. AVITI Archiepiscopi Viennensis opera, edita studio Jacobi SIRMONDI. *Parisiis*, 1643, in-12, 1 v.

1690. Magni Felicis ENNODII, Episcopi Ticinensis, opera. *Parisiis*, 1611, in-8°, 1 vol.

1691. Opera FULGENTII Aphri, Episcopi Ruspensis, Theologi antiqui. *Hagueneau*, 1520, in-fol., 1 v.

1692. Opera Divi FULGENTII Afri. *Antuerpiæ*, 1573, in-8°, 1 v.

1693. Sancti FULGENTII de veritate prædestinationis et gratiæ libri III. *Lutetiæ*, 1612, in-12, 1 v.

1694. Magni Aurelii CASSIODORI opera. *Parisiis*, 1579, in-fol., 1 v.

1695. Magni CASSIODORI Senatoris opera. *Parisiis*, 1588, in-4°, 1 v.

1696. Magni Aurelii CASSODIORI opera omnia, studio J. GARETII. *Rotomagi*, 1679, in-fol., 2 v.

1697. CASSIODORE. De l'âme, traduction française par Stéphane de ROUVILLE. *Paris*, 1874, in-12, 1 v.

1698. Clementiani FORTUNATI, Episcopi Pictavensis, Christiani poetæ carminum epistolarum et expositionum libri XI. *Moguntiæ*, 1603, in-4°, 1 v.

VIIe Siècle

1699. Divi GREGORII Magni opera omnia. *Parisiis*, 1586, in-fol., 2 v.

1700. S. GREGORII Magni Papæ primi opera, Sixti V Pont. Maximi jussu emendata. *Romæ*, 1588, in-fol., 4 v.

1701. Sanctus GREGORIUS Magnus Ecclesiæ doctor. auct. H. VANDEN ZYPE. *Ipris*, 1610, in-12, 1 v.

1702. Dialogue de Saint GRÉGOIRE Le Grand, traduit de latin en français par frère Simon MILLET. *Paris*, 1624, in-12, 1 vol.

1703. Vindiciæ Gregorianæ cura et studio D. Thomæ JAMESII. *Genevæ*, 1625, in-4°, 1 vol.

1704. Le livre de Saint GRÉGOIRE le Grand, du soin et du devoir des Pasteurs. *Lyon*, 1683, in-12, 1 v.

1705. Sancti GREGORII Papæ primi cognomento Magni Milleloquium morale, auctore Jacobo HOMMEY. *Lugduni*, 1683, in-fol., 1 v.

1706. Le Pastoral de saint GRÉGOIRE le Grand, du ministère et des devoirs des Pasteurs, par P. Antoine de MARSILLY. *Lyon*, 1690, in-12, 1 v.

1707. La Morale pratique de saint GRÉGOIRE extraite de ses morales sur Job. *Paris*, 1697, in-12, 1 v.

1708. Sancti GREGORII Papæ I. cognomento Magni, opera omnia. *Parisiis*, 1705, in-fol., 4 v.

1709. S. ISIDORI Hispalensis Episcopi opera omnia. *Parisiis*, 1580, in-fol., 1 v.

1710. Sancti ISIDORI Hispalensis Episcopi opera omnia. *Coloniæ Agrippinæ*, 1617, in-fol., 1 v.

1711. S. ISIDORI Epistolarum libri. *Francofordiæ*, 1629, in-fol., 1 v.

1712. Beati EUGENII Episcopi Toletani opuscula. *Parisiis*, 1619, in-4°, 1 v.

1713. JULIANI Archiepiscopi olim Toletani de futuro seculo libri tres. *Duaci*, 1564, in-12, 1 v.

VIIIe Siècle

1714. Venerabilis BEDÆ Presbyteri Anglo-Saxonis viri sua ætate doctissimi.— Voir n° 587.—In Sanctum Jesu Christi Evangelium secundum Joannem expositio.

IXe Siècle

1715. B. Flacci ALBINI, sive ALCHWINI, Karoli magni Regis ac Imperatoris magistri, opera omnia. Studio Andreæ QUERCETANI. *Lutetiæ Parisiorum*, 1617, in-fol., 1 vol.

1716. Diadema monachorum R. in Christo P. SMARAGDI. *Tornaci*, 1610, in-16, 1 vol.

1717. Le diadème des Ecclésiastiques ou Religieux par R. P. SMARAGDUS, Abbé de St-Michel. *Mons*, 1604, in-16, 1 v.

1718. THEODULFI Aurelianensis Episcopi opera. *Parisiis*, 1646, in-8°, 1 v.

1719. S. AGOBARDI Archiepiscopi Lugdunensis opera. *Parisiis*, 1666, in-12, 2 v.

1720. Sancti AGOBARDI Archiepiscopi Lugdunensis opera. *Parisiis*, 1666, in-8°, 2 vol.

1721. Via recta et antiqua a JONA Episcopo Aurelianensi. *Duaci*, 1645, in-16, 1 vol.

1722. D. Paschasii RADBERTI de corpore et sanguine Domini liber. *Lovanii*, 1561, in-12, 1 v.

1723. S. Paschasii RADBERTI Abbatis Corbeiensis opera. *Lutetiæ Parisiorum*, 1618, in-fol., 1 v.

1724. LUPI apud Ferrariam monasterium Senonum Abbatis Epistolarum liber, æditus Papirii MASSONI opera. *Parisiis*, 1588, in-12, 1 v.

1725. LUPI Servati quæstiones. *Duaci*, 1645, in-24, 1 v.

1726. Beati Servati LUPI Abbatis Ferrariensis opera Stephanus BALUZIUS in unum collegit. *Parisiis*, 1664, in-8°, 1 v.

1727. Beati Servati LUPI Presbyteri et Abbatis Ferrariensis, ordinis S. Benedicti, opera Stephanus BALUZIUS in unum edidit. *Parisiis*, 1669, in-8°, 1 v.

1728. Magnentii RABANI MAURI de laudibus sanctæ Crucis opus. *Augustæ Vindelicorum*, 1605, in-8°, 1 v.

1729. H. RABANI MAURI Abbatis Fuldensis opera omnia. *Coloniæ Agrippinæ*, 1626, in fol., 3 v.

1730. HINCMARI Archiepiscopi Remensis opera. *Lutetiæ*, 1645, in-fol., 2 v.

1731. HINCMARI Rhemensis Archiepiscopi Epistolæ. *Moguntiæ*, 1602, in-4°, 1 v.

1732. Opuscula et Epistolæ HINCMARI Remensis Archiepiscopi. *Lutetiæ*, 1615, in-4°, 1 v.

X° *Siècle*

1733. REGINONIS Abbatis Prumiensis libri duo de ecclesiasticis disciplinis et religione christiana. *Parisiis*, 1671, in-8°. 1 vol.

XI° *Siècle*

1734. Epistolæ GERBERTI Romani Pontificis. *Parisiis*, 1611, in-4°, 1 v.

1735. D. FULBERTI Carnotensis Episcopi opera varia. *Parisiis*, 1608, in-12, 1 vol.

1736. Petri DAMIANI Cardinalis opera omnia. *Lugduni*, 1623, in-fol., 1 v.

1737. Beati LANFRANCI Cantuariensis Archiepiscopi et Angliæ Primatis ordinis S. Benedicti opera omnia. *Lutetiæ Parisiorum*, 1648, in-fol., 1 v.

1738. D. ALGERI de veritate corporis et sanguinis dominici in Eucharistia opus pium juxta ac doctum. *Antuerpiæ*, 1636, in-12, 1 v.

XII° *Siècle*

1739. Opera omnia S. BRUNONIS Carthusianorum Patriarchæ, studio P. Theodori PETREI. *Coloniæ*, 1611, in-fol., 1 v.

1740. Divi ANSELMI Cantuariensis Archiepiscopi opera omnia. *Coloniæ*, 1573, in-fol., 1 v.

1741. Meditationes, manuale aliaque ascetica S. ANSELMI. *Lugduni*, 1631, in-12, 1 vol.

1742. Sancti ANSELMI opera, studio Gabrielis GERBERON. *Lutetiæ*, 1675, in-fol., 1 vol.

1743. Sanctus ANSELMUS per se docens. *Delphis*, 1692, in-18, 1 v.

1744. YVONIS Episcopi Carnotensis Epistolæ. *Parisiis*, 1585, in-4°, 1 v.

1745. YVONIS Episcopi Carnotensis Epistolæ. *Parisiis*, 1610, in-8°, 1 v.

1746. Yvonis Episcopi Carnotensis Epistolæ. *Parisiis*, 1585, in-4°, 1 v.

1747. Venerabilis Hildeberti opera omnia. *Parisiis*, 1708, in-fol., 1 v.

1748. Venerabilis Guiberti Abbatis Mariæ de Novigento opera omnia. *Lutetiæ*, 1651, in-fol., 1 v.

1749. Goffridi Abbatis Vindocinensis epistolæ, opuscula, sermones. *Parisiis*, 1610, in-12, 1 v.

1750. Ruperti Abbatis Tuitiensis libri XLII. *Antuerpiæ*, 1565, in-fol., 1 v.

1751. Hugonis de Sancto Victore opera. *Parisiis*, 1526, in-fol., 3 v.

1752. Hugonis de Sancto Victore, Canonici regularis Lateranensis, opera omnia. *Venetiis*, 1588, in-fol., 3 v.

1753. Petri Abælardi et Heloïsæ conjugis ejus opera. *Parisiis*, 1616, in-4°, 1 v.

1754. Divi Bernardi Abbatis Clarevallensis opera. *Parisiis*, 1640, in-fol., 6 v.

1755. Sancti Bernardi Abbatis Clarevallensis opera. *Parisiis*, 1690, in-fol., 2 v.

1756. Sancti Bernardi Abbatis Clarevallensis opera omnia. *Parisiis*, 1719, in-fol., 2 v.

1757. Flores operum D. Bernardi. *Lugduni*. 1564, in-18, 1 v.

1758. S. Bernardi de consideratione ad Eugenium Papam Tertium libri quinque. *Romæ*, 1594, in-4°, 1 v.

1759. Confessio Bernardina, studio fr. Theodori Petrei. *Coloniæ*, 1606, in-12, 1 vol.

1760. S. Bernardi Abbatis Clarevallensis opuscula quatuor. *Ingolstadii*, 1617, in-4°, 1 v.

1761. Saint Bernard, de la considération au Pape Eugène, de la traduction du sieur Des Mares. *Paris*, 1658, in-12, 1 vol.

1762. Thesaurus e monimentis Divi Bernardi per Nic. Pithæum, 1689, in-8°, 1 vol.

1763. Philippi de Harveng opera omnia. *Duaci*, 1620, in-fol., 1 v.

1764. Les Œuvres du bon et ancien Père Pierre, Abbé de Cluny, par Jean Bruneau. *Paris*, 1584, in-12, 1 v.

1765. Opera Divi Aelredi Rhievallensis. *Duaci*, 1616, in-4°, 1 v.

1766. Tractatus Arnoldi Abbatis Bonævallis Carnotensis. *Antissidiori*, 1609, in-12, 1 v.

1767. Petri Abbatis Cellensis opera omnia. *Parisiis*, 1671, in-4°, 1 v.

1768. Petri Abbatis Cellensis opera omnia. *Parisiis*, 1671, in-4°, 1 v.

1769. Petri Abbatis Cellensis Epistolarum libri IX. *Lutetiæ*, 1613, in-12, 1 v.

1770. Petri Blesensis insignia opera. *Parisiis*, 1519, in-fol., 1 v.

1771. Opera Petri Blesensis Bathoniensis. *Moguntiæ*, 1600, in-4°, 1 v.

1772. Paralipomena opusculorum Petri Blesensis et Joannis Trithem. *Coloniæ Agrippinæ*, 1624, in-12, 1 v.

XIIIe Siècle

1773. Venerabilis Petri Cantoris verbum abbreviatum; opus morale e tenebris erutum opera Georgii Galopini. *Montibus*, 1639, in-4°, 1 v.

1774. Opera D. Innocentii Pontificis Maximi ejus nominis III. *Coloniæ*, 1552, in-fol., 1 v.

1775. D. Innocentii Papæ de contemptu mundi libri tres. *Parisiis*, 1645, in-18, 1 vol.

1776. Epistolarum Innocentii III Romani Pontificis libri undecim, opera Stephani Baluzii. *Parisiis*, 1682, in-fol., 2 v.

1777. Discours de la misère de la vie humaine, mis en lumière par Lothaire

Diacre, qui fut puis après appellé Innocent Pape Troisième. *Paris*, 1584, in-32, 1 vol.

1778. S. Francisci Assiasitis opuscula per Lucam Waddingum. *Antuerpiæ*, 1623, in-4°, 1 v.

TITRE V

THEOLOGIE DIDACTIQUE

Introduction. — Dictionnaires

1779. Summa Summarum quæ Tabiena dicitur (per Joannem Tabiensem). *Bononiæ*, 1517, in 4°, 1 v.

1780. Repertorium literale Divi Antonini. *Lugduni*, 1521, in-fol., 2 v.

1781. Sententiarum sive capitum theologicorum præcipue ex sacris et profanis libris tomi tres, per Antonium et Maximum. *Tiguri*, 1546, in-fol., 1 v.

1782. Theologicarum sententiarum liber unus, Loisio Carbaiolo auctore. *Antuerpiæ*, 1548, in-12, 1 v.

1783. Orthodoxographa theologiæ sacrosanctæ seu bibliotheca theologica. *Basileæ*, 1555, in-fol., 1 v.

1784. Loci communes theologici pro Ecclesia Catholica, Conrado Clingio authore. *Coloniæ*, 1559, in-fol., 1 v.

1785. Bibliotheca studii theologici, ex plerisque doctorum primi seculi monumentis collecta. 1565, in fol., 1 v.

1786. Loci communes theologici, auct. Joanne Casparo. *Parisiis*, 1573, in-16, 1 vol.

1787. Syntaxes artis mirabilis per Petrum Gregorium Tholozanum. *Lugduni*, 1575, in-18, 1 v.

1788. Lexicon theologicum concinnatum a J. Altenstaig. *Antuerpiæ*, 1576, in-fol., 1 vol.

1789. Compendium vocabularii theologici scholastici a Joanne Altenstaing. *Parisiis*, 1580, in-18, 1 v.

1790. Œconomia bibliorum sive partitionum theologicarum libri quinque D. Georgio Edero. *Coloniæ Agrippinæ*, 1582, in-fol., 1 v.

1791. Catena argentea ex theologorum scholasticorum a Floriano Nannio. *Bononiæ*, 1587, in-4°, 1 v.

1792. Introductio in sacram theologiam, auctore Ludovico Carbone a Costaciaro. *Venetiis*, 1589, in-12, 1 v.

1793. Liber receptarum in theologia sententiarum et conclusionum cum brevibus necessariisque fundamentis in quinque sectiones distinctas, auctore Petro Binsfeldio. *Augustæ Trevirorum*, 1595, in-12, 1 v.

1794. Melchioris Cani opera. *Coloniæ Agrippinæ*, 1605, 1 v.

1795. Magnum theatrum vitæ humanæ, auctore Laurentio Beyerlinck. *Coloniæ Agrippinæ*, 1631, in-fol., 8 v.

1796. Joannis Maccovii loci communes theologici, studio Nicolai Arnoldi. *Amstelodami*, 1658, in-4°, 1 v.

1797. Aurifodina universalis scientiarum divinarum atque humanarum a V. P. Roberto. *Parisiis*, 1680, in-fol., 2 v.

1798. Theologus christianus per Joannem OPSTRAET. *Lovanii*, 1692, in-12, 1 v.

1799. Breviarium theologicum continens definitiones et explicationes terminorum theologicorum, authore Joanne POLMANO. *Parisiis*, 1695, in-12, 1 v.

1800. Melchioris CANI opera. *Parisiis*, 1704, in-4°, 1 v.

1801. Méthode pour étudier la théologie, par Louis Ellies DU PIN. *Paris*, 1716, in-12, 1 v.

1802. Dictionnaire universel, dogmatique, canonique, historique et géographique des sciences ecclésiastiques par les R. P. RICHARD et GIRAUD. *Paris*, 1740, in-fol., 5 vol.

1803. Dictionnaire théologique portatif, contenant l'exposition et les preuves de la révélation. *Paris*, 1756. in-12, 1 v.

1804. Dictionnaire ecclésiastique et canonique portatif. *Paris*, 1765, in-12, 2 v.

1805. Dictionnaire philosophico-théologique portatif, par PAULIAN. *Nismes*, 1770, in-12, 1 v.

1806. Dictionnaire philosophique de la religion, par l'abbé NOUOT. ..... 1772, in-12, 4 v.

CHAPITRE I

THÉOLOGIE DOGMATIQUE

Cours de Théologie

1807. Breve totius theologicæ veritatis compendium. *Parisiis*, 1543, in-12, 1 v.

1808. Institutiones ad naturalem et christianam philosophiam, opera Joannis VIGUERII. *Lugduni*, 1571, in-fol., 1 v.

1809. Joannis MOLANI theologiæ practicæ compendium. *Coloniæ*, 1585, in-12, 1 v.

1810. Compendium totius theologicæ veritatis septem libris digestum per Joannem DE COMBIS. *Lugduni*, 1602, in-18, 1 v.

1811. BALDUINI JUNII manuale theologicum, continens præcipua totius theologiæ fundamenta. *Moguntiæ*, 1615, in-8°, 1 v.

1812. Theologia scholastica, speculativa, practica, autore Adamo TANNERO. *Ingolstadii*, 1626, in-fol., 4 v.

1813. Francisci AMICI cursus theologicus. *Viennæ Austriæ*, 1630, in-fol., 1 v.

1814. Premier essay des questions théologiques, traictées en notre langue selon le style de S. THOMAS, par F. N. COEFFETEAU. *Paris*, 1632, in-4°, 1 v.

1815. Idea theologiæ speculativæ sacramentalis et moralis a PETRO A S. JOSEPH. *Parisiis*, 1640, in-16, 1 v.

1816. Theses universæ theologiæ, auctore PETRO A S. JOSEPH. *Parisiis*, 1648, in-18, 1 vol.

1817. Le nouveau théologien françois, par le R. P. DANIEL DE S. JOSEPH. *Paris*, 1653, in-4°, 1 v.

1818. R. A. P. Joannis LALLEMANDET Bisuntini cursus theologici. *Lugduni*, 1656, in-fol., 932.

1819. Institutiones theologicæ, opera et studio Johannis HOORNBEEK. *Lugduni Batavorum*, 1658, in-12, 1 v.

1820. Theologiæ Thomisticæ cursus, autore Augustino A VIRGINE MARIA. *Parisiis*, 1659, in-18, 2 v.

1821. P. Jacobi PLATEL synopsis cursus theologici. *Duaci*, 1661, in-fol., 1 v.

1822. Medulla theologica ex sacris Scripturis, Conciliorum Pontificumque decretis et sanctorum Patrum ac Doctorum placitis expressa, auctore Ludovico ABELLY. *Parisiis*, 1662, in-4°, 2 v.

1823. R^mi P. Joannis A S. THOMA cursus theologici. *Lugduni*, 1663, in-fol., 4 v.

1824. P. JOANNIS A S. THOMA cursus philosophicus Thomisticus. *Lugduni*, 1663, in-fol., 1 v.

1825. Cursus theologicus conscriptus a Johanne Henrico HOTTINGERO. *Tiguri*, 1666, in-12, 1 v.

1826. Theologia in tabulis compendiose depicta. *Parisiis*, 1669, in-8°. 1 v.

1827. Theologia in tabulis compendiose depicta. *Parisiis*, 1669, in-12, 1 v.

1828. Summa universæ theologiæ per quæstiones et responsa, auct. Bediano MORANGE. *Lugduni*, 1670, in-18, 4 v.

1829. Collegii Salmanticensis cursus theologicus Summam theologicam D. THOMÆ complectens. *Lugduni*, 1679, in-fol., 11 vol.

1830. R. P. Fr. Vincentii CONTENSON ordinis Prædicatorum theologia mentis et cordis. *Lugduni*, 1681, in-12, 10 v.

1831. Brevis universæ theologiæ tam moralis quam scholasticæ cursus, autore Ludovico BANCEL. *Avenione*, 1684, in-12, 7 vol.

1832. R. P. D. Vincentii CONTENSON mentis et cordis theologia. *Coloniæ Agrippinæ*, 1687, in-fol., 2 v.

1833. Principia totius theologiæ moralis et speculativæ, authore Florentio DE COCQ. *Coloniæ Agrippinæ*, 1689, in-12, 4 v.

1834. Abrégé des principaux traités de la théologie, par Nicolas LE TOURNEUX. *Paris*, 1693, in-4°, 1 v.

1835. Theologici tractatus ex sacris codicibus excepti opera, Francisci FEU. *Parisiis*, 1692, in-4°, 2 v.

1836. Theologia dogmatica et moralis, auctore Natali ALEXANDRO. *Parisiis*, 1694, in-8°, 10 v.

1837. Manuale theologicum, authore Jacobo BOUDART. *Insulis*, 1694, in-12, 6 vol.

1838. Methodicus ad positivam theologiam apparatus, auct. Petro ANNATO. *Parisiis*, 1700, in-4°, 1 v.

1839. Institutiones theologicæ ad usum Seminariorum, auctore Gaspare JUENIN. *Parisiis*, 1701, in-12, 7 v.

1840. Theologia redacta in compendium per interrogata, auctore Gaspare JUENIN. *Parisiis*, 1712, in-12, 1 v.

1841. Summa theologiæ ad usum scholæ accommodata, auctore Nic. LHERMINIER. *Parisiis*, 1714, in-8°, 7 v.

1842. Theologia Patrum dogmatica scolastico-positiva, auctore R. P. Antonio BOUCAT. *Parisiis*, 1718, in-8°, 4 v.

1843. Institutiones doctrinæ christianæ, sive compendium theologiæ dogmaticæ et moralis ad usum Seminarii Episcopalis Iprensis, auctore Ludovico DANES. *Ipris*, 1722, in-12, 2 v.

1844. Compendium theologiæ dogmaticæ et moralis ad usum Seminarii Catalaunensis, auctore Ludovico HABERT. *Parisiis*, 1736, in-12, 1 v.

1845. Theologia universa speculativa et dogmatica, authore Paulo Gabriele ANTOINE. *Parisiis*, 1742, in-12, 7 v.

1846. Summa S. THOMÆ, hodiernis Academiarum moribus accommodata, studio Renati BILLUART. *Leodii*, 1746, in-8°, 5 vol.

1847. Summa S. THOMÆ, hodiernis Academiarum moribus accommodata, opera et studio Renati BILLUART. *Leodii*, 1747, in-8°, 3 v.

1848. Summa S. Thomæ hodiernis Academiarum moribus accommodata studio Renati BILLUART. *Leodii*, 1748, in-8°, 3 v.

1849. Summa S. Thomæ, hodiernis Academiarum moribus accommodata, studio Renati BILLUART. *Leodii*, 1751, in-8°, 2 vol.

1850. Theologiæ cursus completus (Migne). *Parisiis*, 1837, in-8°, 28 v.

CHAPITRE II

A. ŒUVRES DE THÉOLOGIENS

1851. Inventorium generale contentorum in quatuor collectoriis GABRIELIS super libros Sententiarum. *Basileæ*, 1508, in-fol., 1 v.

1852. Petri LOMBARDI Episcopi Parisiensis Sententiarum libri IV. *Lovanii*, 1553, gr. in-8°, 1 v.

1853. Epitome singularum distinctionum in quatuor libros Sententiarum, Arnoldo VESALIENSI authore. *Parisiis*, 1558, in-18, 1 vol.

1854. GABRIEL in tertium librum sententiarum. *Basileæ*, in-fol., 1 v.

1855. Præclarissimi theologi MICHAELIS DE BONONIA, Carmelitæ, quæstiones disputatæ in quatuor libros Sententiarum. *Mediolani*, 1510, in-fol., 1 v.

1856. Domini Patris BONAVENTURÆ in tertium Sententiarum librum disputata. *Lugduni*, 1515, in-fol., 1 v.

1857. JOANNIS MAJORIS in quartum Sententiarum quæstiones. *Parrhisiis*, 1516, in-fol., 1 v.

1858. Jacobi ALMAIN in tertium Sententiarum editio. *Parrhisiis*, 1516, in-4°, 1 vol.

1859. RICHARDUS de Media Villa in quartum Sententiarum Petri LOMBARDI opus. 1517, in-4°, 1 vol.

1860. JOANNES MAJOR in primum Sententiarum ex recognitione J. BADII, *Parrhisiis*, 1528, in-fol., 1 v.

1861. Nicolai DE NIISE in quatuor libros Sententiarum opus. *Venetiis*, 1568, in-12, 1 v.

1862. D. N. DURANDI a Sancto Portiano in Sententias theologicas Petri LOMBARDI commentariorum libri quatuor. *Lugduni*, 1569, in-fol., 1 v.

1863. Flores theologicarum quæstionum in quartum librum Sententiarum a Josepho ANGLES. *Lugduni*, 1586, in-8°, 1 v.

1864. Petri TATARETI commentaria in quatuor libros Sententiarum Joannis DUNS SCOTI. *Venetiis*, 1583, in-fol., 1 v.

1865. Scriptum Oxoniense in quatuor libros Sententiarum doctoris J. DUNS SCOTI. *Valentiæ*, 1603, in-fol., 1 v.

1866. Joannis DUNS SCOTI quæstiones reportatæ in quatuor libros Sententiarum per R. P. Hugonem CAVELLIUM. *Coloniæ*, 1635, in-fol., 1 v.

1867. In secundum Sententiarum librum subtilissimæ distinctiones, auctore Archangelo RUBEO Cremonensi, *Venetiis*, 1603, in-4°, 1 v.

1868. Dominici SOTO Segobiensis in quartum Sententiarum commentarii. *Duaci*, 1613, in-fol., 2 v.

1869. Guillelmi ESTII in quatuor libros Sententiarum commentaria. *Duaci*, 1615, in-fol., 2 v.

1870. Guillelmi ESTII in quatuor libros Sententiarum commentaria. *Parisiis*, 1680, in-fol., 2 v.

1871. INNOCENTII Quinti in IV libros Sententiarum commentaria. *Tolosæ*, 1652, in-fol., 2 v.

1872. Roberti HOLKOT super quatuor libros Sententiarum quæstiones. *Lugduni*, ... in-4°, 1 v.

1873. Laurea Salamantina Magistri F. Antonii PEREZ. *Salamanticæ*, 1604, in-fol., 1 vol.

1874. Beati ALBERTI MAGNI opera omnia. *Lugduni*, 1651, in-fol., 21 v.

1875. Divi THOMÆ AQUINATIS Doctoris angelici opera omnia. *Antuerpiæ*, 1612, in-fol., 16 v.

1876. Divi THOMÆ AQUINATIS Doctoris angelici Summa sacræ theologiæ, in tres partes digesta. *Antuerpiæ*, 1612, in-fol., 4 vol.

1877. Sancti THOMÆ AQUINATIS Doctoris angelici opuscula omnia. *Parisiis*, 1634, in-fol., 1 v.

1878. S. THOMÆ AQUINATIS totius theologiæ Summa. *Atrebati*, 1610, in-fol., 2 v.

1879. S. THOMÆ AQUINATIS Summa totius theologiæ. *Atrebati*, 1610, in-fol., 2 v.

1880. S. THOMÆ AQUINATIS Summa totius theologiæ. *Atrebati*, 1610, in-fol., 2 v.

1881. S. THOMÆ AQUINATIS Summa totius theologiæ. *Atrebati*, 1610, in-fol., 2 v.

1882. S. THOMÆ AQUINATIS Summa totius theologiæ. *Atrebati*, 1610, in-fol., 1 v.

1883. Sancti THOMÆ AQUINATIS Summa totius theologiæ. *Atrebati*, 1610, in-fol., 1 vol.

1884. Summa theologica S. THOMÆ AQUINATIS. *Lutetiæ*, 1617, in-fol., 2 v.

1885. Summa philosophiæ D. THOMÆ AQUINATIS. *Parisiis*, 1639, in-fol., 1 v.

1886. Summa totius theologiæ S. THOMÆ AQUINATIS. *Col. Agrippinæ*, 1640, in-18, 10 vol.

1887. Bibliotheca interpretum ad universam Summam theologiæ Divi THOMÆ, auct. P. M. Xantes MARIALES. *Venetiis*, 1638, in-fol., 4 v.

1888. Tota theologia S. THOMÆ abreviata. *Antuerpiæ*, 1614, in-18, 1 v.

1889. Summa totius theologiæ S. THOMÆ AQUINATIS. *Coloniæ Agrippinæ*, 1640, in-16, 5 v.

1890. Summa totius theologiæ S. THOMÆ. *Coloniæ*, 1638, in-18, 1 v.

1891. Summa philosophiæ angelicæ, auct. Arnaldo MILHET. *Tolosæ*, 1663, in-16, 4 vol.

1892. Divi THOMÆ AQUINATIS enarrationes, quas cathenam vere auream dicunt, in quatuor Evangelia. *Antuerpiæ*, 1571, in-fol., 1 v.

1893. THOMAS anglicus Doctor contra Joannem SCOTUM primo Sententiarum libro. *Venetiis*, 1523, in-fol., 1 v.

1894. Summa de veritate S. THOMÆ AQUINATIS. *Parisiis*, 1519, in-fol., 1 v.

1895. Epitome in universam theologiæ D. THOMÆ AQUINATIS Summam, autore Berardo BONJOANNE. *Lugduni*, 1579, in-12, 1 v.

1896. Compendium absolutissimum totius Summæ theologiæ D. THOMÆ, auct. Ludovico CARBONE. *Coloniæ*, 1609, in-4°, 1 vol.

1897. SANCTI THOMÆ Summa, auctore Jacobo ECHARD. *Parisiis*, 1708, in-8°, 1 v.

1898. Summa Summæ S. THOMÆ, sive compendium theologiæ, opera Renati BILLUART. *Leodii*, 1754, in-12, 6 v.

1899. Summæ theologicæ D. THOMÆ AQUINATIS sex copiosissimi indices Thomæ a Vio CAJETANI. *Lugduni*, 1581, in-fol., 3 v.

1900. Gregorii DE VALENTIA commentariorum theologicorum tomi quatuor, in quibus omnes quæstiones quæ continentur in Summa D. THOMÆ ordine explicantur. *Lutetiæ*, 1609, in-fol., 4 v.

1901. Brevia commentaria ac disputationes in universam theologiam D. THOMÆ tam scholasticam quam moralem, authore Alexandro PESANTIO, Romano. *Coloniæ Agrippinæ*, 1617, in-fol., 1 v.

1902. Disputationes et commentaria scholastica in Summam D. THOMÆ AQUINATIS, auctore R. P. Fr. Joanne Paulo NAZARIO. *Coloniæ Agrippinæ*, 1621, in-fol., 2 v.

1903. Joannis PUTEANI commentaria in Summam theologiæ S. THOMÆ. *Tolosæ*, 1627, in-fol., 2 v.

1904. In Summam Divi THOMÆ AQUINATIS commentaria J. WIGGERS. *Lovanii*, 1629, in-fol., 3 v.

1905. Ludovici MERATII Trecensis disputationes in Summam theologicam S. THOMÆ. *Lutetiæ*, 1633, in-fol., 3 v.

1906. Hieronymi DE MEDICIS A CAMERINO formalis explicatio Summæ theologicæ D. THOMÆ. *Parisiis*, 1657, in-fol., 3 v.

1907. Commentaria in primam Divi THOMÆ partem, autore Ludovico MOLINA. *Lugduni*, 1593, in-fol., 1 v.

1908. Commentariorum ac disputationum in primam partem S. THOMÆ libri, auctore Gabriele VASQUEZ Bellomontano. *Ingolstadii*, 1609, in-fol., 9 v.

1909. Scholastica commentaria in primam partem angelici Doctoris S. THOMÆ, auctore F. Dominico BANNÈS Mondragonensi. *Duaci*, 1614, in-fol., 2 v.

1910. Scholastica commentaria in primam partem S. THOMÆ usque ad LXIII quæstionem, auctore F. Dominico BANNÈS. *Duaci*, 1614, in-fol., 2 v.

1911. Hieronymi FASOLI in primam partem Summæ THOMÆ commentaria. *Lugduni*, 1623, in-fol., 1 v.

1912. Maximiliani SANDÆI theologia varia ad primam partem Summæ D. THOMÆ. *Moguntiæ*, 1624, in-4°, 1 v.

1913. Didaci RUIZ de Montoya commentarii ac disputationes de scientia, de ideis, ad primam partem S. THOMÆ. *Lutetiæ*, 1629, in-fol., 2 v.

1914. Petri DE ARRUBAL in primam partem D. THOMÆ tomi duo. *Coloniæ Agrippinæ*, 1630, in-fol., 1 v.

1915. Expositio commentaria in primam partem angelici Doctoris Sancti THOMÆ per D. Dominicum DE MARINIS. *Lugduni*, 1663, in-fol., 3 v.

1916. Francisci SYLVII a Brania Comitis commentarii in totam primam partem S. THOMÆ AQUINATIS. *Antuerpiæ*, 1693, in-fol., 6 v.

1917. R. P. Joan. DE SALAS Gumielensis tractatus de legibus in primam secundæ S. THOMÆ. *Lugduni*, 1611, in-fol., 1 v.

1918. D. Joannis Alphonsi CURIELIS lectura in D. THOMÆ AQUITANIS primam secundæ. *Duaci*, 1618, in-fol., 1 v.

1919. Scholastica commentaria in D. THOMÆ AQUINATIS primam secundæ, auct. Barthol. DE MEDINA. *Coloniæ Agrippinæ*, 1619, in-fol., 1 v.

1920. Joannis MALDERI in primam secundæ D. THOMÆ commentaria. *Antuerpiæ*, 1623, in-fol., 1 v.

1921. Jacobi GRANADO Gaditani in universam primam secundæ S. THOMÆ commentarii. *Granatæ*, 1631, in-fol., 2 v.

1922. Commentaria in XVII quæstiones primæ partis S. THOMÆ, de Trinitatis mysterio, auct. Bartholomeo TORRES. *Venetiis*, 1588, in-4°, 1 v.

1923. Joannis MALDERI in primam partem S. THOMÆ commentaria de Sancta Trinitate. *Antuerpiæ*, 1634, in-fol., 2 v.

1924. Commentaria ac disputationes in primam partem Divi THOMÆ, de Deo uno et trino, auctore D. Francisco SUAREZ Granatensi. *Moguntiæ*, 1607, in-fol., 19 vol.

1925. Fratris Petri DE ARAGON in secundam secundæ DIVI THOMÆ commentaria. *Lugduni*, 1596, in-fol., 1 v.

1926. Luisii TURRIANI Complutensis disputationum in secundam secundæ DIVI THOMÆ de fide, spe, charitate et prudentia tomus unus. *Lugduni*, 1617, in-fol., 1 v.

1927. Joannis DE SALAS commentarii in secundam secundæ D. THOMÆ de contractibus. *Lugduni*, 1617, in-4°, 1 v.

1928. Josephi RAGUSÆ commentariorum ac disputationum in tertiam partem D. THOMÆ tomus unus. *Lugduni*, 1619, in-fol., 1 v.

1929. JOANNIS Præpositi Atrebatis e societate Jesu commentaria in tertiam partem S. THOMÆ. *Duaci*, 1629, in-fol., 2 v.

1930. Guilielmi MERCERI commentarius in tertiam partem S. THOMÆ. *Lovanii*, 1630, in-fol., 1 v.

1931. Commentarii ac disputationes in tertiam partem Summæ theologicæ S. THOMÆ AQUINATIS, auctore D. Matthæo KELLISONO. *Duaci*, 1633, in-fol., 1 v.

1932. Formalitates juxta doctrinam D. THOMÆ AQUINATIS a Magistro AQUARIO. *Neapoli*, 1605, in-fol., 1 v.

1933. Variarum disputationum R. Patris Magistri Francisci CUMEL in Summa S. THOMÆ tomi tres. *Lugduni*, 1609, in-fol., 1 v.

1934. Controversiæ theologicæ inter S. THOMAM et SCOTUM super quatuor libros Sententiarum. *Coloniæ Agrippinæ*, 1620, in-4°, 2 v.

1935. Explicatio doctrinæ S. THOMÆ AQUINATIS, auctore Francisco SYLVIO. *Amstelodami*, 1663, in-12, 1 v.

1936. Authoritas DIVI THOMÆ per F. Petrum DE ALVA et ASTORGA. *Gandavi*, 1664, in-12, 1 v.

1937. Ex universa Summa sacræ theologiæ S. THOMÆ AQUINATIS conclusiones. *Lovanii*, 1670, in-12, 1 v.

1938. Summa veritatis angelicæ, id est universa totius Thomisticæ scholæ doctrina ex inventione Fr. Henrici HILDEM. *Augustæ Ubiorum*, 1673, in-16, 1 v.

1939. Philosophia juxta inconcussa tutissimaque DIVI THOMÆ dogmata, autore P. Antonio GOUDIN. *Parisiis*, 1692, in-12, 4 vol.

1940. Theologia scholastica juxta DIVI THOMÆ dogmata per P. F. WALBERTUM. *Montibus*, 1741, in-12, 4 v.

1941. Abrégé de la théologie de S. THOMAS contenue dans sa Somme, par le Père GRIFFON. *Paris*, 1711, in-12, 1 v.

1942. Leonardi LESSII in D. THOMAM de beatitudine, de actibus humanis prælectiones theologicæ. *Lovanii*, 1655, in-fol., 1 vol.

1943. Veritas in medio, seu D. Thomas Doctor angelicus, authore Francisco VAN-RANST. *Antuerpiæ*, 1715, in-12, 1 v.

1944. Veritas in medio, seu D. THOMAS Doctor angelicus authore Franc. VAN-RANST. *Antuerpiæ*, 1715, in-12, 1 v.

1945. Recueil. Veritas in medio, seu D. THOMAS Doctor angelicus. Augustiana doctrina. In-12, 1 v.

1946. Apologia pro S. THOMA Francisci SYLVII. *Duaci*, 1624, in-18, 1 v.

1947. Defensio S. THOMÆ AQUINATIS Doctoris angelici, auctore Fr. PETRO A S. JOSEPH. *Duaci*, 1633, in-12, 1 v.

1948. Thomistarum triumphus. id est Sanctorum AUGUSTINI et THOMÆ summa concordia. *Duaci*, 1672, in-4°, 3 v.

1949. Clypeus theologiæ Thomisticæ, authore Johanne Baptista GONET. *Lugduni*, 1681, in-fol., 6 v.

1950. Aureum sacræ theologiæ rosarium a PELBARTO de Themeswar. *Venetiis*, 1589, in-4°, 2 v.

1951. Aurea Doctoris theologi Magistri Jacobi ALMAIN opuscula. *Parrhisiis*, ..., in-fol., 1 v.

1952. ALANI Magni de Insulis opera moralia, parænetica et polemica. *Antuerpiæ*, 1654, in-fol., 1 v.

1953. S. BONAVENTURÆ opera omnia. *Lugduni*, 1668, in-fol., 4 v.

1954. Seraphici doctoris S. Patris Joannis Eustachii BONAVENTURÆ opera. *Venetiis*, 1572, in-fol., 1 v.

1955. Index alphabeticus, sive repertorium D. Joannis BECKENHAUB in scripta Divi BONAVENTURÆ. *Lugduni*, 1515, in-fol., 1 vol.

1956. Liber quartus doctoris F. Johannis DUNS SCOTI. *Parrhisiis*, ..., in-4°, 1 v.

1957. Hadriani FLORENTII in quartum Sententiarum præsertim circa Sacramenta disputationes. *Parrhisiis*, 1516, in-fol., 1 vol.

1958. Tabula generalis scotice subtilitatis, octo sectionibus universam doctoris subtilis theoritiam complectens. *Lugd.*, 1520, in-12, 1 v.

1959. Lectura Joannis VALLONIS super formalitatibus SCOTI. *Parisiis*, 1585, in-12, 1 v.

1960. Disputationes theologicæ IV libros sententiarum complectenctes, quibus doctrina SCOTI dilucidatur, auct. Philippo FABRO Faventino. *Parisiis*, 1620, in-fol., 1 vol.

1961. Joannis GERSONII opera omnia. *Antuerpiæ*, 1706, in-fol., 5 v.

1962. La théologie naturelle de Raymond SEBON, traduite en français par DE MONTAIGNE. *Paris*, 1581, in-12, 1 v.

1963. La théologie naturelle de Dom Raymon SEBON. *Paris*, 1551, in-4°, 1 v.

1964. La théologie naturelle de Raymond SEBON, traduite en français par Michel DE MONTAIGNE. *Paris*, 1581, in-12, 1 v.

1965. Summæ fidei orthodoxæ, D. DIONYSIO CARTHUSIANO auctore, tomi duo. *Antuerpiæ*, 1549, in-8°, 1 v.

1966. Opuscula insigniora D. DIONYSII CARTHUSIANI. *Coloniæ Agrippinæ*, 1582, in-fol., 1 v.

1967. Alphonsi TOSTATI Hispani Abulensis Episcopi opera omnia. *Coloniæ Agrippinæ*, 1613, in-fol., 13 v.

1968. Joannis TRITEMII de septem secundis, id est intelligentiis. *Coloniæ*, 1567, in-12, 1 v.

1969. Curiositas regia, octo quæstiones jucundissimæ a Maximiliano J. Cæsare propositæ Joanni TRITHEMIO. *Duaci*, in-12, 1 v.

1970. Otium theologicum tripartitum, sive amœnissimæ disputationes de Deo, intelligentiis, animabus separatis, Barth. SYBILLÆ, Johannis TRITHEMII, Alphonsi TOSTATI opusculis comprehensæ. *Duaci*, 1621, in-8°, 1 v.

1971. Quodlibeta Magistri Henrici GOETHALS a Gandavo Doctoris solennis. 1518, in-fol., 1 v.

1972. Summæ quæstionum ordinariarum Henrici BONICOLLI a Gandavo. *Parisiis*, 1620, in-fol., 1 v.

1973. Ratio novæ collectionis operum omnium sive editorum sive anecdotorum doctoris S. BONAVENTURÆ, studio ac labore P. Fidelis A FANNA. *Taurini*, 1874, in-8°, 1 v.

1974. Relectiones theologicæ tredecim partibus per varias sectiones in duos libros divisæ, auctore R. P. FRANCISCO A VICTORIA. *Lugduni*, 1586, in-12, 1 v.

1975. Johannis DRIEDONIS opera. *Lovanii*, 1548-1550, in-fol., 2 v.

1976. Ruardi TAPPERI omnia quæ haberi potuerunt opera. *Coloniæ Agrippinæ*, 1583, in-fol., 1 v.

1977. Opuscula Ambrosii Catharini POLITI Senensis. *Lugduni*, 1542, in-4°, 1 v.

1978. F. Ambrosii Catharini POLITI annotationes in excerpta quædam de commentariis Cajetani S. Xisti dogmata. *Parisiis*, 1535, in-8°, 1 v.

1979. Guilielmi ESTII Cancellarii Duacensis orationes theologicæ. *Duaci*, 1614, in-12, 1 v.

1980. Roderici SUAREZ opera omnia. *Antuerpiæ*, 1618, in-fol., 1 v.

1981. Epithome dilucida brevis et resoluta disputationum theologicarum R. P. Francisci SUAREZ. *Valentiæ*, 1627, in-4°, 1 vol.

1982. Leonardi LESSII opuscula varia. *Antuerpiæ*, 1626, in-fol., 1 v.

1983. Disputationes Roberti BELLARMINI Cardinalis. *Parisiis*, 1613, in-fol., 4 v.

1984. Disputationum Roberti BELLARMINI Cardinalis quatuor tomis comprehensarum editio novissima. *Pragæ*, 1721, in-fol., 4 v.

1985. Francisci TURRIANI dogmatici characteres verbi Dei, libri IV. *Florentiæ*, 1561, in-4°, 1 v.

1986. Luisii TURRIANI opuscula. *Lugduni*, 1625, in-4°, 1 v.

1987. R. P. Luisii TURRIANI selectarum disputationum in theologiam scholasticam, positivam et moralem partes duæ. *Lugduni*, 1634, in-fol., 1 v.

1988. Joannis FILESACI theologi Parisiensis selectorum liber primus. *Parisiis*, 1621, in-4°, 1 v.

1989. Joan. FILESACI theologi Parisiensis opera varia, *Parisiis*, 1614, in-8°, 1 v.

1990. Theologia naturalis, authore Theophilo RAYNAUDO. *Lugduni*, 1622, in-4°, 1 vol.

1991. R. P. Martini BECANI opera omnia, aliquot tractatibus posthumis aucta. *Moguntiæ*, 1630, in-fol., 2 v.

1992. Summa theologiæ scholasticæ, authore Martino BECANO. *Parisiis*, 1630, in-fol., 1 v.

1993. Philippi GAMACHÆI summa theologica. *Parisiis*, 1626, in-fol., 2 v.

1994. Dionysii PETAVII theologicorum dogmatum tomi quatuor. *Lutetiæ Parisiorum*, 1644, in-fol., 5 v.

1995. Dogmatum theologicorum de Deo,

Deique proprietatibus tomi tres, auct. Ludovico THOMASSINO. *Parisiis*, 1684, in-fol., 3 v.

1996. Summa christiana, seu orthodoxa morum disciplina ex sacris litteris, opera et studio Boni MERBESII. *Parisiis*, 1683, in-fol., 2 vol.

1997. Joannis Laurentii BERTI librorum de theologicis disciplinis tomi octo. Romæ 1739. in-4°, 8 v.

1998. Jacobi GRETSERI societatis Jesu theologi opera omnia, in tomos XVII digesta. *Ratisbonæ*, 1734, in-fol., 17 v.

1999. Universa theologia in tomos duos divisa, ad mentem SS. AUGUSTINI et THOMÆ exposita, autore Laurentio NEESEN. *Antuerpiæ*, 1730, in-fol., 1 v.

2000. Francisci SYLVII orationes theologicæ. *Duaci*, 1621, in-12, 1 v.

2001. Joannis DUNCKELSPUHEL opera. *Argentinæ*, 1515, in-fol., 1 v.

2002. Mirabilium divinorum humanorumque volumina quatuor a Simphoriano CHAMPERIO. *Lugduni*, 1517, in-8°, 1 v.

2003. Omnia opera Patris Gasparis SCHATZGERI Bavari. *Ingolstadii*, 1543, in-fol., 1 vol.

2004. BANDINI theologi doctissimi ac pervetusti sententiarum libri quatuor. *Lovanii*, 1555, in-12, 1 v.

2005. Michaelis BAII sacrarum litterarum opuscula omnia, priore impressione edita. *Lovanii*, 1566, in-12, 1 v.

2006. Veterum aliquot Galliæ theologorum scripta. *Parisiis*, 1586, in-4°, 1 v.

2007. Opusculorum theologicorum Nicolai SERARII tomi tres. *Moguntiæ*, 1611, in-fol., 1 v.

2008. Quæstiones quodlibeticæ pro laurea Conimbricensi, auct. Em. DE LACERDA. *Conimbricæ*, 1619, in-fol., 1 v.

2009. Amfiteatro sacro di D. Bassiano CATENAGO DA LODI. *In Vicenza*, 1622, in-4°, 1 v.

2010. Variarum difficiliumque speculativæ theologiæ quæstionum libri quatuor, auth. Francisco DE ARRIBA. *Parisiis*, 1623, in-4°, 1 v.

2011. Aphorismorum philosophicorum et theologicorum opus singulare. Germanus DE VAUCHELLES. *Parisiis*, 1630, in-12, 1 vol.

2012. Opuscula dogmatica veterum quinque scriptorum, studio Jacobi SIRMONDI. *Parisiis*, 1630, in-12, 1 v.

2013. Joannis MALDERI meditationes theologicæ. *Antuerpiæ*, 1630, in-8°, 1 v.

2014. Andreæ Gulielmi DICTELII exercitatio theologica pro doctoratu. *Antuerpiæ*, 1631, in-fol., 1 v.

2015. Magistri GUILLIELMI DE SANCTO AMORE opera omnia. *Constantiæ*, 1632, in-4°, 1 v.

2016. Prima pars theologiæ scholasticæ, auctore Patre Diego ALARCON. *Lugduni*, 1633, in-fol., 1 v.

2017. Opuscula tripartita triplicis theologiæ, autore Franc. AB ARAUYO. *Duaci*, 1633, in-8°, 1 v.

2018. R. P. Martini PEREZ ab Unanoa Valentini opus theologicum. *Lugduni*, 1639, in-fol., 1 v.

2019. Analecta historico-theologica edita a Johanne Henrico HOTTINGERO. *Tiguri*, 1652, in-12, 1 v.

2020. Jacobi LOBBETII Leodiensis opera omnia. *Leodii*, 1653, in-fol., 2 v.

2021. Gerardi Joh. VOSSII theses theologicæ et historicæ in academia Leidensi. *Hagæ Comitum*, 1658, in-4°, 1 v.

2022. Controversiæ philosophicæ inter scholasticorum principes, collatore Fulgentio SCHAUTHEET. *Antuerpiæ*, 1660, in-4°, 1 v.

2023. Prælectiones theologicæ a Richardo HOLDSWORTH. *Londini*, 1661, in-fol., 1 vol.

2024. Summa veteris theologiæ discipulis meis missionariis propinata. Auctore P. Francisco DAVENPORTO. *Duaci*, 1661, in-12, 1 v.

2025. Syntagma thesium in academia Salmuriensi variis temporibus disputatarum. *Salmurii*, 1665, in-4°, 1 v.

2026. Reineri VOGELSANGI exercitationes de theologia. *Roterdami*, 1668, in-4°, 1 v.

2027. Stephani CURCELLÆI opera theologica. *Amstelodami*, 1675, in-fol., 1 v.

2028. Dissertationum ecclesiasticarum trias authore Fr. NATALI ALEXANDRO. *Parisiis*, 1677, in-8°, 1 v.

2029. Lamberti VELTHUYSII Ultrajectini opera omnia. *Roterodami*, 1680, in-4°, 1 vol.

2030. Resolutiones theologicæ illustrium difficultatum contingentium in Belgio per Lud. Bertrandum LOTH. *Brugis*, 1687, in-fol., 1 v.

2031. Petri DE MARCA Parisiensis Archiepiscopi dissertationes posthumæ. *Parisiis*, 1692, in-4°, 1 v.

2032. Opuscula J.L. HENNEBET. *Lovanii*, 1703, in-12, 1 v.

2033. Præstantium ac eruditorum virorum epistolæ ecclesiasticæ et theologicæ. *Amstelodami*, 1704, in-fol., 1 v.

2034. Sujets de conférences sur la théologie positive (sans nom d'auteur). *Rouen*, 1712, in-4°, 3 v.

2035. Dissertations théologiques et dogmatiques. *Paris*, 1727, in-12, 1 v.

2036. Elucidationes difficiliorum theologicæ quæstionum authore Aurelio PIETTE. *Lovanii*, 1729, in-12, 6 v.

2037. BENEDICTI XIV Pont. Opt. Maximi opera omnia. *Romæ*, 1747, in-4°, 12 v.

B. TRAITÉS PARTICULIERS

a. De Dieu et des Personnes divines

2038. Theologicarum conclusionum Caroli BOUILLI Samarobrini libri decem. *Parisiis*, 1515, in-fol., 1 v.

2039. Hieronymi OSORII de justitia cœlesti libri decem. *Coloniæ Agrippinæ*, 1581, in-12, 1 v.

2040. Theonomagium, sive sanctificatio divini nominis a Claudio SEQUARTO. *Parisiis*, 1597, in-8°, 1 v.

2041. Christophori Gillii commentationum theologicarum de sacra doctrina, et essentia Dei libri duo. *Coloniæ Agrippinæ*, 1610, in-fol., 1 v.

2042. Summa theologiæ tripartita de Deo rebusque divinis ac supernaturalibus auct. EUSTACHIO A S. PAULO. *Parisiis*, 1613, in-8°, 1 v.

2043. L'analyse de la Providence divine, par DE NESME. *Paris*, 1630, in-12, 1 v.

2044. De Providentia Dei circa res temporales, authore Vedasto BIZE. *Duaci*, 1632, in-12, 1 v.

2045. Melchioris LEYDEKKERI fax veritatis, de Dei attributis et Providentia. *Lugduni Batavorum*, 1677, in-4°, 1 v.

2046. De divina historia libri tres Cornelii MUSSI. *Venetiis*, 1687, in-4°, 1 v.

2047. Tractatus de Deo ipsiusque proprietatibus, auctore Carolo WITASSE. *Parisiis*, 1718, in-12, 9 v.

2048. G. OUTHOVII judicia Jehovæ Zebaoth quibus pererragrat hunc terrarum orbem. *Groningæ*, 1721, in-8°, 1 v.

2049. De la Providence, traité historique, dogmatique et moral par le P. TOURON. *Paris*, 1752, in-12, 1 v.

2050. Four dissertations : 1° on Providence; 2° on Prayer, By Richard PRICE. *London*, 1767, in-8°, 1 v.

2051. Histoire sacrée de la Providence et de la conduite de Dieu sur les hommes, représentée en cinq cents tableaux par DEMARNE. *Paris*, 1790, in-4°, 3 v.

2052. Egregii Patris RICARDI de superdivina Trinitate theologicum opus. *Parisiis*, 1510, in-4°, 1 v.

2053. Joannis Busæi apologeticus disputationis theologicæ de persona Christi adversus Ubiquitarios editæ. *Moguntiæ*, 1609, in-4°, 1 v.

2054. Hieromini Floravantii Romani, de Beatissima Trinitate libri tres. *Parisiis*, 1624, in-4°, 1 v.

2055. F. Theodori Smising disputationes theologicæ de Deo uno. *Antuerpiæ*, 1624, in-fol., 2 v.

2056. Patris Martini Meurisse tractatus de stupendo Sanctissimæ et individuæ Trinitatis mysterio. *Parisiis*, 1631, in-12, 1 vol.

2057. Disputationes theologicæ de Deo uno et trino auctore Fr. Vekeno. *Antuerpiæ*, 1655, in-fol., 1 v.

2058. De Augustissima et Sanctissima Trinitate, Patre, Filio et Spiritu Sancto, cognoscenda, amanda, laudanda, auctore R. P. Gisberto Schevichavio. *Moguntiæ*, 1619, in-12, 1 v.

2059. Theologia dogmatica ac scholastica de Deo uno et trino, studio ac labore F. Francisci Henno. *Tornaci*, 1719, in-12, 8 v.

2060. Prælectiones theologicæ de Deo et divinis attributis quas in scholis Sorbonicis habuit Honoratus Tournely. *Parisiis*, 1725, in-8°, 28 v.

2061. D. Dyonisii Carthusiani de his quæ secundum sacras Scripturas et orthodoxorum Patrum sententias de Sanctissima Trinitate catholice credantur. *Coloniæ*, 1535, in-fol., 2 v.

2062. De æterna generatione Filii Dei a Joanne Docæo Benedicto. *Parisiis*, 1554, in-4°, 1 v.

2063. Josephi Acostæ de Christo revelato libri novem. *Lugduni*, 1592, in-8°, 1 v.

2064. Pymander Mercurii Trismegisti, liber primus de S. Trinitate. *Cracoviæ*, 1585, in-fol., 1 v.

2065. Avénement du fils de Dieu en chair, recherché dans les plus obscures et difficiles prophéties de l'Ancien Testament, traduit du latin en français par P. de Coulanges. *Paris*, 1613, in-12, 1 v.

2066. Tractatus mirabilis de sanguine Christi, authore Leonardo Matthæ. *Venetiis*, 1617, in-4°, 1 v.

2067. Martini Bonacinæ tractatus de Sacrosancta Christi incarnatione. *Lugduni*, 1630, in-4°, 1 v.

2068. R. P. Joannis de Lugo Hispalensis disputationes scholasticæ de incarnatione dominica. *Lugduni*, 1633, in-fol., 1 v.

2069. Disputationes de Deo homine, auctore Petro Hurtado de Mendoza. *Antuerpiæ*, 1634, in-fol., 1 v.

2070. L'Homme-Dieu ou le parallèle des actions divines et humaines de Jésus-Christ, par le sieur Henrys. *Lyon*, 1647, in-4°, 2 v.

2071. Theoph. Raynaudi Christus Deus-Homo, sive de Deo-Homine theologia Patrum. *Antuerpiæ*, 1652, in-fol., 1 v.

2072. Joh. Cloppenburgh Anti-Smalcius de divinitate Jesu-Christi. *Franekeræ*, 1652, in-4°, 1 v.

2073. Divinitas Domini Nostri Jesu Christi, manifesta in Scripturis et traditione. *Parisiis*, 1746, in-fol., 1 v.

2074. Dissertations sur le Messie, par M. Jaquelot. *A La Haye*, 1699, in-8°, 1 vol.

2075. Guilielmi Sprewen fasciculus myrrhæ, seu pii discursus super mysteria redemptionis. *Lovanii*, 1631, in-16, 1 v.

2076. Marci Vigerii decachordum christianum Julio II. Pont. Max. dicatum. *Hagenean*, 1517, in-fol., 1 v.

2077. De Septem verbis a Christo in cruce prolatis libri duo, auctore Roberto Bellarmino. *Coloniæ Agrippinæ*, 1634, in-18, 1 v.

2078. Traité de la Croix de N. S. J.-C. ou explication du mystère de la Passion de N. S. J.-C. *Paris*, 1733, in-12, 24 v.

2079. D. Hugonis Eteriani de Spiritus Sancti processione. *Basileæ*, 1643, in-12, 1 vol.

b. *Des Anges et des Démons*

2080. Petri THYRÆI Novesiensis opera. De variis apparitionibus Dei, Angelorumque pariter bonorum atque malorum. *Coloniæ Agrippinæ*, 1605, in-4°, 1 v.

2081. Traicté de l'Ange gardien, par le Père François ALBERTIN DE CANTAZARE, Jésuite. *Lille*, 1614, in-18, 1 v.

2082. De excellentia cœlestium Spirituum imprimis de Angeli custodis ministerio liber. Auctore P. Joanne Ludovico DE LA CERDA. *Parisiis*, 1631, in-12, 1 v.

2083. Angelologia sacra. Michael SCHNEIDER. .... 1633, in-4°, 1 v.

c. *De l'homme, de la grâce, du libre-arbitre, de la prédestination, des quatre fins*

2084. Tractatus de gravissimis theologiæ Christianæ controversiis, auctore D. CUNERO PETRI. *Coloniæ Agrippinæ*, 1583, in-12, 1 v.

2085. Recueil de plusieurs pièces pour la défense de la morale et de la grâce de J.-C. *Cologne*, 1598, in-12, 2 v.

2086. Luisii TURRIANI tractatus de gratia. *Lugduni*, 1623, in-4°, 1 v.

2087. Apostolicæ Sedis definitiones veteres de gratia Dei, collectore B. Petro LINTREN. *Duaci*, 1627, in-12, 1 v.

2088. Apostolicæ Sedis definitiones veteres de gratia Dei a Barth. Petro LINTREN. *Duaci*, 1627, in-12, 1 v.

2089. Hyacinthi CHOQUETII Lillani de origine gratiæ sanctificantis libri tres. *Duaci*, 1628, in-4°, 1 v.

2090. Metamorphosis latronis in apostolum apostolique in latronem a Theophilo RAYNAUDO. *Lugduni*, 1634, in-12, 1 v.

2091. Theses theologicæ de gratia, libero arbitrio, prædestinatione. *Antuerpiæ*, 1641, in-fol., 1 v.

2092. L'homme chrétien ou la réparation de la nature par la grâce, par J. Franc. SENAULT. *Paris*, 1648, in-4°, 1 v.

2093. De initio piæ voluntatis dissertatio. *Parisiis*, 1650, in-4°, 1 v.

2094. L'homme chrétien ou la réparation de la nature par la grâce, par le P. SENAULT. *Amsterdam*, 1665, in-12, 1 v.

2095. Recueil de plusieurs pièces pour la défense de la morale et de la grâce de J.-C. *Cologne*, 1698, in-12, 2 v.

2096. Instructions sur la grâce selon l'Ecriture et les Pères, par M. ARNAULD. *Cologne*, 1700, in-12, 1 v.

2097. Opuscula tria de Deo, quoad opera prædestinationis reprobationis et gratiæ actualis a Laurentio BRANCATO. *Rothomagi*, 1705, in-4°, 1 v.

2098. Traité théologique touchant l'efficacité de la grâce, par le P. Gabriel DANIEL. *Paris*, 1705, in-12, 1 v.

2099. Exposition de la foi catholique touchant la grâce et la prédestination. *Mons*, ... in-12, 1 v.

2100. De libertate operum et necessitate a Franc. ROMÆO A CASTELLIONE Tusco. *Lugduni*, 1538, in-4°,1 v.

2101. Fratris Alphonsi MENDOSÆ quæstiones quodlibeticæ de Christi regno ac dominio. *Salamanticæ*, 1596, in-4°, 1 v.

2102. De auxiliis divinæ gratiæ et humani arbitrii viribus libri XII, auctore f. Didaco ALVAREZ Metinensi. *Lugduni*, 1611, in-4°, 1 v.

2103. Nova libertatis explicatio a Theophilo RAYNAUDO. *Parisiis*, 1632, in-4°, 1 vol.

2104. Disputatio quadripartita de modo conjunctionis concursuum Dei et creaturæ a Ludovico ADOLA. *Lugduni*, 1634, in-4°, 1 v.

2105. F. Didaci ALVAREZ concordia liberi arbitrii cum divina præscientia opus. *Duaci*, 1635, in-8°, 1 v.

2106. Didaci ALVAREZ de concordia liberi arbitrii cum divina præscientia opus. *Duaci*, 1635, in-8°, 1 v.

2107. Antonii RICARDI theologi disputatio theologica de libero arbitrio. *Coloniæ Ubiorum*, 1650, in-12, 1 v.

2108. Joannis STRANGII de voluntate et actionibus Dei circa peccatum libri quatuor. *Amstelodami*, 1657, in-4°, 1 v.

2109. De indifferenti lapsi hominis arbitrio, secundum Augustinum, authore Carolo-Joseph TRICASSINO. *Parisiis*, 1673, in-4°, 1 v.

2110. Traités du libre arbitre et de la concupiscence, ouvrages posthumes de Mgr BOSSUET. *Paris*, 1731, in-12, 1 v.

2111. Mens AUGUSTINI. De modo reparationis humanæ naturæ post lapsum, autore Fulgentio BELLELLI. *Romæ*, 1737, in-4°, 2 v.

2112. Summa doctrinæ de prædestinatione R. P. Ambrosii CATHARINI. *Romæ*, 1550, in-8°, 1 v.

2113. De æterna Dei prædestinatione et reprobratione a Joanne a BONONIA. *Lovanii*, 1554, gr. in-8°, 1 v.

2114. BARTHOLOMÆI Camerarii Beneventani de prædestinatione dialogi tres. *Parisiis*, 1556, in-4°, 1 v.

2115. Status controversiæ prædefinitionum et prædeterminationum cum libero arbitrio, auctore F. DE RISPOLIS. *Parisiis*, 1609, in-12, 1 v.

2116. Sept marques de prédestination, par le P. COUVREUR. *Liège*, 1625, in-32, 1 vol.

2117. Veterum auctorum, qui IX sæculo de prædestinatione et gratia scripserunt, opera et fragmenta, cura et studio Gilberti MAUGUIN. *Lutetiæ*, 1650, in-4°, 2 v.

2118. De prædestinatione hominum ad gloriam disputatio theologica, authore Carolo-Joseph TRICASSINO. *Parisiis*, 1673, in-4°, 1 v.

2119. Lettres écrites au Père Alexandre, sur la grâce et la probabilité. 1697, in-12, 1 vol.

2120. Lettres théologiques au Père ALEXANDRE. *Cologne*, 1698, in-12, 1 v.

2121. De natura peccati originalis, secundum mentem Augustini, authore Carolo Joseph TRICASSINO. *Parisiis*, 1677, in-4°, 1 vol.

2122. Tractatus de prædestinatione, secundum Scripturam sacram et veram Evangelicam lucem, auctore FERDINANDO DE LAS INFANTAS. *Parisiis*, 1601, in-12, 1 vol.

2123. D. DIONYSII Carthusiani liber de quatuor hominis novissimis. *Lovanii*, 1578, in-18, 1 v.

2124. De quatuor hominis novissimis liber DIONYSII Carthusiani. *Antuerpiæ*, 1588, in-18, 1 v.

2125. Des quatre fins de l'homme par DENYS le Chartreux. *Paris*, 1685, in-12, 1 vol.

2126. Hominum novissima : mors, judicium, infernus, gaudia cœli, per Laurentium CUPŒRUM. *Coloniæ*, 1583, in-12, 1 vol.

2127. Optimæ vitæ finis pessimus, autore Theophilo RAYNAUDO. *Lugduni*, 1634, in-12, 1 v.

2128. Joh. BEVEROVICII epistolica quæstio de vitæ termino fatali an mobili ? *Dordrechii*, 1634, in-12, 1 v.

2129. Exactissima infantium in limbo clausorum querela ab Antonio CORNELIO. *Lutetiæ*, 1551, in-8°, 1 v.

2130. L'Avocat des âmes du Purgatoire, ou moyens faciles pour les aider, par le P. DE BONNYERS. *Lille*, 1640, in-32, 1 v.

2131. De l'état des âmes après le trépas, par Melchior DE FLAVIN. *Paris*, 1584, in-12, 1 v.

2132. Corona justitiæ Ecclesiæ triumphantis, sive de justis reposita beatitudine æterna, autore Henrico LANCELOTTO. *Coloniæ*, 1625, in-12, 1 vol.

2133. L'appareil pour le triomphe du S. Paradis, par le P. Pierre MILHARD. *A Tolose*, 1625, in 4°, 2 v.

2134. Tractatus de gloria accidentali corporis beati in Cœlo empyreo, auctore Franc. ZUTMAN. *Leodii*, ..., in-12, 1 vol.

2135. De vicinitate extremi judicii Dei a Joanne Fred. LUMNIO. *Antuerpiæ*, 1594, in-12, 1 v.

2136. Traité du jugement dernier, par le R. P. Hyacinthe LE FEBVRE. *Paris*, 1671, in-4°, 1 v.

2137. De l'embrasement du monde et du jour du jugement, par DE SERRES. *Lyon*, 1631, in-8°, 1 v.

d. De l'Antéchrist

2138. De Antichristo, tomi duo a R. P. Thoma MALVENDA. *Romæ*, 1604, in-fol., 1 vol.

2139. Andreæ EUDÆMON JOANNIS adversus Roberti Abbatis Oxoniensis de Antichristo sophismata disputationis libri tres. *Ingolstadii*, 1609, in-4°, 1 v.

2140. L'Antéchrist, par Florimond de RÆMOND. *Cambrai*, 1613, in-12, 1 v.

2141. L'Antéchrist, par Florimond de RÆMOND. *Cambrai*, 1613, in-8°, 1 v.

2142. De l'Antéchrist et de ses marques contre les calomnies des ennemis de l'église catholique. Jérémie FERRIER. *Paris*, 1615. in-4°, 1 v.

e. De la Vierge

2143. Tractatus de singulari puritate et prærogativa conceptionis Jesu-Christi per Fr. Vincentium DE BANDELIS. *Bononiæ*, 1581, in-12, 1 v.

2144. Commentariorum de Verbi Dei corruptelis, tomi duo. Prior de Venerando Christi Domini præcursore Joanne Baptista, posterior de Sacrosancta Virgine Maria Deipara disserit. D. Petro CANISIO authore. *Lugduni*, 1584, in-fol., 1 v.

2145. Maria Augusta Virgo Deipara in septem libros tributa, auctore FERREOLO LOCRIO Paulinate. *Atrebati*, 1608, in-4°, 1 vol.

2146. Mariæ Augustæ Virginis Deiparæ Festa et sodalitas, liber sextus, auctore FERREOLO LOCRIO. *Atrebati*, 1608, in-4°, 1 vol.

2147. Sancti Patres vindicati a vulgari sententia, quæ illis in controversia de immaculata Virginis conceptione imputari solet; vindice Fr. BIVARIO. *Lugduni*, 1624, in-12, 1 v.

2148. Legatio Philippi III et IV ad Paulum V et Gregorium XV de definienda controversia immaculatæ conceptionis Virginis Mariæ. *Lovanii*, 1624, in-fol., 1 v.

2149. Ferdinandi QUIRINI defensio pro immaculata Deiparæ Virginis conceptione. *Parisiis*, 1625, in-fol., 1 v.

2150. Elucidarium Deiparæ, auctore Joanne Baptista POZA. *Lugduni*, 1627, in-4°, 1 v.

2151. Elucidarium Deiparæ, auctore J.-B. POZA. *Lugduni*, 1627, in-4°, 1 v.

2152. Apologia scholastica, sive controversia pro Magnæ Matris ab originali debito immunitate a Joanne PERLINO. *Lugduni*, 1630, in-4°, 1 v.

2153. De definibilitate controversiæ immaculatæ conceptionis Dei genetricis opusculum, auctore Francisco a S. CLARA. *Duaci*, 1651, in-4°, 1 v.

2154. Victricis Mariæ Deiparæ epinicia de peccato, de serpente et de morte, auct. Paulo a S. CATHARINA. *Lugduni*, 1660, in-fol., 1 v.

2155. Trutina Mariana, qua auctoritates SS. Patrum ac Beatorum virorum contra immaculatam conceptionem Virginis Mariæ fictæ prorsus inveniuntur, auctore Cryptophilo MARIANO. *Bruxellæ*, 1662, in-18, 1 v.

2156. Prescriptions touchant la conception de Notre-Dame.....1676, in-32, 1 vol.

2157. S. D. N. Papæ Innocentii XI decreta, quibus interdicitur officium immaculatæ conceptionis Sanctissimæ Virginis. .....1679, in-12, 1 v.

2158. Diadème brillant de l'Immaculée des Reines, ou couronne des douze étoiles, par le Père Philippe PARMENTIER. *Mons*, 1695, in-12, 1 v.

2159. Diadème brillant de l'Immaculée des Reines, ou couronne des douze étoiles, par le Père Philippe PARMENTIER. *Mons*, 1695, in-12, 1 v.

2160. Les attributs de la Mère de Dieu, par Jean VIGNIER. *Lyon*, 1650, in-4°, 1 vol.

2161. Rutilii BENZONII Romani dissertationes in beatissimæ Virginis canticum Magnificat et salutationem Angelicam. *Duaci*, 1626, in-fol., 1 v.

2162. Vindiciæ parthenicæ, quibus asseritur vera Ecclesiæ doctrina de Assumptione corporea Dei genitricis Mariæ, studio et labore Nicolai LADVOCAT BILLIARD. *Parisiis*, 1670, in-12, 1 v.

2163. Eloges de la Se Vierge selon les SS. Pères de l'Eglise, par le Père GOURNEAU. *Paris*, 1671, in-12, 1 v.

2164. Les Mystères sacrés de Notre Seigneur et de la Se Vierge, par le P. DE LA GRANGE. *Paris*, 1697, in-12, 3 v.

2165. Apologie des dévots de la Se Vierge (par Pierre GRENIER). *Bruxelles*, 1665, in-8°, 1 v.

2166. Cultus B. Virginis Mariæ vindicatus per Hieronimum HENNEGUIER. *Audomari*, 1674, in-18, 1 v.

2167. Cultui B. Virginis Mariæ vindicatio per Hier. HENNEGUIER. *Cameraci*, in-16, 1 v.

2168. Juste apologie du culte de la Mère de Dieu, par le P. Carme Grégoire DE S. MARTIN. *Douai*, 1674, in-12, 1 v.

2169. Avis salutaires de la bienheureuse Vierge Marie à ses dévots indiscrets (par Gabriel GERBERON) (latin-français). *Lille*, 1687, in-8°, 1 v.

f. Des Saints

2170. De typica et honoraria sacrarum imaginum adoratione libri duo, auct. Nicolao SANDERO. *Lovanii*, 1569, in-12, 1 vol.

2171. De æterna felicitate Sanctorum, auctore Roberto BELLARMINO. *Coloniæ*, 1626, in-18, 1 v.

2172. Apotheca spiritualium pharmacorum contra luem contagiosam aliosque morbos ex Scriptura desumptorum, auctore Augustino WICHMANS. *Antuerpiæ*, 1626, in-4°, 1 v.

2173. De martyrio per pestem disquisitio theologica Theophili RAYNAUDI. *Lugduni*, 1630, in-8°, 1 v.

2174. Dissertation sur le culte des Saints inconnus. Dom Jean MABILLON. *Paris*, 1705, in-12, 1 v.

2175. Traité des S. Reliques par l'abbé de CORDEMOY. *Paris*, 1719, in-12, 1 v.

g. Des traditions

2176. De divinis apostolicis, atque ecclesiasticis traditionibus libri decem, authore Domino Martino Peresio AIALA. *Coloniæ*, 1649, in-fol., 1 v.

h. De l'Eglise, de sa constitution et de ses marques

2177. De visibili monarchia Ecclesiæ libri octo, auctore Nicolao SANDERO. *Lovanii*, 1571, in-fol., 1 v.

2178. De signis Ecclesiæ Dei libri XXIII, auctore Thoma BOZIO. *Lugduni*, 1594, in-8°, 2 v.

2179. Balth. NARDII Arretini expunctiones locorum qui in libro de Papatu Romano ignoti auctoris depravantur. *Lutetiæ*, 1618, in-4°, 1 v.

2180. Clavis apostolica, seu theologica demonstratio, qua concluditur divina fide credendum Paulum V esse Summum Maximumque Pontificem, auctore Jacobo DE BROWER. *Duaci*, 1621, in-12, 1 v.

2181. Vera Ecclesia omnium in fide errorum commune remedium per J. Erardum FULLONIUM. *Leodii*, 1663, in-18, 1 vol.

2182. Traité de l'Eglise et de l'autorité que J.-C. lui a donnée, par Jean de LAMONT. *Paris*, 1687, in-12, 1 v.

2183. De signis Ecclesiæ Dei libri XXIV, auctore Thoma BOZIO. *Coloniæ Agrippinæ*, 1692, in-8°, 3 v.

2184. Instruction pastorale sur les promesses de l'Eglise, par Mgr BOSSUET. *Lille*, 1709, in-12, 1 v.

2185. Instruction pastorale sur les promesses de l'Eglise, par Mgr BOSSUET. *Lille*, 1710, in-12, 1 v.

2186. Instruction pastorale sur les promesses de l'Eglise par Messire BOSSUET. *Lille*, 1710, in-12, 1 v.

2187. Seconde instruction pastorale sur les promesses de J.-C. à son Eglise, par Mgr BOSSUET. *Paris*, 1726, in-12, 1 v.

2188. L'apostolicité du ministère de l'Eglise Romaine, par le P. Hubert HAYER. *Paris*, 1765, in-12, 1 v.

2189. La Sainte Jerusalem, unique épouse de l'agneau, par Jacques d'HILAIRE. *Paris*, 1610, in-12, 1 v.

i. Des personnes ecclésiastiques

2190. Mathæi GALENI de sacerdotio christiano et catholico liber. *Dilingæ*, 1563, in-4°, 1 vol.

2191. De la perfection de la hiérarchie ecclésiastique par le Card^al^ DE LA ROCHEFOUCAULT. *Paris*, 1628, in-8°, 1 v.

2192. Ludovici CRESOLLII mystagogus de sacrorum hominum disciplina. *Lutetiæ Parisiorum*, 1629, in-fol., 1 v.

2193. Septem tubæ sacerdotales ad reformationem ecclesiasticæ disciplinæ, opera Jacobi MERLO-HORSTII. *Coloniæ Agrippinæ*, 1635, in-4°, 1 v.

2194. Prælatus religiosus solemnis comitiorum regularium conventus præsidem agens, a P. HENRICO Seynensi. *Parisiis*, 1672, in-12, 1 v.

k. Des Eglises, des Fêtes, des Pèlerinages, des Indulgences, des Jubilés, des Superstitions.

2195. Des églises et des temples des chrétiens, par Jean-Girard DE VILLETHIERY. *Paris*, 1706, in-12, 1 v.

2196. De templis : hoc est de origine, progressu usu et abusu templorum, libri V, Rodolpho HOSPINIANO auctore. *Tiguri*, 1603, in-fol., 1 v.

2197. La profanation des églises condamnée par deux lettres chrétiennes. *Paris*, 1688, in-32, 1 v.

2198. Du culte public. *Paris*, 1796, in-8°, 1 vol.

2199. Du culte public. *Paris*, 1796, in-8°, 1 vol.

2200. De jejunio libri duo; scripsit Hieremias DREXELIUS. *Antuerpiæ*, 1638, in-18, 1 v.

2201. Joannis DALLÆI de jejuniis et quadragesima liber. *Daventriæ*, 1654, in-12, 1 vol.

2202. Traités des jeûnes de l'Eglise, par le R. P. Louis THOMASSIN. *Paris*, 1700.

2203. Traité historique et moral de l'abstinence de la viande, par Grégoire BERTHELET. *Rouen*, 1731, in-4°. 1 v.

2204. Histoire dogmatique et morale du jeûne, par le P. Dom Joseph DE L'ISLE. *Paris*, 1741, in-12, 1 v.

2205. Generalis controversia de indulgentiis a Valentino Laurentio VIDAVIENSI. *Cracoviæ*, 1593, in-fol., 1 v.

2206. De indulgentiis tractatus, auctore Joanne CAPETIO. *Insulis*, 1597, in-12, 1 vol.

2207. Résolutions des difficultés touchant les indulgences, jubilés et satisfactions pénitentielles, par LENOIR. *Paris*, 1626, in-12, 1 v.

2208. Le catéchisme du jubilé et des indulgences. *Paris*, 1700, in-18, 1 v.

2209. Francisci BELLEGAMBE enchiridion de jubilæo ecclesiastico. *Coloniæ Agrippinæ*, 1700, in-18, 1 v.

2210. Histoire des indulgences et des jubilés, avec des instructions pour en expliquer le dogme. *Paris*, 1702, in-12, 1 v.

2211. Histoire des indulgences et des jubilés, avec des instructions pour en expliquer le dogme. *Paris*, 1702, in-12, 1 v.

2212. Traité historique, dogmatique et pratique des indulgences et du jubilé, par COLLET. *Paris*, 1759, in-12, 2 v.

2213. Histoire critique des pratiques superstitieuses par le R. P. Pierre LE BRUN. *Paris*, 1750, in-12, 4 v.

2214. Pensées diverses écrites à un docteur de Sorbonne. *Rotterdam*, 1704, in-12, 4 v.

l. Des Sacrements.

2215. D. TILMANNI Smelingi de VII Sacramentis Liber I in VII capita, juxta numerum Sacramentorum digestus. *Coloniæ*, 1538, in-12, 1 v.

2216. Gulielmi ALANI Angli theologiæ professoris in academia Duacensis libri tres de Sacramentis. *Antuerpiæ*, 1576, in-4°, 1 v.

2217. Candelabrum aureum Ecclesiæ S. Dei, continens circa septem Sacramenta mirabiles elucidationes, a R. P. D. Martino Alfonso VIVALDO. *Brixiæ*, 1595, in-4°, 1 v.

2218. Primera parte de la summa pertenece a los Sacramentos compuesta por el Maestro fray DE LEDESMA. *En Caragoça*, 1611, in-fol., 1 v.

2219. Tractatus de necessitate et modo ministrandi Sacramenta, tempore pestis, auct. Joanne CHAPEAVILLE. *Moguntiæ*, 1612, in-12, 1 v.

2220. Joannis MALDONATI Andalusii disputationum de Sacramentis tomi duo. *Lugduni*, 1614, in-4°, 1 v.

2221. Gazophilace de la chrétienneté, ou traité des Sacrements, par Pierre LE HEUDRE. *Saint-Omer*, 1623, in-8°, 1 v.

2222. Petri ARCUDII Corcyræi libri VII de concordia Ecclesiæ Occidentalis et Orientalis in septem Sacramentorum administrationem. *Lutetiæ*, 1626, in-fol., 1 vol.

2223. Tractatus de Sacramentis et censuris, auctore Gaspare HURTADO. *Antuerpiæ*, 1633, in-fol., 1 v.

2224. Joannis SANCHEZ selectæ disputationes de rebus in administratione Sacramentorum. *Antuerpiæ*, 1644, in-fol., 1 vol.

2225. Joannis MALDONATI de Sacramentis disputationes inter Catholicos præsertim et Calvinistas agitatæ atque decisæ. *Lugduni*, 1682, in-12, 2 v.

2226. Jacobi DE SAINTEBEUVE tractatus de

Sacramentis Confirmationis et Unctionis extremæ. *Lutetiæ*, 1686, in-4°, 1 v.

2227. La tradition de l'Eglise sur le sujet de la pénitence et de la communion, représentée dans les plus excellents ouvrages des Pères grecs et latins, par Antoine ARNAULD. *Paris*, 1644, in-4°, 1 v.

2228. Commentarius historicus et dogmaticus de Sacramentis in genere et specie, authore Gaspare JUENIN. *Lugduni*, 1696, in-fol., 1 v.

2229. Commentarius historicus et dogmaticus de Sacramentis in genere et specie, authore Gaspare JUENIN. *Lugduni*, 1717, in-fol., 1 v.

2230. Théorie et pratique des Sacremens des Censures, des Monitoires et des Irrégularités (par le P. G. JUENIN). *Paris*, 1722, in-12, 3 v.

2231. Consultations canoniques sur les Sacrements, par l'abbé GIBERT. *Paris*, 1725, in-12, 2 v.

2232. Lectiones theologicæ de Sacramentis, autore D. Gabriele MUSSON. *Parisiis*, 1745, in-12.

2233. Histoire des Sacrements, par le P. CHARDON. *Paris*, 1745, in-12, 6 v.

2234. Histoire des Sacrements, par le Père CHARDON. *Paris*, 1745, in-12, 6 v.

2235. De statu parvulorum sine baptismo decedentium, juxta sensum B. AUGUSTINI, a Florentio CONRIO. *Lovanii*, 1624, in-4°, 1 vol.

2236. Summa Confessorum JOANNIS de Friburgo. *Lugduni*, 1518, in-fol., 1 v.

2237. Opusculum Guillermi PEPIN. *Parisiis*, 1524, in-12, 1 v.

2238. Deux traités esquels il est montré que la confession sacramentelle, dite vulgairement auriculaire, est de droit divin par Réné BENOIT et M. Pierre CAROLI. *Paris*, 1567, in-12, 1 v.

2239. Dionysii PETAVII appendix ad Epiphanianas animadversiones, sive elenchus dispunctiuncularum M. Simonii de Pœnitentiæ ritu veteri in Ecclesia. *Parisiis*, 1624, in-12, 1 v.

2240. Responsio ad dissertationem impugnantem absolutionem moribundi sensibus destituti, auctore OEgidio DE CONINCK. *Antuerpiæ*, 1625, in-12, 1 v.

2241. Joannis MALDERI tractatus de sigillo confessionis sacramentalis. *Antuerpiæ*, 1626, in-12, 1 v.

2242. De Pœnitentia disputationes theologicæ, circa textum S. THOMÆ. *Duaci*, 1626, in-4°, 1 v.

2243. Remarques amiables sur un traité du pouvoir qu'ont les privilégiés d'entendre les confessions ...... 1642, in-18, 1 vol.

2244. La tradition de l'Eglise sur le sujet de la Pénitence et de la Communion, par Antoine ARNAULD. *Paris*, 1644, in-4°, 1 v.

2245. Commentarius historicus de disciplina in administratione Sacramenti Pœnitentiæ, auct. Joanne MORINO. *Parisiis*, 1651, in-fol., 1 v.

2246. Défense de la discipline qui s'observe dans le diocèse de Sens, touchant l'imposition de la pénitence publique pour les péchés publics. *Sens*, 1673, in-8°, 1 v.

2247. De libertate et contritione SS. AUGUSTINI et THOMÆ dogmata. *Duaci*, 1671, in-18, 1 v.

2248. De libertate et contritione SS. AUGUSTINI et THOMÆ dogmata. *Duaci*, 1671, in-16, 1 v.

2249. De la contrition nécessaire, par un docteur en théologie. *Louvain*, 1676, in-12, 1 v.

2250. De la contrition nécessaire pour obtenir la rémission des péchés. *Louvain*, 1676, in-4°, 1 v.

2251. De la contrition nécessaire pour obtenir la rémission des péchés. *Louvain*, 1676, in-12, 1 v.

2252. Historia confessionis auricularis ex antiquis Scripturæ monumentis expressa, autore Jacobo BOILEAU. *Lutetiæ Parisiorum*, 1684, in-8°, 1 v.

2253. Attritio Tridentini exposita per F. URBANUM A S. IGNATIO. *Duaci*, 1694, in-18, 1 v.

2254. De contritione et attritione dissertationes quatuor, authore Petro Lamberto Le Drou. *Lovanii*, 1707, in-12, 1 v.

2255. Confutatio discussionis theologicæ per Augustinum Michel de contritione et attritione. *Patavii*, 1716, in-12, 1 v.

2256. Traité de l'absolution de l'hérésie, par l'abbé Thiers. *Paris*, 1695, in-12, 1 vol.

2257. Traité historique et dogmatique du secret inviolable de la confession, par l'abbé Lenglet du Fresnoy. *Paris*, 1708, in-12, 1 v.

2258. Traité du secret de la Confession, par un docteur de Sorbonne. *Paris*, 1708, in-12, 1 v.

2259. Traité historique et dogmatique du secret inviolable de la Confession, par l'abbé Lenglet du Fresnoy. *Paris*, 1708, in-12, 1 v.

2260. Consultations canoniques sur le Sacrement de Pénitence, par Gibert. *Paris*, 1725, in-12, 3 v.

2261. De Sacramento Eucharistiæ, contra Ecolampadium opusculum, per Judocum Clichtoveum. *Parisiis*, 1526, in-4°, 1 v.

2262. Tyrocinium, de sacro altaris mysterio, per Michaelem Buechingerum. 1555, in-16, 1 v.

2263. De Missa evangelica et de veritate corporis et sanguinis Christi in Eucharistiæ Sacramento, per J. Fabrum Hailbrunem. *Parisiis*, 1567, in-18, 1 v.

2264. Omnium ætatum, nationum in veritatem corporis Christi in Eucharistia consensus, per Joannem Garetium. *Antuerpiæ*, 1569, in-8°, 1 v.

2265. De veritate corporis et sanguinis Christi in Missæ sacrificio ratione transsubstantiationis assertio, authore Antonio Monchiaceno Demochare. *Antuerpiæ*, 1573, in-12, 1 v.

2266. Claudii Espencei de Eucharistia ejusque adoratione libri quinque. *Parisiis*, 1573, in-12, 1 v.

2267. Controversiarum de Eucharistiæ augustissimo Sacramento dialogi quinque, ex partis utriusque elucubrationibus fideliter concinnati, auctore Petro Michaele. *Coloniæ*, 1584, in-12, 1 v.

2268. Defensionis fidei majorum quam de vera et reali corporis Christi in Eucharistiæ Sacramento habuere præsentia liber, auctore Christophoro de Capite-Fontium. *Coloniæ*, 1587, in-fol., 1 v.

2269. Collectiones sacræ, ex sacris Bibliis, de Eucharistiæ Sacramento, per Ant. Stephanum. *Parisiis*, 1609, in-8°, 1 v.

2270. Brevis explicatio privilegiorum juris circa venerabile Sacramentum Eucharistiæ Richardi Viti. *Duaci*, 1609, in-12, 1 vol.

2271. Urna aurea, vel in sacrosanctam Missam, maximeque in divinum canonem Henrici Hollandi clara et accurata expositio. *Duaci*, 1612, in-12, 1 v.

2272. De sacrosancto Missæ sacrificio libri quatuor a J. B. Scortia. *Lugduni*, 1616, in-4°, 1 v.

2273. Pauli Aresii de aquæ transmutatione in sacrificio Missæ. *Antuerpiæ*, 1628, in-12, 1 v.

2274. Sacrum convivium, hoc est de frequentia et usu S. Eucharistiæ, authore Joanne Perlino. *Coloniæ Agrippinæ*, 1632, in-4°, 1 v.

2275. De fructu et applicatione sacrificii Missæ et suffragiorum, auct. Antonio Ruteo. *Antuerpiæ*, 1634, in-4°, 1 v.

2276. Jacobi Bolduch de Oggio Christiano libri tres, in quibus declarantur antiquissima et sacro-sanctæ Eucharistiæ typica mysteria. *Lugduni*, 1640, in-4°, 1 vol.

2277. De la fréquente communion. Antoine Arnauld. *Paris*, 1643, in-4°, 1 vol.

2278. De la fréquente Communion, par Antoine Arnauld. *Paris*, 1644, in-4°, 1 vol.

2279. Les diverses traductions des ouvrages des S. Pères sur la Pénitence et la Se Communion, par Arnauld. *Paris*, 1644, in-8°, 1 v.

2280. Examen et jugement du livre de la fréquente Communion, par Ch. Fr. d'Abra de Raconis. *Paris*, 1644, in-4°, 1 vol.

2281. Remarques chrestiennes sur le livre de la fréquente Communion. *Paris*, 1644, in-12, 1 v.

2282. Sacramentum amoris Eucharistia, a Jacobo Hautino. *Insulis*, 1650, in-fol., 1 vol.

2283. Réponse aux deux traités intitulés : la perpétuité de la foi de l'Eglise catholique touchant l'Eucharistie. *Charenton*, 1666, in-12, 1 v.

2284. Eclaircissements des vérités catholiques touchant l'Eucharistie, par Mgr Abelly, Evêque de Rodez. *Paris*, 1667, in-18, 1 v.

2285. Réponse au livre de Mr Arnaud, intitulé la perpétuité de la foy de l'Eglise catholique touchant l'Eucharistie défendue.....1670, in-4°, 1 v.

2286. De la fréquente Communion, par l'Abbé A[e] Arnauld. *Paris*, 1683, in-8°, 1 vol.

2287. Traité de l'Eucharistie ou réponse à l'écrit de M. Claude, sur la présence réelle par Bonnin de Chalucet. *Paris*, 1686, in-12, 1 v.

2288. Traité du sacerdoce et du sacrifice de Jésus-Christ, et de son union avec les fidèles dans ce mystère. Léonard de Massiot. *Poitiers*, 1708, in-4°, 1 v.

2289. Concordia fidei et rationis, dissertationes de accidentibus eucharisticis ab Antonio Lengrand. *Duaci*, 1711, in-12, 1 vol.

2290. Traité de la Communion sous les deux espèces par Mgr Bossuet. *Lille*, 1711, in-12, 1 v.

2291. Tractatus de augustissimo Eucharistiæ Sacramento, auctore Carolo Witasse. *Parisiis*, 1720, in-12, 2 v.

2292. Nouvelle dissertation sur les paroles de la consécration de la S[e] Eucharistie. *Troyes*, 1733, in-8°, 1 v.

2293. L'Esprit de J.-C. et de l'Eglise sur la fréquente communion, par le Père Jean Pichon. *Paris*, in-12, 1745, 1 v.

2294. L'Esprit de J.-C. et de l'Eglise sur la fréquente Communion, par le P. Jean Pichon. *Paris*, 1745, in-12, 1 v.

2295. Examen et résolutions des principales difficultés qui se rencontrent dans la célébration des S. Mystères. *Paris*, 1752, in-12, 1 v.

2296. Francisci Turriani de Ecclesia et de ordinationibus ministrorum Ecclesiæ. *Coloniæ*, 1574, in-4°, 1 v.

2297. Scrutinum sacerdotale, sive modus examinandi, tam in visitatione episcopali, quam in susceptione Ordinum, auctore Fabio Incarnato. *Parisiis*, 1611, in-8°, 1 vol.

2298. Commentarius de sacris Ecclesiæ Ordinationibus, authore Joanne Morino. *Parisiis*, 1655, in-fol., 1 v.

2299. De triplici examine Ordinandorum, Confessariorum et Pœnitentium, authore Ludovico Bail. *Lutetiæ Parisiorum*, 1656, in-8°, 1 v.

2300. Discours sur les Ordres sacrés, par M. A. Godeau. *Paris*, 1658, in-12, 1 vol.

2301. Consultations canoniques sur le Sacrement de l'Ordre, par Gibert. *Paris*, 1725, in-12, 2 v.

2302. Summæ S. Raymundi de Pennafort de Matrimonio et Pœnitentia. *Romæ*. 1603, in-fol., 1 v.

2303. Basilii Pontii de Sacramento Matrimonii tractatus. *Bruxellis*, 1627, in-fol., 1 vol.

2304. Consultations canoniques sur le Sacrement de Mariage, par Gibert. *Paris*, 1727, in-12, 2 v.

CHAPITRE III

THÉOLOGIE MORALE

A. *Dictionnaires et Traités généraux*

2305. Petri Berchorii opera omnia, totam S. Scripturæ, morum, naturæ historiam complectentia. *Antuerpiæ*, 1609, in-fol., 3 vol.

2306. Pauli Comitoli responsa moralia in VII libros digesta. *Lugduni*, 1609, in-4°, 1 v.

2307. Gazophylatium, seu compendium totius theologiæ veritatis ; pro studiosis moralis theologiæ editum a R. D. Sebastiano. *Constantiæ*, 1611, in-8°, 1 v.

2308. Summæ theologiæ moralis libri quindecim ab Henrico Henriquez. *Moguntiæ*, 1613, in-fol., 1 v.

2309. P. D. Gregorii Sayri operum theologicorum tomi duo. *Duaci*, 1620, in-fol., 2 v.

2310. Theologia moralis in V libris partita, auctore Paulo Laymann, *Lutetiæ Parisiorum*, 1627, in-fol., 1 v.

2311. Synopsis universæ theologiæ moralis. Vincentius Filliucius. *Duaci*, 1628, in-12, 1 v.

2312. Moralis disciplina a Theophilo Raynaudo. *Lugduni*, 1629, in-fol., 2 v.

2313. Compendium moralis theologiæ. Pauly Layman. *Lugduni*, 1631, in-18, 1 vol.

2314. Martini Bonacinæ Mediolanensis opera omnia. *Duaci*, 1632, in-fol., 1 v.

2315. Jacobi Gordini theologia moralis universa. *Lutetiæ Parisiorum*, 1634, in-fol., 1 v.

2316. Thomæ Sanchez Cordubensis opuscula, sive consilia moralia. *Lugduni*, 1634, in-fol., 1 v.

2317. Compendium theologicæ moralis, auctore R. P. Coelestino. *Parisiis*, 1635, in-8°, 1 v.

2318. Maximiliani Sandæi theologia medica, seu commentationes de medicis morbis et medicinis evangelicis. *Coloniæ Agrippinæ*, 1635, in-4°, 1 v.

2319. Morales chrestiennes du théologien français, par le sieur de Marandé. *Paris*, 1645, in-fol., 4 v.

2320. Theologia moralis fundamentalis, auctore Joan. Caramuel. *Lovanii*, 1645, in-fol., 1 v.

2321. Theologia regularis, auctore D. Joanne Caramuel. *Francofurti*, 1646, in-4°, 1 v.

2322. Celidonii Nicasii Peregrinus Hierosolymitanus, tractatus quinque partitus. *Parisiis*, 1652, in-4°, 1 v.

2323. Eligii Bassæi flores totius theologicæ practicæ. *Antuerpiæ*, 1660, in-fol., 2 vol.

2324. Amadæi Guimenii opusculum, singularia universæ fere theologiæ moralis complectens. *Lugduni*, 1664, in-4°, 1 v.

2325. Amadæi Guimenii opusculum, singularia universæ fere theologiæ moralis complectens. *Coloniæ Agrippinæ*, 1665, in-12, 1 v.

2326. Martini Bonacinæ compendium per R. D. Antonium Goffar. *Coloniæ Agrippinæ*, 1671, in-12, 1 v.

2327. Summa theologiæ moralis D. Thomæ, per R. P. Franciscum Getium. *Burdigalæ*, 1671, in-12, 1 v.

2328. Idée de la morale chrétienne. *Paris*, 1676, in-12, 2 v.

2329. Le cours de la théologie morale, par Raymond Bonal. *Paris*, 1677, in-12, 2 v.

2330. Moralis D. Thomæ, ex omnibus ipsius operibus ita exacte deprompta, ut censeri possit opus novum, authore Ludovico BANCEL. *Avenione*, 1677, in-4°, 2 vol.

2331. Theologia veterum fundamentalis, speculativa et moralis, per Fr. Henricum a S. IGNATIO. *Leodii*, 1677, in-fol., 1 v.

2332. Essais de morale contenus en divers traités. *La Haye*, 1688, in-32, 10 vol.

2333. Praxis pastoralis seu manipulus theologiæ moralis, auctore Henrico MANICART Leodio. *Coloniæ*, 1688, in-8°, 1 vol.

2334. Theologia moralis, jussu Episcopi Petrocorensis edita. *Parisiis*, 1695, in-12, 4 vol.

2335. Synopsis theologiæ practicæ, auct. P. Joanne Bapt. TABERNA. *Duaci*, 1698, in-12, 3 v.

2336. Essais de morale, contenus en divers traités sur plusieurs points importants. *La Haye*, 1700, in-32, 10 v.

2337. Leonardi VAN ROY theologia moralis in quinque partes divisa. *Antuerpiæ*, 1707, in-12, 5 v.

2338. Essais de morale, contenus en divers traités sur plusieurs devoirs importants. *Paris*, 1715, in-12, 13 v.

2339. S. RAYMUNDI de Pennafort Summa textu sacrorum canonum aucta et locupletata. *Lugduni*, 1718, in-fol., 1 v.

2340. R. P. Hermanni BUSEMBAUM theologia moralis a R. P. Claudio LACROIX. *Coloniæ*, 1748, in-fol., 2 v.

B. Traités Particuliers

a. Des Lois et des Préceptes

2341. Fratris Dominici SOTO, Segobiensis theologi, de justitia et jure libri x. *Lugduni*, 1569, in-fol., 1 v.

2342. Catholica præceptorum Decalogi elucidatio, authore F. Matthia FELISIO. *Antuerpiæ*, 1576.

2343. Opus de obligationibus justitiæ, religionis et caritatis, auctore D. Fernando REBELLO. *Lugduni*, 1608, in-fol., 1 v.

2344. Nicolaï BAYONENSIS de decem Decalogi et quinque Ecclesiæ præceptis liber. *Virduni*, 1621, in-12, 1 v.

2345. Praxis justitiæ christianæ, authore R. P. F. Bonaventura DERNOY. *Coloniæ Agrippinæ*, 1630, in-8°, 1 v.

2346. Summa theologica R. P. F. Raphaelis DE LA TORRE de partibus potentialibus justitiæ. *Coloniæ Agrippinæ*, 1630, in-fol., 1 v.

2347. Joannis NIDER præceptorium, sive Decalogi explicatio. *Duaci*, 1611, in-8°, 1 v.

2348. R. P. Thomæ SANCHEZ Cordubensis opus morale in præcepta Decalogi. *Antuerpiæ*, 1614, in-fol., 2 v.

2349. Tesoro de Preceptos por ISHAC ATIAS. *En Veneccia*, 1627. in-4°, 1 v.

2350. Tesoro de Preceptos por ISHAC ATIAS. *En Veneccia*, 1627, in-8°, 1 v.

2351. Discursus morales in decem Decalogi præcepta, auctore Davide a MAUDEN. *Bruxellæ*, 1627, in-fol., 1 v.

2352. Joannis SINNICHII Saül Exrex, sive de Saüle, Israeliticæ gentis protomonarchia. *Lovanii*, 1662, in-fol., 2 v.

2353. Instruction pastorale de Mgr l'Archevêque de Tours sur la justice chrétienne. *Paris*, 1749, in-12, 1 v.

2354. Conférences ecclésiastiques du diocèse d'Angers sur les commandements de Dieu, rédigées par l'abbé BABIN. *Avignon*, 1749, in-12, 4 v.

b. De la Conscience, du Serment, du Probabilisme

2355. De quinque partita conscientia, recta, erronea, dubia, opinabili et scrupulosa, libri III a Ricardo HALLO. *Duaci*, 1598.

2356. Le consolateur des âmes scrupuleuses, par le chanoine GAZET. *Arras*, 1617, in-32, 1 v.

2357. Synaxis curæ animarum ex doctrina S. THOMÆ DE AQUINO, Julio calvo de ALBETO auctore. *Romæ*, 1600, in-8°, 1 vol.

2358. Le consolateur des âmes scrupuleuses, par le ch^e GAZET. *Arras*, 1610, in-32, 1 v.

2359. Le médecin spirituel des âmes craintives et scrupuleuses, par Barnabé SALADIN. *Lille*, 1690, in-12, 1 v.

2360. Traité des scrupules, de leurs causes, et de leurs remèdes par J.-J. DUGUET. *Paris*, 1717, in-12, 1 v.

2361. Traité des scrupules, de leurs causes et de leurs remèdes par J.-J. DUGUET. *Paris*, 1718, in-18, 1 v.

2362. Splendor veritatis moralis, collatus cum tenebris mendacii per Fr. EMONERIUM. *Lugduni*, 1627, in-8°, 1 v.

2363. Theologia moralis adversus laxiores probabilistas, auctore Vincentio BARONIO. *Parisiis*, 1665, in-8°, 1 v.

2364. Apologema retortum de ignorantia invincibili et opinionum probabilitate, authore Francisco BONÆ SPEI. *Antuerpiæ*, 1665, in-4°, 1 v.

2365. Prosperi FAGNANI commentaria de opinione probabili. *Bruxellis*, 1667, in-18, 1 v.

2366. Stephani GRADII Ragusini disputatio de opinione probabili cum P. Honorato Fabri Soc. Jesu. *Romæ*, 1678, in-4°, 1 v.

2367. Tractatus triplex de probabilitate, recidivis et contritione, collectus per Nic. Josephum DE LA VERDURE. *Duaci*, 1689, in-12, 1 v.

2368. Fundamentum theologiæ moralis, sive de recto usu opinionum probabilium, auct. Thyrso GONZALEZ. *Antuerpiæ*, 1694, in-4°, 1 v.

2369. Dénonciation apologétique touchant les quatre plus importantes controverses de ce temps, mises dans une parfaite évidence, ... in-12, 1 v.

c. Des Prêts, de l'Usure et de la Restitution

2370. Antidotum adversus calumniosos et venenosos libellos Joannis Lillers de usura, authore Davide A MAUDEN. *Lovanii*, 1627, in-4°, 1 v.

2371. Conférences ecclésiastiques de Paris sur l'usure et la restitution. *Paris*, 1756, in-12, 16 v.

2372. Hipparque du religieux marchand, dispute entre Médiastin et Thimothée; scavoir, quelle sorte de négociation répugne à l'estat religieux, par René DE LA VALLÉE, 1645, in-8°, 1 v.

d. Des Jeux, des divertissements, des Spectacles

2373. Traité des jeux et des divertissements qui peuvent être permis ou qui doivent être défendus, par M. J.-B. THIERS. *Paris*, 1686, in-12, 1 v.

2374. Traité contre les danses et les mauvaises chansons. *Paris*, 1749, in-12, 1 vol.

e. Des Vertus et des Vices

2375. Summæ virtutum ac vitiorum tomi duo a Gulielmo PERALDO. *Lugduni*, 1571, in-8°, 2 v.

2376. Fasciculus rerum expetendarum et fugiendarum ab Orthuino GRATIO. *Londini*, 1690, in-fol., 1 v.

2377. Anonymi Christiani philosophi liber de virtute, a Johanne WEGELINO. *Augustæ Vindelicorum*, 1603, in-12, 1 v.

2378. Ogidius DE CONINCK de actibus supernaturalibus in genere. *Antuerpiæ*, 1623, in-fol., 1 v.

2379. La fausseté des vertus humaines, par M. ESPRIT. *Cologne*, 1678, in-12, 2 vol.

2380. De actionibus virtutis libri duo, auctore Bernardino ROSIGNOLIO. *Moguntiæ*, 1604, in-12, 1 v.

2381. Joannis MALDERI de virtutibus theologicis et justitia et religione commentaria. *Antuerpiæ*, 1616, in-fol., 1 v.

2382. R. P. Fernandi DE CASTRO PALAO de virtutibus et vitiis contrariis tractatus. *Lugduni*, 1631, in-fol., 1 v.

2383. Conferentiæ de virtutibus theologicis, auct. Gummaro HUYGENS. *Leodii*, 1692, in-12, 1 v.

2384. L'analyse des vertus en abrégé, par Louis LE GENDRE. *Paris*, 1698, in-12, 1 vol.

2385. De la nécessité de la foi en Jésus-Christ pour être sauvé, par Ellies DU PIN. *Paris*, 1701, in-12, 2 v.

2386. Petri Ludovici DANIS tractatus de fide, spe et charitate. *Lovanii*, 1735, in-12, 1 v.

2387. De tribus bonorum operum generibus, eleemosyna, jejunio et oratione, auct. Theodoro PELTANO. *Ingolstadii*, 1580, in-4°, 1 v.

2388. Traicté de l'aumône et des œuvres de charité. *Paris*, 1583, in-18, 1 v.

2389. L'Avocat des pauvres, par le Père DE BALINGHEM. *Douai*, 1625, in-32, 1 v.

2390. Le Chrétien charitable, par le Père BONNEFONS. *Rouen*, 1668.

2391. L'Avocat des pauvres, par Jean-Baptiste THIERS. *Paris*, 1676, in-12, 1 v.

2392. Disquisitio theologica (de caritate), authore Macario HAVERMANS. *Coloniæ Agrippinæ*, 1678, in-12, 1 v.

2393. Opuscula theologica ad veritatis et charitatis stateram expensa, per Franciscum FARVACQUES. *Leodici Eburonum*, 1680, in-12, 7 v.

2394. Instruction pastorale de Mgr Salignac de Fénelon, Archevêque de Cambrai, sur la charité. *Lyon*, 1698, in-12, 1 v.

2395. Explication des caractères de la charité selon S. Paul, par l'abbé DUGUET. *Bruxelles*, 1735, in-12, 1 v.

2396. Explication des caractères de la charité selon S. Paul, par l'abbé DUGUET. *Bruxelles*, 1735, in-12, 1 v.

2397. Explications des qualités ou des caractères que S. Paul donne à la charité, par l'abbé DUGUET. *Amsterdam*, 1728, in-12, 1 v.

2398. Claudii ESPENCÆI collectaneorum de continentia libri sex. *Parisiis*, 1565, in-4°, 1 v.

2399. Decem et septem theologorum declamationes, studio Theodori PELTANI editæ. *Ingolstadii*, 1679, in-12, 1 v.

2400. Le palais de la chasteté, par le P. JOREL. *Paris*, 1634, in-8°, 1 v.

2401. Concupiscentia carnis consideratione seria emoriens a Francisco BELLEGAMBE. *Insulis*, 1686, in-16, 1 v.

2402. Vanitatis et concupiscentiæ mundanæ alexipharmacum a Francisco BELLEGAMBE. *Duaci*, 1694, in-12, 1 v.

2403. Dissertation où l'on explique l'origine, l'excellence et les avantages de l'état de la Virginité, par le P. MÈGE. *Paris*, 1689, in-12, 1 v.

2404. Friderici MATENESI critices christianæ libri duo de ritu bibendi super sanitate. *Coloniæ*, 1611, in-12, 1 v.

2405. Les leçons de la sagesse sur les défauts des hommes, par DEBONNAIRE. *Paris*, 1751, in-12, 3 v.

2406. Les illusions du faux zèle. *Paris*, 1696, in-12, 1 v.

2407. Du respect humain, par le P. LANGLOIS. *Paris*, 1703, in-32, 1 v.

2408. Du respect humain, par le P. LANGLOIS. *Paris*, 1703, in-32, 1 v.

2409. Antidotum salutare contra pestiferos morbos malæ linguæ per Joannem d'ASSIGNIES. *Antuerpiæ*, 1633, in-12, 1 v.

2410. Recueil de lettres des plus saints et meilleurs esprits de l'antiquité, touchant la vanité du monde, par le P. Jean CANAYE. *Paris*, 1628, in-12, 1 v.

2411. Miroir de la vanité des femmes mondaines, par le P. de BOUVIGNY. *Namur*, 1696, in-32, 1 v.

2412. Le monde renversé sens dessus dessous par AFFINATI D'ACUTO. *Paris*, 1610, in-12, 1 v.

2413. Malum summi mali, sive de infinita gravitate peccati mortalis libri v, auct. Joanne PELECYO. *Monachii*, 1615, in-16, 1 v.

2414. Le salut des pécheurs par AGAPIUS moine de Crète (græce). *Venise*, 1641, in-4°, 1 v.

f. Des Sacrements en général

2415. Theologia pastoralis, seu collationes de Sacramentis, auctore Francisco THEOPHILO. *Bruxellæ*, 1626, in-12, 1 v.

2416. Des sept Sacrements de l'Eglise et des dispositions nécessaires pour les recevoir avec fruit, par D. Barthelemy CARRANZA de la Mirande. *Paris*, 1692, in-12, 1 v.

2417. Instructions théologiques et morales sur les Sacrements par NICOLE. *La Haye*, 1714, in-32, 6 v.

g. Des Sacrements en particulier

2418. Confessionale, sive libellus modum confitendi complectens a Magistro Godscalco ROSEMONDO. *Lovanii*, 1554, in-12, 1 vol.

2419. Methodus confessionis. *Lugduni*, 1573, in-18, 1 v.

2420. Joannis MEDINÆ de pœnitentia, restitutione et contractibus absolutum opus. *Ingolstadii*, 1581, in-fol., 1 v.

2421. Le purificateur de la conscience par le P. DE HARROIA, religieux espagnol, traduit en français. *Paris*, 1588, in-12, 1 vol.

2422. Aphorismi confessariorum, ex doctorum sententiis collecti, auct. Emanuele SA. *Antuerpiæ*, 1599, in-12, 1 v.

2423. Enchiridion methodicum de pœnitentia (græce), in 18, 1 v. (2 exempl.)

2424. Enchiridion methodicum utile et necessarium ad pœnitentiæ mysterium (græce). *Venetiis*, in-18, 1 v.

2425. L'usance de la confession et sainte communion par le P. ARIAS, jésuite. *Douai*, 1602, in-32, 1 v.

2426. Aparejos para administrar el Sacramento de la Penitentia, par Dom Pedro MANRIQUE. *Milan*, 1604, in-4°, 1 v.

2427. Summa ecclesiastica sive instructio Confessariorum et Pœnitentium, authore Hieronymo LLAMAS. *Moguntiæ*, 1605, in-12, 1 v.

2428. Enchiridion sive manuale Confessariorum et Pœnitentium, auctore Martino AZPILCUENTA. *Antuerpiæ*, 1608, in-8°, 1 vol.

2429. Enchiridion sive manuale Confessariorum et Pœnitentium, auctore Martino AZPILCUENTA. *Antuerpiæ*, 1608, in-8°, 1 vol.

2430. Discours de la Pénitence et de ses trois parties, par Jacques LE CLERCQ, chanoine d'Arras. *Arras*, 1608, in-12, 1 vol.

2431. De la prudence des confesseurs et autres qualités requises au devoir de leur charge, traduit du latin par le chanoine LA PLONCE RICHETTE. *Lyon*, 1626, in-8°, 1 vol.

2432. Directorium conscientiæ in duas partes divisum ad mentem Divi THOMÆ, auctore J. DE LA CRUZ. *Duaci*, 1632, in-8°, 1 v.

2433. Methodus remittendi et retinendi peccata, authore Gummaro HUYGENS. *Lovanii*, 1674, in-12, 1 v.

2434. Enchiridion, seu instructio confessariorum a Gaspare LOARTE. *Parisiis*, 1678, in-18, 1 v.

2435. Aphorismi confessariorum, ex doctorum sententiis collecti, auctore Emanuele SA. *Coloniæ*, 1612, in-16, 1 v.

2436. P. Valerii REGINALDI praxis fori pœnitentialis. *Coloniæ Agrippinæ*, 1622, in-fol., 1 v.

2437. De confessione per literas, dissertationes theologicæ Fr. Hyacinthi CHOQUETII Lilani. *Duaci*, 1623, in-12, 1 v.

2438. Joannis POLANCI directorium breve ad confessarii ac confitentis munus recte obeundum. *Duaci*, 1627, in-18, 1 v.

2439. Quæstiones practicæ notabiliores in foro Pœnitentiæ usu frequentes, auct. Ant. NALDO FAVENTINO. *Coloniæ Agrippinæ*, 1618, in-4°, 1 v.

2440. Tribunal sacramentale et visibile animarum in hacvita mortali,auct.Petro MARCHANT. *Gandavi*, 1642, in-fol., 1 v.

2441. Methodus expeditæ confessionis,auctore P. Thoma TAMBURINO. *Antuerpiæ*, 1656, in-16, 1 v.

2442. Methodus expeditæ confessionis a P. Thomæ TAMBURINO. *Antuerpiæ*, 1656, in-16, 1 v.

2443. Methodus remittendi et retinendi peccata, auth. Gummaro HUYGENS. *Lovanii*, 1674, in-12, 1 v.

2444. De l'usage des Sacrements de Pénitence et d'Eucharistie. *Paris*,1674,in-12, 1 vol.

2445. Lettres pastorales de Mgr l'Evêque d'Arras,touchant l'administration du Sacrement de Pénitence. *Arras*, 1617, in-18, 1 v.

2446. Lettres pastorales de Mgr l'Evêque d'Arras, touchant l'administration du Sacrement de Pénitence. *Arras*, 1677, in-18, 1 v.

2447. Lettres pastorales de Mgr l'Evêque d'Arras, touchant l'administration du Sacrement de Pénitence. *Arras*, 1677, in-12, 2 v.

2448. Recueil de pièces. Instructions pastorales sur le Sacrement de Pénitence. In-12, 1 vol.

2449. Dispositions pour aider à faire une bonne confession générale, par les PP. Capucins. *Paris*, 1677, in-32, 1 v.

2450. Pentalogus diaphoricus de dilatione absolutionis ad mentem SS. AUGUSTINI et THOMÆ. In-12, 1 v.

2451. Examen libelli cui titulus : Pentalogus diaphoricus.... auct. Macario HAVERMANS. *Coloniæ Agrippinæ*, 1679, in-12, 1 v.

2452. Eclaircissements touchant le légitime usage de toutes les parties du Sacrement de Pénitence, par Mgr Gilbert DE CHOYSEUL DU PLESSY-PRASLAIN. *Lille*, 1679, in-12, 1 v.

2453. Dissertatio de absolutione sacramentali percipienda, studio Hieronimi HENNEGUIER. *Audomari*, 1682, in-12, 1 vol.

2454. Troisième Lettre pastorale de l'Evêque d'Arras,touchant l'administration du Sacrement de Pénitence. *Arras*, 1682, in-18, 1 v.

2455. Troisième Lettre pastorale et instruction de Mgr l'Evêque d'Arras, touchant le Sacrement de Pénitence. *Arras*, 1682, in-18, 1 v.

2456. Vindiciarum postulatio a Jesu-Christo contra rigoristas, per R. P. F. CAROLUM AB ASSUMPTIONE. *Leodii*, 1683, in-12, 1 v.

2457. Eclaircissements touchant le légitime usage de toutes les parties du Sacrement de Pénitence, par Mgr l'Evêque de de Tournay. *Lille*, 1683, in-12, 1 v.

2458. Lettre de M*** à un de ses amis au sujet de l'instruction pastorale de Mgr de Tours par rapport à la Pénitence et à l'Eucharistie. ...... In-12, 1 v.

2459. L'Instruction du Confesseur ou la méthode pratique du confessionnal, composée en italien par le P. SEGNATI, traduite en français par Dom DE LA GRANGE. *Paris*, 1686, in-12, 1 v.

2460. L'Instruction du Pénitent ou la methode pratique pour se bien confesser, par le P. SEGNERI. *Paris*, 1688, in-12, 1 vol.

2461. Dissertatio theologica de advertentia requisita ad peccandum formaliter, per Norbertum D'ELBECQUE. *Leodii*, 1695, in-12, 1 v.

2462. Directorium confessarii Monialium, studio et labore Barnabæ SALADIN. *Duaci*, 1700, in-12, 1 v.

2463. Praxis fori pœnitentialis, per Leonardum VAN ROY. *Coloniæ*, 1700, in-12, 1 vol.

2464. La Science des Confesseurs ou la manière d'administrer le Sacrement de Pénitence, par GRANCOLAS. *Paris*, 1700, in-12, 3 v.

2465. Excellente et facile méthode pour se préparer à la Confession, par le Père LEUTBREWER. *Bruxelles*, 1703, in-32, 1 vol.

2466. De officio sacerdotis, qua judicis et medici in Sacramento Pœnitentiæ instructio brevis, per Joannem DU JARDIN. *Bruxellis*, 1705, in-12, 1 v.

2467. Traité du secret de la Confession pour servir d'instruction aux Confesseurs et pour rasseurer les Pénitens. *Paris*, 1708, in-12, 1 v.

2468. Instruction sur les dispositions qu'on doit apporter aux Sacrements de Pénitence et d'Eucharistie. *Paris*, 1713, in-12, 1 v.

2469. Le ministère du Confesseur en pratique, par le R. P. ERNESTE DE S. JOSEPH. *Liège*, 1718, in-12, 2 v.

2470. De officio sacerdotis in Sacramento Pœnitentiæ, per F. Thomam DU JARDIN. *Bruxellis*, 1720, in-12, 1 v.

2471. Instructions et lettres pastorales de Mgr l'Evêque d'Arras, touchant l'administration des Sacrements de la Pénitence et de l'Eucharistie. *Lyon*, 1721, in-12, 1 vol.

2472. Le ministère de l'absolution ou le pouvoir de confesser selon S. THOMAS, par le P. BERNARD, d'Arras. *Paris*, 1740, in-12, 1 v.

2473. Instruction pastorale de Monseigneur l'Evêque et Prince de Grenoble sur le Sacrement de Pénitence et sur la Communion. *Grenoble*, 1749, in-4°, 3 v.

2474. Examen général de tous les états et conditions et des péchés que l'on commet, par DE SAINT-GERMAIN. *Paris*, 1771, in-12, 1 v.

2475. Libellus supplex Davidis rei, in quo fere singula, quæ ad veram peccatoris conversionem spectant, elucidantur, autore Georgio VETTERO. *Moguntiæ*, 1618, in-12, 1 v.

2476. Porta salutis pœnitenti animæ patefacta a Bartholomæo SALUTIO. *Monachi*, 1627, in-16, 1 v.

2477. Les conduites de la grâce sur la conversion des âmes pécheresses, par Antoine DE SAINT-MARTIN DE LA PORTE. *Paris*, 1645, in-4°, 2 v.

2478. Joannis MERCERII Hirundo pœnitens. *Parisiis*, 1666, in-12, 1 v.

2479. Le catéchisme de la Pénitence, qui conduit les pécheurs à une véritable conversion, par l'abbé RAUCOURT. *Paris*, 1676, in-32, 1 v.

2480. De la Pénitence ou de la conversion du pécheur, par François DOUJAT. *Paris*, 1678, in-12, 1 v.

2481. Dissertation sur la véritable conversion du pécheur, par François DU SUEL, chanoine d'Arras. *Paris*, 1680, in-12, 1 vol.

2482. Opusculum de amore sufficiente ad Pœnitentiæ Sacramentum, authore Joachimo A JESU MARIA. *Montibus*, 1699, in-12, 1 v.

2483. Le directeur des âmes pénitentes. *Paris*, 1726, in-12, 1 v.

2484. Idée de la conversion du pécheur. ....., 1732, in-12, 2 v. en un.

2485. Traité de l'amour de Dieu nécessaire dans le Sacrement de Pénitence, par Mgr BOSSUET. *Paris*, 1736, in-12, 1 vol.

2486. De communione in statu gratiæ peragenda, per Joannem WATERLOOP. *Tornaci*, 1681, in-12, 1 v.

2487. Le réveil intérieur pour la sainte Communion, par le P. Juste DE L'ASSOMPTION. *Lille*, 1691, in-12, 1 v.

2488. De la meilleure manière d'entendre la Sainte Messe, par LE TOURNEUX. *Paris*, 1706, in-12, 1 v.

2489. Le Manuel du divin service, composé par le P. MILHARD. *Rouen*, 1615, in-12, 1 v.

2490. Introduction de piété dans les mystères, paroles et cérémonies du S. Sacrifice de la Messe, par J. LABADIE. *Amiens*, 1640, in-12, 1 v.

2491. Disputationum de sancto Matrimonii Sacramento tomi tres, autore R. P. Thoma SANCHEZ. *Antuerpiæ*, 1607, in-fol., 1 v.

h. Des cas de conscience

2492. Summa de casibus Fratris ASTESANI. *Lugduni*, 1519, in-fol., 1 v.

2493. Summa aurea Armilla nuncupata a R. P. BARTHOLOMÆO FUMO. *Antuerpiæ*, 1591, in-8°, 1 v.

2494. La somme des péchés et le remède d'iceux. *Arras*, 1592, in-12, 1 v.

2495. La somme des péchés et le remède d'iceux par R. P. F. J. BENEDICTI. *Paris*, 1602, in-fol., 1 v.

2496. Joannis AZORII institutiones morales, in quibus universæ quæstiones ad conscientiam recte aut prave factorum pertinentes breviter tractantur, auct. J. AZORIO. *Coloniæ Agrippinæ*, 1602, in-fol., 2 v.

2497. Francisci TOLETI summa casuum conscientiæ. *Coloniæ Agrippinæ*, 1603, in-12, 1 v.

2498. Decisiones aureæ casuum conscientiæ in quatuor libros distributæ, Jacobo DE GRAFFIIS a Capua auctore. *Antuerpiæ*, 1604, in-4°, 2 v.

2499. Thomæ de VIO CAJETANI peccatorum summula, novissime recognita per GAUGERICUM. *Duaci*, 1613, in-12, 1 v.

2500. Thomæ DE VIO CAJETANI peccatorum summula, novissime recognita per GAUGERICUM. *Duaci*, 1613, in-12, 1 v.

2501. Thomæ DE VIO CAJETANI peccatorum summula, novissime recognita per GAUGERICUM. *Duaci*, 1613, in-12, 1 v.

2502. Tractatus de casibus reservatis, auctore Joanne CHAPEAVILLO. *Leodii*, 1614, in-12, 1 v.

2503. De arbitrariis confessariorum quæ ad casus conscientiæ attinent, auctore P. Jacobo DE GRAFFIIS. *Coloniæ*, 1616, in-12, 1 vol.

2504. Quæstionum moralium tomi duo, de christianis officiis et casibus conscientiæ, auctore Vincentio FILLIUCIO. *Antuerpiæ*, 1623, in-fol., 2 v.

2505. Franc. CORIOLANI tractatus de casibus reservatis. *Lugduni*, 1623, in-8°, 1 vol.

2506. Stephani FAGUNDEZ quæstiones de christianis officiis et casibus conscientiæ. *Moguntiæ*, 1628, in-fol., 1 v.

2507. Lucerna inextinguibilis ignorantiæ tenebras pellens inter omnes casuum conscientiæ summulas eminens R. P.

Pellegrini POLLETÆ. *Venetiis*, 1628, in-4°, 1 vol.

2508. Tractatus practicus de casibus summo Pontifici, Episcopis et Prælatis religionum reservatis a J. Georgio KIENE. *Constantiæ*, 1629, in-18, 1 v.

2509. Antonii DIANA Panormitani resolutiones morales, in quibus selectiores casus conscientiæ explicantur. *Antuerpiæ*, 1645, in-fol., 11 v.

2510. J. B. DE LEZANA summa quæstionum, seu de casibus conscientiæ ad personas religiosas. *Duaci*, 1646, in-4°, 1 vol.

2511. Antonii DIANA Panormitani practicæ resolutiones lectissimorum casuum. *Antuerpiæ*, 1651, in-18, 1 v.

2512. Somme des péchez qui se commettent en tous états, par le R. P. BAUNY. *Rouen*, 1653, in-8°, 1 v.

2513. Medulla theologiæ moralis facili ac perspicua methodo resolvens casus conscientiæ, ex variis probatisque auctoribus concinnata a R. Hermanno BUSEMBAUM. *Insulis*, 1654, in-12, 1 v.

2514. Noctua Belgica R. P. Francisci BONÆ SPEI ad Aquilam Germanicam D. CARAMUELIS. *Lovanii*, 1657, in-4°, 1 vol.

2515. Eclaircissement touchant l'usage de l'absolution des consuétudinaires et récidives selon S. THOMAS, par le R. P. F. CHARLES DE L'ASSOMPTION. *Liége*. 1682, in-12, 1 v.

2516. Examen général de tous les états et conditions et de tous les péchés que l'on y peut commettre par de S. GERMAIN. *Paris*, 1687, in-12, 1 v.

2517. Théologie morale ou résolution des cas de conscience selon l'Ecriture sainte. *Paris*. 1688, in-12, 6 v.

2518. Résolutions de plusieurs cas de conscience touchant la morale et la discipline de l'Eglise, par Jacques de SAINTE-BEUVE, recueillis et mis en lumière par M. de Sainte-Beuve, son frère. *Paris*, 1694, in-4°, 3 v.

2519. Tractatus sive praxis deponendi conscientiam in dubiis et scrupulis circa casus morales occurrentibus, auctore ROSSEL. *Coloniæ Agrippinæ*, 1697, in-32, 1 vol.

2520. Principes de morale établis sur l'Ecriture sainte et les Canons des Conciles, par DE LA FONT. *Paris*, 1699, in-12, 1 v.

2521. Résolutions de plusieurs cas de conscience touchant la morale et la discipline de l'Eglise. M. de SAINTEBEUVE. *Paris*, 1705, in-8°, 3 v.

2522. Histoire du cas de conscience, signé par quarante docteurs de Sorbonne. *Nancy*, 1705, in-12, 8 v.

2523. Le directeur pacifique des consciences, par le P. JEAN-FRANÇOIS de Rheims. *Lyon*, 1692, in-8°, 1 v.

2524. Le directeur des consciences scrupuleuses, par le P. Collomban GILLOTTE. *Paris*, 1709, in-12, 1 v.

2525. Le dictionnaire des cas de conscience, par DE LAMET et FROMAGEAU. *Paris*, 1733, in-fol., 2 v.

2526. Theologia moralis seu resolutio casuum conscientiæ per WALBERTUM a SANCTA ALDEGUNDE. *Montibus*, 1738, in-12, 8 v.

2527. Dictionnaire des cas de conscience par Jean PONTAS. *Paris*, 1741, in-fol., 3 vol.

2528. Résolution de cas de conscience sur la vertu de justice et d'équité..... 1741, in-12, 4 v.

2529. Lettre à l'auteur des observations sur un ouvrage intitulé : Cas de conscience par M. DE RIVIÈRE...., 1768, in-12. 1 vol.

2530. Eclaircissement sur l'ordonnance et l'instruction pastorale de Mgr l'archevêque de Cambrai portant condamnation d'un imprimé intitulé : Cas de conscience.... 1704, in-12, 1 v.

2531. Ordonnance et instruction pastorale de Mgr l'Archevêque de Cambrai portant condamnation d'un imprimé intitulé : Cas de conscience. *Valenciennes*, 1704, in-12, 1 v.

i. Mélanges de Théologie morale

2532. Moralia Hieronymi AB HANGESTO. *Lugduni*, 1515, in-fol., 1 v.

2533. Enchiridion sacerdotale a D. Joanne MARE. *Parrhisiis*. 1519, in-8°, 1 v.

2534. Constitutiones ex Sanctorum Patrum dictis ab Augustino VALERIO. *Veronæ*, 1589, in-4°, 1 v.

2535. Occasio arrepta, neglecta, hujus commoda, illius incommoda, auct. R. P. Joanne DAVID. *Antuerpiæ*, 1605, in-4°, 1 vol.

2536. Les Veilles de Barthélémy ARNIGIO, traduites de l'Italien en français par l'abbé de LARIVEY. *Troyes*, 1608, in-12, 1 vol.

2537. Amputandum putabam radix stirps et germen errorum. Auctore P. Joanne DAVID. *Antuerpiæ*, 1612, in-12, 1 v.

2538. Duellum Crucis et zodiacus militis christiani triumfans, opera JANI ANGELI (Germanico-gallico-latinus). *Tubingen*, 1620, in-12, 1 v.

2539. Pietas et regnum, regia simul ac pia institutio, per Philippum HATTRON. *Bruxellæ*, 1622, in-4°, 1 v.

2540. Viridarium ecclesiasticum, auctore Balduino JUNIO. *Duaci*, 1633, in-12, 1 v.

2541. Episcopium, sive specula religionis, auctore DE LA PIERRE. *Burdigalæ*, 1628, in-12, 1 v.

2542. Mundus fallax, Maximiliani SANDÆI. *Moguntiæ*, 1631, in-18, 1 v.

2543. Sacra Christi Domini academia, distributa in octo classes beatitudinum, auct. Jacobo DESBANS. *Parisiis*, 1633, in-8°, 1 vol.

2544. Dubia regularia, auth. F. Laur. DE PORTEL. *Lugduni*, 1640, in-8°, 3 v.

2545. Lettres de Polémarque à Eusèbe sur le sujet du livre intitulé : Théologie morale des Jésuites ...... 1644, in-12, 1 v.

2546. Les morales chrestiennes, par le P. IVES. *Paris*, 1645, in-4°, 4 v.

2547. R. P. D. Joan. Angeli BOSSII moralia varia ad usum utriusque fori. *Lugduni*, 1649, in-fol., 1 v.

2548. Morale chrétienne rapportée aux instructions que Jésus Christ nous a données dans l'oraison dominicale. *Paris*, 1673, in-4°, 1 v.

2549. Les Provinciales ou lettres écrites par Louis DE MONTALTE, traduites en latin, en espagnol et en italien. *Cologne*, ... in-8°, 1 v.

2550. Réponses aux lettres provinciales publiées par le secrétaire du Port Royal, contre les Pères Jésuites. *Liège*, 1657, in-32, 1 v.

2551. Notæ in notas Willelmi WENDROCKII ad Ludovici MONTALTII litteras, a Bernardo STUBROCKIO. *Coloniæ*, 1659, in-12, 1 v.

2552. Ludovici Montaltii litteræ provinciales de morali et politica jesuitarum disciplina a W. WENDROCKIO e gallica in latinam linguam translatæ. *Coloniæ*, 1665, in-8°, 1 v.

2553. Les Provinciales par Louis de MONTALTE (Français, Latin, Espagnol, Italien). *Cologne*, 1684, in-8°, 1 v.

2554. Ludovici MONTALTII litteræ provinciales a Willelmo WENDROCKIO e gallica in latinam linguam translatæ. *Coloniæ*, 1679, in-8°, 1 v.

2555. Réponse aux lettres provinciales de L. DE MONTALTE, ou entretiens de Cléandre et d'Eudoxe. *Cologne*, 1696, in-12, 1 vol.

2556. Apologie des lettres provinciales de Louis de MONTALTE contre la dernière réponse des P. P. Jésuites, intitulée : Entretiens de Cléandre et d'Eudoxe. *Rouen*, 1697, in-12, 2 v.

2557. Apologie des lettres provinciales de Louis DE MONTALTE contre la dernière réponse des P. P. Jésuites intitulée : Entretiens de Cléandre et d'Eudoxe. *Rouen*, 1698, in-12, 1 v.

2558. Ludovici MONTALTII litteræ provinciales de morali et politica Jesuitarum disciplina. *Coloniæ*, 1700, in-16, 2 v.

2559. Apologies des lettres provinciales de Louis DE MONTALTE. *Delft*, 1700, in-12, 2 v.

2560. Les Provinciales ou lettres écrites par Louis DE MONTALTE. *Cologne*, 1739, in-12, 4 v.

2561. Bona voluntas optimæ consentiens, seu de sequendo in omnibus ductu Providentiæ divinæ, per Joan. Erardium FULLONIUM. *Leodii*, 1658, in-18, 1 v.

2562. Les règles de la morale chrétienne. *Paris*, 1661, in-32, 1 v.

2563. Nicolai DU BOIS ad quadraginta quinque propositiones in praxi perniciosas tractatus duo. *Lovanii*, 1666. in-4°, 1 v.

2564. Conversations chrétiennes dans lesquelles on justifie la vérité de la Religion et de la Morale de J.-C. *Mons*, 1677, in-12, 1 v.

2565. Réflexions curieuses d'un esprit désintéressé sur les matières les plus importantes au salut. *Cologne*, 1678, in-18, 1 v.

2566. Décret de N. S. P. le Pape Innocent XI contre plusieurs propositions de Morale. *Rome*, 1679, in-12, 1 v.

2567. Eclaircissements apologétiques de la Morale chrétienne. *Paris*, 1680, in-12, 1 vol.

2568. Le théologien dans les conversations avec les sages et les grands du monde. *Paris*, 1683, in-4°, 1 v.

2569. Abrégé de la morale de l'Evangile ou pensées chrétiennes sur le texte des quatre Evangélistes. *Paris*, 1685, in-12, 1 vol.

2570. L'Esprit de l'Ecriture Sainte avec des réflexions, par DES COUTURES. *Paris*, 1686, in-12, 2 v.

2571. La morale de Jésus-Christ (par Pierre DOZENNE). *Paris*, 1686, in-4°, 1 vol.

2572. La règle des mœurs contre les fausses maximes de la Morale corrompue, par Dom GERBERON. *Cologne*, 1688, in-32, 1 vol.

2573. Lettres chrestiennes et spirituelles de M. Isaac-Louis LE MAISTRE DE SACY. *Paris*, 1690, in-8°, 2 v.

2574. De la prière, du jeûne et de l'aumône, avec une explication de l'Oraison dominicale. *Paris*, 1694, in-8°, 1 v.

2575. Réflexions sur les défauts d'autrui, par l'abbé DE VILIERS. *Lyon*, 1694, in-12, 2 vol.

2576. Canones Conciliorum et Dicta Patrum quæ per annum leguntur, ad absolutionem capituli. *Parisiis*, 1696, in-16, 1 vol.

2577. Maximes chrétiennes et morales, par Dom ARMAND JEAN, ancien Abbé de la Trappe. *Delft*, 1699, in-12, 1 v.

2578. De la connaissance de soi-même, par Dom François LAMY. *Paris*, 1701, in-12, 6 v.

2579. L'Etat présent de la faculté de théologie de Louvain. *Trévoux*, 1701, in-12, 1 vol.

2580. Parallèle de la Morale chrétienne avec celle des anciens philosophes, par le P. MOURGUES. *Paris*, 1702, in-12, 1 v.

2581. Opuscula D. Martini STEYAERT. *Lovanii*, 1703, in-12, 6 v.

2582. M. STEYAERTII in propositiones a summis Pontificibus damnatæ annotationes omnes. *Lovanii*, 1703, in-12, 1 v.

2583. Maximes tirées de l'Ecriture Sainte pour l'instruction des collèges. *Genève*, 1705, in-18, 1 v.

2584. Lettres sur divers sujets de Morale et de piété, par l'abbé DUGUET. *Paris*, 1708, in-12, 1 v.

2585. Pensées pieuses tirées des réflexions morales du Nouveau Testament. *Paris*, 1711, in-32, 1 v.

2586. Instructions théologiques et morales sur les Sacrements, par feu M. NICOLE. *Bruxelles*, 1702, in-12, 1 v.

2587. Instructions théologiques et morales sur le Symbole, par feu M. NICOLE. *Paris*, 1716, in-12, 2 v.

2588. Instructions théologiques et morales sur l'Oraison dominicale, par feu NICOLE. *Paris*, 1718, in-12, 1 v.

2589. Instructions théologiques et morales sur les Sacrements, par feu NICOLE. *Paris*, 1719, in-12, 2 v.

2590. Instructions théologiques et morales sur les Sacrements, par feu M. NICOLE. *Paris*, 1725, in-18, 2 v.

2591. Instructions théologiques et morales sur l'Oraison dominicale, la Salutation angélique, par feu M. NICOLE. *Paris*, 1725, in-18, 1 v.

2592. NICOLE. Essais de morale, contenus en divers traités. *Paris*, 1725, in-18, 14 v.

2593. Instructions théologiques et morales sur le premier commandement du Décalogue, par feu M. NICOLE. *Paris*, 1725, in-18, 2 v.

2594. Instructions théologiques et morales sur le Symbole, par feu M. NICOLE. *Paris*, 1742, in-18, 2 v.

2595. Caractères tirés de l'Ecriture Sainte et appliqués aux mœurs de ce siècle. *Paris*, 1724. in-16, 1 v.

2596. Conversations chrétiennes et de la morale de Jésus-Christ, par le P. MALBRANCHE. *Paris*, 1733, in-12, 1 v.

2597. Pensées choisies de l'abbé BOILEAU. *Paris*, 1734, in-12, 1 v.

2598. Parallèle des mœurs de ce siècle et de la Morale de Jésus-Christ, par le Père CROISET. *Lyon*, 1735, in-12, 2 v.

2599. Pensées sur différents sujets de Morale, par le P. AVRILLON. *Paris*, 1741, in-12, 1 v.

2600. Conférences ecclésiastiques du diocèse d'Angers sur la grâce. *Avignon*, 1745, in-12, 2 v.

2601. Conférences ecclésiastiques du diocèse d'Angers, rédigées par BABIN. *Avignon*, 1749, in-12, 2 vol.

2602. Conférences ecclésiastiques du diocèse de Luçon. *Paris*, 1684, in-12, 4 v.

2603. Lettres sur les ouvrages et œuvres de piété, dédiés à la Reine (par JOANNET). *Paris*, 1754, in-12, 6 v.

2604. Le langage de la religion par l'auteur du langage de la raison. *Liège*, 1764, in-12, 1 v.

2605. Le Cri de la vérité contre la séduction du siècle. *Paris*, 1765, in-12, 1 v.

2606. Mélanges de maximes, de réflexions et de sentences chrétiennes, par l'abbé DE LA ROCHE. *Paris*, 1767, in-18, 1 v.

2607. Jésus-Christ, par sa tolérance, modèle des législateurs. *Paris*, 1785, in-12, 1 vol.

2608. Pensées diverses sur les situations de la vie ou le philosophe chrétien, par FORMEY. *Amsterdam*, ..., in-12, 4 v.

2609. Recueil de pièces; théologie morale. In-12, 1 v.

2610. Recueil de pièces diverses; théologie morale. In-12, 1 v.

2611. Recueil de pièces; théologie morale. In-12, 1 v.

2612. Recueil de pièces; théologie morale. In-16, 1 v.

2613. L'homme connu par la révélation, par l'abbé FRÈRE. *Paris*, 1833, in-8°, 2 vol.

CHAPITRE IV

THÉOLOGIE CATÉCHÉTIQUE

a. Catéchismes généraux

2614. Catechismus seu christiana institutio, per Claudium VIEXMONTIUM. *Parisiis*, 1537, in-18, 1 v.

2615. Institutio catholica elementa christianæ pietatis complectens, per Joannem GROPPERUM. *Coloniæ*, 1550, in-12, 1 v.

2616. Friderici NAUSEÆ in catholicum catechismum libri quinque. *Antuerpiæ*, 1551, in-12, 1 v.

2617. Dn. Conradi CLINGII Catechismus catholicus. *Coloniæ*, 1562, in-fol., 1 v.

2618. Catechismus ex decreto Concilii Tridentini ad parochos, PII QUINTI Pont. Max. jussu editus. *Parisiis*, 1568, in-12, 1 vol.

2619. Catechismus ex decreto Concilii Tridentini ad Parochos Pii V Pont. Max. jussu editus. *Lovanii*, 1570, in-12, 1 vol.

2620. Catecheses christianæ Andreæ CROCQUETII Benedictini. *Duaci*, 1574, in-4°, 1 v.

2621. Institutionis christianæ catholica elucidatio, authore Matthia FELISIO. *Antuerpiæ*, 1575, in-8°, 1 v.

2622. Opus catechisticum, sive de summa doctrinæ christianæ D. Petri CANISII. *Parisiis*, 1585, in-fol., 1 v.

2623. Catechismus in Symbolum Fidei, Aloysio GRANATENSI auctore. *Venetiis*, 1586, in-4°, 1 v.

2624. Libellus Sodalitatis : hoc est christianarum institutionum libri quinque a Francisco COSTERO. *Antuerpiæ*, 1587, in-18, 1 v.

2625. Catechismus sive introductionis ad Symbolum Fidei libri quatuor, auct. Ludovico GRANATENSI. *Coloniæ*, 1602, in-4°, 1 v.

2626. Institutionum religionis christianæ libri IV, auctore Jacobo BAYO. *Lovanii*, 1612, in-fol., 1 v.

2627. Catechismus Romanus ex decreto Concilii Tridentini editus. *Antuerpiæ*, 1619, in-8°, 1 v.

2628. Catéchisme et introduction au Symbole de la Foy, par Loys DE GRENADE, traduits par Nicolas COLIN. *Paris*, 1623, in-fol., 1 v.

2629. Summa Catechismi Romani, auctore Joanne CHAPEAVILLO. *Leodii*, 1626, in-18, 1 vol.

2630. Doctrina Concilii Tridentini et Catechismi Romani de Sacramentis, de Symbolo Apostolorum, per Joan. BELLARINUM. *Parisiis*, 1627, in-8°, 1 v.

2631. Petri CANISII Catechismus (græco). 1653, in-12, 1 v.

2632. Confessio Fidei in conventu theologorum, auctoritate Parliamenti Anglicani indicto elaborata (catechismus). *Cantabrigiæ*, 1656, in-12, 1 v.

2633. Armes spirituelles pour combattre les hérétiques, ou catéchisme des vérités catholiques. *Douai*, 1670, in-12, 1 v.

2634. Catechismus solidam et orthodoxam continens explicationem Symboli Apostolici, authore Joanne HESSELIO. *Lovanii*, 1674, in-4°, 2 v.

2635. La science sacrée du Catéchisme, par l'abbé BOUDON. *Paris*, 1678, in-12, 1 vol.

2636. Le vray thrésor de la doctrine chrestienne, découvert par Nicolas TURLOT. *Rouen*, 1682, in-4°, 1 v.

2637. Le Catéchisme ou introduction au Symbole de la Foy, composé en espagnol par le R. P. Louis DE GRENADE, traduit en français par M. GIRARD. *Paris*, 1688, in-fol., 1 v.

2638. Le Catéchisme du Concile de Trente. *Paris*, 1694, in-12, 1 v.

2639. Theologia dogmatica et moralis secundum ordinem Catechismi Concilii Tridentini, auctore R. P. Natali ALEXANDRO. *Parisiis*, 1699, in-fol., 2 v.

2640. Institutiones catholicæ in modum Catecheseos, auct. Fr. Amato POUGET. *Parisiis*, 1725, in-fol., 2 v.

2641. Catechismus ad ordinandos, juxta doctrinam Catechismi Concilii Tridentini. *Parisiis*, 1734, in-12, 1 v.

2642. Catéchisme du trésor de la maison, ou commentaire du Catéchisme d'Heidelberg, par Christophe STAHELIN, ministre de la parole de Dieu (texte allemand). *Bâle*, 1737, in-8°, 1 v.

2643. Catecismo catolico, trilingue del P. Pedro CANISIO, 1798, in-4°, 1 v.

2644. Nouveau Catéchisme, dressé sur la

doctrine de la constitution Unigenitus. in-12, 1 v.

2645. La théologie catéchistique et familière en vers, par Philippe DE BOYER, *Lyon*, 1671, in-12, 1 v.

2646. Catéchisme en vers, dédié à Mgr le Dauphin, par d'HEAUVILLE. *Paris*, 1670, in-32, 1 v.

2647. Catéchisme en vers dédié à Mgr le Dauphin, par M. d'HEAUVILLE. *Arras*, 1690, in-18, 1 v.

b. Catéchismes des divers diocèses

2648. Catéchisme ou doctrine chrétienne, imprimé par ordre de Messrs les Evêques d'Angers, de la Rochelle et de Luçon. *Lyon*, 1678, in-18, 1 v.

2649. Catéchisme imprimé par ordre de de Mgr DE LA SALLE, Evêque d'Arras. *Douai*, 1741, in-12, 1 v.

2650. Catéchisme imprimé par ordonnance de Mgr Jean DE BONNEGUIZE, Evêque d'Arras. *Arras* 1762, in-12, 1 v.

2651. Catéchisme imprimé par ordonnance de Mgr DE BONNEGUIZE, Evêque d'Arras. *Arras*, 1766, in-12, 1 v.

2652. Troisième Catéchisme imprimé par ordonnance de Mgr Jean DE BONNEGUIZE, Evêque d'Arras. *Arras*, 1766, in-12, 1 v.

2653. Catéchisme du diocèse de Meaux, par Messire BOSSUET. *Paris*, 1701, in-18, 1 vol.

2654. Catéchisme ou instructions des premiers fondements de la religion chrétienne, tiré en partie du latin de l'Evêque de Mesburg. *Paris*, 1575, in-8°, 1 vol.

2655. Instructions générales en forme de Catéchisme, imprimées par ordre de Charles Joachim COLBERT, Evêque de Montpellier. *Paris*, 1707, in-4°, 1 v.

2656. Catéchisme du diocèse de S. Omer, imprimé par ordre de Mgr DE VALBELLE. *S. Omer*, 1763, in-32, 1 v.

2657. Explication du Catéchisme, à l'usage de toutes les Eglises de l'Empire français. *Paris*, 1808, in-12, 1 v.

2658. Catéchisme à l'usage de toutes les Eglises de l'Empire français. *Arras*, 1809, in-12, 1 v.

2659. Catéchisme à l'usage de toutes les Eglises de l'Empire français. *Arras*, 1809, in-12, 1 v.

2660. Catéchisme à l'usage de toutes les Eglises de l'Empire français, publié par Mgr l'Evêque de Cambrai. *Cambrai*, 1810, in-12, 1 v.

c. Explication des vérités de la religion

2661. Instructions chrétiennes de l'Evêque de Valence. *Paris*, 1566, in-12, 1 v.

2662. Doctrina christiana (græce). *Romæ*, 1616, in-12, 1 v.

2663. Instruction du chrétien, par le Cardinal DE RICHELIEU. *Paris*, 1650, in-32, 1 vol.

2664. Le petit Catéchisme théologique, par le Père POMEY. *Lyon*, 1675, in-18, 1 v.

2665. Instruction d'un père à sa fille, par le sieur DUPUY. *Paris*, 1708, in-32, 1 vol.

2666. Instructions courtes et faciles en forme de demandes et réponses tirées des Saintes Ecritures, par le P. VALBERT. *Mons*, 1744, in-12, 1 v.

2667. Exposition de la doctrine chrétienne, ou instructions sur les principales vérités de la Religion. *Utrecht*, 1744, in-12, 6 v.

2668. Instruction sur la Religion par l'Abbé GOBINET. *Paris*, 1750, in-12, 1 v.

2669. Instructions historiques en faveur des simples fidèles et surtout des habitants de la campagne. *Paris*, 1751, in-12, 1 v.

2670. Catéchisme évangélique ou éclaircissements par demandes et par réponses par le P. Placide OLIVIER. *Nancy*, 1755, in-8°, 3 v.

2671. Les principes fondamentaux de la religion, ou le catéchisme de l'âge mûr par M. ALLETZ. *Paris*, 1760, in-18, 1 v.

2672. Essais sur la religion chrétienne. *Paris*, 1770, in-12, 1 v.

2673. Les fondements de la Foy mis à la portée de toutes sortes de personnes, par le chanoine AYMÉ. *Paris*, 1775, in-12, 2 vol.

2674. Instruction du chrétien, par Antoine FUIRON. *Paris*, 1676, in-12, 1 v.

2675. Le catéchisme de l'âge mûr, ou les principes fondamentaux de la Religion, par ALLETZ. *Liége*, 1777, in-12, 1 vol.

d. Traités spéciaux

2676. Brevis et catholica Symboli apostolici explicatio ab Joanne HESSELS. *Antverpiæ*, 1566, in-12, 1 v.

2677. De Fide et Symbolo libri quatuor, auctore F. Thomas BEAUX-AMIS. *Parisiis*, 1573, in-8°, 1 v.

2678. De Fide et Symbolo libri quatuor, auctore F. Thoma BEAUX-AMIS. *Parisiis*, 1573, in-12, 1 v.

2679. Expositiones in Symbolum Apostolorum tomus primus, auctore F. ANGELO DEL PAS. *Romæ*, 1596, in-fol., 1 v.

2680. Symbolum catholicum, sive Pontificium collatum cum Symbolo apostolico a CHRISTIANO PAULO. *Dilingæ*, 1622, in-4°, 1 vol.

2681. Réfutation du prétendu Catéchisme de la grâce par la seule doctrine de S. AUGUSTIN. *Paris*.... in-12, 1 v.

2682. Réflexions sur les connaissances préliminaires au christianisme pour servir à l'instruction des jeunes gens. *Paris*, 1755, in-12, 1 v.

2683. Réflexions sur les connaissances préliminaires au christianisme pour servir à l'instruction des jeunes gens. *Paris*, 1755, in-12, 1 v.

e. Catéchismes historiques et histoires édifiantes

2684. M. MARULI, dictorum factorumque memorabilium libri sex. *Antuerpiæ*, 1577, in-12, 1 v.

2685. Le théâtre des exemples, par Yves MAGISTER. *Lyon*, 1585, in-4°, 1 v.

2686. Magnum speculum exemplorum ab anonymo quodam. *Duaci*, 1605, in-4°, 1 vol.

2687. R. P. Joannis FAII manipulus exemplorum virtutum vitiorumque serie digestus, opera D. Maximiliani THIBULAINE. *Duaci*, 1614, in-4°, 1 v.

2688. Joannis FAII manipulus exemplorum virtutum vitiorumque serie digestus, opera et studio Maximiliani THIEULAINE. *Duaci*, 1615, in-4°, 1 v.

2689. Bellator Christianus, auth. Matthæo BEMBO. *Coloniæ Agrippinæ*, 1617, in-18, 1 vol.

2690. Les paraboles de l'Evangile, traduites en vers par l'abbé FURETIÈRE. *Paris*, 1672, in-12, 1 v.

2691. Maximes avec des exemples tirés de l'histoire sainte et profane, ancienne et moderne. *Paris*, 1719, in-32, 1 v.

2692. Histoires choisies, ou livre d'exemples tirés de l'Ecriture. *Paris*, 1722, in-12, 1 v.

2693. Catéchisme historique par l'abbé FLEURY. *Lyon*, 1762, in-12, 1 v.

2694. Histoires édifiantes par M. COLLET. *Paris*, 1767, in-12, 1 v.

2695. Légende dorée, ou histoires morales. *Genève*, 1768, in-12, 1 v.

2696. Histoires et paraboles du P. Bonaventure. *Rouen*, 1786, in-12, 1 v.

CHAPITRE V

THÉOLOGIE PARÉNÉTIQUE

a. Introduction à la science du prédicateur

2697. De recte formando studio theologico libri quatuor, ac de formandis sacris concionibus libri tres, omnes collecti per F. Laurentium a Villavincentio Xerez. *Coloniæ Agrippinæ*, 1555, in-12, 1 v.

2698. Instructions des curez et vicaires pour faire le prosne. *Parisiis*, 1617, in-12, 1 v.

2699. Sapientia foris prædicans ex omnibus Scripturis, seu Bibliotheca concionatorum per omnes ætates, studio Ludovici Bail. *Parisiis*, 1666, in-4°, 1 v.

2700. L'Idée du parfait prédicateur, ou Saint Thomas clairement expliqué. *Paris*, 1672, in-32, 1 v.

2701. Traité de la vraie parole de Dieu, par le P. Maimbourg. *Paris*, 1673, in-12, 1 v.

2702. Le prédicateur évangélique. *Paris*, in-12, 5 v.

2703. L'éloquence de la chaire et du barreau, par l'abbé de Bretteville. *Paris*, 1698, in-12, 1 v.

2704. Maximes sur le ministère de la chaire, par le P. Gaichiès. *Paris*, 1739, in.12, 1 v.

2705. Maximes sur le ministère de la chaire, par le P. Gaichiès. *Paris*, 1743, in-12, 1 v.

2706. La rhétorique du prédicateur, par l'abbé Dinouart. *Paris*, 1750, in-12, 1 vol.

2707. Discours sur les progrès de l'éloquence de la chaire. *Paris*, 1759, in-12, 1 vol.

2708. Essai sur l'éloquence de la chaire, par Gros de Besplas. *Paris*, 1767, in-12, 1 vol.

2709. Maximes sur le ministère de la chaire. *Paris*, 1711, in-12, 1 v.

2710. L'éloquence chrétienne dans l'idée et dans la pratique, par le P. Gisbert. *Lyon*, 1715, in-4°, 1 v.

2711. De la prédication. *Paris*, 1766, in-12, 1 v.

2712. Etude critique sur la méthode oratoire dans S. Augustin (par M. Colincamp). *Paris*, 1848, in-8°, 1 v.

2713. Etudes sur l'homélie par A. Cuvillier. *Douai*, 1865, in-8°, 1 v.

b. Répertoires, Dictionnaires, Plans de sermons

2714. Hieronymi Villa Vitis panis quotidianus de Sanctis. *Huguenau*, 1509, in-4°, 1 v.

2715. Pomerium sermonum de Sanctis, per Fr. Pelbartum de Themehvar ; annotationibus in margine denuo additis. *Norimbergæ*, 1519, in-fol., 1 v.

2716. Divi Eustachii autoritatum sanctarum libri quatuor concionatoribus maxime utiles futuri. *Coloniæ*, 1542, in-12, 1 vol.

2717. Virtutum vitiorumque exempla ex utriusque legis promptuario decerpta, per Nic. Hanapum. *Parisiis*, 1560, in-16, 1 v.

2718. Pareneses christianæ, sive loci communes ad religionem Christianam pertinentes, auctore Jodoco DAMBOUDERIO. *Antuerpiæ*, 1571, in-4°, 1 v.

2719. Opus aureum, bibliorum distinctiones D. Reginaldi DE LEVIORI CAMPO nuncupatum, in quo dispositi sunt omnes fere loci communes sacrorum bibliorum, qui passim in concionibus tractari solent. *Lugduni*, 1783, in-12, 1 v.

2720. Dictionarium concionatorum pauperum a R. P. Rodulphio A TOSSIGNANO. *Friburgi Brisgoiæ*, 1602, in-8°, 1 v.

2721. Panarion, hoc est Arca medica variis divinæ scripturæ antidotis adversus animi morbos instructa a Joanne BUSÆO. *Moguntiæ*, 1608, in-4°, 1 v.

2722. Aureum breviarium concionatorum, authore Georgio Bartholdo PONTANO. *Coloniæ Agrippinæ*, 1611, in-4°, 1 v.

2723. Viridarium christianarum virtutum in gratiam concionatorum editum a Joanne BUSÆO. *Lugduni*, 1611, in-8°, 1 v.

2724. Thesaurus bibliorum, omnem utriusque vitæ antidotum secundum veteris et novi instrumenti veritatem et historiam succincte complectens. Opera Gulielmi ALLOTTI. *Coloniæ Agrippinæ*, 1612, in-12, 1 v.

2725. Summa, sive seminarium rerum ac materiarum prædicabilium tam Adventus quam totius Quadragesimæ a Joanne TRIGOSO. *Parisiis*, 1613, in-16, 1 v.

2726. Speculum magnum Episcoporum, Canonicorum, Sacerdotum et aliorum clericorum omnium tam secularium quam religiosorum, per Matthæum TYMPIUM. *Moguntiæ*, 1614, in-12, 1 v.

2727. Apparatus concionatorum, seu loci communes ad conciones, ordine alphabetico digesti, auctore Francisco LABATA. *Coloniæ agrippinæ*, 1615, in-4°, 1 v.

2728. Hieronymi Baptistæ DE LA NUZA, tractatus evangelici continentes discursus et conceptus literales, morales et allegoricos super diversis materiis. *Coloniæ Agrippinæ*, 1617, in-4°, 2 v.

2729. Congressus pomeridiani et sermones symposiaci ex gallico R. P. Ant. DE BALINGEN latine redditi a Jacobo MALLEBRANCQUE. *Coloniæ Agrippinæ*, 1620, in-12, 1 vol.

2730. Loci communes ad conciones, auctore Francisco LABATA. *Coloniæ Agrippinæ*, 1621, in-4°, 1 v.

2731. Officina sacra biblica locupletissima; in duas partes divisa, opera R. P. Guillelmi OONSELII. *Duaci*. 1624, in-8°, 1 vol.

2732. Nucleus COPPENSTEINIUS conceptuum prædicabilium in Dominicas festaque omnia per annum enucleavit. *Moguntiæ*. 1624, in-4°, 1 v.

2733. Christus crucifixus, sive nova et accurata discussio concionatorum usui accommodata, authore R. P. Jacobo PINTO. *Lugduni*, 1624, in-fol., 1 v.

2734. Theologia sacra juxta formam evangelicæ prædicationis distributa, auct. Paulo METEZELLO. *Lugduni*, 1625, in-fol., 1 vol.

2735. Bartolomæi PITISCI et Abrahami SCULTETI meletemata psalmica, sive idea concionum in Psalmos Davidis confecta. *Francofurti*, 1627, in-4°, 1 v.

2736. Summa de exemplis et rerum similitudinibus locupletissima, auctore Joanne A S. GEMINIANO. *Antuerpiæ*, 1629, in-8°, 1 vol.

2737. Bibliotheca S.S. Patrum concionatoria, auct. Petro BLANCHIOT. *Parisiis*, 1631, in-4°, 1 v.

2738. Scala purpurea in sex gradus divisa dominicæ passionis, cui in gratiam concionatorum introductiones sive notæ applicantur, auct. Adriano MOERBECIO. *Antuerpiæ*, 1634, in-fol., 1 v.

2739. Dormi secure, vel cynosura professorum ac studiosorum eloquentiæ studio

D. Matthæi TIMPII. *Amstelodami*, 1642, in-12, 1 v.

2740. Postillæ majores totius anni cum glossis, quæstionibus et figuris. *Lugduni*, 1649, in-4°, 1 v.

2741. Opus concionum tripartitum Matthiæ FABRI. *Antuerpiæ*, 1650, in-fol., 3 vol.

2742. Theologia Scripturæ divinæ, sententiarum libris quatuor digesta, auth. Henrico MARCELLIO. *Bruxellis*, 1658, in-4°, 1 v.

2743. Henrici CANISII manipulus sacrarum orationum. *Lovanii*, 1663, in-12, 1 vol.

2744. Locupletissima Bibliotheca moralis prædicabilis, studio Josephi MANSI. *Moguntiæ*, 1670, in-fol., 4 v.

2745. L'art de prêcher à un abbé. *Lyon*, 1682, in-16, 1 v.

2746. Idées et desseins de sermons sur les mystères de Notre Seigneur. *Paris*, 1693, in-8°, 1 v.

2747. Scriptura sacra in locos communes morum et exemplorum novo ordine distributa, auct. Antonio DE BALINGHEM. *Trivoltii*, 1705, in-fol., 1 v.

2748. La Bibliothèque des Prédicateurs, par le R. P. Vincent HOUDRY. *Lyon*, 1715, in-4°, 21 v.

2749. La science universelle de la chaire ou Dictionnaire moral. *Paris*, 1727, in-8°, 6 v.

2750. Annonces dominicales ou modèles d'instructions sur les Evangiles des dimanches de l'année, par DE MANGIN. *Paris*, 1753, in-12, 3 v.

2751. Dictionnaire portatif des Prédicateurs français dont les sermons, prônes, sont imprimés. *Lyon*, 1757, in-12, 1 v.

2752. Principes généraux de l'art oratoire, par Dom P. GOURDIN. *Rouen*, 1785, in-12, 1 v.

2753. Dictionnaire biographique et bibliographique des Prédicateurs et Sermonnaires français. *Paris*, 1824, in-8°, 1 v.

c. Recueils de Sermons

2754. Homiliæ, hoc est sermones sive conciones ad populum ab ALCUINO, jussu Caroli Magni, in hunc ordinem redactæ. *Colòniæ*, 1539, in-fol., 1 v.

2755. D. HAYMONIS Episcopi Halberstatten. Homiliæ (pars æstiva). *Coloniæ*, 1539, in-12, 1 v.

2756. D. HAYMONIS Episcopi Halberstatten. Homiliæ (pars hiberna). *Coloniæ*, 1539, in-12, 1 v.

2757. Homeliæ Divi HAYMONIS Episcopi. *Parisiis*, 1541, in-12, 1 v.

2758. Bibliotheca homiliarum et sermonum Ecclesiæ Patrum, Laurentii CUM-DII et Gerardi MOSANI studio collecta. *Lugduni*, 1588, in-fol., 5 v.

2759. Homiliæ quatuor S.S. Patrum Episcoporum METHODII, ATHANASII, AMPHILOCHII, J. CHRYSOSTOMI (græce et latine). *Antuerpiæ*, 1598, in-12, 1 v.

2760. Bibliotheca Patrum concionatoria, opera et studio F. Francisci COMBEFIS. *Parisiis*, 1662, in-fol., 8 v.

d. Prédicateurs Grecs

2761. DAMASCENIS monachi conciones (græce), in-4°, 1 v.

2762. S. ASTERII Episcopi Amaseæ homiliæ. *Antuerpiæ*, 1615, in-8°, 1 v.

2763. B. MACARII Ægyptii homiliæ quinquaginta (græce). *Parisiis*, 1559, in-12, 1 vol.

2764. Conciones Patrum græcorum a Petro PANTINO TILETANO (græce et latine). *Antuerpiæ*, 1601, in-12, 1 v.

2765. B. Theodori STUDITÆ sermones catechetici CXXXIV in anni totius festa. *Antuerpiæ*, 1602, in-12, 1 v.

2766. Livre appelé nouveau trésor contenant des homélies et éloges des saints (græce), in 4°, 1 v.

2767. GENNADII Patriarchæ Constantinopolitani homiliæ de sacramento Eucharistiæ. *Parisiis*, 1709, in-4°, 1 v.

2768. D. JOANNIS CHRYSOSTOMI sermones selectissimi. *Antuerpiæ*, 1537, in-12, 1 vol.

2769. Homélies ou sermons de S. JEAN CHRYSOSTOME, traduits en français par Paul Antoine DE MARSILLY. *Paris*, 1664, in-4°, 3 v.

2770. Homélies de S. JEAN CHRYSOSTOME, par l'Abbé LE MÈRE. *Paris*, 1741, in-8°, 4 vol.

c. Prédicateurs Latins

2771. Les quarante homélies, ou sermons de S. GRÉGOIRE LE GRAND, Pape, traduits en français. *Lyon*, 1692, in-8°. 1 v.

2772. Les quarante Homilies, ou sermons de S. GRÉGOIRE LE GRAND, Pape, sur les Evangiles de l'année. *Paris*, 1665, in-4°, 1 vol.

2773. Les homélies de S. GRÉGOIRE, Pape, sur Ezéchiel. *Paris*, 1747, in-12, 1 v.

2774. Sermons choisis de S. BERNARD, par DE VILLEFORE. *Paris*, 1737, in-12, 1 vol.

2775. Fasciculus moralitatis fratris CÆSARII Heisterbacensis monachi homilias dominicales complectens. *Coloniæ Agrippinæ*, 1615, in-4°, 1 v.

2776. D. Jacobi DE VITRIACO sermones in Epistolas et Evangelia totius anni. *Antuerpiæ*, 1575, in-fol., 1 v.

2777. Sermones fratris Gabrielis BARELETE. 1502, in-8°, 1 v.

2778. Opus aureum sermonum quadragesimalium a fratre JOANNE DE SANCTO GEMINIANO. *Parisiis*, 1511, in-4°, 1 v.

2779. Sermones funebres JOANNIS DE SANCTO GEMINIANO, opera Richardi GIBBONI. *Antuerpiæ*, 1630, in-8°, 1 v.

2780. Hugo DE PRATO FLORIDO Sermones dominicales .... 1511, in-4°, 1 v.

2781. Sermones sive enarrationes in Evangelia de Tempore, ac Sanctorum festis, auctore Petro DE PALUDE. *Lugduni*, 1575, in-12, 1 v.

2782. VINCENTII FERRARIENSIS sermones hyemales. *Antuerpiæ*, 1572, in-8°, 3 v.

2783. Sancti BERNARDINI Senensis opera quæ exstant omnia. *Venetiis*, 1591, in-4°, 1 vol.

2784. D. DIONYSII CARTHUSIANI Epistolarum ac Evangeliorum dominicalium totius anni enarratio. *Parisiis*, 1544 in-fol., 2 vol.

2785. Roberti DE LICIO sermones. *Lugduni*, 1500, in-4°, 1 v.

2786. Stanislai SOCOLOVII conciones quatuor. *Coloniæ*, 1583, in-12, 1 v.

2787. Gabrielis BIEL Spirensis sermones. *Coloniæ Agrippinæ*, 1619, in-4°, 1 v.

2788. Auctuarium operis concionum tripartiti, adjectum ab ejusdem operis, authore Matthia FABRO. *Antuerpiæ*, 1653, in-fol , 1 v.

2789. Annus apostolicus continens conciones pro toto Adventus et Quadragesimæ tempore, auth. Zacharia LASELVE. *Parisiis,* 1696, in-4°, 1 v.

2790. Pomerium sermonum de Beata Virgine per PELBARTUM de Themeswar. *Hagenaw,* 1504, in-4°, 1 v.

2791. Sequuntur quatuor sermones communes, per Adventum et consequenter dominicales sermones nondum impressi R. P. Oliverii MALLARDI. *Parisiis,* .... in-12, 1 v.

2792. Opus sermonum Quadragesimalium Joannis RAULIN. *Lugduni,* 1518, in-8°, 1 vol.

2793. Joannis RAULIN sermones de Adventu. *Antuerpiæ,* 1612, in-4°, 2 v.

2794. Joannis Geileri KEYSERSBERGII navicula sive speculum fatuorum a J. OTTHERO collecta. *Argentorati,* 1510, in-4°, 1 vol.

2795. Homiliarum Fr. Joannis ROYARDI in omnes Epistolas et Evangelica dominicalia tomi duo. *Coloniæ,* 1550, in-fol., 1 vol.

2796. Homiliæ, seu Sermones Judoci CLICHTOVEI. *Coloniæ,* 1550, in-fol., 1 v.

2797. Minorum operum Joannis Justi LANSPERGII libri sex. *Coloniæ,* 1554, in-fol., 2 vol.

2798. Joannis Justi LANSPERGII in omnes totius anni dominicales Epistolas paraphrases. *Coloniæ,* 1554, in-fol., 1 v.

2799. Sermones D. GUARRICI. *Lovanii,* 1555, in-12, 1 v.

2800. Friderisi NAUSEÆ tres Evangelicæ Veritatis homiliarum centuriæ. *Coloniæ,* 1530, in fol., 1 v.

2801. Friderici NAUSEÆ sermones adventuales. *Coloniæ,* 1536, in-fol., 1 v.

2802. Joannis DOCÆI homiliarum quadragesimalium opus. *Parisiis,* 1555, in-4°, 1 vol.

2803. Christiani hominis institutio adversus hujus temporis hæreses, authore Stephano PARIS. *Parisiis,* 1561, in-12, 1 vol.

2804. Homiliæ in Evangelia dominicalia, authore Henrico HELMESIO. *Coloniæ,* 1550, in-fol., 1 v.

2805. Homiliæ Joannis ECKII. *Parisiis,* 1566, in-8°, 4 v.

2806. Conciones in Epistolas et Evangelia, e tabulis Jacobi VELDI. *Parisiis,* 1573, in-8°, 1 v.

2807. Radulphi ARDENTIS in Epistolas et Evangelia Sanctorum homiliæ. *Parisiis,* 1573, in-12, 1 v.

2808. Homeliæ in Evangelia et Epistolas Radulphi ARDENTIS. *Parisiis,* 1575, in-12, 1 v.

2809. Sermones in parabolas evangelicas totius anni, auctore Alphonso SALMERONE. *Antuerpiæ,* 1600, in-4°, 1 v.

2810. Concionum quadruplicium, quæ a Dominica in septuagesima usque ad resurrectionem Domini habentur tomi sex a Philippo DIEZ. *Lugduni,* 1586, in-8°, 6 vol.

2811. Notæ in evangelicas lectiones, quæ per totum annum dominicis diebus in Ecclesia catholica recitantur. Auctore R. P. Petro CANISIO. *Friburgii Helvetiorum,* 1591, in-4°, 1 v.

2812. Discursus prædicabiles super mysteria fidei, authore Joanne DE OVANDO. *Parisiis,* 1606, in-8°, 1 v.

2813. Enodationes Evangeliorum dominicis et festis diebus per totum annum occurentium. Auctore Samuele LOYAERTS. *Lovanii,* 1608, in-12, 6 v.

2814. Conciones catechisticæ, auctore Roberto FOSSANO. *Leodii,* 1618, in-4°, 1 v.

2815. Novi et rari conceptus theologici a Petro BESSÆO in singulos dies quadragesimæ. *Coloniæ Agrippinæ,* 1630, in-4°, 1 vol.

2816. Roberti BELLARMINI conciones habitæ Lovanii, ante annos circiter quadringinta. *Cameraci*, 1617, in-4°, 1 v.

2817. Bartholomæi DESCOBAR conciones super omnes B. V. Mariæ festivitates. *Parisiis*, 1624, in-4°, 1 v.

2818. Bartholomæi DESCOBAR conciones de festis Domini, nunc primum in lucem editæ. *Mussi-Ponti*, 1625, in-4°, 1 v.

2819. Annus apostolicus, seu conciones toto anni decursu prædicabiles, auct. Zacharia LASEVE. *Parisiis*, 1691, in-4°, 4 vol.

2820. Conciones selectæ variorum argumentorum cum catholicæ tum morales, per Laurentium BEYERLINCK. *Coloniæ Agrippinæ*, 1627, in-8°, 1 v.

2821. Nicolai POLONI Sermones super Evangelia dominicalia. *Coloniæ*, 1613, in-4°, 1 v.

2822. Adriani MANGOTII Monita Mariana. *Antuerpiæ*, 1610, in-8°, 1 v.

2823. Conciones triginta de Judæ proditoris apostasia, authore Nicolao ORANO. *Montibus*, 1611, in-12, 1 v.

2824. Concionum moralium pro dominicis festivitatibusque totius anni tomi duo, auctore Guilielmo SPOELBERGIO. *Antuerpiæ*, 1632, in-4°, 2 v.

2825. Balduini Junii in dominicas totius anni conciones III. *Coloniæ Agrippinæ*, 1616, in-4°, 2 v.

2826. Paradisus malorum Punicorum. Mysteria concionibus explicata a Fred. FORNERO. *Ingolstadii*, 1623, in-4°, 2 v.

2827. Gregorii MASTRILLI conciones de sacratioribus Christi mysteriis. *Coloniæ Agripinæ*, 1624, in-4°, 3 v.

2828. Abrahami BZOVII concionum dominicalium totius anni tomi duo. *Coloniæ*, 1615, in-4°, 2 v.

2829. Cornelii JANSENII, Episcopi Gandavensis, homiliæ in Evangelia quæ dominicis diebus proponi solent. *Coloniæ Agrippinæ*, 1577, in-12, 1 v.

2830. Maximiliani SANDÆI conciones de morte. Plato christianus. *Moguntiæ*, 1624, in-4°, 1 v.

2831. Quadraginta conciones in Adventum, de Annuntiatione Virginis Matris Christi, auct. Petro HAMERIO. *Antuerpiæ*, 1628, in-4°, 1 v.

2832. Vulnera Jesu Christi, sive homiliæ quinque Christo passo dictæ a J. Com. LUMMENÆO A MARCA. *Duaci*, 1629, in-4°, 1 vol.

2833. Fabiani BIRCOVII conciones. *Coloniæ Agrippinæ*, 1629, in-4°, 1 v.

2834. Vulnera Jesu Christi, sive homiliæ quinque Christo passo dictæ a R. P. Jacobo Corn. LUMMENÆO A MARCA. *Duaci*, 1629, in-4°, 1 v.

2835. Epulum eucharisticum, sive sermones de Eucharistia a R. P. CLAUDIO A JESU. *Moguntiæ*, 1630, in-4°, 1 v.

2836. Conciones morales et doctrinales de septem Sacramentis Ecclesiæ, auct. D. Joanne BODENO. *Antuerpiæ*, 1631, in-12, 1 vol.

2837. Conciones sacræ in Dominicas totius anni, opera ac studio R. P. Pauli BOTTBACHII. *Coloniæ Agrippinæ*, 1632, in-4°, 2 v.

2838. Barnabæi KEARNÆI heliotropium, sive conciones de mysteriis. *Parisiis*, 1633, in-8°, 1 v.

2839. F. JUDOCI A CASTRO conciones super Evangelia dominicalia. *Antuerpiæ*, 1633, in-4°, 2 v.

2840. Corona stellarum duodecim, seu totidem orationes sacræ per Simonem MARS. *Insulis*, 1687, in-12 1 v.

2841. Orationes Nicolai AVANCINI de Deo, de beata Virgine et Sanctis. *Antuerpiæ*, 1693, in-16, 1 v.

2842. Catechismus prædicatus, opera Joannis Georgii HERLET. *Antuerpiæ*, 1708, in-12, 1 v.

f. *Prédicateurs Italiens*

2843. La gloire de la Trinité divine, par par R. P. Jules MAZARIN E. S. J. *Paris*, 1612, in-4°, 1 v.

2844. Cent discours sur la cheute, pénitence et restauration du Roy et Prophète David, par Julius MAZARINI, et traduits par F. N. DE LA RUE. *Paris*, 1610, in-4°, 1 v.

2845. Sermons sur les quatre fins dernières de l'homme de Dom Gabriel INCHINO. *Arras*, 1601, in-12, 1 v.

2846. Joannis Pauli OLIVÆ conciones habitæ in Palatio apostolico. *Lugduni*, 1667, in-4°, 2 v.

g. *Prédicateurs Espagnols et Portugais*

2847. Considérations admirables sur tous les Evangiles des dimanches et féries du Caresme, composées en Espagnol par le P. Hernando DE SANTIAGO, et traduites en français par le P. SUAREZ. *Paris*, 1605, in-12, 1 v.

2848. Conciones de Tempore et Sanctis, auctore Ludovico GRANATENSI. *Antuerpiæ*, 1611, in-8°, 6 v.

h. *Prédicateurs Allemands et Belges*

2849. Discours prédicables pour tous les dimanches, depuis la Pentecôte jusqu'à l'Avent, par le P. NISSENO, Espagnol, traduits en français par le Père BORILLON. *Paris*, 1637, in-12, 2 v.

2850. Sermones de Sanctis a Fratre HUNGARO. *Hagenaw*, 1516, in-4°, 1 v.

2851. D. Petri BLOMEVENNE LEYDEN de bonitate divina libri IV. *Coloniæ*, 1538, in-12, 1 v.

2852. De Missæ sacrificio conciones XV per R. P. MICHAELEM Episcopum Sidoniensem. *Coloniæ*, 1549, in-4°, 1 v.

2853. Georgii WICELII postilla, hoc est, enarratio Epistolarum et Evangeliorum de Tempore et de Sanctis. *Coloniæ*, 1553, in-fol., 1 v.

2854. BERENGOSII opuscula. *Coloniæ*, 1555, in-12, 1 v.

2855. Epitome sermonum D. Joannis FERI. *Lugduni*, 1562, in-8°, 1 v.

2856. Postillæ, sive conciones in Epistolas et Evangelia totius anni, authore P. Joanne FERO, interprete Joanne GUNTHERO. *Antuerpiæ*, 1563, in-8°, 3 v.

2857. Joannis FERI opuscula varia. *Lugduni*, 1567, in-8°, 1 v.

2858. Conciones catechisticæ Domini D. MICHAELIS Episcopi Merspurgensis, interprete Laurentio SURIO. *Antuerpiæ*, 1594, in 4°, 1 v.

2859. Joannis THAULERI sermones. *Coloniæ*, 1603, in-4°, 1 v.

i. *Prédicateurs Français*

2860. Catholiques expositions avec exhortations sur les Epitres et Evangiles, par Gabriel DUPUIHERBAULT. *Paris*, 1564, in-12, 1 v.

2861. Expositions sur les Epitres et Evangiles des cinquante trois dimanches de l'année par le F. DUPUIHERBAULT. *Paris*, 1564, in-12, 1 v.

2862. Histoire de la Passion de Jésus-Christ, composée en 1490, par le R. P.

Olivier MAILLART (par G. Peignot). *Paris*, 1835, in-8°, 1 v.

2863. Œuvre de feu Révérend Père en Dieu, George DE SELVE, Evesque de la Vaur. *Paris*, 1559, in-fol., 1 v.

2864. Les collectes des dimanches et principales fêtes de l'Eglise par Mgr RICHARDOT, Evêque d'Arras. *Douai*, 1572, in-18, 1 vol.

2865. Six sermons sur l'explication de l'Oraison dominicale par F[ois] RICHARDOT, Evêque d'Arras. *Anvers*, 1572, in-12, 1 vol.

2866. Sermons évangéliques et apostoliques sur les dimanches et fêtes par Léonard JANIER. *Paris*, 1573, in-12, 2 v.

2867. Catholiques expositions sur le Symbole des Apostres, par F. DE LA COSTE. *Paris*, 1577, in-12, 1 v.

2868. Omilies trente-neuf contenant l'exposition des sept pseaumes pénitentiels, par D. Andrieu DU CROQUET. *Douai*, 1579, in-12, 1 v.

2869. Sermons sur les lamentations du prophète Jérémie, par Antoine ABELLY. *Paris*, 1582, in-12, 1 v.

2870. Sermons catholiques tant sur le Symbole des Apostres que sur aucunes Epistres et Evangiles des dimanches et festes, par Pierre COURTIN. *Paris*, 1586, in-12, 1 v.

2871. Sermons sur les Evangiles de chacun jour et festes du Caresme, par Pierre COURTIN. *Paris*, 1573, in-12, 1 v.

2872. Sermons sur les Epistres et les Evangiles des dimenches et fêtes, par l'abbé COTREAU. *Paris*, 1586, in-12, 2 v.

2873. Commentaires en forme de sermons, par l'abbé COTREAU. *Paris*, 1576, in-12, 1 vol.

2874. Sermons sur les dix plaies d'Egypte, par l'abbé COTREAU. *Paris*, 1585, in-12, 1 vol.

2875. Discours chrestiens de la Divinité, Création et Rédemption, par Pierre CHARRON. *Paris*, 1604, in-8°, 1 v.

2876. Les Fléaux de Dieu sur les hommes avec les remèdes qu'on doit y apporter, par le P. Olivier DE CUILLY. *Paris*, 1613, in-12, 1 v.

2877. Petri COTONI conciones sive meditationes de præcipuis fidei mysteriis. *Coloniæ Agrippinæ*, 1617, in-12, 1 v.

2878. Sermons pour tous les jours de Caresme, composés par feu le Père Pierre BLANCHOT. *Rouen*, 1655, in-12, 1 v.

2879. Sermons sur toute la parabole du prodigue évangélique, par le P. BOSQUIER. *Paris*, 1612, in-8°, 1 v.

2880. Conceptions théologiques sur tous les dimanches de l'année, preschées par Pierre DE BESSE. *Lyon*, 1525, in-12, 2 vol.

2881. Les douze fondements de la cité de Dieu, par Etienne MOLINIER. *Rouen*, 1650, in-12, 1 v.

2882. Sermons reslevez ou premières homélies quadragésimales de Messire Jean Pierre CAMUS. *Douai*, 1618, in-12, 1 v.

2883. Sermons funèbres sur les quatre fins dernières de l'homme, par M. Jacques LE CLERCQ, pasteur de l'Eglise St-Nicolas en la cité d'Arras. *Rouen*, 1608, in-18, 1 vol.

2884. Sermons sur tous les Evangiles du Caresme, par le P. DE LINGENDES. *Paris*, 1666, in-8°, 2 v.

2885. La condamnation du monde par le mystère de l'Incarnation, preschée durant l'Avent, par Jacques BIROAT. *Paris*, 1666, in-8°, 1 v.

2886. Sermons sur les mystères de Notre-Seigneur, preschez par J. BIROAT. *Paris*, 1669, in-8°, 1 v.

2887. Sermons pour tous les jours de Caresme, preschez par J. BIROAT. *Paris*, 1689, in-8, 2 v.

2888. Octave de S. François de Sales,

Nicolas DE HAUTEVILLE, *Paris*, 1660, in-8°, 1 v.

2889. Panégyriques pour toutes les festes de la Ste Vierge, par le sieur OUDEAU. *Lyon*, 1668, in-12, 1 v.

2890. L'art de vaincre le monde, à l'exemple de Judith victorieuse d'Holopherne, contenu en vingt-neuf discours, preschez par Antoine MICHAELIS. *Avignon*, 1663, in-4°, 1 v.

2891. Panégyriques des Saints, par le R. P. Jean-François SENAULT. *Paris*, 1658, in-8°, 2 v.

2892. Sermons de l'Octave du S. Sacrement et panégyriques des Saints, par Vincent BARON. *Paris*, 1660, in-4°, 2 v.

2893. Le Missionnaire de l'Oratoire ou sermons pour l'Avent, le Caresme et festes de l'année, par le P. LE JEUNE, dit le *Père aveugle*. *Toulouse*, 1688, in-8°, 10 vol.

2894. Œuvres mêlées de Messire Claude JOLI, Evêque d'Agen. *Paris*, 1696, in-12, 1 vol.

2895. Prônes de Messire Claude JOLI, Evêque d'Agen. *Paris*, 1698, in-12, 4 vol.

2896. Actions publiques de M. François OGIER. *Paris*, 1652, in-4°, 2 v.

2897. L'année pastorale, ou prosnes sur les Epistres et sur les Evangiles de la Messe, par Antoine CAIGNET. *Paris*, 1665, in-4°, 3 vol.

2898. La morale religieuse, contenant des entretiens spirituels, par Antoine CAIGNET. *Paris*, 1672, in-4°, 1 v.

2899. Le Dominical des Pasteurs ou le triple employ des curez, par M. Antoine CAIGNET. *Paris*, 1669, in-4°, 1 v.

2900. Les panégyriques des Saints, preschez par M. DE MARUC. *Paris*, 1664, in-8°, 1 v.

2901. Sermons sur les fêtes de la Ste Vierge, par le P. TEXIER. *Paris*, 1678, in-8°, 1 v.

2902. L'Impie malheureux, ou les trois malédictions du pécheur, preschées pendant l'Avent, par le P. TEXIER. *Paris*, 1678, in-8°, 1 v.

2903. Panégyriques des Saints, preschez par le P. TEXIER. *Paris*, 1678, in-8°, 2 v.

2904. Octaves du S. Sacrement et de la Croix, sermons preschez par le P. TEXIER. *Paris*, 1682, in-8°, 1 v.

2905. Sermons du Père GIROUST. *Paris*, 1704, in-12, 3 v.

2906. Sermons pour le Caresme, par le P. GIROUST. *Paris*, 1704, in-12, 2 v.

2907. Sermons du Père GIROUST. *Bruxelles*, 1742, in-12, 3 v.

2908. Sermons de Messire DE FROMENTIÈRES, Evêque d'Aire. *Lyon*, 1710, in-12, 3 vol.

2909. Œuvres mêlées de Messire DE FROMENTIÈRES, Evêque d'Aire. *Lyon*, 1710, in-12, 1 v.

2910. Carême de Messire DE FROMENTIÈRES, Evêque d'Aire. *Lyon*, 1710, in-12, 2 vol.

2911. Sermons du P. CHEMINAIS, revus par le P. BRETONNEAU. *Bruxelles*, 1710, in-12, 5 v.

2912. Homélies morales sur les Evangiles des dimanches et fêtes de l'année, par Pierre FLORIOT. *Paris*, 1678, in-8°, 3 vol.

2913. L'Evangile de la grâce ; Avent composé et presché par le Père DASSIER. *Paris*, 1678, in-12, 1 v.

2914. Sermons prêchés devant le Roi par Mgr LE BOUX, Evêque de Périgueux. *Rouen*, 1766, in-12, 2 vol.

2915. Homélies, prosnes, ou méditations sur les Evangiles de tous les dimanches et principales festes de l'année. R. P. P. BEURRIER. *Paris*, 1668, in-4°, 1 v.

2916. Sermons et instructions chrétiennes sur diverses matières, par le P. D'ORLÉANS. *Paris*, 1697, in-32, 1 v.

2917. Conférences, ou instructions sur les Epîtres et Evangiles des dimanches et fêtes de l'année, par Dom LE BOUTHILLIER DE RANCÉ. *Paris*, 1698, in-12, 4 v.

2918. Essais de sermons pour tous les jours du Carême, par feu l'Abbé DE BRETTEVILLE. *Paris*, 1688, in-8°, 4 v.

2919. Essais de sermons pour les dominicales et les mystères, par l'Abbé DE BRETTEVILLE. *Paris*, 1696, in-8°, 2 v.

2920. Le Missionnaire paroissial, par l'Abbé GAMBART, in-12, 2 vol.

2921. Sermons pour les vêtures et professions religieuses, par l'Abbé GAMBART. *Paris*, 1683, in-12, 1 v.

2922. Sermons sur différents sujets, preschez par LEFEBVRE, Prévot de la Cathédrale d'Arras. *Paris*, 1687, in-8°, 1 vol.

2923. Divers sermons pour les principales festes de l'année, preschez par l'abbé LEFEBVRE. *Paris*, 1670, in-8°, 1 v.

2924. Panégyriques ou sermons pour toutes les festes de la sainte Vierge, par l'Abbé LEFEBVRE, théologal d'Arras. *Paris*, 1668, in-12, 1 v.

2925. Octave du S. Sacrement avec divers sermons pour les principales fêtes de l'année, par l'Abbé LEFEBVRE. *Paris*, 1669, in-8°, 1 v.

2926. Traité contenant les exhortations des vêtures et des professions religieuses, par le P. LE FEBVRE. *Paris*, 1683, in-8°, 2 vol.

2927. Sermons pour l'octave des morts, par le P. ROUNAT. *Lyon*, 1678, in-12, 1 vol.

2928. Paræneses chrestiennes, ou sermons très utiles, par Dom Laurent BENARD. *Paris*, 1616, in-8°, 1 v.

2929. Sermons sur quelques principales festes et dimanches de l'année. Claude VOYER D'ARGENSON. *Paris*, in-fol., 1628, 1 vol.

2930. Conférences spirituelles du R. P. Nicolas DE ARNAIA, par le R. P. Jean CACHET. *Paris*, 1630, in-4°, 1 v.

2931. Homélies sur l'Epître de S. Paul aux Hébreux, par Charlotte DES URSINS. *Paris*, 1634, in-4°, 1 v.

2932. Les dix solitudes du P. Charles LE BOULANGER, prédicateur capucin. *Paris*, 1645, in-12, 1 v.

2933. L'Economie chrétienne, formée sur la vie vertueuse du Patriarche Joseph, par le P. WILLOT (contenant 32 sermons). *Lille*, 1655, in-12, 2 v.

2934. Instructions chrétiennes sur les mystères de N. S. J.-C. et sur les principales fêtes de l'année, par BOURDOUIN. *Paris*, 1672, in-8°, 5 v.

2935. Instructions chrétiennes sur les mystères de N. S. J.-C. et sur les principales fêtes de l'année, par BOURDOUIN. *Paris*, 1681, in-8°, 5 v.

2936. Sermons sur les grandeurs de la mère de Dieu, composés par le P. PIAT HEYLINCK. *Douay*, 1678, in-12, 1 v.

2937. Considérations sur l'éternité, par Mgr ABELLY, Evêque de Rhodez. *Paris*, 1684, in-12, 1 v.

2938. Explications sur les Evangiles et tous les dimanches de l'année et sur les principaux mystères. *Lyon*, 1687, in-8°, 2 v.

2939. Homélies ou instructions familières sur les commandements de Dieu et de l'Eglise, par DE St.LAZARE. *Paris*, 1688, in-12, 3 v.

2940. Essais de panégyriques pour les festes principales de Saints de l'année. *Paris*, 1692, in-8°, 2 v.

2941. Nouveaux panégyriques de saints, vêture et profession, prêchez par le P. Claude LION. *Lyon*, 1704, in-8°, 1. v.

2942. Discours sur divers sujets de morale, par l'Abbé CHENART. *Paris*, 1703, in-12, 4 v.

2943. Recueil de quelques sermons, prononcez par l'Abbé DE PEZENNE. *Paris*, 1694, in-12, 1 v.

2944. Octave des morts, prêchée par LE TELLIER. *Lyon*, 1695, in-8°, 1 v.

2945. Homélies du Père SÉRAPHIN, sur les Evangiles du dimanche. *Paris*, 1695, in-12, 8 v.

2946. Sermons de l'Avent, prêchez par le

P. Claude Masson. *Lyon*, 1696, in-8°, 1 vol.

2947. Sermons pour l'Octave du S. Sacrement, préchez par le P. Claude Masson. *Lyon*, 1695, in-8°, 1 v.

2948. Sermons sur les vérités chrétiennes et morales, par De la Volpilière. *Paris*, 1689, in-8°, 2 v.

2949. Suite des sermons sur les vérités chrétiennes et morales, par De la Volpilière. *Paris*, 1694, in-8°, 4 v.

2950. Sermons pour une Octave du S. Esprit, par le Père Bourée. *Lyon*, 1704, in-12, 1 v.

2951. Sermons pour les grandes fêtes de l'année, prêchés par le P. Bourdaloue. *Paris*, 1692, in-32, 1 v.

2952. Sermons du P. Bourdaloue pour le Carême. *Paris*, 1707, in-8°, 3 v.

2953. Sermons du Père Bourdaloue pour le Carême. *Paris*, 1716, in-12, 2 v.

2954. Sermons du Père Bourdaloue sur les mystères. *Paris*, 1726, in-12, 2 v.

2955. Sermons du Père Bourdaloue pour les dimanches. *Paris*, 1726, in-12, 3 v.

2956. Sermons du Père Bourdaloue. *Paris*, 1723, in-12, 2 v.

2957. Sermons du Père Bourdaloue pour l'Avent. *Paris*, 1716, in-12, 1 v.

2958. Exhortations et instructions chrétiennes, par le Père Bourdaloue. *Paris*, 1721, in-12, 4 v.

2959. Homélies et sermons, prononcés par l'Abbé Boileau, sur les Evangiles du Carême. *Paris*, 1714, in-12, 2 v.

2960. Homélies et sermons, prononcés devant le Roi, par l'Abbé Boileau. *Paris*, 1720, in-12, 2 v.

2961. Panégyriques choisis de l'Abbé Boileau. *Paris*, 1719, in-12, 1 v.

2962. Sermons de morale, par M. Fléchier, Evêque de Nîmes. *Bruxelles*, 1733, in-12, 5 v.

2963. Panégyriques et autres sermons, prêchez par Esprit Fléchier, Evesque de Nismes. *Paris*, 1696, in-4°, 1 v.

2964. Panégyriques et autres sermons par Messire Fléchier. *Paris*, 1697, in-12, 2 vol.

2965. Homélies sur plusieurs chapitres du Prophète Jérémie, par le P. Lenain. *Paris*, 1697, in-8°, 2 v.

2966. Sermons sur les plus importantes matières de la morale chrétienne, par le P. Loriot. *Paris*, 1710, in-12, 8 v.

2967. Sermons des fêtes des Saints, par le P. Loriot. *Paris*, 1714, in-12, 2 v.

2968. Sermons choisis sur divers sujets, par de la Motte-Fénelon. *Paris*, 1744, in-12, 1 v.

2969. Sermons du Père Hubert, sur différents sujets. *Paris*, 1745, in-12, 6 v.

2970. Discours moraux, en forme de prônes pour tous les dimanches de l'année, par Richard, avocat. *Paris*, 1730, in-12, 5 v.

2971. Panégyriques des Saints, préchez par le Père Philippe de Saint-François. *Lille*, 1717, in-12, 2 v.

2972. Sermons pour les dimanches après la Pentecôte, prêchés par le Père Philippe de Saint-François. *Lille*, 1717, in-12, 2 v.

2973. Sermons sur les mystères de Notre-Seigneur, par le Père Odet Dalier. *Lyon*, 1684, in-12, 1 v.

2974. Panégyriques, sermons, harangues et autres pièces d'éloquence, par Messire de la Parisière. *Paris*, 1740, in-12, 2 v.

2975. Panégyriques des Saints, prononcez par Antoine Anselme. *Paris*, 1718, in-8°, 3 vol.

2976. Actions chrétiennes, ou discours de panégyriques et de morale sur divers sujets, par le Père Simon de la Vierge. *Paris*, 1701, in-12, 7 v.

2977. Actions chrétiennes, ou discours sur les dimanches et les fêtes de l'Avent, par le Père Simon de la Vierge. *Paris*, 1702, in-12, 2 v.

2978. Actions chrétiennes, ou discours de morale sur le renouvellement de l'homme par l'incarnation du Verbe, par le P. SIMON DE LA VIERGE. *Lyon*, 1730, in-12, 8 vol.

2979. Essais de Sermons pour l'Avent, par l'abbé DU JARRY. *Paris*, 1798, in-8°, 1 vol.

2980. Sermons sur les mystères de Notre-Seigneur et de la Sainte Vierge, par l'abbé DU JARRY. *Paris*, 1709, in-12, 3 vol.

2981. Panégyriques choisis et prononcez par l'abbé DU JARRY. *Paris*, 1700, in-12, 2 v. en un.

2982. Panégyriques et sermons, préchez par l'abbé BÉGAULT. *Paris*, 1711, in-12, 5 vol.

2983. Sermons sur les fêtes des Saints, composés par le P. MOLINIER. *Rouen*, 1657, in-12, 3 v.

2984. Sermons pour tous les dimanches de l'année, composés par l'abbé MOLINIER. *Rouen*, 1654, in-12, 2 v.

2985. Sermons sur toutes les féries et dimanches du Carême, composés par MOLINIER. *Rouen*, 1657, in-12, 2 v.

2986. Sermons du Père DE SÉGAUD, jésuite. *Paris*, 1750, in-12, 5 v.

2987. Prônes pour tous les dimanches de l'année, par l'abbé CHEVASSU. *Lyon*, 1755, in-12, 4 v.

2988. Sermons de Gaspard TERRASSON. *Paris*, 1749, in-12, 4 v.

2989. Sermons, mystères et panégyriques, préchez à Paris par le P. SENSARIC. *Paris*, 1771, in-12, 4 v.

2990. Sermons du Père DE LA ROCHE, pour l'Avent. *Paris*, 1725, in-12, 1 v.

2991. Sermons du P. DE LA ROCHE, sur les mystères et autres divers sujets. *Paris*, 1729, in-12, 2 v.

2992. Panégyriques des Saints, prononcez par le P. DE LA ROCHE. *Paris*, 1724, in-12, 2 v.

2993. Panégyriques de Saints, par l'abbé SÉGUY. *Paris*, 1736, in-12, 2 v.

2994. Sermons de Mgr LAFITAU, Evêque de Sisteron. *Lyon*, 1758, in-12, 4 v.

2995. Sermons du P. PERRIN, sur la morale et sur les mystères. *Liège*, 1768, in-8°, 4 v.

2996. Discours sur divers sujets de religion et de morale, par l'abbé ASSELIN. *Paris*, 1786, in-12, 2 v.

2997. Discours sur quelques sujets de de piété et de religion, par le P. LE CHAPELAIN. *Paris*, 1760, in-12, 1 v.

2998. Les Sermons du P. DE LA BOISSIÈRE, pour le Carême. *Paris*, 1730, in-12, 3 v.

2999. Les sermons du P. DE LA BOISSIÈRE, sur les principaux mystères de la religion. *Paris*, 1730, in-12, 1 v.

3000. La Voix du Pasteur, discours familiers d'un curé à ses paroissiens, par l'abbé RÉGUIS. *Paris*, 1768, in-12, 2 v.

3001. Sermons prêchés devant le Roi, pendant le carême de 1764, par l'abbé TORNÉ. *Paris*, 1765, in-12, 3 v.

3002. Homélies sur les Evangiles de tous les dimanches et principales fêtes de l'année, par THIÉBAULT. *Metz*, 1762, in-12, 4 vol.

3003. Recueil de sermons, sur les Evangiles du Carême et sur plusieurs autres sujets. *Bruxelles*, 1706, in-12, 4 v.

3004. Recueil de sermons, sur les Evangiles du Carême et sur plusieurs autres sujets. *Bruxelles*, 1706, in-12, 4 v.

3005. Sermons sur quelques Evangiles de l'Avent et sur divers sujets de morale. *Trévoux*, 1708, in-12, 1 v.

3006. Octave des morts, composée par le P. DE MONTFORT. *Avignon*, 1719, in-12, 1 vol.

3007. Octave du très S. Sacrement, par le P. DE MONTFORT. *Avignon*, 1719, in-12, 1 v.

3008. Sermons pour tous les dimanches de l'anné, par le P. DE MONTFORT. *Avignon*, 1720, in-12, 4 v.

3009. Recueil des panégyriques de Louis Bénigne BOURRU. *Paris*, 1726, in-12, 1 v.

3010. Instructions pour les dimanches et fêtes de l'année, imprimées par ordre de

Mgr DE FITZ-JAMES, Evêque de Soissons. *Soissons*, 1755, in-12, 3 v.

3011. Discours de piété sur les plus importans objets de la religion, ou sermons pour l'Avent. *Paris*, 1757, in-12, 2 vol.

3012. Sermons choisis du Père DU TREUL. *Lyon*, 1759, in-12, 2 v.

3013. Sermons nouveaux, sur les vérités les plus intéressantes de la religion. *Avignon*, 1761, in-12, 4 v.

3014. Sermons de Dom RÉGNIER. *Lyon*, 1761, in-12, 3 v.

3015. Sermons pour l'Avent et le Carême, par l'abbé JAQUIN. *Paris*,1769,in-12, 2 v.

3016. Sermons sur les mystères et sur la morale, par l'abbé PLEUVRI. *Paris*, 1778, in-12, 1 v.

CHAPITRE VI

THÉOLOGIE ASCÉTIQUE

1. *Mélanges d'œuvres ascétiques*

a. *Mystiques Grecs et Latins.*

3017. Speculum spiritualium, in quo de vita activa et contemplativa tractatur. *Londoniæ*, 1510, in-4°, 1 v.

3018. Rosetum exercitiorum spiritualium, per Joannem MAUBURNUM. *Parisiis*, 1510, in-fol., 1 v.

3019. Opera THOMÆ a KEMPIS. *Parisiis*, 1523, in-fol., 1 v.

3020. Theologia mystica cum speculativa tum affectiva, per Henricum HARPHIUM. *Coloniæ*, 1545, in-fol., 1 v.

3021. Francisci GEORGII Veneti de harmonia mundi totius cantica tria. *Parisiis*, 1546, in-fol., 1 v.

3022. Theologiæ mysticæ lucida demonstratio per D. RAYMUNDUM A VINEIS. *Coloniæ*, 1553, in-fol., 1 v.

3023. Divi Laurentii JUSTINIANI omnia opera, sive penus rei totius theologiæ asceticæ ac concionatoriæ. *Lugduni*, 1569, in-fol., 1 v.

3024. Contemptus mundi, nuevamente romançado y corregido, por Fray LUYS DE GRENADA. En *Anveres*, 1572, in-12, 1 v.

3025. S. GERTRUDIS insinuationum divinæ pietatis exercitia nonnulla. *Parisiis*, 1578, in-12, 1 v.

2026. Institutionum vitæ spiritualis libri sex a Franc. GORACEO. *Lugduni*, 1585, in-18, 1 v.

3027. Icones operum misericordiarum, cum Julii ROSCII HORTINI sententiis et explicationibus. *Romæ*, 1586, in-fol., 1 vol.

3028. Liber exercitationum spiritualium, authore Joanne MICHAELE. *Coloniæ Agrippinæ*, 1599, in-12, 1 v.

3029. Joannes GERSEN auctor libri de imitatione Christi iterum assertus, a D. Roberto QUATREMAIRES. *Parisiis*, 1601, in-12, 1 v.

3030. Livre de la vanité du monde, par le P. Diego ESTELLA. *Rouen*, 1602, in-32, 1 vol.

3031. Paradisus animæ, ALBERTO MAGNO auctore. *Antuerpiæ*, 1602, in-16, 1 v.

3032. Pia precationum et contemplationum exercitia, auctore Egberto SPITHOLDIO. *Antuerpiæ*, 1604, in-18, 1 v.

3033. Joannis TRITHEMII opera pia et spiritualia. *Moguntiæ*, 1605, in-fol., 1 v.

3034. THOMÆ MALLEOLI A KEMPIS opera omnia. *Antuerpiæ*, 1607, in-4°, 1 v.

3035. Cato christianus, auctore A. MEIERO Didasc. Atrebatensi. *Rigiaci Atrebatium*. 1608, in-12, 1 v.

3036. L'homme intérieur, ou de la cognoissance de soy-mesme, par Louys CARBO. *Paris*, 1610, in-12, 1 v.

3037. Fulvii ANDROTII opuscula spiritualia. *Coloniæ*. 1611, in-18, 1 v.

3038. De studio perfectionis libri duo, per Joannem CROMBECIUM. *Antuerpiæ*, 1613, in-4°, 1 v.

3039. Caroli SCRIBANI philosophus christianus. *Antuerpiæ*, 1614, in-12, 1 v.

3040. De l'estude de perfection, en deux livres composez par le Père Jean CROMBECIUS, et mis en français, par le Père Réné CHESNEAU. *St. Omer*, 1714, in-4°, 1 vol.

3041. De ascensione mentis in Deum per scalas rerum creatarum, opusculum Roberti Cardinalis BELLARMINI. *Antuerpiæ*, 1615, in-12, 1 v.

3042. Caroli SCRIBANI amor divinus. *Antuerpiæ*, 1615, in-8°, 1 v.

3043. Joannis GERSEN de imitatione christi libri quatuor. *Lutetiæ Parisiorum*, 1616, in-12, 1 v.

3044. De amplitudine regni cœlestis libri duo, Cœlio Secundo CURIONE auctore. *Francofurti*, 1617, in-18, 1 v.

3045. De gemitu columbæ, sive de bono lacrymarum libri tres, auct. Roberto BELLARMINO, *Antuerpiæ*, 1617, in-12, 1 vol.

3046. Rosetum exercitiorum spiritualium, auctore Joanne MAUBURNO. *Duaci*, 1620, in-12 1 vol.

3047. De contemplatione divina libri sex, auctore P. THOMA A JESU. *Antuerpiæ*, 1620, in-8°, 1 v.

3048. Epitome ALVAREZ DE PAZ in omnes libros de vita spirituali per JOANNEM A GORCUM. *Antuerpiæ*, 1620, in-12, 1 v.

3049. ALBERTI Magni de adhærendo Deo libellus. *Antuerpiæ*, 1621, in-18, 1 v.

3050. Le chemin de la vie éternelle composé en latin par le P. SUCQUET, traduit en français par le P. MORIN. *Anvers*, 1623, in-8°, 1 v.

3051. Le chemin de la vie éternelle composé en latin par le P. SUCQUET, translaté par le P. MORIN. *Anvers*, 1623, in-8°, 1 v.

3052. Le chemin de la vie éternelle composé en latin par le R. P. Antoine SUCQUET. *Anvers*, 1623, in-8°, 1 v.

3053. Divinæ orationis sive a Deo infusæ methodus, natura, et gradus, libri quatuor, auctore THOMA A JESU. *Antuerpiæ*, 1623, in-8°, 1 v.

3054. Pia desideria, authore Hermanno HUGONE. *Antuerpiæ*, 1624, in-12, 1 v.

3055 Soliloquia sancta, seu præparationes ad Missam et Sanctissimam Eucharistiam, auctore Christophoro GALLO. *Mussiponti*, 1624, in-12, 1 v.

3056. Les révélations célestes et divines de S. BRIGITTE de Suède, communèment appelée la Chère Espouse, par Jacques FERRAIGE. *Paris*, 1724, in-4°, 1 vol.

3057. Antonii SUCQUET via vitæ æternæ, iconibus illustrata per BOETIUM A BOLSWERT. *Antuerpiæ*, 1625, in-8°, 1 v.

3058. Traité de l'imitation de Jésus-Christ, par le R. P. FRANÇOIS ARIAS. *Paris*, 1625, in-4°, 3 v.

3059. De gemitu columbæ, sive de bono Lacrymarum libri tres, auct. Roberto BELLARMINO. *Coloniæ*, 1626, in-18, 1 v.

3060. Maximiliani SANDÆI symbolica. *Moguntiæ*, 1626, in-4°, 1 v.

3061. Schola cordis, auctore Benedicto HÆFTENO. *Antuerpiæ*, 1629, in-12, 1 v.

3062. Antonii SUCQUET via vitæ æternæ, iconibus illustrata, 1630, in-8°, 1 v.

3063. THOMAS A KEMPIS de imitatione Christi. *Coloniæ*, 1630, in-18, 1 v.

3064. Jacobi SALIANI de amore Dei libri sedecim. *Lutetiæ Parisiorum*, 1631, in-4°, 1 v.

3065. Jacobi SALIANI de amore Dei libri

sedecim. *Lutetiæ Parisiorum*, 1631, in-4°, 1 v.

3066. D. Ludovici Blosii opera. *Antuerpiæ*, 1632, in-fol., 1 v.

3067. Pia desideria, libri tres, auctore Hermanno Hugone. *Antuerpiæ*, 1632, in-8°, 1 vol.

3068. Manuale pauperum a P. Alexandro a Sancto Francisco. *Lugduni*, 1633, in-12, 1 v.

3069. De æterna felicitate Sanctorum libri quinque, auctore R. Bellarmino. *Coloniæ*, 1634, in-16, 1 v.

3070. Petri de Alliaco opuscula spiritualia. *Duaci*, 1634, in-16, 1 v.

3071. Benedicti Hæfteni schola cordis, sive aversi a Deo cordis ad eum reductio et instructio. *Antuerpiæ*, 1635, in-12, 1 vol.

3072. Hieremiæ Drexelii opera spiritualia. *Duaci*, 1636, in-4°, 1 v.

3073. Regia via Crucis, auctore Benedicto Hæfteno. *Antuerpiæ*, 1635, in-12, 1 v.

3074. Jacobi Lobbetii via vitæ ac mortis tribus libris explicata. *Antuerpiæ*, 1638, in-12, 1 v.

3075. De imitatione Christi libri IV. *Parisiis*, 1640, in-fol., 1 v.

3076. Flammulæ amoris B. Claræ de Montefalco, auct. F. Vincentio du Pré. *Péruse*, 1644, in-16, 1 v.

3077. Thomæ a Kempis de imitatione Christi libri quatuor. *Parisiis*, 1649, in-12, 1 v.

3078. Thomæ a Kempis de imitatione Christi libri quatuor, ex recensione J. Frontonis. *Parisiis*, 1649, in-8°, 1 v.

3079. Joannes Gersen, de imitatione Christi. *Bruxellæ*, 1649, in-18, 1 v.

3080. Joannes Gersen librorum de imitatione Christi contra Thomam a Kempis vindicatum author assertus a D. Roberto Quatremaires. *Parisiis*, 1650, in-8°, 1 v.

3081. Argumentum chronologicum contra Kempensem, per Franc. Valgravium. *Parisiis*, 1650, in-8° 1 v.

3082. Joannes Gersen auctor libri de imitatione Christi iterum assertus a D. Roberto Quatremaires. *Parisiis*, 1650, in-8°, 1 v.

3083. Argumentum chronologicum contra Kempensem, per Franciscum Valgravium. *Parisiis*, 1650, in-16, 1 v.

3084. Liber vitæ, Christus patiens, P. Fr. Placidus a S. Teresia. *Bruxellis*, 1651, in-12, 1 v.

3085 Gualteri Paulli cogitationes seriæ bivium et jubilum duplex. *Duaci*, 1653, in-16, 1 v.

3086. Vidua Sareptana exposita sensu literali et mystico, studio Gregorii Galopini. *Duaci*, 1654, in-12, 1 v.

3087. Hadriani Lyræi de imitatione Jesu patientis. *Antuerpiæ*, 1655, in-fol., 1 v.

3088. L'Imitation de Jésus-Christ, mise en vers français par P. Corneille. *Rouen*, 1656, in-18, 2 v.

3089. L'Imitation de Jésus-Christ, mise en vers français par P. Corneille. *Rouen*, 1656, in-32, 2 v.

3090. Speculum peccatorum aspirantium ad solidam vitæ emendationem, auctore J. Mantelio. *Antuerpiæ*, 1657, in-4°, 1 vol.

3091. L'Imitation de Jésus-Christ, mise en vers français par Pierre Corneille. *Francfort*, 1658, in-12, 1 v.

3092. Tableau de l'héliotrope, ou de l'union et conformité de la volonté humaine avec la divine, du P. Drexelius, revu par le P. Girard. *Paris*, 1659, in-12, 1 v.

3093. Via, veritas et vita Christus demonstratus, a R. P. Leonardo Berton. *Duaci*, 1667, in-4°, 1 v.

3094. Ramus olivæ, annuntians mirum secretum divinæ misericordiæ a fr. Jacobo Willart. *Duaci*, 1667, in-4°, 1 v.

3095. Pia desideria, authore Hermanno Hugone. *Parisiis*, 1670, in-24, 1 v.

3096. Gerardi Belgæ opuscula pia. *Bruxellis*, 1673, in-16, 1 v.

3097. De discretione spirituum liber unus, authore Joanne Bona. *Parisiis*, 1673, in-12, 1 v.

3098. Libri de imitatione Christi JOHANNI GERSENI iterato adserti. *Parisiis*, 1674, in-8°, 1 v.

3099. Johannis GERSEN de imitatione Christi libri quatuor. *Lutetiæ*, 1674, in-4°, 1 v.

3100. Traité du discernement des esprits, par le Cardinal BONA. *Paris*, 1675, in-12, 1 vol.

3101. Animadversiones in vindicias Kempenses adversus R. P. Fr. DELFAU. *Parisiis*, 1677, in-12, 1 v.

3102. THOMÆ A KEMPIS de imitatione Christi libri quatuor. *Amstelodami*, 1679, in-18, 1 v.

3103. Duodecim specula Deum aliquando videre desideranti concinnata, auctore Joanne DAVID. *Antuerpiæ*, 1690, in-8°, 1 vol.

3104. La consolation intérieure, ou le livre de l'Imitation de J.-C., par ANDRY. *Paris*, 1690, in-12, 1 v.

3105. L'Ange gardien, traduit du latin du P. DREXELIUS; traduction nouvelle par Marie FEUILLET. *Paris*, 1691, in-12, 1 v.

3106. L'esprit de GERSON, par LE NOBLE. ..... 1691, in-12, 1 v.

3107. Joannis BONA opera omnia. *Antuerpiæ*, 1694, in-fol., 1 v.

3108. Paradisus animæ, opera Jacobi HORTSII. *Bruxellis*, 1698, in-16, 1 v.

3109. Præcordiale devotorum. *Paris*, ..., in-12, 1 v.

3110. De Nævolginge van Christus door THOMAS A KEMPIS. Tot *Brugge*, in-16, 1 vol.

3111. Le guide du chemin du ciel, par le Cardinal BONA. *Paris*, 1706, in-32, 1 v.

3112. Aspirations à Dieu, mises en français, composées en latin par le Cardinal BONA. *Paris*, 1708, in-32, 1 v.

3113. Ethica amoris, sive theologia Sanctorum magni præsertim Augustini et Thomæ Aquinatis, per F. HENRICUM A S. IGNATIO. *Leodii*, 1709, in-fol., 3 v.

3114. Ethica amoris sive theologia Sanctorum magni præsertim Augustini et Thomæ Aquinatis, per Fr. HENRICUM A S. IGNATIO. *Leodii*, 1709, in-fol., 3 v.

3115. De imitatione Christi libri quatuor. *Parisiis*, 1710, in-18, 1 v.

3116. L'Imitation de Jésus-Christ, traduite en vers français par Pierre CORNEILLE. *Paris*, 1715, in-12, 1 v.

3117. De imitatione Christi libri quatuor. *Parisiis*, 1722, in-24, 1 v.

3118. De l'imitation de Jésus-Christ, par DE BEUIL. *Paris*, 1723, in-12, 1 v.

3119. De l'imitation de Jésus-Christ, par le Père BRIGNON. *Paris*, 1723, in-12, 1 v.

3120. Imitation de N. S. J.-C., par l'abbé LENGLET DU FRESNOY. *Paris*, 1737, in-12, 1 vol.

3121. THOMÆ VON KEMPEN vier bucher von der Nachfolgungung Christi (allemand). *Franchfurt*, 1754, in-12, 1 v.

3122. De imitatione Christi libri quatuor; ex recensione Josephi VALART. *Parisiis*, 1758, in-12, 1 v.

3123. Libri quatuor de imitatione Christi præcipuo regni administro dicati. *Parisiis*, 1788, in-fol., 1 v.

3124. Choix d'ouvrages mystiques, par A. C. BUCHON. *Paris*, 1835, in-8°, 1 v.

3125. THOMAS A KEMPIS. Notes sur l'auteur du livre de l'Imitation de Jésus-Christ, par Thomas BRUNTON. *Paris*, 1874, in-4°, 1 v.

b. Mystiques Italiens

3126. D. CATHARINÆ Senensis dialogi a D. RAYMUNDO. *Coloniæ Agrippinæ*, 1601, in-12, 1 v.

3127. Seraphini FIRMANI opuscula spiritualia. *Coloniæ*, 1615, in-12, 1 v.

3128. Le combat spirituel, traduit d'italien en français, par le P. MAZOTTI. *Paris*, 1659, in-18, 1 v.

3129. Le bouclier de la piété chrétienne, traduit d'italien en français, par le P

Cyprien de la Nativité. *Bruxelles*, 1663, in-12, 1 v.

3130. Lectures chrétiennes sur les obstacles du salut et sur les moyens de les vaincre, par le P. Pinamonti. *Paris*, 1737, in-12, 1 v.

3131. La véritable sagesse, ou considérations très propres à inspirer la crainte de Dieu, traduites de l'italien du Père Segnery. *Douai*, 1749, in-32, 1 v.

c. Mystiques Espagnols

3132. L'Oratoire des religieux et l'exercice des vertueux, traduit d'espagnol en français, par Paul Du Mont, Douysien. *Douay*, 1582, in-12, 2 v.

3133. De vita spirituali ejusque perfectione, auct. Jacobo Alvarez. *Lugduni*, 1611, in-fol., 3 v.

3134. La Guide spirituelle du R. P. Louis Du Pont, où il est traité de l'oraison, méditation, et contemplation, par M. René Gaultier. *Paris*, 1612, in-4°, 1 v.

3135. La Guide spirituelle composée en espagnol par Louis Du Pont, et traduite en français par Réné Gaultier. *Douai*, 1613, in-32, 3 v.

3136. De la perfection du chrestien par Louis Du Pont, traduicte en français par M. Réné Gaultier. *Paris*, 1613, in-4°, 2 vol.

3137. Obras del Maestro F. Geronymo Gracian. *En Madrid*, 1616, in-fol., 1 v.

3138. S. Matris Teresæ de Jesu opera, studio Mathiæ Martinez. *Coloniæ Agrippinæ*, 1626, in-4°. 2 v.

3139. Vox turturis, auct. Dominico Gravina. *Coloniæ*, 1627, in-16, 1 v.

3140. Apologia perfectionis vitæ spiritualis, authore Nicolao a Jesu Maria. *Romæ*, 1628, in-4°, 1 v.

3141. Les Œuvres de Sainte Thérèse de Jésus, fondatrice des Carmes, traduites de l'espagnol par le P. Elisée de Saint-Bernard. *Paris*, 1630, in-4°, 2 v.

3142. Las obras de la S. Madre Teresa de Jesus. *En Anvers*, 1630, in-4°, 2 v.

3143. Joannis Eusebii Nierembergii de adoratione in spiritu et veritate libri quatuor. *Antuerpiæ*, 1631, in-8°, 1 v.

3144. Méditations sur les mystères de la foi, par le P. Du Pont. *Arras*, 1634, in-32, 1 v.

3145. Joannis Eusebii Nierembergii de adoratione in spiritu et veritate libri quatuor. *Antuerpiæ*, 1642, in-12, 1 v.

3146. Lettres de la glorieuse mère Sainte Thérèse, traduites d'espagnol en français par François Pélicot. *Paris*, 1660, in-4°, 1 vol.

3147. Aforismos o dictamenes del Padre Juan Eusebio Nieremberg. *En Bruselas*, 1664, in-18, 1 v.

3148. La guide des pêcheurs composée en espagnol par Louis de Grenade, traduite en français par M. Girard. *Paris*, 1664, in-8°, 1 v.

3149. Le mémorial de la vie chrestienne par le P. Louis de Grenade. *Paris*, 1667, in-8°, 2 v.

3150. Les œuvres de Sainte Thérèse, de la traduction de M. Arnauld d'Andilly. *Paris*, 1670, in-fol., 1 v.

3151. Les œuvres du Bienheureux Jean d'Avila, de la traduction de M. Arnauld d'Andilly. *Paris*, 1673, in-fol., 1 v.

3152. Les exercices de la vertu et de la perfection chrétienne, par Alphonse Rodriguez. *Paris*, 1674, in-4°, 2 v.

3153. Les œuvres spirituelles du R. P. Louis de Grenade, de l'Ordre de S. Dominique. *Paris*, 1690, in-fol., 1 v.

3154. Traité de la conformité à la volonté de Dieu par le P. Rodriguez, traduit de l'espagnol par l'abbé Régnier des Marais. *Lille*, 1696, in-12, 1 v.

3155. Œuvres spirituelles de Dom Jean de Palafox, Evêque d'Osma. *Paris*, 1698, in-32, 1 v.

3156. Nouvel abrégé des méditations du

P. Du Pont, jésuite, par le P. d'Orléans, de la même compagnie. *Paris*, 1703, in-12, 2 v.

3157. Pratique de la perfection chrétienne, par le P. Rodriguez, traduite de l'espagnol par l'abbé des Marais. *Paris*, 1715, in-8°, 4 vol.

3158. Traité de la différence du temps et de l'éternité, par le Père Nieremberg. *Paris*, 1724, in-32, 1 v.

3159. Les souffrances de N. S. J. C., écrit en portugais par le Père Thomas de Jésus, traduit en français par le P. Alleaume. *Lyon*, 1738, in-12, 2 v.

d. *Mystiques Allemands, Anglais, Flamands*

3160. Les institutions divines et salutaires enseignements du Père Jean Thaulère. *Arras*, 1596, in-12, 1 v.

3161. Joannis Rusbrochii opera omnia. *Coloniæ*, 1609, in-4°, 1 v.

3162. Tractatus triplex de ordine amoris, ad regulam Sancti Augustini, virtus est ordo amoris, auctore Francisco Van Viane. *Lovanii*, 1635, in-8°, 1 v.

e. *Mystiques Français*

3163. Recueil des œuvres spirituelles du P. Estienne Binet. *Rouen*, 1527, in-4°, 1 vol.

3164. L'arbre de vie de la très sacrée croix de N. S. Jésus-Christ, par Jehan de St Victor. *Paris*, 1544, in-fol., 1 v.

3165. Les allumettes du feu divin, où sont déclarés les principaux mystères de la passion du Sauveur, par Pierre Doré. *Lyon*, 1586, in-32, 1 v.

3166. L'oreiller spirituel, nécessaire à toutes personnes, pour extirper les vices et planter les vertus, par Paul Du Mont. *Douai*, 1599, in-32, 1 v.

3167. La tourterelle de viduité enseignant les veuves, par Pierre Doré. *Arras*, 1605, in-32, 1 v.

3168. Traité de l'amour de Dieu, par le P. Fonsèque. *Paris*, 1605, in-12, 1 v.

3169. Le jardin des contemplatifs, parsemé de fleurs d'amour divin. *Paris*, 1605, in-8°, 1 v.

3170. L'épouse céleste contenant l'origine et excellence de l'âme, par le che Serclier. *Lyon*, 1607, in-12, 1 v.

3171. Les théorèmes de M. J. de la Ceppede, Sr d'Aigalades, sur les mystères de nostre rédemption. *Tolose*, 1613, in-4°, 1 v.

3172. Le palais de l'amour divin entre Jésus et l'âme chrestienne, par le R. P. F. Laurent de Paris. *Paris*, 1614, in-4°, 1 vol.

3173. Flambeau royal, par le Sr de Nerveze. *Paris*, 1615, in-12, 1 v.

3174. Les Merveilles de l'autre Monde, par Fr. Arnoulx. *Arras*, 1616, in-12, 1 vol.

3175. Suite des merveilles de l'autre monde, par François Arnoulx. *Lyon*, 1617, in-12, 1 v.

3176. La lumière et le flambean de l'âme qui aspire à la perfection, par le Père Solutive. *Paris*, 1615, in-18, 1 v.

3177. Les délices spirituelles par le Père Humblot. *Saint-Mihiel*, 1618, in-32, 1 vol.

3178. La fontaine d'Hélie arrosant le parterre de l'Eglise et des âmes dévotes, par le R. P. Toussaincts Foucher. *Lyon*, 1619, in-16, 1 v.

3179. Traicté de la vie spirituelle, par S. Vincent, traduit par sœur Juliane Morell. *Paris*, 1619, in-12, 1 v.

3180. Les parallèles de l'amour divin et humain, par le P. Loryot. *Paris*, 1620, in-12, 1 v.

3181. Le consolateur des âmes scrupuleuses, par Guillaume GAZET, ch^e d'Aire. *Toul*, 1623, in-12, 1 v.

3182. Les triomphes de l'amour de Dieu en la conversion d'Hermogène, par PHILIPPE d'Angoumois. *Paris*, 1625, in-4°, 1 vol.

3183. Angélique. Des excellences et perfections immortelles de l'âme, par dom Polycarpe DE LA RIVIÈRE. *Lyon*, 1626, in-4°, 1 v.

3184. Le jardin de la vie contemplative, par Christophe LE ROY. *Paris*, 1626, in-8°, 1 v.

3185. Le Char sacré de l'aurore de grâce, ou de l'horloge spirituel du P. DE CORIOLAN. *Lyon*, 1628, in-12, 1 v.

3186. Les Estats généraux, convoquez au ciel, par François ARNOULX. *Lyon*, 1628, in-12, 1 v.

3187. Le soleil mystique de la saincteté, composé par Nic. DU PONT. *Paris*, 1629, in-8°, 1 v.

3188. Les tapisseries du divin amour ou la passion et mort de Jésus, fils de Dieu, par le P. LAURENT, de Paris. *Paris*, 1630, in-4°, 1 v.

3189. Les saintes affections de Joseph et les amours de la Vierge, par DE LA SERRE. *Bruxelles*, 1631, in-12, 1 v.

3190. Le bréviaire des courtisans, par le S^r DE LA SERRE. *Bruxelles*, 1631, in-12, 1 vol.

3191. Discours théologiques du souverain bien de l'homme, par le P. MAUCORS. *Rouen*, 1631, in-4°, 1 v.

3192. Des attraits tout puissants de l'amour de J.-C. et du paradis de ce monde, par le P. Binet. *Paris*, 1631, in-12, 1 v.

3193. Les trois états de l'autre vie, par le P. Martin de ROA, traduits en français, par le P. d'ORAISON. *Lyon*, 1631, in-12, 1 vol.

3194. Traités de l'amour de Dieu et du prochain. *Lyon*, 1631, in-12, 1 v.

3195. Extases de la princesse du midy la belle Malceda au palais du sage Roy Salomon, par I. J. J. COURVOISIER. *Brusselles*, 1632, in-4°, 1 v.

3196. La sainte économie de la famille de Jésus, par Pierre GUÉRIN. *Paris*, 1633, in-12, 1 v.

3197. L'ouverture des trois cieux de St Paul, par le F^re LÉON. *Paris*, 1633, in-12, 1 vol.

3198. De la foi vive; exercice spirituel, par Pierre CAMUS, Evêque de Belley. *Paris*, 1633, in-32, 1 v.

3199. La divine naissance, enfance et progrez admirables de l'âme au saint amour de Jésus et de Marie. *Paris*, 1633, in-8°, 2 vol.

3200. La practique solide du saint amour de Dieu, par le P. BINET. *Paris*, 1634, in-8°, 1 vol.

3201. Anatomie de l'âme et des opérations divines en icelle, par le Père DE BARBANÇON. *Liège*, 1635, in-12, 1 v.

3202. Le lys divin et le Samson mystique, par Jean-Jacques COURVOISIER. *Lille*, 1637, in-4°, 1 v.

3203. La Théologie affective, ou S. Thomas en méditations, par Maistre Louis BAIL. *Paris*, 1649, in-fol., 1 v.

3204. La Théologie affective, ou Sainct Thomas en méditations, par M. Louis BAIL. *Paris*, 1650, in-8°, 5 v.

3205. Les secrets de la science des saints, par le P. A. CIVORÉ. *Lille*, 1651, in-12, 1 vol.

3206. Théologie familière, avec divers autres petits traités de dévotion, par l'Abbé DU VERGIER DE HAURANNE. *Rouen*, 1652, in-32, 1 v.

3207. Les délices de l'homme intérieur, par PIERRE THOMAS. *Rouen*, 1653, in-4°, 1 vol.

3208. L'homme intérieur selon l'esprit du Bienheureux FRANÇOIS DE SALES, par le R. P. ALIPPE. *Lyon*, 1657, in-4°, 1 v.

3209. Discours en forme de lettre de N. S. J.-C. à l'âme dévote. *Paris*, 1659, in-32, 1 v.

3210. L'homme défaillant à la grâce, ou les lamentations de Jérémie, par le P. PIERRE THOMAS. *Rouen*, 1663, in-12, 1 v.

3211. Les œuvres de Pierre, Cardinal DE BÉRULLE, par les soins de Fr. BOURGOING. *Paris*, 1665, in-fol., 1 v.

3212. Les secrets de la vie spirituelle, qui en découvrent les illusions, par le P. GUILLORÉ. *Paris*, 1673, in-12, 1 v.

3213. Accord amoureux entre l'amant de Jésus et de Marie, par un théologien Marial. *Douay*, 1675, in-18, 1 v.

3214. Elaircissement utile pour la paix des âmes et pour le soulagement des consciences, par Mgr ABELLY. *Paris*, 1675, in-18, 1 v.

3215. Les exercices du chrestien intérieur, par le Père D'ARGENTAN. *Paris*, 1675, in-12, 2 v.

3216. Pensées chrétiennes entremêlées de plusieurs affections, par Jean LACMAN. *Louvain*, 1676, in-32, 1 v.

3217. Sentences et instructions chrétiennes, tirées de S. Augustin, par DE LAVAL. *Paris*, 1677, in-12, 2 v.

3218. Œuvres chrétiennes et spirituelles de Jean DU VERGER DE HAURANNE, Abbé de Saint-Cyran. *Lyon*, 1679, in-12, 4 v.

3219. Sentences et instructions chrestiennes, tirées de l'Ancien et du Nouveau Testament, par DE LAVAL. *Paris*, 1680, in-12, 2 v.

3220. Les œuvres de SAINT FRANÇOIS DE SALES, Evesque et Prince de Genève. *Paris*, 1669, in-fol., 2 v.

3221. Introducion a la vida devota por FRANCISCO DE SALAS. *En Bruselas*, 1618, in-16, 1 v.

3222. Traité de l'Amour de Dieu de Saint FRANÇOIS DE SALES. *Paris*, 1681, in-12, 1 vol.

3223. A treatise of the love of God. Written in French by B. FRANCIS DE SALES. *Douai*, 1630, in-12, 1 v.

3224. La vraie et solide piété expliquée, par S. FRANÇOIS DE SALES. *Paris*, 1729, in-8°, 1 v.

3225. L'homme de Dieu dans l'état de perfection, par Claude DU PUYS. *Paris*, 1682, in-4°, 1 v.

3226. Sentences et instructions chrestiennes, tirées de l'Ancien et du Nouveau Testament, par DE LAVAL. *Paris*, 1682, in-12, 2 v.

3227. Les Soupirs et Regrets de l'âme affligée, par Messire Fr. DOUJAT. *Paris*, 1685, in-12, 1 v.

3228. La vraie et solide dévotion, contenant la science du chrétien, par l'abbé BEUVELET. *Rouen*, 1687, in-12, 1 v.

3229. De la connaissance et de l'amour du fils de Dieu, par J. B. St.JURE. *Paris*, 1688, in-fol., 1 v.

3230. Les pensées de la solitude chrétienne sur l'éternité, par le Père Carme DE SAINT-LUC. *Paris*, 1688, in-12, 1 v.

3231. Entretiens de l'Abbé Jean et du Prestre Eusèbe, par François DU SUEL. *Lyon*, 1691, in-8°, 1 v.

3232. Les délices de l'esprit. Entretiens d'un chrétien et d'un athée sur la divinité, la religion et l'immortalité de l'âme, par DES MARESTS. *Paris*, 1691, in-12, 1 vol.

3233. Maximes spirituelles du Père BARRÉ. *Paris*, 1694, in-12, 1 v.

3234. Miroir de l'âme religieuse, par le Père DE BOUVIGNES. *Namur*, 1696, in-8°, 1 vol.

3235. De la véritable et solide piété, et de la prière. *Paris*, 1696, in-12, 1 v.

3236. Miroir de l'âme religieuse, par Louis DE BOUVIGNES. *Namur*, 1696, in-8°, 1 vol.

3237. La peinture spirituelle, par Louis RICHEOME. ..... in-12, 1 v.

3238. Le cerf spirituel, exprimant le sainct désir de l'âme d'estre avec son Dieu, par Pierre DORÉ. *Paris*, ..., in-32, 1 vol.

3239. Le vrai repos en Dieu par les travaux de l'âme et la vie intérieure. *Rouen*, 1701, in-12, 2 v.

3240. La vie pure et sainte, par un Père Jésuite. *Mons*, 1701, in-32, 2 v.

3241. Lettres de piété, écrites à différentes personnes, par le P. Bouthillier de Rancé, Abbé de la Trappe. *Paris*, 1701, in-12, 2 v.

3242. Traitez de piété, ou discours sur divers sujets de la morale chrétienne, par de Ste Marthe. *Paris*, 1702, in-12, 2 vol.

3243. De la plus solide, la plus nécessaire, et souvent la plus négligée de toutes les dévotions, par l'abbé Thiers. *Paris*, 1702, in-12, 2 v.

3244. Le directeur spirituel pour ceux qui n'en ont point. *Paris*, 1703, in-12, 1 vol.

3245. Traité philosophique et théologique sur l'amour de Dieu. Louis-Ellies du Pin. *Paris*, 1717, in-8°, 1 v.

3246. Sentiments de piété par M. de Fénelon. *Paris*, 1719, in-12, 1 v.

3247. Sentiments sur la dignité de l'âme, la nécessité de l'adoration, les avantages des afflictions et sur l'abandon de Dieu, par le Père Avrillon. *Paris*, 1738, in-12, 1 vol.

3248. Traités de l'amour de Dieu à l'égard des hommes, et de l'amour du prochain, par le Père Avrillon. *Paris*, 1740, in-12, 1 vol.

3249. Œuvres spirituelles de Mgr de Fénelon...... 1740, in-12, 4 v.

3250. Révision de l'histoire du ciel, pour servir de supplément à la première édition. *Paris*, 1740, in-12, 1 v.

3251. Commentaire affectif sur le grand précepte de l'amour de Dieu, par le P. Avrillon. *Paris*, 1742, in-12, 1 v.

3252. Le chemin de l'amour divin, description de son palais, et des beautés qui y sont renfermées. *Paris*, 1746, in-12, 1 v.

3253. La dévotion réconciliée avec l'esprit. *Montauban*, 1755, in-12, 1 v.

3254. Abrégé du traité de l'amour de Dieu de S. François de Sales, par M. Tricalet. *Paris*, 1756, in-12, 1 v.

3255. Méthode pratique pour converser avec Dieu, par le Père Franc. *Lyon*, 1756, in-12, 1 v.

3256. Le philosophe dithyrambique, par le Père Fidèle de Pau. *Paris*, 1766, in-12, 1 vol.

3257. Lettres spirituelles sur la paix intérieure. *Paris*, 1766, in-12, 2 v.

3258. Recueil de pièces. Théologie ascétique. In-12, 1 v.

II. Traités particuliers

a. De l'oraison

3259. Seconde partie de l'Oraison mentale ou contemplative de Fre Mathias Bellintani de Salo, traduit de l'italien par Gaultier. *Arras*, 1603, in-32, 1 v.

3260. Troisième partie de l'Oraison mentale ou contemplative du frère Mathias Bellintani de Salo. *Douai*, 1610, in-12, 1 vol.

3261. Enchiridion catholicum de necessitate Deum orandi, auctore Antonio Levesque. *Tornaci*, 1611, in-18, 1 v.

3262. De orationibus jaculatoriis libri iv ascetici, seu ad exercitationem spectantes, auctore Antonio de Balinghem. *Antuerpiæ*, 1618, in-12, 1 v.

3263. Direction à l'Oraison mentale, par Pierre Camus, Evêque de Belley. *Cambrai*, 1619, in-32, 1 v.

3264. Exercices spirituels de l'excellence, profit et nécessité de l'Oraison mentale, par le R. P. Anthoine Molina. *Paris*, 1623, in-8°, 1 v.

3265. Introduction à la vie spirituelle par une facile méthode d'Oraison, par le P. DE PARIS. *Paris*, 1626, in-12, 1 v.

3266. Exercices spirituels très utiles à toutes personnes désireuses de leur salut, par le Père DE MOLINA. *Tournai*, 1626, in-32, 1 v.

3267. Abrégé de l'Oraison mentale, par le P. CYPRIEN DE LA NATIVITÉ. *Bruxelles*, 1665, in-12, 1 v.

3268. Le règne de Dieu en l'Oraison mentale, par l'abbé BOUDON. *Paris*, 1671, in-12, 1 v.

3269. Phileremi PALÆOLOGI de oratione dominica liber, ex variis S. Augustini sententiis summa fide contextus. *Parisiis*, 1673, in-12, 1 v.

3270. L'oratoire du cœur, par DE QUERDU LE GALL. *Paris*, 1675, in-12, 1 v.

3271. Quatre instructions spirituelles, tirées de diverses lettres d'un serviteur de Dieu. *Paris*, 1676, in-12, 1 v.

3272. Traité de l'Oraison, divisé en sept livres. *Paris*, 1679, in-8°, 1 v.

3273. Réflexions spirituelles sur l'Oraison mentale, par un prêtre de Paris. *Paris*, 1680, in-12, 1 v.

3274. L'Oraison du cœur par un ch^e^ d'Arras. *Paris*, 1684, in-32, 1 v.

3275. Pratique de l'Oraison de Foy, ou de la contemplation divine. *Paris*, 1684, in-12, 1 v.

3276. L'Esprit de l'Eglise dans l'usage des pseaumes, en forme de prières ou d'exhortation. *Paris*, 1697, in-12, 2 v. (2 exempl.)

3277. Instruction sur les estats d'Oraison, par M. Jacques Bénigne BOSSUET. *Paris*, 1697, in-8°, 1 v.

3278. Méthode d'Oraison, avec une nouvelle forme de méditations, par le P. CRASSET, jésuite. *Paris*, 1697, in-12, 1 vol.

3279. Méthode facile d'Oraison, réduite en pratique, par le père NEPVEU. *Paris*, 1700, in-32, 1 v.

3280. Pratiques de piété, ou les véritables dévotions, par le Père LE MAISTRE. *Lille*, 1707, in-12, 1 v.

3281. Traité sur la prière publique et sur les dispositions pour offrir les Saints Mystères. *Paris*, 1707, in-12, 1 v.

3282. Effusion de cœur, ou entretien spirituel et affectif d'une âme avec Dieu. *Paris*, 1722, in-12, 4 v.

3283. Traité de la prière, divisé en sept livres, par M. NICOLE. *Paris*, 1724, in 18, 2 vol.

3284. Traité de la prière continuelle. *Paris*, 1739, in-12, 1 v.

b. Méditations ou considérations chrétiennes pour tous les jours de l'année ou du mois

3285. Liber meditationum ac orationum devotarum qui anthidotarius animæ dicitur. *Parisiis*, ..., in-18, 1 v.

3286. Contemplationes idiotæ de amore divino, et de Virgine Maria. *Parisiis*, 1519, in-4°, 1 v.

3287. Livre très utile de saincte méditation de l'homme sur soy-mesmes, par M. Robert CIBOLE. *Lovain*, 1556, in-4°, 1 vol.

3288. Praxis pro singulis hebdomadæ diebus septem correspondens planetis, a Patre JOSEPHO A CRUCE. *Valencenis*, 1609, in-4°, 1 vol.

3289. Méditations sur la vie de N. S. Jésus-Christ, par Pierre COTON. *Paris*, 1614, in-18, 1 v.

3290. Théâtre du paradis, ou méditations de la gloire céleste, fait en italien par le P. BELLINTANI DE SALO, et traduit en français par le P. DE RIOM. *Lyon*, 1629, in-12, 1 vol.

3291. Méditations sur la vie de Jésus-Christ pour tous les jours de l'année, et pour les festes des Saints, par le P. Julien HAYNEUFVE. *Paris*, 1644, in-4°, 4 vol.

3292. Les pratiques de l'année saincte, par le R. P. MARTIAL du Mans. *Rouen*, 1657, in-12, 2 v.

3293. La couronne de l'année chrétienne, par l'abbé ABELLY, méditations. *Paris*, 1657, in-32, 2 v.

3294. Les méditations de Philagie pour tous les jours de l'année, par le P. Paul DE BARRY. *Lyon*, 1649, in-12, 3 v.

3295. Elévations à Jésus-Christ, et méditations chrétiennes sur le texte de l'Epitre aux hébreux, par Mgr GODEAU. *Paris*, 1660, in-18, 1 v.

3296. Méditations sur les principales véritez chrestiennes et ecclésiastiques pour tous les dimanches, festes et autres jours de l'année, par Mathieu BEUVELET. *Paris*, 1666, in-4°, 1 v.

3297. Méditations sur les principales véritez chrestiennes et ecclésiastiques, pour tous les dimanches, festes et autres jours de l'année, par Mathieu BEUVELET. *Lyon*, 1674, in-4°, 1 v.

3298. Vita et doctrina Jesu-Christi, ex quatuor Evangelistis collecta et in meditationum materiam ad singulos totius anni dies distributa, per Nic. AVANCINUM. *Viennæ Austriæ*, 1667, in-16, 1 v.

3299. Manna communicantium, seu meditationes piæ, per R. P. JUSTUM AB ASSUMPTIONE. *Bruxellis*, 1674, in-8°, 2.

3300. Les pensées de la solitude chrétienne sur l'éternité, le mépris du monde et la pénitence, par le P. TOUSSAINT DE SAINT-LUC. *Paris*, 1682, in-12, 1 v.

3301. Les tableaux de la pénitence, par Antoine GODEAU. *Paris*, 1684, in-12, 1 vol.

3302. L'Année chrétienne ou les messes des dimanches, féries et fêtes de toute l'année, (par Nic LE TOURNEUX). *Bruxelles*, 1687, in-12, 11 v.

3303. Méditations courtes sur les Epitres et Evangiles des dimanches, pour chaque jour de la semaine. *Paris*, 1687, in-12, 2 vol.

3304. Pensées ou réflexions chrétiennes pour tous les jours de l'année, par le P. NEPVEU. *Paris*, 1695, in-12, 4 v.

3305. Le jour évangélique, ou trois cent soixante six vérités, tirées de la morale du Nouveau Testament, par l'Abbé DE ROLDUC. *Liège*, 1697, in-12, 1 v.

3306. Méditations pour les dimanches, les fêtes et les féries principales de toute l'année, par le P. BUSÉE. *Paris*, 1704, in-12, 1 v.

3307. Considérations importantes et solides, et prières chrétiennes pour inspirer et obtenir la crainte de Dieu. *Lille*, 1707, in-18, 1 v.

3308. La morale du Nouveau Testament, partagée en réflexions chrétiennes pour chaque jour de l'année *Paris*, 1722, in-12, 4 v.

3309. Méditations sur des passages choisis de l'Ecriture Sainte, pour tous les jours de l'année, par le P. SEGNERI. *Paris*, 1737, in-12, 5 v.

3310. La Religion chrétienne, méditée dans le véritable esprit de ses maximes. *Paris*, 1745, in-12, 6 v.

3311. Année spirituelle, exercices pour chaque jour de l'année. *Paris*, 1770, in-12, 3 vol.

c. Méditations sur les Sacrements

3312. Méditations sur le Sacrement de Baptême, pour une retraite de dix jours. *Paris*, 1679, in-12, 1 v.

3313. Sacrifice perpétuel de foi et d'amour au très S. Sacrement, par l'abbé GOURDAN. *Paris*, 1762, in-12, 1 v.

d. Retraites

3314. Méditations sur les plus grandes véritez de la foy, dressées pour les retraites par J. B. Sainct-Jure. *Paris*, 1652, in-8°, 1 v.

3315. Solitude de dix jours sur les plus solides véritez, et les maximes de l'Evangile. *Paris*, 1665, in-4°, 1 v.

3316. Retraite pour les prêtres, par le Père Maillard, jésuite. *Paris*, 1694, in-12, 1 v.

3317. L'Ame chrétienne en retraite, par le P. de S. Maurice. *Paris*, 1694, in-12, 1 vol.

3318. Exercices spirituels pour les religieux et religieuses, pendant la retraite des dix jours, par Joachim le Contat. *Paris*, 1703, in-8°, 1 v.

3319. Avis et pratiques pour profiter de la mission, et pour en conserver le fruit. *Paris*, 1708, in-12, 1 v.

3320. Retraite spirituelle pour un jour chaque mois, par un Père Jésuite. *Rouen*, 1705, in-12, 1 v.

3321. Retraite sur la bonté et la miséricorde de Dieu. *Paris*, 1717, in-12, 1 v.

3322. Avis et pratiques pour profiter de la mission, à l'usage des missions du Père Du Plessis. *Paris*, 1742, in-12, 1 vol.

e. Préparation à la mort

3323. Pro salutari hominis ad felicem mortem præparatione a Ludovico Bero libellus. *Basileæ*, 1549, in-12, 1 v.

3324. Robertus Cardinalis Bellarminus. De arte bene moriendi. 1604. in-32, 1 v. (fig.)

3325. Consolation et réjouissance pour les malades et personnes affligées, par le P. Binet. *Arras*, 1618, in-32, 1 v.

3326. Consolation et réjouissance pour les malades et personnes affligées, par le P. Binet. *Arras*, 1618, in-18, 1 v.

3327. De arte bene moriendi libri duo, auct. Roberto Bellarmino. *Antuerpiæ*, 1620, in-12, 1 v.

3328. Consolation et réjouissance pour les malades et personnes affligées, par le P. Binet. *Arras*, 1621, in-32, 1 v.

3329. Clypeus patientiæ, a R. P. Jacobo Coveno. *Lugduni*, 1622, in-8°, 1 v.

3330. Les apostrophes de l'âme dévote sur le De Profundis, par le Père Fr. Michel Le Comte. *Liège*, 1623, in-12, 1 vol.

3331. Les douces pensées de la mort, par De la Serre. *Bruxelles*, 1627, in-12, 1 vol.

3332. Selecta aurea morientium justorum ore prolata, per J. Severanum Sanctoseverinatem. *Romæ*, 1629, in-4°, 1 v.

3333. La pratique chrétienne pour consoler les malades et assister les criminels, condamnés au supplice. *Paris*, 1629, in-8°, 1 v.

3334. Le tableau de l'âme mourante dans les douleurs de Jésus, par le P. Hyacinthe, capucin. *Paris*, 1631, in-12, 1 v.

3335. Le commerce des vivants fait en faveur des âmes du purgatoire. Bonaventure Breugne. *Lyon*, 1658, in-4°, 1 v.

3336. Adresses et pratiques touchant la préparation à la mort. *Paris*, 1665, in-12, 1 v.

3337. Recueils de plusieurs ecclésiastiques, qui ont été dévots aux âmes du purgatoire, par Jean Hanart. *Douay*, 1673, in-4°, 1 v.

3338. Exercice de la mort, contenant diverses pratiques de dévotion, pour se préparer à bien mourir. *Paris*, 1677, in-12, 1 vol.

3339. La mort des élus, par le Père Archange. *Paris*, 1684, in-32, 1 v.

3340. Testament spirituel ou prière à Dieu pour bien mourir, par le P. Lallemant. *Paris*, 1687, in-12, 1 v.

3341. Methodus tripartita, sive praxis adjuvandi agonizantes. *Bruxellis*, 1687, in-16, 1 v.

3342. Philippi SERVII amicus fidelis usque ad mortem, sive modus juvandi moribundos. *Coloniæ Agrippinæ*, 1690, in-16, 1 vol.

3343. Exhortations aux malades en leur administrant le St Viatique, par J. PONTAS. *Paris*, 1690, in-12, 1 v.

3344. La mort des justes, par le Père LALLEMANT. *Paris*, 1693, in-12, 1 v.

3345. Méthode pour assister les malades et les aider à faire une bonne mort, composée en latin par POLANCUS, et traduite par Ch[les] COTOLENDI. *Paris*, 1693, in-12, 1 vol.

3346. La mort chrétienne, par Dom MABILLON. *Paris*, 1702, in-12, 1 v.

3347. Prières pour se préparer à bien mourir. *Lyon*, 1707, in-12, 1 v.

3348. Entretien de Dieu avec l'homme sur le moyen de mourir heureusement, par François DOUJAT. *Paris*, 1708, in-12, 1 vol.

3349. Les saints désirs de la mort, par le P. LALLEMANT. *Paris*, 1710, in-12, 1 v.

3350. Instructions et pratiques pour disposer un malade à la mort. *Paris*, 1715, in-32, 1 v.

3351. La mort des justes, par le P. LALLEMANT. *Paris*, 1722, in-12, 1 v.

3352. Essai d'exhortations pour les états différents des malades, par A. BLANCHARD, prêtre. *Paris*, 1742, in-22, 2 v.

3353. De præparatione ad mortem opusculum Joannis Cardinalis BONA. *Romæ*, 1750, in-12, 1 v.

3354. Double préparation à la mort, par le Père Jean CRASSET. *Bruxelles*, 1755, in-12, 1 v.

3355. La véritable préparation à la mort, par Armand BOUTHILIER, Abbé de la Trappe..... In-12, 1 v.

f. Recueils de prières

3356. Livre de Messe (en velin, gothique). 1500, in-8°, 1 v.

3357. Precationes aliquot celebriores e sacris Bibliis desumptæ, ac in studiosorum gratiam lingua hebraica, græca et latina in Enchiridii formulam redactæ. *Parisiis*, 1554, in-18, 1 v.

3358. Cathemerinon ex precatoriis Græcorum libellis, a Joanne SYLVIO Atrebatio. *Antuerpiæ*, 1571, in-12, 1 v.

3359. Hortulus precationum. Petrus BACHERIUS. *Lovanii*, 1574, in-18, 1 v.

3360. Thesaurus litaniarum ac orationum sacer, opera Thomæ SAILLY. *Bruxellæ*, 1598, in-12, 1 v.

3361. Thesaurus litaniarum ac orationum sacer, opera Thomæ SAILLY. *Bruxellæ*, 1598, in-8°, 1 v.

3362. Thesaurus litaniarum ac orationum sacer, opera P. Thomæ SAILLY. *Bruxellæ*, 1598, in-12, 1 v.

3363. Thesaurus litaniarum sacer, opera P. Thomæ SAILLII. *Bruxellis*, 1600, in-32, 1 v.

3364. Precationes in Epistolas et Evangelia, auct. Joanne LANGHECRUCIO. *Duaci*, 1601, in-18, 1 v.

3365. Thesaurus precum et litaniarum ex Scripturæ sacræ, sanctorumque Patrum gazophilacis depromptus, opera G. GAZEI. *Atrebati*, 1602, in-18, 1 v.

3366. Nouveau manuel de prières, divisé en huit parties, par P. DE RIBADENEIRA, traduit d'espagnol en français, par GAUTIER. *Paris*, 1605, in-32, 1 v.

3367. Thesaurus litaniarum sacer, opera P. Thomæ SAILLY. *Bruxellæ*, 1607, in-12, 1 v. (fig.).

3368. Fasciculus sacrarum litaniarum ex Sanctis Scripturis et Patribus, Romæ approbatus. *Augustæ Vindelicorum*, 1614, in-18, 1 v.

3369. Exercitium hebdomadarium, cum litaniis variis novo ordine dispositum, opera D. Antonii DE MUNDE. *Duaci*, 1639, in-18, 1 v.

3370. L'Office du S. Sacrement pour le jour de la fête et toute l'octave. *Paris*, 1659, in-8°, 2 v.

3371. Franciscus GODIN. Jeverighen iever tot Godes wet. tot *Brussel*, 1661, in-12, 1 vol.

3372. Le bonheur de cette vie, Jésus adoré au S. Sacrement de l'autel, par le P. CORET. *Douai*, 1684, in-12, 1 v.

3373. Instructions et prières chrétiennes, imprimées par ordre du Cardinal DE NOAILLES, à l'usage de son diocèse. *Paris*, 1703, in-12, 1 v.

3374. Courtes prières durant la S. Messe. *Lille*, 1719, in-32, 1 v.

3375. Formulaire de prières pour sanctifier ses actions. *Liège*, 1730, in-12, 1 v.

3376. Cantiques spirituels sur divers sujets de la doctrine chrétienne. *Paris*, 1732, in-12, 1 v.

3377. Cantiques spirituels sur divers sujets de la doctrine et de la morale chrétienne. *Paris*, 1732, in-12, 1 v.

3378. Prières du matin et du soir. *Lille*, 1735, in-12, 1 v.

3379. Exercices de piété pour passer dévotement la journée, pour les pensionnaires des Augustines d'Arras .... 1736, in-18, 1 vol.

3380. Formulaire de prières, et exercices de piété. *Arras*, 1738, in-18, 1 v.

3381. Formulaire de prières, à l'usage des pensionnaires des Ursulines d'Arras. *Arras*, 1738, in-16, 1 v.

3382. D. Ludovici BLOSII preculæ admodum piæ. *Bruxellis*, 1741, in-18, 1 v.

3383. Horologium (græce), in-32, 1 v.

3384. Recueil de méditations et de prières (græce), in-fol., 1 v.

3385. Livre de prières (græce), in-18, 1 v.

3386. Livre de prières (allemand), in-18, 1 vol.

3387. Livre de prières .... in-12, 1 v.

3388. Thesauri precum et exercitiorum spiritualium pars prima. De Deo ...... in-12, 1 v.

3389. Recueil, prières, vies de Saints (græce), in-12, 1 v.

III. Dévotions particulières

a. Dévotion à Jésus-Christ et au Saint-Esprit

3390. F. Petri MONTANI dominicæ afflictionis, secundum quatuor Evangelistas enarratio, ex veterum Doctorum commentariis desumpta. *Antuerpiæ*, 1563, in-12, 1 v.

3391. Libellus de sancta cruce, ejusque adoratione, auth. Arnoldo MERMANNIO. *Lovanii*, 1566, in-18, 1 v.

3392. Justus Joseph, sive in Jesu-Christi mortem et passionem Stanislai SOCOLOVII meditationes. *Cracoviæ*, 1586, in-4°, 1 v.

3393. Vincentii BRUNI in passionem et resurrectionem Jesu-Christi meditationes. *Coloniæ Agrippinæ*, 1597, in-16, 1 vol.

3394. Discours de l'usage, vertu et miracles du signe de la Croix, par F. Pierre DE CROIX. *Arras*, 1604, in-12, 1 v.

3395. Le couronnement du Très-Saint Sacrement. Cor. Columbanus DRANER (en flamand). *Te Ghendt*, 1604, in-12, 1 vol.

3396. Paradisus sponsi et sponsæ, auct. Joanne DAVID. *Antuerpiæ*, 1609, in-8°, 1 vol.

3397. Crux triumphalis et gloriosa a Jacobo BOSIO descripta. *Antuerpiæ*, 1617, in-fol., 1 v.

3398. Paradisus sponsi et sponsæ, auctore Joanne DAVID. *Antuerpiæ*, 1618, in-4°, 1 vol.

3399. Contemplaciones del crucifixo, por el Fr. Andres DE SOTO. *En Brussellas*, 1623, in-16, 1 v.

3400. Franciscus BOURGOINEUS. Lignum vitæ pulchrum visu, et ad vescendum suave afferens fructus duodecim. *Montibus*, 1629, in-18, 1 v.

3401. Arche du Testament ou de l'object d'éternelle adoration, par Jean BOUCHER. *Tournay*, 1635, in-fol., 1 v.

3402. La connoissance de l'amour de Jésus-Christ, par PIERRE DE LA MÈRE DE DIEU. *Paris*, 1646, in-4°, 1 v.

3403. Les degrès du Calvaire avec élans et aspirations, par M. Nicolas DE LESTOCQ. *Paris*, 1655, in-12, 1 v.

3404. Dissertationes historicæ et criticæ, quibus officium Venerabilis Sacramenti Sancto THOMA vindicatur, contra RR. PP. HENSCHENII et PAPEBROCHII conjecturas. *Parisiis*, 1680, in-8°, 1 v.

3405. La dévotion des prédestinés, ou les stations de Jérusalem et du Calvaire, par le Père PARVILLERS. *Paris*, 1696, in-32, 1 v.

3406. La dévotion du Calvaire, par le Père CRASSET. *Paris*, 1699, in-18, 1 v.

3407. Abrégé de dévotion au très-Saint Sacrement de miracles. *Douay*, 1702, in-18, 1 v.

3408. Entretiens avec Jésus-Christ dans le S. Sacrement de l'autel, par un bénédictin de S. Maur. *Paris*, 1739, in-12, 1 vol.

3409. Exercices spirituels pour les membres de la confrérie du S. Sacrement, érigée dans l'Eglise de Saint-Jacques-la-Boucherie. *Paris*, 1740, in-12, 1 v.

3410. La dévotion à N. S. J. C. dans l'Eucharistie, par le Père VAUBERT. *Paris*, 1741, in-12, 2 v.

3411. L'amoureux de Jésus à l'honneur du S. Sacrement de l'Eucharistie, composé en italien par le P. SOLUTIVE, traduit en français par le P. JOUYE. *Paris*, ..., in-12, 1 v.

3412. L'adoration perpétuelle du S. Sacrement de l'autel. *Arras*, ..., in-32, 1 v.

3413. Mandement de Mgr l'Evêque d'Arras concernant l'adoration perpétuelle. ......, in-32, 1 v.

b. Dévotion à la Vierge

3414. Summario del Rosario, por el P. Balthasar JUAN ROCA. *Valencia*, 1596, in-12, 1 v.

3415. Florida Mariana, sive de laudibus Virginis Deiparæ panegyrici XIII, auctore Martino DEL RIO. *Antuerpiæ*, 1598, in-8°, 1 vol.

3416. Orationes panegyricæ duæ theologicæ de B. V. Maria a Nicolao DE REBBE. *Bruxellæ*, 1598, in-8°, 1 v.

3417. Orationes panegyricæ de Beata Virgine Maria, auctore Nicolao DE REBBE. *Bruxellæ*, 1599, in-8, 1 v.

3418. Hebdomada Mariana, auctore Richardo STANIHURSTO. *Antuerpiæ*, 1609, in-18, 1 v.

3419. Traité de l'imitation de Notre-Dame la glorieuse Vierge Marie, mère de Dieu, par le P. ARIAS. *Douai*, 1611, in-32 1 vol.

3420. L'histoire du chappelet. *Rouen*, 1613, in-16, 1 v.

3421. Cinq livres de méditations théologiques et récréations spirituelles sur le cantique de la Vierge Marie. *Paris*, 1614, in-4°, 1 v.

3422. Antonii SANDERI panegyricus B. Mariæ Virgini Deiparæ. *Gandavi*, 1618, in-fol., 1 v.

3423. Maria Deipara, thronus Dei, auctore Petro Ant. SPINELLO Neapolitano. *Coloniæ Agrippinæ*, 1619, in-4°, 1 v.

3424. In quindecim mysteria sacri Rosarii Deiparæ Virginis exercitationes, per J. BOURGESIUM. *Antuerpiæ*, 1622, in-12, 1 vol.

3425. De bono sodalitatis Partheniæ, auctore Joanne Bourghesio. *Antuerpiæ*, 1622, in-16, 1 v.

3426. Petit jardin de Notre-Dame, ou diverses pratiques d'honorer la bénite Vierge, par le R. P. Fr. de la Croix. *Douay*, 1623, in-18, 1 v.

3427. B. Alanus de rupe redivivus, de psalterio seu Rosario Christi ac Mariæ, auct. J. Andrea Coppenstein. *Coloniæ Agrippinæ*, 1624, in-8°, 1 v.

3428. Biblia Mariæ a B. Alberto Magno. *Coloniæ Agrippinæ*, 1625, in-16, 1 v.

3429. Domini Richardi a Sancto Laurentio de laudibus B. Mariæ Virginis. *Duaci*, 1625, in-4°, 1 v.

3430. Apologiæ pro Deiparæ Virginis Mariæ camera et historia (pro sede Lauretana), authore Petro Roestio. *Augustæ Trevirorum*, 1625, in-4°, 1 v.

3431. Sabbatismus Marianus, autore Augustino Wichmans. *Antuerpiæ*, 1628, in-12, 1 v.

3432. Le Sacré jardin du sainct rosaire, par A. Baretti. *Valenciennes*, 1630, in-18, 1 v.

3433. Maximiliani Sandæi Maria, gemma mystica. *Moguntiæ*, 1631, in-16, 1 v.

3434. Alliance spirituelle avec la Vierge Mère de Dieu. S. Scapulaire. *Paris*, 1631, in-18, 1 v.

3435. Méditations affectueuses sur la vie de la très-Sainte Vierge, mère de Dieu, par le R. P. Estienne Binet. *Anvers*, 1632, in-12, 1 v.

3436. Fasti Mariani cum Divorum elogiis, auctore R. P. Andrea Brunner. *Antuerpiæ*, 1633, in-18, 1 v.

3437. Rosetum Marianum SS. Patrum testimoniis, per Christophorum de Castro. *Coloniæ Agrippinæ*, 1634, in-8°, 1 vol.

3438. Quadriga Mariæ Augustæ. *Montibus*, 1648, in-12, 1 v.

3439. Les privilèges de la Vierge, mère de Dieu, par Messire de Priezac. *Paris*, 1648, in-8, 3 v.

3440. Méditations sur les fêtes et octaves de la Mère de Dieu, par le P. Paul de Barry. *Paris*, 1651, in-12, 1 v.

3441. Fasti Mariani cum Divorum elogiis, auct. R. P. Andrea Brunner. *Antuerpiæ*, 1663, in-18, 1 v.

3442. Sonnets sacrez sur les principales festes de la Saincte Vierge, par Laurent Bouchet. *Paris*, 1666, in-4°, 1 v.

3443. Le soulas du pêcheur recourant à la Vierge, selon le sentiment des SS. Pères, par le P. Pora. *Douai*, 1669, in-32, 1 v.

3444. Pratiques de dévotion pour honorer la sainte Vierge. *Paris*, 1670, in-32, 1 v.

3445. Le paradis terrrestre du Saint Rosaire de l'Auguste Vierge Mère de Dieu, par le P. Fatou. *Saint-Omer*, 1692, in-8°, 2 vol.

3446. Lettres sur le culte et l'invocation de la très-Sainte Vierge et des Saints, par le Père de Souastre. *Lille*, 1710, in-12, 1 vol.

3447. Exercitia quotidiana ex Joanne Wilsono pia et Mariana. *Bruxellis*, 1720, in-24, 1 v.

3448. Prières et instructions à l'usage de la confrérie royale de la Sainte Vierge, S. Sébastien et S. Roch. *Paris*, 1728, in-12, 1 v.

3449. Méditations de Notre-Dame. ...., in-12, 1 v.

3450. Le pèlerin de Lorette, vœu à la glorieuse Vierge Marie, Mère de Dieu. ...., in-12, 1 v.

3451. Recueil. Culte de la sainte Vierge. In-12, 1 v.

c. Dévotion aux Anges et aux Saints

3452. De veneratione Sanctorum, auctore Judoco CLICHTOVÆO. *Parisiis*, 1523, in-4°, 1 v.

3453. Méditations sur la vie, mort et miracles de S. Benoist, par J. FERRAIGE. *Paris*, 1622, in-18, 1 v.

3454. Les grandeurs et excellences du glorieux S. Joseph, par le R. P. GRATIAN. *Paris*, 1627, in-8°, 1 v.

3455. De la dévotion vers l'Ange gardien. *Paris*, 1661, in-32, 1 v.

3456. Eloges de Saint Joseph, par le P. Philippe PARMENTIER. *Mons*, 1698, in-12, 1 vol.

IV. — Devoirs et moyens de sanctification dans les divers états

a. Direction générale

3457. De vita sancte instituenda, Ludovici HILLESSEMII ad filios liber unus. *Coloniæ*, 1561, in-16, 1 v.

3458. La police chrétienne, par le che TALPIN. *Paris*, 1568, in-12, 1 v.

3459. L'image de la vie chrétienne, par Guillaume de CURSOL. *Paris*, 1580, in-8°. 1 vol.

3460. Instruction pour tous états. *Paris*, 1589, in-12, 1 v.

3461. Veridicus christianus, auctore Joanne DAVID. *Antuerpiæ*, 1601, in-4°, 1 v.

3462. De triplici hominis officio ex notione ejus, authore Odovardo WESTONO. *Antuerpiæ*, 1602, in-4°, 1 v.

3463. La perle évangélique, trésor incomparable de la sapience divine. *Paris*, 1602, in-8°, 1 v.

3464. Exemplaire de la perfection chrestienne, par F. A. DEMENNNE. *Paris*, 1606, in-4°, 1 v.

3465. L'adresse du salut éternel et antidote de la corruption, par le P. ANTOINE Tolosain. *Lyon*, 1612, in-8°, 1 v.

3466. De statibus hominum liber posthumus R. P. Joannis BUSÆI. *Moguntiæ*, 1613, in-4°, 1 v.

3467. Ludovici DE PONTEVALLIS de christiani hominis perfectione. *Coloniæ Agrippinæ*, 1615, in 4°, 2 v.

3468. Exercitia spiritualia, auct. SANCIO A S. CATARINA. *Parisiis*, 1621, in-12, 1 vol.

3469. L'empire du juste, par Ch. DE NOAILLES. *Paris*, 1632, in-4°, 2 v.

3470. Méthode facile et abrégée pour acquérir la perfection, par Fre LOUIS DE PARIS. *Paris*, 1632, in-12, 1 v.

3471. Institutiones christianæ pietatis a Joanne BOURGHESIO. *Duaci*, 1634, in-12, 1 vol.

3472. Institutionum christianæ pietatis libri quatuor, per Philippum ROVENIUM. *Antuerpiæ*, 1635, in-4°, 1 v.

3473. La perfection du chrétien. *Paris*, 1646, in-12, 1 v.

3474. Traité de la sagesse chrétienne, ou de la riche science de l'uniformité aux volontés de Dieu, par d'ARGENSON. *Paris*, 1651, in-12, 1 v.

3475. L'année saincte, ou l'instruction de Philagie pour vivre à la mode des Saincts, par le R. P. Paul DE BARRY. *Lyon*, 1653, in-4°, 1 v.

3476. Conduites pour les principales actions de la vie chrétienne, par le Père Jean-Baptiste S. JURE. *Paris*, 1657, in-32, 1 vol.

3477. Epictète chrétien, par le P. JEAN-MARIE de Bordeaux. *Paris*, 1658, in-12, 1 vol.

3478. Bibliotheca Patrum ascetica, sive

selecta veterum Patrum de christiana ac religiosa perfectione. *Parisiis*, 1661, in-4°, 5 vol.

3479. Le vray pédagogue chrestien, par le R. P. Philippe d'Outreman. *Paris*, 1661, in-4°, 1 v.

3480. Le chrétien intérieur, ou la conformité intérieure que doivent avoir les chrétiens avec J.-C. *Paris*, 1668, in-12, 1 vol.

3481. Remontrance et exhortation aussi docte que salutaire à ceux qui sont tombés, par l'abbé du Préau. *Paris*, 1674, in-12, 1 v.

3482. Traité de la correction fraternelle. *Paris*, 1676, in-12, 1 v.

3483. Le chrestien du temps, en quatre parties, par le R. P. Franc. Bonal. *Lyon*, 1680, in-4°, 1 v.

3484. Discours de la pureté d'intention et des moyens pour y arriver. *Paris*, 1684, in-12, 1 v.

3485. Les règles de la sagesse, ou la manière de se conduire saintement. *Paris*, 1685, in-12, 1 v.

3486. La morale du S. Esprit, ou les devoirs du chrétien. *Paris*, 1687, in-8°, 1 v.

3487. La vie heureuse ou l'homme content, enseignant l'art de bien vivre, par La Serre. *Paris*, 1689, in-12, 1 v.

3488. Veritates christianæ, auct. Henrico Balde. *Ipris*, 1689, in-18, 1 v.

3489. Les instances de la grâce aux ecclésiastiques, aux religieux, et aux personnes du monde. *Paris*, 1690, in-8°, 3 v.

3490. Les instances de la grâce aux ecclésiastiques, aux religieux et aux personnes du monde. *Paris*, 1691, in-8°, 1 v.

3491. Le directeur spirituel pour ceux qui n'en ont point. *Paris*, 1692, in-12, 1 v.

3492. Instruction sur les principaux sujets de la piété et de la morale chrétienne. *Paris*, 1694, in-12, 1 v.

3493. Le caractère des vrais chrétiens. *Paris*, 1695, in-12, 1 v.

3494. Conduite chrétienne par le Père Armand Jean. *Paris*, 1697, in-12, 1 v.

3495. Instruction pastorale de Mgr l'Archevêque de Paris sur la perfection chrétienne. *Paris*, 1698, in-12, 1 v.

3496. Conduite chrétienne, par l'abbé Louis Sextier. *Arras*, 1698, in-12, 1 vol.

3497. Traité abrégé des obligations des chrétiens, par Armand Bouthillier, Abbé de la Trappe. *Paris*, 1699, in-12, 1 vol.

3498. Traité abrégé des obligations des chrétiens, par Dom de Rancé. *Paris*, 1699, in-12, 1 v.

3499. Pensées et réflexions sur les égarements des hommes dans la voie du salut. *Paris*, 1700, in-12, 3 v.

3500. La règle des devoirs que la nature inspire à tous les hommes. *Paris*, 1758, in-12, 4 v.

3501. Morale chrétienne, partagée en trente articles, pour tous les jours du mois. *Paris*, 1737, in-32, 1 v.

3502. De la négligence et de l'abus des moïens nécessaires pour vivre saintement, par l'abbé de Villiers. *Paris*, 1702, in-12, 1 v.

3503. L'art de vivre en chrétien parfait, par Barnabé Saladin. *Douai*, 1701, in-12, 1 v.

3504. Le grand commandement de la loi, ou le devoir principal de l'homme envers Dieu et envers le prochain, par le P. Bernard. *Paris*, 1734, in-12, 1 v.

3505. Le chrétien du temps confondu par les premiers chrétiens. *Paris*, 1767, in-12, 1 vol.

3506. La science du salut, renfermée dans ces deux paroles : il y a peu d'élus. *Rouen*, 1701, in-12, 2 v. en un.

b. Vie de famille

3507. Le cabinet des dames, contenant l'ornement spirituel de la femme, fille et veuve chrestienne, par Guillaume GAZET. *Arras*, 1602, in-12, 1 v.

3508. Mirouer de sapience de la dame chrestienne, par André VALLADIER. *Paris*, 1611, in-12, 1 v.

3509. Caroli SCRIBANI adolescens prodigus. *Antuerpiæ*, 1621, in-12, 1 v.

3510. L'entretien des viellards, par Claude VAURE. *Paris*, 1625, in-12, 1 v.

3511. Uxor justa, seu syntagma excerptum ex libris 2 selectorum Joannis FILESACI. *Parisiis*, 1630, in-12, 1 v.

3512. Adolescens academicus sub institutione Salomonis, autore Carolo MUSART, Belga. *Duaci*, 1633, in-12, 1 v.

3513. Parochianus obediens, per Bonaventuram BASSEAN. *Duaci*, 1633, in-12, 1 vol.

3514. Le paroissien obéissant, par le P. BONAVENTURE A BASSEA. *Tournay*, 1634, in-12, 1 v.

3515. Cato major christianus, sive de senectute christiana libellus, auctore P. Joanne BOURGHESIO. *Duaci*, 1633, in-12, 1 vol.

3516. La famille sainte, par R. P. Jean CORDIER. *Paris*, 1666, in-4°, 2 v.

3517. Les deux livres de l'état du mariage, composés en latin, par François BARBARO. *Paris*, 1667, in-12, 1 v.

3518. Le bon laboureur, ou la parfaite conduite des familles chrétiennes, par le chanoine DOGNON. *Lyon*, 1669, in-8°, 1 v.

3519. Traité de la virginité, par Louis DE ROUGEMONT. *Paris*, 1699, in-8°, 1 v.

3520. Du célibat volontaire, ou la vie sans engagement, par D[elle] Gabrielle SUCHON. *Paris*, 1700, in-12, 2 v.

3521. Le livre de la femme forte. In-16, 1 vol.

c. Vie du monde dans diverses conditions

3522. De regis officio opusculum Judoci CLICHTOVÆI. *Parisiis*, 1519, in-4°, 1 v.

3523. Institution d'un prince chrestien, par Jean TALPIN. *Paris*, 1567, in-12, 1 vol.

3524. Discours du danger et péril qu'il y a de converser et hanter trop familiairement avec femmes tant séculières que religieuses, par Damp Matthieu LAMBERT. *Liège*, 1596, in-12, 1 v.

3525. Le vrai point d'honneur à garder en conversant, pour vivre honorablement, par le P. DE BALINGHEM. *Saint-Omer*, 1618, in-12, 1 v.

3526. De officio principis christiani libri tres, auct. Roberto BELLARMINO. *Antuerpiæ*, 1619, in-8°, 1 v.

3527. M. Ant. PETILII exarchiæ, sive de exterioris principis munere libri decem. *Coloniæ Agrippinæ*, 1620, in-4°, 1 v.

3528. Les politiques chrestiennes, ou tableau des vertus politiques considérées en l'Estat chrestien, par E. MOLINIER, Tolosain. *Paris*, 1621, in-12, 1 v.

3529. Le soldat chrétien, avec l'instruction des chefs d'une armée, par Cl. GIRARD. *Lyon*, 1627, in-18, 1 v.

3530. Les appanages d'un cavalier chrestien, par le P. Matthieu MARTIN. *Mons*, 1628, in-4°, 1 v.

3531. Examen quæstionis an magis expediat devotam in mundo quam religiosam in monasterio vitam agere. *Brugis*, 1631, in-12, 1 v.

3532. Le Brevière des courtisans, par DE LA SERRE. *Brussselles*, 1631, in-12, 1 v.

3533. Traité de la paresse, ou l'art de bien employer le temps, en toute sorte de conditions. *Paris*, 1677, in-12, 1 v.

3534. La cour sainte du R. P. Nic. CAUSSIN. *Paris*, 1657, in-fol., 1 v.

3535. Les vertus royales d'un jeune prince, par le P. PIERRE DE LA MÈRE DE DIEU, dit Bertius. *Paris*, 1657, in-4°, 1 vol.

3536. Principis christiani archetypon politicum, exponit Athanasius KIRCHERUS. *Amstelodami*, 1672, in-4°, 1 v.

3537. La conduite du sage dans les différents états de la vie. *Paris*, 1675, in-12, 1 vol.

3538. Le vray dévot en toutes sortes d'estats. *Paris*, 1679, in-8°, 1 v.

3539. Réflexions morales pour les personnes engagées dans les affaires, qui veulent vivre chrétiennement. *Paris*, 1690, in-32, 1 v.

3540. Réflexions sur ce qui peut plaire ou déplaire dans le commerce du monde, par DE BELLEGARDE. *Amsterdam*, 1690, in-18, 1 v.

3541. La religion d'un honnête homme, qui n'est pas théologien de profession. *Amsterdam*, 1699, in-32, 1 v.

3542. Adresses pour vivre selon Dieu dans le monde, par le P. Bart. JACQUINOT. *Paris*, ..., in-32, 1 v.

3543. La vie des riches et des pauvres, par Jean Girard DE VILLE-THIERRY. *Paris*, 1700, in-12, 1 v.

3544. De la science du monde et des connaissances utiles à la conduite de la vie, par DE CALLIÈRES. *Bruxelles*, 1717, in-18, 1 vol.

3545. Le militaire en solitude, ou le philosophe chrétien. Entretiens militaires édifians et instructifs. *La Haye*, 1736, in-12, 1 v.

3546. La censure des vices et des manières du monde, avec les entretiens de Polémon et d'Aristarque. *Paris*, 1737, in-12, 1 v.

3547. L'école du monde ou instruction d'un père à un fils, par LE NOBLE. *Amsterdam*, 1739, in-18, 1 v.

3548. Directions pour la conscience d'un roi, composées pour l'instruction du Duc de Bourgogne, par M. DE FÉNÉLON. *La Haye*, 1747, in-12, 1 v.

3549. L'école de l'homme, ou parallèle des portraits du siècle et des tableaux de l'Ecriture Sainte. *Londres*, 1753, in-12, 2 v. en un.

3550. Avis à une personne engagée dans le monde, par l'abbé CLÉMENT. *Paris*, 1759, in-18, 1 v.

3551. Directions pour la conscience d'un roi, composées par Monseigneur DE FÉNÉLON. *Paris*, 1775, in-12, 1 v.

3552. Placide à Scholastique, sur la manière de se conduire dans le monde par rapport à la religion, par dom JAMIN. *Paris*, 1775, in-12, 1 v.

3553. Le livre du soldat, par l'abbé LEQUETTE. *Saint-Omer*, 1845, in-32, 1 v.

d. Vie Ecclésiastique

3554. Baculus pastoralis ad dirigendos in viam pacis pedes visitantium et visitatorum. *Parisiis*, 1514, in-12, 1 v.

3555. Pupilla oculi omnibus Sacerdotibus tam curatis quam non curatis summe necessaria. *Rouen*, 1516, in-8°, 1 v.

3556. De vita et moribus Sacerdotum opusculum, per Jodocum CLICHTOVEUM. *Parisiis*, 1519, in-8°, 1 v.

3557. Speculum Sacerdotii, authore Joanne QUINTINO. *Parisiis*, 1556, in-4°, 1 v.

3558. Instructions et enseignements des curés et vicaires, par le ch^e TALPIN. *Paris*, 1567, in-12, 1 v.

3559. De apostolico virginitatis voto atque evangelico Sacerdotum cœlibatu, auct. Wilhel. Damasi LINDANO. *Coloniæ*, 1577, in-4°, 1 v.

3560. De vita et honestate Canonicorum et aliorum Ecclesiasticorum speculum, operâ J. LANGHECRUCII. *Duaci*, 1587, in-12, 1 v.

3561. Pastorum instructiones, auctore Antonio Ghenardo. *Leodii*, 1598, in-16, 1 vol.

3562. Pastor bonus, seu idæa, officium, spiritus et praxis Pastorum, authore Joanne Opstraet. *Leodii*, in-12, 1 v.

3563. Parochiale Curatorum, opus documenta continens ad ecclesiasticos viros pertinentia a D. Michaele Lochmaier. *Parisiis*, in-18, 1 v.

3564. Le vrai guidon des Pasteurs ayant charge d'âmes, par l'Evêque de Tholon. *Paris*, 1611. in-12, 1 v.

3565. Avertissements aux Recteurs, Prêtres, Curés et Vicaires, par Mgr de Constanzo, traduit d'italien en français. *Bordeaux*, 1613, in-12, 1 v.

3566. Speculum Præsulis ex verbis Sacræ Scripturæ, a R. P. Claudio. *Ingolstadii*, 1615, in-4°, 1 v.

3567. Pastorum instructiones ad concionandum, Confessionis et Eucharistiæ sacramenta ministrandum a S. Carolo Borromæo. *Duaci*, in-16, 1 v.

3568. De l'office d'un curé, par J.-B. Bernardin Possevin. *Tolose*, 1617, in-8°, 1 vol.

3569. Instructio Sacerdotum ex SS. Patribus et Ecclesiæ Doctoribus concinnata, auctore Antonio de Molina. *Antuerpiæ*, 1618, in-8°, 1 v.

3570. Anthonii Champnæi de Ministrorum vocatione tractatus. *Lutetiæ Parisiorum*, 1618, in-12, 1 v.

3571. Pastor vigilans, sive ars regendi animas, per R. P. Matthæum Bembum. *Coloniæ*, 1618, in-12, 1 v.

3572. La royale prestrise par Pierre de Besse. *Paris*, 1620, in-8°, 1 v.

3573. De Ecclesiasticorum vita, moribus, officiis libri tres, auctore Gisberto Schevichavio. *Moguntiæ*, 1621, in-8, 1 v.

3574. Stimulus Pastorum ex sententiis Patrum concinnatus, per Bartholomæum a Martyribus. *Parisiis*, 1622, in-18, 1 vol.

3575. Miroir de quotidienne dévotion sacerdotale, par Antoine Uzier. *Lyon*, 1623, in-18, 6 v.

3576. Speculum ecclesiasticum hierarchici ordinis, autore Jacobo Matali. *Lugduni*, 1626, in-12, 1 v.

3577. Caroli a Mansfelt clericus, sive de statu perfectionis Clericorum. *Bruxellis*, 1627, in-16, 1 v.

3578. Infirmarium, sive instructio ad Parochos de cura infirmorum, auctore Gaugerico, hispano. *Duaci*, 1627, in-12, 1 vol.

3579. Le bon Curé, ou avis aux Curés ruraux touchant leurs charges, par M. Dognon. *Paris*, 1630, in-18, 1 v.

3580. La prudente conduite des Prélats supérieurs, par le P. Louis Quinet. *Paris*, 1631, in-12, 1 v.

3581. Speculum Sacerdotum, per Maximilianum Villani a Gandavo. *Tornaci*, 1634, in-18, 1 v.

3582. Traité des séminaires, par M. Godeau, Evêque de Vence. *Aix*, 1660, in-18, 1 vol.

3583. Hortus pastorum sacræ doctrinæ floribus polymitus, auctore Jacobo Marchantio. *Rothomagi*, 1661, in-fol.

3584. Le parfaict Ecclésiastique, par Mre Claude de la Croix. *Paris*, 1666, in-4°, 1 vol.

3585. L'idée d'un bon Ecclésiastique, ou les sentences chrétiennes et cléricales de Adrien Bourdoise. *Paris*, 1667, in-32, 1 vol.

3586. Instruction des novices, ou adresse à la perfection pour toutes sortes de personnes ecclésiastiques et séculières, composée en latin par le P. Jean de Jésus-Maria, et traduite en français par le P. Cyprien de la Nativité. *Paris*, 1672, in-12, 1 v.

3587. Avis donnés aux confesseurs, par St Charles Borromée. *La Rochelle*, 1674, in-12, 1 v.

3588. Lettre du R. P. Abbé de la Trappe à un Ecclésiastique. *Rouen*, 1677, in-12, 1 vol.

3589. Des obligations des Ecclésiastiques,

tirées de l'Ecriture-Sainte. *Paris*, 1680, in-12, 1 vol.

3590. L'Instruction des Prêtres, par A. DE MOLINA, traduit de l'espagnol par Réné GAULTIER. *Lyon*, 1681, in-8°, 1 v.

3591. L'Evêque de cour à l'Evêque apostolique. *Cologne*, 1682, in-32, 2 v.

3592. Examens particuliers sur divers sujets propres aux Ecclésiastiques, par un prêtre du clergé. *Lyon*, 1691, in-12, 2 vol.

3593. Traité de la vocation à l'état ecclésiastique. *Paris*, 1695, in-12, 1 v.

3594. Le Prélat régulier. *Paris*, 1698, in-12, 1 v.

3595. Le devoir des Pasteurs, par l'abbé TREUVE. *Bruxelles*, 1699, in-32, 1 v.

3596. Devoirs et fonctions des Aumôniers, des Evêques, par Guillaume ALLAIN. *Paris*, 1701, in-12, 1 v.

3597. Le bon Pasteur, ou l'idée, le devoir, l'esprit et la conduite des Pasteurs, par M. OPSTRAET, traduit par HERMANT. *Rouen*, 1702, in-12, 2 v.

3598. De la sainteté de l'état ecclésiastique, par Henry-Marie BOUDON. *Paris*, 1702, in-12, 1 v.

3599. De officio Sacerdotis instructio brevis, per Thomam DU JARDIN. *Mechliniæ*, 1728, in-18, 1 v.

3600. Entretiens abrégés avec N. S. J.-C. avant et après la messe, pour les Prêtres. *Lyon*, 1729, in-12, 3 v.

3601. Considérations sur les principales obligations de la vie ecclésiastique, par Laurent CHENART. *Paris*, 1734, in-12. 1 vol.

3602. Recueil de quatre opuscules fort importants de feu l'Abbé DUGUET. *Utrecht*, 1737, in-12, 1 v.

3603. De la sainteté et des devoirs des Prêtres, par le chº COMPAING. *Paris*, 1747, in-12, 1 v.

3604. Introduction au saint ministère, ou la manière de s'acquitter dignement de toutes les fonctions de l'état ecclésiastique, par l'abbé DE MANGIN. *Paris*, 1750, in-12, 3 v.

3605. Traité des devoirs d'un Pasteur, par l'Abbé COLLET. *Paris*, 1758, in-12, 1 vol.

3606. Traité de la perfection de l'état ecclésiastique, ou considérations sur les devoirs du clergé, par DE VOYON. *Lyon*, 1759, in-12, 2 v.

3607. Le Pasteur instruit de ses obligations. *Paris*, 1767, in-12, 7 v.

3608. De la sainteté et des devoirs de l'Episcopat, selon les saints Pères et les Canons de l'Eglise. *Liège*, 1769, in-12, 3 vol.

c. Vie Religieuse

3609. De laude monasticæ religionis opusculum, per Jodocum CLICHTOVEUM. *Parisiis*, 1513, in-8°, 1 v.

3610. Speculum Monachorum a DACRYANO, Ordinis S. Benedicti. *Lovanii*, 1549, in-12, 1 v.

3611. Sanctorum Patrum regulæ monasticæ. *Lovanii*, 1574, in-18, 1 v.

3612. L'oratoire des Religieux et l'exercice des vertueux, composé par Dom Anthoine DE GUEVARE, traduit par Paul DU MONT. *Douai*, 1582, in-8°, 1 v.

3613. De eruditione Religiosorum libri quinque P. F. HUMBERTI. *Ingolstadii*, 1591, in-8°, 1 v.

3614. Livre traictant de l'estat des Religieux, escript passé 740 ans par un nommé IDIOTA, de la traduction de Sulpice DU PRÉ. *Douay*, 1592, in-18, 1 v.

3615. Hieronymi PLATI de bono status religiosi libri III. *Augustæ Trevirorum*, 1593, in-4°, 1 v.

3616. Lucæ PINELLI de perfectione religiosa libri quatuor. *Coloniæ Agrippinæ*, 1602, in-18, 1 v.

3617. Hieronymi PLATI de bono status

religiosi. *Lugduni*, 1606, in-8°, 1 v.

3618. Idiota de vita et moribus Religiosorum, opera et studio Guillelmi GAZÆI, Ariensis. *Atrebati*, 1606, in-16, 1 v.

3619. Idiota de vita et moribus Religiosorum, studio Guill. GAZÆI. *Atrebati*, 1606, in-16, 1 v.

3620. Joannis NIDER de reformatione Religiosorum libri tres, per Johannem BOUCQUETIUM. *Antuerpiæ*, 1611, in-8°, 1 v.

3621. La discipline claustrale, traduite en français par DE ROSSET. *Paris*, 1612, in-12, 1 v.

3622. Instructio Magistri Novitiorum, per R. P. JOANNEM A JESU MARIA. *Coloniæ*, 1613, in-16, 1 v.

3623. Thomæ GALLETI Religiosus. *Lugduni*, 1615, in-12, 1 v.

3624. Speculum vitæ, vel Desiderius in quo continentur quædam ad vitam religiosam impetrandam et etiam acquirendam idonea, auctore FLORENTIO. 1616, in-12, 1 v.

3625. And. SCHOTTI de bono silentii Religiosorum et Sæcularium libri II. *Antuerpiæ*, 1619, in-18, 1 v.

3626. Caroli SCRIBANI Superior religiosus, de prudenti ac religiosa gubernatione. *Antuerpiæ*, 1619, in-8°, 1 v.

3627. Caroli SCRIBANI medicus religiosus de animorum morbis et curationibus. *Antuerpiæ*, 1618, in-8°, 1 v.

3628. Caroli SCRIBANI medicus religiosus de animorum morbis et curationibus. *Monasterii Westfaliæ*, 1620, in-16, 1 v.

3629. De officio hominis religiosi libri tres, auctore J. PELECYO. *Monachii*, 1622, in-12, 1 v.

3630. Theophili BERNARDINI de religiosæ perseverantiæ præsidiis libri XI. *Antuerpiæ*, 1622, in-4°, 1 v.

3631. Catechismi Novitiorum et eorumdem magistri, authore D. Servatio DE LAIRUELZ. *Mussipontii*, 1623, in-fol., 1 v.

3632. Thesaurus Religiosorum, auctore BARTHOLOMÆO A S. FAUSTO. *Lugduni*, 1623, in-4°, 1 v.

3633. Paradisus castitatis, seu claustrum monialium, per Jacobum LA FROIGNE. *Parisiis*, 1624, in-8°, 1 v.

3634. Les institutions régulières de la vie monastique, par D. V. LA ROCHE. *Lyon*, 1626, in-8°, 1 v.

3635. Institutions régulières, divisées en quatre livres, par D. V. LA ROCHE, Bénédictin. *Paris*, 1626, in-8°, 1 v.

3636. Guide spirituel, tiré de la règle de saint Benoist, par PHILIPPE FRANÇOIS. *Paris*, 1628, in-8°, 1 v.

3637. Prérogatives divinement concédées aux âmes pures et vierges, avec une conduite pour les Vierges dédiées au service de Dieu. *Caen*, 1628, in-12, 1 v.

3638. Le voyageur inconnu, histoire curieuse et apologétique pour les Religieux, par J. P. CAMUS. *Paris*, 1630, in-8°, 1 v.

3639. Le novitiat d'Hermogène, par F. PHILIPPES d'Angoumois. *Paris*, 1633, in-4°, 1 v.

3640. Sainct AUGUSTIN. De l'ouvrage des moynes. Jean-Pierre CAMUS. *Rouen*, 1633, in-8°, 1 v.

3641. Saint AUGUSTIN. De l'ouvrage des moynes. Jean-Pierre CAMUS. *Paris*, 1633, in-12, 1 v.

3642. Saint AUGUSTIN. De l'ouvrage des moines. Jean-Pierre CAMUS. *Paris*, 1633, in-8°, 1 v.

3643. Les heureux succès de la piété, ou les triomphes de la vie religieuse, par le P. IVES, capucin. *Paris*, 1633, in-8°, 1 v.

3644. Les entretiens curieux d'Hermodore, et du voyageur incognu, divisés en deux parties par le sieur DE SAINT-AGRAN. *Lyon*, 1634, in-4°, 1 v.

3645. Exposition de la règle de S. AUGUSTIN pour gens de religion, composé par HUGUES DE SAINT-VICTOR, traduit par Sulpice DU PRÉ. *Douay*, 1634, in-18, 1 vol.

3646. Ernesti VOENI Religiosus, sive de

præcipuis Religiosi virtutibus liber. *Bruxellis*, 1637, in-16, 1 v.

3647. Exercices spirituels pour les Supérieurs des familles religieuses, pendant la retraite des dix jours, par Dom Joachim LE CONTAT. *Rennes*, 1653, in-4°, 1 vol.

3648. Tractatus vere aureus de paupertate religiosa, autore Hyacintho DE CASAL. *Antuerpiæ*, 1656, in-16, 1 v.

3649. Exercices spirituels propres aux Religieux, pendant la retraite des dix jours, par le P. Joachim LE CONTAT. *Paris*, 1664, in-8°, 1 v.

3650. L'Apocalypse de Méliton, ou révélation des mystères cénobitiques, par MÉLITON. *Saint-Léger*, 1665, in-32, 1 v.

3651. L'Apocalipse de MELITON, ou révélation des mystères cénobitiques, par MELITON. *Saint-Leger*, 1668, in-32, 1 v.

3652. L'Apocalypse de MÉLITON, ou révélation des mystères cénobitiques, par MÉLITON. *S. Leger*, 1677, in-32, 1 v. (2 ex.)

3653. Exercices spirituels pour les Supérieurs des familles religieuses, par D. Joachim LE CONTAT. *Paris*, 1668, in-8°, 1 v.

3654. Conférences ou exhortations monastiques pour tous les dimanches de l'année, par Dom Joachim LE CONTAT. *Paris*, 1671, in-4°, 1 v.

3655. Conférences ou exhortations monastiques pour tous les dimanches de l'année, par Dom Joachim LE CONTAT. *Paris*, 1671, in-4°, 1 v.

3656. Directoire des Novices pour les ordres réformez. *Paris*, 1671, in-12, 1 v.

3657. Traité de l'obligation aux observances régulières, par le R. P. CHESNEAU. *Paris*, 1672, in-12, 1 v.

3658. Instruction des Novices, ou adresse à la perfection, traduit du latin en français par le Père CYPRIEN DE LA NATIVITÉ. *Paris*, 1672, in-12, 1 v.

3659. Méditations pour les Novices et les jeunes profès, par Simon BOUGIS. *Paris*, 1674, in-4°, 1 v.

3660. De la sainteté et des devoirs de la vie monastique, par M. l'Abbé DE LA TRAPPE. *Paris*, 1683, in-12, 2 v.

3661. Eclaircissements de quelques difficultés sur le livre de la sainteté et des devoirs de la vie monastique. *Paris*, 1685, in-4°, 1 v.

3662. Exhortations monastiques du R. P. Estienne DE S. FRANÇOIS XAVIER, Provincial des Carmes. *Rennes*. 1687, in-4°, 1 v.

3663. Exercices spirituels pour les Supérieurs des familles religieuses, par Dom. LE CONTAT. *Paris*, 1687, in-8°, 1 v.

3664. Méditations sur les principaux devoirs de la vie religieuse. *Paris*, 1689, in-4°, 1 v.

3665. Entretiens de l'Abbé Jean et du Prestre Eusèbe, par M. François DU SUEL. *Paris*, 1674, in-8°, 1 v.

3666. Entretiens de l'Abbé Jean et du Prestre Eusèbe, par François DU SUEL. *Paris*, 1691, in-8°, 1 v.

3667. Traité des études monastiques, par Dom Jean MABILLON. *Paris*, 1691, in-4°, 1 vol.

3668. Traité des études monastiques, par Dom Jean MABILLON. *Paris*, 1692, in-12, 2 vol.

3669. Réponse au traité des études monastiques, par M. l'Abbé DE LA TRAPPE. *Paris*, 1692, in-4°, 1 v.

3670. Réflexions sur la réponse de M. l'Abbé de la Trappe au traité des études monastiques, par Jean MABILLON. *Paris*, 1692, in-4°, 1 v.

3671. Lettres à M. l'Abbé de la Trappe. *Amsterdam*, 1692, in-16, 1 v.

3672. Réflexions sur la réponse de l'Abbé de la Trappe, au traité des études monastiques, par Dom MABILLON. *Paris*, 1693, in-12, 2 v.

3673. Réflexions sur la réponse de M. l'abbé de la Trappe, par D. Jean MABILLON. *Paris*, 1693, in-12, 1 v.

3674. L'image d'une Religieuse parfaite et d'une imparfaite. *Paris*, 1693, in-12, 1 v.

3675. Monachatus Augustini ab Augustino potissimum propugnatus, studio P. BONAVENTURÆ A SANCTA ANNA. *Lugduni*, 1694, in-12, 1 v.

3676. Venerabilis Lud. BLOSII Dacryanus, sive speculum Monachorum. *Montibus*, 1694, in-16, 1 v.

3677. Tradition de l'Eglise sur le silence chrétien et monastique, par DE S. MAURICE. *Paris*, in-12, 1 v.

3678. Apologie de la vie religieuse et monastique, par S. JEAN CHRYSOSTOME, traduite du grec par Cl. LE DUC. *Paris*, 1698, in-12, 1 v.

3679. La sainteté de l'état monastique. *Tours*, 1700, in-12, 1 v.

3680. Méditations sur les principaux devoirs de la vie religieuse, marqués dans les paroles de la profession des Religieux. *Paris*, 1703, in-8°, 1 v.

3681. Retraite pour se préparer à prendre l'habit religieux, par le R. P. MAILLARD. *Rouen*, 1705, in-12, 1 v.

3682. Avis et réflexions sur les devoirs de l'état religieux. *Paris*, 1716, in-12, 2 vol.

3683. Exhortations morales sur la sainteté, les devoirs, les dangers de la vie religieuse. *Bruxelles*, 1717, in-12, 2 v.

3684. Retraite de dix jours sur les principaux devoirs de la vie religieuse. *Paris*, 1732, in-18, 1 v.

3685. Lettres sur la manière de gouverner les maisons religieuses. *Paris*, 1740, in-12, 1 vol.

3686. La parfaite Religieuse, par le P. Michel-Ange MARIN. *Avignon*, 1753, in-12, 1 v.

3687. Retraite spirituelle à l'usage des communautés religieuses, par le Père BOURDALOUE. *Paris*, 1753, in-12, 1 v.

3688. Mémoire sur les professions religieuses, en faveur de la raison contre les préjugés. *Avignon*, 1766, in-12, 1 v.

3689. L'importance et l'étendue des obligations de la vie monastique. *en France*, 1768, in-12, 1 v.

CHAPITRE VII

THÉOLOGIE POLÉMIQUE

a. Introduction

3690. Discours sur les pensées de M. PASCAL. *Paris*, 1672, in-12, 1 v.

3691. Pensées de PASCAL sur la religion. *Paris*, 1679, in-16, 1 v.

3692. Pensées de PASCAL sur la religion. *Amsterdam*, 1712, in-12, 1 v.

3693. Pensées de M. PASCAL sur la religion. *Amsterdam*, 1712, in-12, 1 v.

3694. Pensées de M. PASCAL sur la religion. *La Haye*, 1743, in-12, 1 v.

3695. Des pensées de PASCAL, par Vict. COUSIN. *Paris*, 1844, in-8°, 1 v.

3696. Réflexions sur les différends de la religion, avec les preuves de la tradition ecclésiastique. *Paris*, 1686, in-12, 1 v.

3697. Méthode courte et facile pour discerner la véritable religion chrétienne d'avec les fausses. *Paris*, 1736, in-12, 1 vol.

3698. Conduite pour se taire et pour parler principalement en matière de religion, par M. l'Abbé DINOUART. *Paris*, 1756, in-12, 1 v.

3699. Pensées de LEIBNITZ sur la religion et la morale, par EMERY. *Paris*, 1803, in-8°, 2 v.

3700. Essai sur l'indifférence en matière de religion, par l'abbé DE LA MENNAIS. *Paris*, 1818, in-8°, 2 v.

3701. Essai sur l'indifférence en matière de religion, par l'abbé DE LA MENNAIS. *Paris*, 1818, in-8°, 4 v.

b. Traités de la vérité de la religion

3702. Maphei VEGII de perseverantia religionis libri septem. *Parisiis*, 1511, in-4°, 1 vol.

3703. Joannis MANDURI primæ dogmatum institutiones. *Parisiis*, 1544, in-12, 1 v.

3704. Assertio Catholicæ fidei, auctore F. PETRO A SOTO. *Antuerpiæ*, 1557, in-4°, 1 v.

3705. Petri BULENGERI institutionum christianarum libri octo. *Lutetiæ Parisiorum*. 1561, in-12, 1 v.

3706. Hieronymi Osorii de religione libri tres. *Dilingæ*, 1576, in-8, 1 v.

3707. Le trésor de l'Eglise catholique par Noël TALLEPIED. *Paris*, 1578, in-32, 1 v.

3708. Thesaurus christianæ religionis et speculum sacrorum summorum Romanorum Pontificum, Imperatorum, ac Regum et Episcoporum, per Dominum Alvarez GUERRERO. *Coloniæ*, 1581, in-12, 1 v.

3709. Réplique chrétienne, en forme de commentaire sur la réponse tirée du dehors de la moëlle des saintes Ecritures, par Matthieu DE LAUNOY. *Paris*, 1583, in-8°, 1 v.

3710. De veræ et falsæ Ecclesiæ discrimine Stanislai SOCOLOVII libri tres. *Coloniæ*, 1584, in-12, 1 v.

3711. Decisiones fidei catholicæ et apostolicæ ex sanctarum scripturarum fontibus, auctore Paulo GRYSALDO. *Venetiis*, 1587, in-4°, 1 v.

3712. Thesium Jacobi HERBRANDI de visibili Christi in terris Ecclesia brevis analysis, auctore J. Pistorio NIDANDO. *Ingolstadii*, 1589, in-4°, 1 v.

3713. Richardi BRISTOÏ Vigorniensis motiva, omnibus catholicæ doctrinæ orthodoxis cultoribus necessaria. *Atrebati*, 1608, in-4°, 2 v.

3714. Petri Simonis TILETANI, Episcopi Yprensis de veritate, opera Joannis DAVID. *Antuerpiæ*, 1609, in-fol., 1 v.

3715. De notis certissimis veræ religionis libri quatuor, auct. Balthasara CHARASSIO. *Ingolstadii*, 1611, in-4°, 1 v.

3716. Muri civitatis sanctæ, hoc est religionis catholicæ fundamenta XII, a Jacobo REIHING. *Coloniæ Agrippinæ*, 1615, in-4°, 1 vol.

3717. L'estat de l'Eglise militante avec les arrêts généraux sur les différents meuz en la religion, par Elzéar DORAISON. *Lyon*, 1620, in-4°, 1 v.

3718. La somme théologique des véritez capitales de la religion chrestienne, par François CARASSUS. *Paris*, 1625, in-fol., 1 vol.

3719. Les triomphes de la religion chrestienne, par le R. P. BOUCHER. *Paris*, 1629, in-fol., 1 v.

3720. Johannes BUXTORFIUS. Liber Cosri continens colloquium de religione. *Basileæ*, 1660, in-4°, 1 v.

3721. Gerardi Joannis VOSSII dissertationes tres de tribus Symbolis, Apostolico, Athanasiano, et Constantinopolitano. *Amstelædami*, 1662, in-4°, 1 v.

3722. Danielis HUETII demonstratio evangelica. *Parisiis*, 1679, in-fol., 1 v.

3723. Fondement inébranlable de la doctrine chrétienne, par le P. BASILE. *Paris*, 1681, in-8°, 4 v.

3724. De la véritable religion. *Paris*, 1688, in-4°, 1 v.

3725. Quatre dialogues sur l'immortalité de l'âme et sur l'existence de Dieu. *Paris*, 1690, in-12, 1 v.

3726. Vérité évidente de la Religion chrétienne. *Paris*, 1694, in-12, 1 v.

3727. Altération du dogme théologique par la philosophie d'Aristote, par l'Abbé FÉDI ..... 1696, in-12, 1 v.

3728. Preuve et explication des vérités chrétiennes, par l'Abbé DE FLAMARE. *Rouen*, 1699, in-12, 2 v.

3729. Conformité de la Créance de l'Eglise catholique avec la créance de l'Eglise primitive, par l'Abbé DE FLAMARE. *Rouen*, 1701, in-22, 2 v.

3730. Traité de la doctrine chrétienne et orthodoxe, par Louis-Ellies DU PIN. *Paris*, 1703, in-8°, 1 v.

3731. L'usage de la raison et de la foy, ou l'accord de la foy et de la raison, par Pierre-Sylvain REGIS. *Paris*, 1704, in-4°, 1 vol.

3732. De la connoissance de Dieu, par feu M. FERRAND. *Paris*, 1706, in-12, 1 vol.

3733. Traité de la religion naturelle, par MARTIN. *Amsterdam*, 1713, in-12, 1 v.

3734. Lettres sur divers sujets concernant la religion et la métaphysique. *Paris*, 1718, in-12, 1 v.

3735. Théologie physique, ou démonstration de l'existence et des attributs de Dieu, par Guillaume DERHAM. *Rotterdam*, 1726, in-8°, 2 v.

3736. Traité de la vérité de la Religion chrétienne, traduit du latin par le Père LE JEUNE. *Amsterdam*, 1728, in-12, 1 v.

3737. Théologie astronomique ou démonstration de l'existence et des attributs de Dieu, par Guillaume DERHAM. *Paris*, 1729, in 8°, 1 v.

3738. Instruction pastorale de Mgr l'Evêque de Troyes, sur les vérités de la religion. *Paris*, 1733, in-12, 1 v.

3739. Traité des principes de la foi chrétienne. *Paris*, 1737, in-12, 3 v.

3740. La religion chrétienne prouvée par les faits, par l'abbé HOUTTEVILLE. *Paris*, 1740, in-4°, 3 v.

3741. Lectiones theologicæ de religione, auctore D. Gabriele MUSSON. *Parisiis*, 1743, in-12, 3 v.

3742. Essais sur les philosophes, ou les égarements de la raison sans la foi. *Amsterdam*, 1743, in-12, 1 v.

3743. Prolegomena, seu prælectiones theologicæ de religione, de verbo Dei, auctore Nicolao GIRARDEAU. *Parisiis*, 1743, in-8°, 2 v.

3744. Dissertations sur l'existence de Dieu, par JAQUELOT. *Paris*, 1744, in-12, 3 vol.

3745. Théologie des insectes, traduit de l'allemand de M. LESSER. *Paris*, 1745, in-8°, 1 v.

3746. Exposition abrégée des preuves historiques de la Religion chrétienne, par BEAUZÉE. *Paris*, 1747, in-12, 1 v.

3747. Idée de la vérité et de la grandeur de la Religion, démontrée par des preuves claires et à la portée de tout le monde. *Paris*, 1750, in-12, 1 v.

3748. La religion chrétienne éclairée par le dogme et par la prophétie, par l'abbé JOLY. *Paris*, 1757, in-12, 2 v.

3749. Le langage de la religion, par l'auteur du langage de la raison. *Liège*, 1763, in-12, 1 v.

3750. La religion de l'honnête homme, par CARACCIOLI. *Paris*, 1766, in-12, 1 v.

3751. Lettres d'une mère à son fils pour lui prouver la vérité de la religion chrétienne. *Paris*, 1767, in-12, 3 v.

3752. L'existence de Dieu, par le P. Hubert HAYER. *Paris*, 1769, in-12, 1 v.

3753. L'Esprit de M. NICOLE, ou instructions sur les vérités de la Religion. *Paris*, 1771, in-12, 1 v.

3754. Traité historique et dogmatique de la vraie Religion, par l'Abbé BERGIER. *Paris*, 1780, in-12, 12 v.

3755. Considérations philosophiques sur le christianisme. *Bruxelles*, 1785, in-8°, 1 vol.

3756. J. Franc. PICI Mirandulæ examen vanitatis doctrinæ gentium et veritatis christianæ doctrinæ — (s. l. n. d.), in-fol., 1 v.

3757. A profitable and necessarye doctrine, by EDMONDE, Bishop of London. (Texte anglais), in-4°, 1 v.

3758. Lettres d'un théologien sur la distinction de religion naturelle et de religion révélée. In-12, 1 v.

3759. Accord de la foi avec la raison, ou exposition des principes sur lesquels repose la foi catholique. *Paris*, 1827, in-8°, 1 v.

c. Défense de la religion chrétienne — Traités généraux

3760. Paradoxa fratris Petri AURATI ad profligandas hæreses. *Parisiis*. 1543, in-12, 1 v.

3761. Antididagma, seu christianæ religionis propugnatio. *Coloniæ*. 1544, in-fol., 1 vol.

3762. Le bouclier de la foi en forme de dialogue, par Nicole GRENIER. *Paris*, 1548, in-12, 1 v.

3763. L'épée de la foi pour la défense de l'Eglise chrétienne, par Nicole GRENIER. *Paris*, 1551, in-8°, 1 v.

3764. Symmachia adversus epitheses hostium fidei, Martino PISTORE authore. *Lutetiæ*, 1556, in-8°, 1 v.

3765. Opera D. Stanislai HOSII, in Concilio Tridentino Præsidis. *Parisiis*, 1562, in-fol., 1 v.

3766. Panoplia evangelica, sive de verbo Dei evangelico ; Wilhelmus LINDANUS faciebat. *Coloniæ Agrippinæ*, 1563, in-fol., 1 v.

3767. Demonstrationum religionis christianæ ex verbo Dei libri tres, auct. Franc. SONNIO. *Antuerpiæ*. 1564, in-fol., 1 v.

3768. Alphonsi A CASTRO Zamorensi opera omnia. *Parisiis*, 1578, in-fol., 1 v.

3769. Stanislai HOSII opera omnia, in duos divisa tomos. *Coloniæ*, 1584, in-fol., 1 v.

3770. Confession catholique de la foy chrestienne, faite française du latin de Stanislaus HOSIUS, par Jean DE LAVARDIN. *Paris*, 1579, in-fol., 1 v.

3771. Les discours de l'Eglise, de la religion et de la justice, par de BOURGUEVILLE. *Paris*, 1579, in-4°, 1 v.

3772. Leçons catholiques sur les doctrines de l'Eglise, traduit de l'italien en français, par TOURANGEAU. *Lyon*, 1585. in-12, 1 v.

3773. F. Henrici SEDULI, ex ordine Minorum, præscriptiones adversus hæreses. *Antverpiæ*, 1606, in-4°, 1 v.

3774. Fortalitium christianæ fidei ac religionis adversus hæreses, auctore Jod. LORICHIO. *Friburgi*, 1606, in-4°, 1 v.

3775. Orthodoxæ fidei controversa a Carolo SCRIBANIO. *Antuerpiæ*, 1609, in-12, 2 vol.

3776. Hæreticus araneus, auctore Joanne DAVID. *Coloniæ*, 1609, in-16, 1 v.

3777. De procuranda salute omnium gentium et hæreticorum libri XII, auctore THOMA A JESU. *Antuerpiæ*, 1613, in-4°, 1 v.

3778. Demonstrationes symbolorum veræ et falsæ religionis, auctore Zacharia BOVERIO. *Lugduni*, 1617, in-fol., 2 v.

3779. Assertio fidei catholicæ, auctore Simone VIGORIO. *Parisiis*, 1618, in-12, 1 vol.

3780. Jacobi GORDONI, controversiarum epitomes. *Coloniæ Agrippinæ*, 1620, in-8°, 2 v.

3781. Trophæum Olympionicæ Regi Ludovico Justo præscriptio spiritus hæretici æternum prosuit lubens ; auctor Jacobus LASSERTEUR. *Parisiis*, 1624, in-4°, 1 vol.

3782. Georgii STENGELII libri duo de duobus apostatis. *Ingolstadii*, 1627, in-4°, 1 vol.

3783. Parænesis ad hæreticos et alios Ecclesiæ hostes, auct. JOANNE A CHOKIER. *Coloniæ Agrippinæ*, 1634, in-4°, 1 v.

3784. Joannes MACCOVIUS redivivus, seu manuscripta ejus, opera Nicolaï ARNOLDI. *Amstelodami*, 1659, in-4°, 1 v.

3785. Tractatus generales de controversiis fidei, per Adrianum et Petrum de WALENBURCH. *Coloniæ Agrippinæ*, 1670, in-fol., 2 v.

3786. Jacobi Benigni BOSSUET doctrinæ catholicæ expositio. *Bruxelles*. 1684, in-18, 1 vol.

3787. L'Eglise militante, ou la cité de Dieu en terre, par Simon MARS. *Tournay*, 1686. in-12, 1 v.

3788. Aphorismes de controverse, ou institutions catholiques, tirées des Conciles et des Saints Pères. *Cologne*, 1687, in-12, 1 vol.

3789. Défense des versions de l'Ecriture Sainte, des Offices de l'Eglise et des ouvrages des Pères, par M. ARNAULD. *Cologne*, 1688, in-12. 1 vol.

3790. Défense de l'antiquité des tems où l'on soutient la tradition des Pères et des Eglises, par Dom Paul PEZRON. *Paris*, 1691. in-4°, 1 v.

3791. Réflexions sur le christianisme, enseigné dans l'Eglise catholique, par Paul DE CHAUMONT. *Paris*, 1692, in-12, 2 v.

3792. Que la Religion chrétienne est très raisonnable telle qu'elle est représentée dans l'Ecriture Sainte. *Amsterdam*, 1696, in-12, 2 v.

3793. Solution de divers problèmes très importants pour la paix de l'Eglise. *Cologne*, 1699, in-12, 1 v.

3794. Défense de la perpétuité de la Foy contre les calomnies et faussetez du livre intitulé : Monuments authentiques de la religion des Grecs. *Paris*, 1709, in-8°, 1 vol

3795. La vérité de la religion catholique, prouvée par l'Ecriture Sainte, par le chanoine DES MAHIS. *Lille*, 1710, in-12, 1 vol.

3796. Exposition de la doctrine de l'Eglise catholique sur les matières de controverse, par M. BOSSUET. *Bruxelles*, 1720, in-32, 1 vol.

3797. Défense du christianisme, ou conférences sur la religion, par Mgr FRAYSSINOUS. *Paris*, 1825, in-8°, 3 v.

3798. Collectio judiciorum de novis erroribus, studio Caroli DU PLESSIS D'ARGENTRÉ. *Lutetiæ Parisiorum*, 1728, in-fol., 3 vol.

3799. La vérité persécutée par l'erreur. *La Haye*, 1733, in-12, 2 vol.

3800. Traité des principes de la foi chrétienne. *Paris*, 1736, in-12, 3 v.

3801. La raison soumise à l'autorité en matière de foi, par Picard DE S. ADON. *Paris*, 1742, in-12, 1 v.

3802. Exposition de la doctrine chrétienne, par Jacques-Bénigne BOSSUET, sur les matières de controverse. *Bruxelles*, 1751, in-18, 1 v.

3803. La Foi justifiée de tout reproche de contradiction avec la raison. *Paris*, 1762, in-12, 1 v.

3804. La religion chrétienne prouvée par un seul fait. *Paris*, 1766, in-12, 1 v.

3805. La défense de la religion et de la morale, par le R. P. Ch. RICHARD. *Paris*, 1775, in-8°, 1 v.

3806. Acta SS. D. N. Pii PP. IX, ex quibus excerptus est Syllabus præcipuorum nostræ ætatis errorum. *Romæ*, 1865, in-4°, 1 v.

3807. Les splendeurs de la Foi, par l'Abbé MOIGNO. *Paris*, 1879, in-8°, 4 v.

d. — Traités contre les athées, les déistes, les incrédules.

3808. Litéarchie contre les pernicieux écrits, libelles, calomnies contre l'Eglise catholique Romaine, 1587. in-12, 1 v.

3809. Dialogues contre la pluralité des religions et l'athéisme, par Laurent POLLOT. *La Rochelle*, 1595. in-8°, 1 v.

3810. Le nouvel athéisme renversé, ou réfutation du système de Spinosa, par un Relig. Bénéd. (F. LAMY), *Paris*, 1596. in-12, 1 v.

3811. Arcana atheismi revelata, per Franciscum CUPERUM, *Roterodami*, 1676. in-4°, 1 vol.

3812. Les combats de l'Eglise militante,

couronnée des glorieuses victoires remportées sur les ennemis de la Foy, par les Pères orthodoxes, composé par Jean Louys de S. Joseph. *Douai*, 1679. in-4°, 1 vol.

3813. Le nouvel athéisme renversé, ou réfutation du système de Spinosa, par un Bénédictin de St-Maur. *Paris*, 1696. in-12, 1 v,

3814. Traité de religion contre les Athées, les Déistes et les nouveaux Pyrrhoniens, par un Père de l'Oratoire. *Paris*, 1698. in-12, 1 v.

3815. De providentia Numinis et de animi immortalitate libri duo, auct. Leonardo Lessio. *Antuerpiæ*, 1617. in-8°, 1 v.

3816. L'impiété des Déistes, Athées et Libertins, par Fre Marin Mersenne, *Paris*, 1624. in-12, 1 v.

3817. La doctrine curieuse des beaux esprits de ce temps ou prétendus tels, combattue et renversée, par le P. François Garassus. *Paris*, 1624. in-4°, 1 v.

3818. L'état chrétien, ou maximes politiques, tirées de l'Ecriture, contre les fausses raisons d'Etat, des libertins politiques, par Claude Vaure. *Paris*, 1626. in-8°, 1 v.

3819. De tribus impostoribus magnis liber, cura editus Christiani Kortholti. (Edoardus Herbert, Thomas Hobbes, Benedictus Spinosa). *Hamburgi*, 1700. in-4°, 1 vol.

3820. Réfutation des critiques de M. Bayle sur St. Augustin. *Paris*, 1732. in-4°. 1 v.

3821. Traité de la véritable religion contre les Athées, les Déistes et les fausses religions. Paris, 1737, in-12, 5 v.

3822. La friponnerie laïque des prétendus esprits-forts d'Angleterre, ou remarques de Philéleuthère de Leipsick sur le discours de la liberté de penser. *Amsterdam*, 1738, in-12, 1 v.

3823. La friponnerie laïque des prétendus esprits forts d'Angleterre. *Amsterdam*, 1738, in-12, 1 v.

3824. Traité de l'athéisme et de la superstition, par Jean-François Buddens, mis au jour par Jean-Chrétien Fisher. *Amsterdam*, 1740, in-8°, 1 v.

3825. Dissertation critique et théologique sur le monothélisme et sur le 6me Concile général, par Lorgne. *Paris*, 1741, in-12, 1 vol.

3826. Essais sur les philosophes, ou les égarements de la raison sans la foi, par André Joseph Pankoucke. *Amsterdam*, 1743, in-12, 1 v.

3827. La seule religion véritable, démontrée contre les Athées, les Déistes et tous les Sectaires, par le P. Lefebvre, jésuite. *Paris*, 1744, in-12, 1 v.

3828. Réflexions sur la divinité de la Religion, et contre le Déisme, par l'abbé Cazalez, *Paris*, 1749, in-12, 1 v.

3829. Questions diverses sur l'incrédulité. *Paris*, 1753, in-32, 1 v.

3830. Lettres critiques sur divers écrits de nos jours contraires à la Religion et aux mœurs. *Londres*, 1751, in-12, 1 v.

3831. Questions diverses sur l'incrédulité. *Paris*, 1753, in-12, 1 v.

3832. Le philosophe moderne, ou l'incrédule condamné au tribunal de sa raison, *Paris*, 1755, in-12, 1 v.

3833. La main de Dieu sur les incrédules, ou histoire abrégée des Israélites, par le Père Touron. *Paris*, 1756, in-12, 3 v.

3834. Lettres sur la religion essentielle à l'homme. *Londres*, 1756, in-12, 2 v.

3835. La religion révélée, défendue contre les ennemis qui l'ont attaquée, par Le Balleur. *Paris*, 1757, in-12, 5 v.

3836. La religion vengée, ou réfutation des auteurs impies. *Paris*, 1758, in-12, 12 vol.

3837. L'incrédulité convaincue par les prophéties, (par J. G. Le Franc de Pompignan). *Paris*, 1759, in-12, 3 v.

3838. Les motifs de crédibilité, ouvrage posthume de l'abbé Tricalet. *Paris*, 1763, in-12, 2 v.

3839. Censure de la faculté de théologie de Paris contre le livre qui a pour titre : Emile ou l'éducation. *Paris*, 1763, in-12, 1 v.

3840. La seule véritable religion, démontrée contre les Athées, les Déistes et tous les Sectaires, par l'abbé HESPELLE. *Paris*, 1764, in-8°, 2 v.

3841. Instruction pastorale de Mgr l'Evêque du Puy sur la prétendue philosophie des incrédules modernes. *Au Puy*, 1564, in-18, 2 v.

3842. Démonstration de la foi catholique, ou réfutation de la sceptique profession de foi du prétendu Vicaire Savoyard. *Courtrai*, 1765, in-12, 2 v.

3843. Le philosophe dithyrambique. *Paris*, 1765, in-12. 1 v.

3844. Le déisme réfuté par lui-même, par M. BERGIER. *Paris*, 1766, in-12, 1 v.

3845. Observations sur les savants incrédules et sur quelques uns de leurs écrits. *Genève*, 1766, in-8°, 1 v.

3846. La certitude des preuves du christianisme, par M. BERGIER. *Paris*, 1767, in-12, 2 vol.

3847. La certitude des preuves du christianisme, par M. BERGIER. *Paris*, 1767, in-12, 1 v.

3848. Réflexions sur les causes de l'incrédulité par rapport à la Religion, par Duncan FORBES de Culloden. *Paris*, 1768, in-12, 1 v.

3849. Entretiens sur la religion entre un jeune incrédule et un catholique. *En France*, 1769, in-12, 1 v.

3850. L'incrédule conduit à la Religion catholique, par la voie de la démonstration. *Tournay*, 1769, in-12, 1 v.

3851. Traité de la foi des simples. ...., 1770, in-12, 1 v.

3852. Instruction pastorale de Mgr l'Evêque d'Arras sur les funestes effets de l'incrédulité. *Arras*, 1770, in-12, 1 v.

3853. Observations sur l'incrédulité des philosophes modernes. *Sedan*, 1771, in-12, 1 v.

3854. Réponses critiques à plusieurs difficultés, proposées par les nouveaux incrédules, sur divers endroits des livres saints, par BULLET. *Paris*, 1775, in-12, 4 vol.

3855. L'autorité des livres du Nouveau Testament contre les incrédules, par l'Abbé DU VOISIN. *Paris*, 1775, in-12, 1 vol.

3856. La Théotrescie, ou la seule véritable religion, démontrée contre les Athées, les Deistes et tous les sectaires, par l'Abbé HESPELLE. *Paris*, 1780, in-12, 3. v.

3857. De l'importance des opinions religieuses, par NECKER. *Londres*, 1788, in-8°, 1 v.

3858. Défense de l'Eglise contre les erreurs historiques de MM. Guizot, Aug. et Am. Thierry, Michelet, Ampère, par l'Abbé GORINI. *Lyon*, 1872, in-8°, 4 v.

e. — Traités contre les Juifs.

3859. Fortalitium Fidei contra Judæos, per Guil. TOTANUM. *Lugduni*, 1525, in-8°, 1 vol.

3860. Petri ALPHUNSI ex Judæo Christiani dialogi lectu dignissimi, in quibus impiæ Judæorum opiniones evidentissimis cum naturalis tum cœlestis philosophiæ argumentis confutantur. *Coloniæ*, 1536, in-8°, 1 vol.

3861. Pro convincendis et convertendis Judæis libri octo, auctore Joh. HOORNBEEK. *Lugduni Batavorum*, 1655, in-4°, 1 vol.

3862. Petri GALATINI opus de arcanis catholicæ veritatis, hoc est, in omnia loca Veteris Testamenti, ex Talmud commentarius. *Basileæ*, 1550, in-fol., 1 v.

f — Contre les Mahométans.

3863. RICOLDI contra sectam Mahumeticam libellus. *Parisiis*, 1511, in-4°, 1 vol.

3864. Joannis CANTACUZENI contra Mahumeticam fidem christiana assertio, Rodolpho GUALTHERO interprete. *Basileæ*, 1543, in-fol., 1 v.

3865. Instruction de la foi chrétienne contre les impostures de l'Alcoran mahométique, par le Père CÉLESTIN DE PARIS. *Paris*, 1589, in-12, 1 v.

g — Contre les Vaudois et les Hussites.

3866. Heriberti Ros-WEYDI de fide hæreticis servanda dissertatio, in qua, quæ de Husso historia est, excutitur. *Antuerpiæ*, 1610, in-4°, 1 v.

3867. Amuletum Castrense, sive antidotum adversus pernitiosos calumniarum afflatus ex Boëmico tumultu enatos, auct. Adamo TANNERO. *Ingolstadii*, 1620, in-4°, 1 v.

h. — Contre les Luthériens.

3868. De Primatu Petri, adversus Ludderum, Joannis ECKII libri tres. *Paris*, 1621, in-fol., 1 v.

3869. Anti-Lutherus Judoci CLICHTOVEI. *Parisiis*, 1524, in-fol., 1 v.

3870. Johannis FABRI, Episcopi Viennensis opera. *Coloniæ Agrippinæ*, 1539, in-fol., 1 v.

3871. Opuscula quædam Joannis FABRI, Episcopi Viennensis. *Lipsiæ*, 1537, in-fol., 1 v.

3872. Controversiarum præcipuarum in Comitiis Ratisponensibus tractatarum explicatio, per Albertum PIGHIUM. *Parisiis*, 1542, in-8°, 1 v.

3873. Sacerdotii ac sacrificii novæ legis defensio, per Johannem COCHLÆUM. *Ingolstadii*, 1544, in-4°, 1 v.

3874. In causa religionis Miscellaneorum libri tres, per Johannem COCHLÆUM. *Ingolstadii*, 1545, in-4°, 1 v.

3875. Compendium concertationis hujus sæculi sapientium ac theologorum super erroribus moderni temporis. BUNDERUS à Gandavo. *Parisiis*, 1546, in-8, 1 v.

3876. Apologia indicti a Paulo III. R. P. Concilii adversus Lutheranæ confœderationis rationes, per Albertum PIGHIUM. *Parisiis*, 1548, in-16, 1 v.

3877. Commentaria Joannis COCHLÆI, de actis et scriptis Martini LUTHERI. *Moguntiæ*, 1549, in-fol., 1 v.

3878. Diatriba de hominis justificatione ædita Oxoniæ, per Ricardum SMYTHÆUM. *Lovanii*, 1550, in-12, 1 v.

3879. PETRI LIZETII adversum pseudoevangelicam hæresim commentarii. *Lutetiæ*, 1552, in-4°, 1 v.

3880. Exetasis testimoniorum quæ Martinus BUCERUS ex sanctis Patribus non sancte edidit, authore Steph. WINTON. *Lovanii*, 1554, in-4°, 1 v.

3881. Confutatio cavillationum, autore Stephano WINTON. *Lovanii*, 1554, in-12, 1 vol.

3882. Scutum fidei orthodoxæ adversus

venenosa tela J. Anastasii VELVANI, auct. Joanne BUNDERIO. *Gandavi*, 1556, in-12, 1 vol.

3883. Assertionis Lutheranæ confutatio, per Joannem ROFFENSEN. *Coloniæ*, 1558, in-12, 1 v.

3884. Pro sacrosancto Missæ sacrificio, authore Jacobo FABRO. *Parisiis*, 1563, in-4°, 1 v.

3885. Dubitantius de vera certaque per Christi Jesu Evangelium salutis æternæ via, libris III instructus, autore Wilhelmo Damasi LINDANO. *Coloniæ*, 1565, in-12, 1 v.

3886. Anthyperaspites pro vera componendorum Ecclesiæ dissidiorum ratione Mathiæ BREDENBACHII. *Coloniæ*, 1568, in-4°, 1 v.

3887. Apologia, seu defensio contra varias et inanes cavillationes Mat. Flacci Illyrici, authore Judoco RAVESTEYN. *Lovanii*, 1568, in-12, 1 v.

3888. Apologeticum ad Germanos, pro religionis catholicæ pace, auctore W. Damasi LINDANO. *Antuerpiæ*, 1570, in-4°, 2 vol.

3889. Thomæ WALDENSIS, Anglici Carmelitæ, doctrinale antiquitatum fidei Ecclesiæ catholicæ, contra Lutheranos. *Venetiis*, 1571, in-fol., 1 v.

3890. Remontrance adressée aux Prélats de l'Eglise gallicane, par Guillaume LINDAN. *Paris*, 1572, in-12, 1 v.

3891. Harmonia confessionis Augustanæ doctrinæ Evangelicæ consensum declarans, studio Andreæ FABRICII. *Coloniæ*, 1573, in-fol., 1 v.

3892. Francisci TURRIANI de Ecclesia catholica liber. *Coloniæ Agrippinæ*, 1580, in-4°, 1 v.

3893. Francisci TURRIANI defensio secunda locorum scripturæ S. de Pontifice Romano. *Ingolstadii*, 1583, in-4°, 1 v.

3894. De justificatione contra Colloquium Altenburgense libri sex, a Nicolao SANDERO. *Augustæ Trevirorum*, 1585, in-12, 1 vol.

3895. Harmonia confessionis Augustanæ doctrinæ Evangelicæ consensum declarans, studio Andreæ FABRICII. *Coloniæ*, 1587, in-fol., 1 v.

3896. Enchiridion controversiarum de religione, in gratiam sodalitatis B. Virginis Mariæ, a Francisco COSTERO. *Coloniæ Agrippinæ*. 1587, in-12, 1 v.

3897. De una Christi in terris Ecclesia libri sex, quibus variæ hujus ætatis hæreses refelluntur, authore Joanne LENSÆO. *Lovanii*, 1587, in-12, 1 v.

3898. Orthodoxarum explicationum libri decem, auct. Diegho PAYRA ANDRADIO. *Venetiis*, 1592, in-4°, 1 v.

3899. Liber controversiarum hujus temporis, de sanctorum communione, auctore Henrico VICO. *Regiaci Atrebatium*, 1596, in-4°, 1 v.

3900. Catalogus omnium prope orbis Archiepiscorum Episcoporumque ab illo tempore quo christiana religio originem sumpsit, ad hæc nostra usque secula, qui contra Misoliturgos Missæ sacrificium asseruerunt, opera F. Petri OPMERSENSIS. *Coloniæ*, 1596, in-8, 1 v.

3901. Capistrum Hunnium, hoc est, pro demonstratione pseudoministerii et illegitimæ missionis Lutheranæ, auctore Henrico LANCILOTTO. *Antuerpiæ*, 1616, in-12, 1 v.

3902. De auctore et essentia Protestanticæ ecclesiæ et religionis libri duo, auct. Richardo SMITHÆO. *Parisiis*, 1619, in-8°, 1 v.

3903. Hermanni HUGONIS de vera fide capessenda libri tres. *Antuerpiæ*, 1620, in-12, 1 v.

3904. Collatio doctrinæ Catholicorum a Protestantium cum expressis S. Scripturæ verbis, duobus libris comprehensa, per Richardum SMITHÆUM. *Parisiis*, 1621, in-4°, 1 v.

3905. Nova S. Scripturæ tinea, hoc est, Jacobus Reihing araneorum parens e suis latebris excussus. *Ingolstadii*, 1624, in-4°, 1 vol.

3906. Rodolphi HOSPINIANI concordia dis-

cors, hoc est, de origine et progressu formulæ concordiæ Bergensis. *Genevæ*, 1678, in-fol., 1 v.

3907. Théologie des controverses de la foi, par le P. Jean Bernard. *Liège*, 1710, in-12, 1 v.

3908. Traité de saintes images, prouvé par l'Ecriture, et par la tradition, contre les nouveaux Iconoclastes, par l'abbé de Cordemoy. *Paris*, 1715, in-12, 1 v.

3909. Lettres d'un docteur Allemand, de l'Université catholique de Strasbourg, à un gentilhomme protestant. *Strasbourg*, 1730, in-4°, 1 v.

3910. Lettres d'un théologien, de l'Université catholique de Strasbourg, à un des principaux magistrats de la même ville. *Strasbourg*, 1732, in-4°, 1 v.

3911. Idée de la Babylone spirituelle, prédite par les saintes Ecritures. *Utrecht*, 1733, in-12, 1 v.

3912. Acta orientalis Ecclesiæ contra Lutheri hæresim, studio Emanuelis a Schelstrate. *Romæ*, 1739, in-fol., 1 v.

3913. Lettre pastorale de l'Archevêque de Trêves à son Eglise d'Ausbourg. *Paris*, 1782, in-12, 1 v.

i. — Contre les Calvinistes.

3914. Jacobi Latomi opera, adversus horum temporum hæreses. *Lovanii*, 1550, in-fol., 1 v.

3915. Apologie contre la cène calvinique, par Antoine de Monchi. *Paris*, 1560, in-12, 1 v.

3916. Ad articulos Calvinianæ, de sacramento Eucharistiæ, traditionis ab ejus Ministris in Francia Antarctica evulgatæ responsiones, per Nicolaum Villagagnonem. *Parisiis*, 1560, in-4°, 1 v.

3917. Christianæ religionis adversus Misoliturgorum blasphemias propugnatio, Antonio Monchiaceno Demochare Ressonæo auctore. *Parisiis*, 1562, in-fol., 1 vol.

3918. Les propositions contentieuses entre le chevalier de Villegagnon, et Maistre Jehan Calvin, concernant la vérité de l'Eucharistie. *Paris*, 1562, in-4°, 1 vol.

3919. Locorum catholicorum tum sacræ Scripturæ tum etiam antiquorum Patrum pro orthodoxa fide retinenda, libri septem, Francisco Horantio auctore. *Venetiis*, 1564, in-fol., 1 v.

3920. Discours familier, en forme de dialogue, entre un Catholique et un Calviniste, par Frère Pierre Regis. *Paris*, 1566, in-12, 1 v.

3921. De consecratione et mystico sacrificio, adversus Vannium Lutherologiæ professorem, Nicolao Villagagnone autore. *Lutetiæ*, 1569, in-12, 1 v.

3922. Apologie, contenant ample discours, exposition, réponse et défense de deux conférences avec les ministres de la religion réformée, par Claude d'Espence. *Paris*, 1569, in-12, 1 v.

3923. Déclaration évidente et manifeste par l'Ecriture sainte des blasphèmes faits contre Dieu par Calvin, par le s[r] Leonard. *Lyon*, 1570, in-12, 1 v.

3924. Antithètes de la S[e] Eucharistie et de la cène des sectaires modernes, par Jean Dedehu. *Lyon*, 1571, in-12, 1 v.

3925. Bartholomæus Faius. Energumenicus et Alexicacus. *Parisiis*, 1571, in-12, 1 v.

3926. De rebus Eucharistiæ controversis. Claude de Sainctes. *Parisiis*, 1575, in-fol., 1 v.

3927. Martini Marlorati de orthodoxo et neotherico Calviniano, seu Hugonistico baptismate. *Parisiis*, 1578, in-12, 1 v.

3928. Réplique chrétienne, en forme de commentaire, par Mathieu de Launay, aux Ministres Calviniques. *Paris*, 1579, in-12, 1 v.

3929. Disputationum libri duo, in quibus calumniæ et captiones Ministri anonymi Nemausensis discutiuntur, auctore Joanne HAYO Scoto. *Lugduni*, 1584, in-4°, 1 v.

3930. Francisci PANIGAROLÆ disceptationes Calvinicæ a Joanne Tonso in latinum conversæ. *Mediolani*, 1594, in-4°, 1 v.

3931. La Tromperie des Ministres, qu'on appelle, adressée à tous les bons Français qui sont de la religion prétendue réformée, par Victor CAYER. *Paris*, 1597, in-12, 1 v.

3932. Les Salmonées du sieur DE REBOUL : le premier contre les Ministres de Nîmes, le second contre les Ministres du Languedoc. *Arras*, 1600, in-32, 1 v.

3933. La cabale des réformés, tirée nouvellement du puits de Démocrite. *Montpellier*, 1601, in-32, 1 v.

3934. La sainte Messe, déclarée et défendue contre les erreurs sacramentaires de notre temps, par Louys RICHEOME. *Arras*, 1601, in-12, 2 v.

3935. Justi CALVINI pro sacrosancta catholica Romana Ecclesia apologia. *Moguntiæ*, 1601, in-12, 1 v.

3936. Bibliothecæ catholicæ contra summam totius theologicæ Calvinianæ, studio Cornelii SCHULTINGII. *Coloniæ Agrippinæ*, 1602, in-4°, 2 v.

3937. Calvino-Turcismus, id est, Calvinisticæ perfidiæ, cum Mahumetana collatio, et dilucida utriusque sectæ confutatio, authore Gal. REGINALDO. *Coloniæ Agrippinæ*, 1603, in-8°, 1 v.

3938. Clari BONARSCII amphitheatrum honoris, in quo Calvinistrarum in societatem Jesu criminationes jugulatæ. *Palæopoli Aduaticorum*. 1606, in-4°, 1 v.

3939. Flagellum contra horum temporum hæreses, in quo succincta et artificiosa methodo hæreses refelluntur, auctore Jodoco LORICHIO. *Friburgi*, 1608, in-4°, 1 v.

3940. L'heureuse conversion des Huguenots à la foy catholique, par Jacques D'ILLAIRE. *Rouen*, 1609, in-12, 1 v.

3941. GREGORII DE VALENTIA de rebus fidei hoc tempore controversis libri. *Lutetiæ Parisiorum*, 1610, in-fol., 1 v.

3942. La destruction de la religion prétendue réformée par la seule parole de Dieu, par J. DE BARICAVE. *Paris*, 1610, in-12, 1 v.

3943. Tyrannicidium, seu scitum Catholicorum de tyranni internecione, auct. Jacobo KELLERO. *Monachii*, 1611, in-4°, 1 vol.

3944. Les justes grandeurs de l'Eglise Romaine contre l'impiété de ceux qui nomment le Pape Antéchrist, singulièrement contre le ministre Viguier, R. P. Silvestre DE LAVAL. *Poictiers*, 1611, in-4°, 1 v.

3945. Certamen Catholicorum cum Calvinistis, Martino HAMCONIO Frisio authore. *Lovanii*, 1612, in-4°, 1 v.

3946. Apologia protestantum pro Romana Ecclesia, per Joannem BRERLEIUM. *Lutetiæ*, 1615, in-4°, 1 v.

3947. Divers traittez et discours des controverses de ce temps, par Jean DAVY, Sieur DU PERRON. *Paris*, 1617, in-4°, 1 vol.

3948. Julii Cæsaris BULENGERI diatribæ ad Isaici Casauboni exercitationes. *Lugduni*, 1617, in-fol., 1 v.

3949. Methodus Gonteriana, sive modus et ratio cum hæreticis disputandi. *Ingolstadii*, 1618, in-4°, 1 v.

3950. Genève plagiaire, par Pierre COTON. *Paris*, 1618, in-fol., 1 v.

3951. Nicolaus BURENUS. Controverses contre les Calvinistes (en flamand). *Hantwerpen*, 1618, in-12, 1 v.

3952. Recheute de Genève plagiaire, par Pierre COTON. *Lyon*, 1620, in-4°, 1 v.

3953. Thomæ STAPLETONI Angli, sacræ theologiæ doctoris, opera omnia. *Lutetiæ Parisiorum*, 1620, in-fol., 4 v.

3954. Johan. Calvini nova effigies, centum coloribus ad vivum expressa, auct. ROMÆO Brugensi. *Antuerpiæ*, 1622, in-fol., 1 v.

3955. Defensio præcipuorum fidei Catholicæ capitum, per Joannem Plessæum DE RICHELIEU. *Paris*, 1623, in-12, 1 v.

3956. Pro sacra monarchia Ecclesiæ catholicæ adversus rempublicam Marci Antonii de Dominis, auth. Nicolao COEFFETEAU. *Lutetiæ*, 1623, in-fol., 1 v.

3957. Institution catholique, où est déclarée et confirmée la vérité de la foy contre les hérésies et superstitions de ce temps, par Pierre COTON. *Paris*, 1624, in-4°, 1 vol.

3958. Réfutation de toutes les objections, tirées des passages de S. Augustin, alléguez par les hérétiques contre le sainct Sacrement de l'Eucharistie, par le Cardinal DU PERRON. *Paris*, 1624, in-fol., 1 vol.

3959. Flambeau de la vérité catholique, par le P. SÉRAPHIN. *Paris*, 1627, in-4°, 1 vol.

3960. Pseudo-Isidorus et Turrianus vapulantes. *Genevæ*, 1628, in-4°, 1 v.

3961. Les diverses œuvres de l'illustrissime Cardinal DU PERRON. *Paris*, 1629, in-fol., 1 v.

3962. Traitté du S. Sacrement de l'Eucharistie par le Cardinal DU PERRON. *Paris*, 1629, in-fol., 1 v.

3963. Démonstrations catholiques par le P. Alex[re] RIGOURD, ou l'art de réunir les prétendus réformez à la communion de l'Eglise Romaine. *Paris*, 1630, in-12, 1 vol.

3964. Silvestri PETRASANCTÆ notæ in epistolam Petri Molinæi ad Balzacum. *Antuerpiæ*, 1634, in-12, 1 v.

3965. La parénèse anx sectaires de Jean BARCLAY. *Liége*, 1634, in-4°, 1 v.

3966. Vox tubæ Angeli lucis ad revocandum e Calvinianis tenebris ad regionem catholicæ veritatis, auct. P. HILARIO. *Bruxelles*, 1635, in-12, 1 v.

3967. Dispute touchant le schisme et la séparation que Luther et Calvin ont faite en l'Eglise Romaine, par Jean MESTREZAT. *Paris*, 1655, in-fol., 1 v.

3968. La mort de la religion prétendue réformée, par le P. Antime CLIVIER *Mons*, 1661, in-12, 1 v.

3969. La défense de l'Eglise Romaine sur la séparation des Calvinistes, par DE BREBEUF. *Paris*, 1664, in-12, 1 v.

3970. Préjugés légitimes contre les Calvinistes. *Paris*, 1671, in-12, 1 v.

3971. Christophori WITTICHII theologia pacifica, in qua varia problemata theologica inter Reformatos theologos agitari solita ventilantur. *Lugduni Batavorum*, 1671, in-4°, 1 v.

3972. Le renversement de la morale de Jésus-Christ par les erreurs des Calvinistes, touchant la justification. *Paris*, 1672, in-4°, 1 v.

3973. Le renversement de la morale de Jésus-Christ par les erreurs des Calvinistes, touchant la justification. *Paris*, 1672, in-4°, 1 v.

3974. Le renversement de la morale de Jésus-Christ par les erreurs des Calvinistes, touchant la justification. *Paris*, 1672, in-4°, 1 v.

3975. La visibilité perpétuelle de l'Eglise de Jésus-Christ défendue contre le Sr LARROQUE, par Pierre le LORRAIN. *Rouen*, 1673, in-32, 1 v.

3976. L'impiété de la morale des Calvinistes, par BRUGUIER. *Paris*, 1675, in-12, 1 vol.

3977. Défense invincible de la vérité orthodoxe de la présence réelle de J.-C. en l'Eucharistie, par le P. BASILE, de Soissons. *Paris*, 1676, in-8°, 1 v.

3978. Lettres de controverse à un gentilhomme de la religion prétendue réformée, par l'abbé GASTINEAU. *Paris*, 1677, in-12, 1 vol.

3979. Dissertatio polemica de confessione sacramentali adversus libros quatuor Joannis Dallæi calvinistæ, auctore R. P. Nathali ALEXANDRO. *Parisiis*, 1678, in-8°, 1 vol.

3980. Réponse au livre de M. de Condom, par DE BRUEYS. *Amsterdam*, 1682, in-32, 1 vol.

3981. Traité de la communion sous les deux espèces, par M. BOSSUET. *Bruxelles*, 1682, in-32, 1 v.

3982. Préjugés légitimes contre les Calvinistes. *Paris*, 1683, in-32, 1 v.

3983. Nouveau traité des controverses pour servir à l'instruction des nouveaux convertis, par l'abbé Georges QUANTIN. *Paris*, 1685, in-12, 1 v.

3984. Défense du culte extérieur de l'Eglise catholique, par BRUEYS. *Amsterdam*, 1686, in-32, 1 v.

3985. De l'obligation de revenir à l'union de l'Eglise, avec une réfutation des principaux fondements de la religion prétendue réformée. *Paris*, 1686, in-12, 1 v.

3986. Conférence avec M. Claude, ministre de Charenton, sur la matière de l'Eglise, par Me BOSSUET. *Paris*, 1687, in-12, 1 v.

3987. De l'unité de l'Eglise, ou réfutation du nouveau système de M. Jurieu, par P. NICOLE. *Paris*, 1876, in-12, 1 v.

3988. Du culte religieux que l'Eglise catholique rend aux choses saintes. *Toulouse*, 1688, in-12, 1 v.

3989. Critique des lettres pastorales de M. Jurieu. *Lyon*, 1689, in-12, 1 v.

3990. L'Eglise protestante détruite par elle-même, par le P. DAURES. *Paris*, 1689, in-12, 1 v.

3991. La défense de l'Eglise contre le livre de M. Claude, intitulé : la défense de la réformation. *Cologne*, 1689, in-12, 2 v.

3992. Réflexions sur les différents de la Religion. *Paris*, 1689, in-32, 1 v.

3993. Avis important aux réfugiés, sur leur prochain retour en France. *Amsterdam*, 1690, in-32, 1 v. (2 exemp.)

3994. Avis important aux réfugiés, sur leur prochain retour en France. *Amsterdam*, 1690, in-32, 1 v.

3995. De la tolérance des Religions. Lettres de M. de LEIBNITZ et réponses de M. PELISSON. *Cologne*, 1692, in-32, 1 v.

3996. Maximes de Religion et marques de la vraie Eglise, tirées de l'Ecriture, des Conciles et des Pères, par l'abbé SERRE. *Paris*, 1693, in-12, 1 v.

3997. Traité de l'Eucharistie, par PELLISSON. *Paris*, 1694, in-12, 1 v.

3998. Préjugés légitimes contre les Calvinistes. *Liège*, 1710, in-12, 1 v.

3999. Deux lettres de M. DES MAHIS sur le schisme des Protestants. *Lille*, 1710, in-12, 1 v.

4000. Conférence avec M. Claude, Ministre de Charenton, sur la matière de l'Eglise, par Me BOSSUET. *Lille*, 1710, in-12, 1 v.

4001. Réfutation de l'arrêt prétendu d'Helstadt. *Bruxelles*, 1712, in-12, 4 v.

4002. Les deux voies opposées en matière de religion, par l'abbé PAPIN. *Liège*, 1713, in-12, 1 v.

4003. Du témoignage de la vérité dans l'Eglise ; pour servir d'apologie contre les reproches des Protestants ....., 1714, in-12, 1 vol.

4004. Les prétendus réformés, convaincus de schisme. *Paris*, 1723, in-12, 2 v,

4005. Les artifices des hérétiques. *Paris*, 1726. in-12, 1 v.

4006. Traité de la confession contre les erreurs des Calvinistes, par Dom DE SAINTE MARTHE. *Lyon*, 1727, in-12, 2 v.

4007. La vérité triomphante de l'erreur, par Pierre DUDÈRE. *Paris*, 1738, in-12, 1 vol.

4008. La religion protestante convaincue de faux, par l'abbé MAYNARD. *Paris*, 1740, in-12, 2 vol.

4009. La vérité de la religion catholique, démontrée contre les Protestants. *Strasbourg*, 1746, in-12, 1 v.

4010. Le triomphe de la foi catholique sur les erreurs des Protestants. *Lyon*, 1749, in-12, 4 v.

4011. Le sacerdoce de la loi nouvelle, démontré contre les erreurs qui y ont rapport. *Paris*, 1750, in-12, 1 vol.

4012 La règle de foi vengée des calomnies des Protestans, par le P. Hubert HAYER. *Paris*, 1761, in-12 3 v,

4013. Le Protestant, cité au tribunal de la parole de Dieu dans les S. Ecritures. *Paris*, 1765, in-12, 1 v.

4014. La perpétuité de la foi de l'Eglise catholique, touchant l'Eucharistie, défendue contre le livre du Sieur Claude. *Paris*, 1781, in-4°, 6 v.

4015. Controverses familières où les erreurs de la religion prétendue réformée sont réfutées par l'Ecriture, les Conciles, et les Pères. *Paris*, 1783, in-12, 1 v.

4016. Du protestantisme et de toutes les hérésies, dans leur rapport avec le socialisme, par Auguste NICOLAS. *Paris*, 1852, in-8°, 1 v.

l. — Contre les Anglicans

4017. Dialogi sex contra summi Pontificatus, monasticæ vitæ, Sanctorum et sacrarum imaginum oppugnatores ab Albano COPO editi. *Antuerpiæ*, 1574, in-4°, 1 vol.

4018. Britannomachia Ministrorum in plerisque et fidei fundamentis et fidei articulis, authore Henrico Fitz SIMON. *Duaci*, 1614, in-4°, 1 v.

4019. Francisci HARLEI, Archiepiscopi Rothomagensis apologia Evangelii, pro Catholicis, ad Jacobum Majoris Britanniæ Regem. *Lutetiæ Parisiorum*, 1625, in-fol., 1 v.

4020. S. THOMÆ Cantuarensis et Henrici II, Anglorum Regis, monomachia de libertate ecclesiastica. *Coloniæ Agrippinæ*, 1626, in-12, 1 v.

4021. Vindiciæ pro Nicolao Smitheo, auctore D. Antonio GOFFAR. *Leodii*, 1631, in-18, 1 v.

n. — Controverses entre catholiques.

4022. Annotationum Natalis BEDÆ in Jacobum FABRUM Stapulensem libri duo. *Parisiis*, 1526, in-fol., 1 v.

4023. Responsio venerabilium sacerdotum Henrici JOLIFFI et Roberti JONSON ad illos articulos J. HOPERI in quibus a catholica fide dissentiebat. *Antuerpiæ*, 1564, in-12, 1 v.

4024. Defensio ecclesiasticæ hierarchiæ, seu vindiciæ censuræ facultatis theologiæ Parisiensis, auctore Francisco HALLIER. *Parisiis*, 1632, in-4°, 1 v.

4025. Apologia Ludovici CELLOTII, autore ALYPIO A SANCTA CRUCE. 1648, in-8°, 1 vol.

4026. F. Martini HARNEY epistola apologetica. *Bruxellæ*, 1664, in-4°, 1 v.

4027. Recœüil de diverses pièces concernant les censures de la faculté de théologie de Paris. *Munster*, 1666, in-12, 1 v.

4028. La dissertation du P. Le COURAYER sur la succession des Evêques Anglois, réfutée par le Père HARDOUIN. *Paris*, 1724, in-12, 1 v.

4029. Très humble remontrance à l'Archevêque de Malines sur son décret, portant défense de lire certains ouvrages, composés par Antoine ARNAUD. ...., 1698, in-12, 1 v.

4030. L'écrivain sans fard, ou 1re Lettre d'un Hollandais catholique à un de ses amis. 1710, in-12, 1 v.

4031. Relation du différend entre le Cardinal DE NOAILLES, Archevêque de Paris et les Evêques de Luçon, de la Rochelle et de Gap. ...., 1712, in-12, 1 v.

4032. Recueil de quelques opuscules de Mgr DE FÉNELON, Archevêque de Cambrai. ......, 1720, in-18, 1 v.

4033. Difficultés proposées à M. l'Evêque de Soissons sur sa lettre à M. d'Auxerre, en réponse à celle de ce Prélat. ......, 1724, in-12, 1 v.

4034. Nullité des ordinations anglicanes, par le P. Michel LE QUIEN. *Paris*, 1725, in-12, 2 v.

4035. Défense de la dissertation sur la validité des ordinations des Anglais, par P. LE COURAYER. *Bruxelles*, 1726, in-12, 4 vol.

4036. La vraie manière de contribuer à la réunion de l'Eglise anglicane à l'Eglise catholique, par François VIVANT. *Paris*, 1728, in-4°, 1 v.

4037. Relation historique et apologétique des sentiments et de la conduite du P. LE COURAYER. *Amsterdam*, 1729, in-12, 2 vol.

4038. Relation historique et apologétique des sentiments et de la conduite du P. LE COURAYER. *Amsterdam*, 1729, in-12, 2 vol.

4039. La Nullité des ordinations anglicanes, par le P. LE QUIEN. *Paris*, 1730, in-12, 2 v.

4040. Traitez historiques et polémiques de la fin du monde, de la venue d'Elie et du retour des Juifs. *Rotterdam*, 1737, in 12, 3 vol.

4041. Lettres de Messire COLBERT, Evêque de Montpellier. *Cologne*, 1741, in-12, 4 vol.

4042. Apologie de M. l'abbé DE PRADES. *Amsterdam*, 1753, in-12, 3 v.

4043. Les grandeurs de Jésus-Christ, et la défense de sa divinité contre les Pères HARDOUIN et BERRUYER, Jésuites. *En France*, 1756, in-12, 1 v.

4044. Lettres théologiques, ouvrage posthume de l'abbé GAULTIER. ......, 1756, in-8°, 4 v.

4045. Mandement et Instruction pastorale de Mgr l'Evêque de Soissons portant condamnation de plusieurs libelles : commentaires du P. Hardouin sur le Nouveau Testament. *Paris*, 1760, in-12, 7 v.

4046. Œuvres posthumes de Mgr le Duc DE FITZ-JAMES, Evêque de Soissons. *Avignon*, 1769, in-12, 2 v.

4047. Supplément aux œuvres posthumes de Mgr DE FITZ-JAMES, Evêque de Soissons. *En France*, 1770, in-12, 1 v.

4048. Les prêtres juges de la foi, ou réfutation du mémoire dogmatique et historique touchant les juges de la foi, par l'abbé CORGNE. *En France*, 1780, in-12, 2 vol.

4049. Défense de la foi catholique contre les illusions d'un écrit touchant l'infaillibilité de l'Eglise. *Cologne*, ..., in-12, 1 vol.

4050. L'honneur de l'Eglise catholique et des Souverains Pontifes, défendu par Dom. GERVAISE. ...., in-12, 2 v.

4051. Lettres du P. LAMY, Bénédictin, pour répondre à la critique du P. MALLEBRANCHE, prêtre de l'Oratoire. ......, in-12, 1 v.

4052. Pièces mêlées, théologie, polémique. In-12, 1 v.

4053. Recueil de pièces de théologie polémique. In-12, 1 v.

4054. Recueil de pièces de théologie polémique. In-4°, 1 v.

4055. Recueil de pièces de théologie polémique. In-4°, 1 v.

4056. Recueil de pièces diverses, de théologie polémique. In-12, 1 v.

m. — Contre les Sociniens.

4057. Hydra Socinianismi expugnata, sive Johannis VOLKELII de vera religione, authore Samuele MARESIO. *Groningæ*, 1651, in-4°, 3 v.

4058. Abrahami HEIDANI de origine erroris libri octo. Diatriba de Sociuianismo. *Amstelodami*, 1678, in-4°, 1 v.

4059. L'Antisocinien, ou nouvelle apologie de la foi catholique contre les Sociniens et les Calvinistes, par Aubert DE VERSÉ. *Paris*, 1692, in-12, 1 v.

4060. Défense des prophéties de la Religion chrétienne, par le P. BALTUS (contre Grotius et M. Simon). *Paris*, 1737, in-12 3 vol.

CHAPITRE VIII

JANSÉNISME

Ecrits pour et contre le Jansénisme, et les questions relatives à la Grâce et au Libre-arbitre.

4061. Concordia liberi arbitrii cum gratiæ donis, Ludovico MOLINA auctore. *Olyssipone*, 1588, in-4°, 1 v.

4062. Ludovici MOLINÆ de justitia et jure tomi duo. *Moguntiæ*, 1602, in-fol,, 2 v.

4063. De justificatione doctrina universa, libris XV absolute tradita, authore Andrea VEGA. *Aschaffeburgi*, 1621, in-4°, 1 v.

4064. De libertate Dei et creaturæ libri duo, auct. Guillelmo GIBIEUF. *Parisiis*, 1630, in-4°, 1 v.

4065. Susanna innocens a D. Zegero Bernardo VAN ESPEN vindicata. *Lovanii*, 1636, in-12, 1 v.

4066. Cornelii JANSENII Augustinus, *Lovanii*, 1640, in-fol., 1 v.

4067. Censuræ facultatum sacræ theologiæ Lovaniensis ac Duacensis, *Parisiis*, 1641, in-12, 1 v.

4068. Cornelii JANSENII Augustinus, seu doctrina sancti Augustini. *Rothomagi*, 1643, in-fol., 3 v.

4069. Continuation des examens de la doctrine du feu Abbé de S. Cyran et de sa cabale, pour servir de réponse au livre de la tradition de l'Eglise publié sous le nom du sieur Arnauld, par Charles François D'ABRA DE RACONIS. *Paris*, 1645, in-4°, 1 v.

4070. Apologie pour feu Messire Jean du Vergier de Hauranne, Abbé de S. Cyran, (par Antoine LE MAISTRE). 1645, in-12, 1 vol.

4071. PETRI AURELII, théologi opera. (I. DU VERGER DE HAURANNE). *Parisiis*, 1646, in-fol., 1 v.

4072. PETRI AURELII, theologi opera. (I. DU VERGER DE HAURANNE). *Parisiis*, 1646, in-fol. 1 v.

4073. La théologie du temps, examinée

selon les règles de la véritable théologie par Dom PIERRE DE S. JOSEPH. *Paris*, 1647, in-4°, 2 v.

4074. La théologie du temps, examinée selon les règles de la véritable théologie, par Dom PIERRE DE S. JOSEPH. *Paris*, 1647, in-4°, 1 v.

4075. Apologie pour les saints Pères de l'Eglise, défenseurs de la grâce de Jésus-Christ, contre les erreurs qui leur sont imposées. *Paris*, 1651, in-4°, 1 v.

4076. Innocentii X Bulla adversus Cornelii Jansenii propositiones quinque de gratia. *Coloniæ*, 1653, in-4°, 1 v.

4077. Innocentii X Bulla adversus Cornelii Jansenii, Episcopi quondam Iprensis propositiones quinque de gratia. *Coloniæ*, 1653, in-4°, 1 v.

4078. Conférence d'un Catholique avec un Janséniste, par l'abbé PÉAN DE LA CROULLARDIÈRE. *Paris*, 1655, in-32, 1 v.

4079. Discrimina inter doctrinam Thomisticam et Jansenianam, authore Bernardo GUYARD. *Parisiis*, 1655, in-4°, 1 v.

4080. Le Jansénisme foudroyé par la Bulle du Pape Innocent X, par le P. Moïse DUBOURG. *Bordeaux*, 1668, in-12, 1 vol.

4081. Apologie pour les casuistes contre les calomnies des Jansénistes. *Cologne*, 1658, in-32. 1 v.

4082. Réponse exacte au livre de Denis RAYMOND, touchant les cinq propositions de Jansénius, par le P. Dom PIERRE DE S. JOSEPH. *Paris*, 1661, in-12, 1 v.

4083. Francisci Annati opuscula theologica, ad gratiam spectantia. *Lutetiæ Parisiorum*, 1666, in-4°, 1 v.

4084. Les Visionnaires, ou seconde partie des lettres sur l'hérésie des Imaginaires. *Liège*, 1667, in-32, 1 v.

4085. Authoritas contra prædeterminationem physicam pro scientia media, authore Germano PHILALETHE EUPISTINO. *Douai*, 1669, in-16, 1 v.

4086. Vanitas triumphorum quos ab authoritate adversus prædeterminationes physicas pro scientia media erigere enititur Philalethes. *Duaci*, 1670, in-16, 1 v.

4087. Vanitas triumphorum quos ab authoritate adversus prædeterminationes physicas pro scientia media erigere nititur Germanus Philalethes, authore Amico PHILALETHI. *Duaci*, 1670, in-16, 1 v.

4088. Authoritas Germani Philalethis Eupistini contra præmotiones physicas, per Paulum FASSEAU. *Duaci*, 1670, in-12, 1 vol.

4089. Scientia media ad examen revocata, per Germanum PHILALETHEN Eupistinum. *Duaci*, 1670, in-8°, 1 v

4090. Scientia media ad examen revocata, per Germanum PHILALETHEN Eupistinum. *Duaci*, 1670, in-12, 1 v

4091. Authoritas Germani Philalethi contra præmotiones physicas, per Paulum FASSEAU. *Duaci*. 1670, in-12, 1 v.

4092. Scientia media ad examen revocata per Germanum PHILALETHEN Eupistinum. (Jacobo PLATELIO). *Duaci*, 1670, in-12, 1 v.

4093. Justa defensio adversus convicia et imposturas PSEUDOPHILALETHIS, auct. Franc. de FOURMESTRAUX. *Duaci*, 1673, in-12, 1 v.

4094. Autoritas contra physicam prædeterminationem, ex insigni opere JOSEPHI DE VITA. *Duaci*, 1673, in-4°, 1 v.

4095. Theses theologicæ variis temporibus in Academia Sedanensi editæ, authore Ludovico LE BLANC. *Londini*, 1675, in-fol., 1 vol.

4096. Le miroir de la piété chrétienne, par Flore DE S. FOY. *Liège*, 1676, in-32, 1 vol.

4097. Le miroir de la piété chrétienne, par Flore DE S. FOY. *Liège*, 1676, in-32, 1 vol.

4098. Copie de la lettre écrite de Rome à l'Archevêque de Reims, par l'Abbé RECANETTI, au sujet du livre : Miroir de la Piété chrétienne. ......, 1678, in-12, 1 vol.

4099. Le combat des deux clefs, ou la

défense du miroir de la piété chrétienne. *A. Durocortore*, 1678, in-12, 1 v.

4100. Le prétendu ennemi de Dieu et de la loi, réfuté par le sieur DE S. VICTOR. *Lille*, 1680, in-12, 1 v.

4101. Causa Janseniana, sive fictitia hæresis sex disquisitionibus a Paulo IRENÆO. *Coloniæ*, 1681, in-8°, 1 v.

4102. Antonii ARNALDI dissertatio theologica. *Coloniæ*, 1682, in-8°, 1 v.

4103. Causa Janseniana a Paulo IRENÆO. *Coloniæ*, 1682, in-12, 1 v.

4104. Les imaginaires et les visionnaires. Traité de la foy humaine (par Pierre NICOLE). *Cologne*, 1683, in-8°, 1 v.

4105. Les imaginaires et les visionnaires (par Pierre NICOLE). *Cologne*, 1683, in-8°, 1 v.

4106. L'esprit de M. ARNAUD. *Deventer*, 1684, in-12, 2 v.

4107. Recueil de diverses pièces de théologie polémique (jansénisme). *Tornaci*, 1684, in-12, 1 v.

4108. Trois lettres de l'auteur de la vérité, touchant la défense de M. Arnauld. *Rotterdam*, 1685, in-12, 1 v.

4109. Apologie historique des deux censures de Louvain et de Douay sur la matière de la grâce, par GÉRY. *Cologne*, 1688, in-12, 1 v.

4110. Apologie historique des deux censures de Louvain et de Douay sur la matière de la grâce, par M. GÉRY. *Cologne*, 1688, in-12, 1 v.

4111. Phantosme du Jansénisme, ou justification des prétendus Jansénistes. *Cologne*, 1688, in-12, 1 v.

4112. Tradition de l'Eglise Romaine sur la prédestination des Saints, et sur la grâce efficace, par M. GERMAIN. (P. Quesnel). *Cologne*, 1687, in-12 3 v.

4113. Lettre du Prince de Conti, ou l'accord du libre arbitre avec la grâce de Jésus-Christ. *Cologne*, 1689, in-18, 1 v.

4114. Question curieuse: si M. Arnauld Docteur de Sorbonne est hérétique. *Cologne*, 1690, in-12, 1 v.

4115. Lettres du faux-Arnauld à M. de Ligny. *Paris*, 1692, in-4°, 1 v.

4116. Histoire abrégée de la vie et des ouvrages de M. Arnaud. *Cologne*, 1695, in-12, 1 v.

4117. Michaelis BAII in Lovaniensi Academia theologi opera. *Coloniæ Agrippinæ*, 1696, in-4°, 1 v.

4118. Michaelis BAII in Lovaniensi Academia theologi opera. *Coloniæ agrippinæ*, 1696, in-4°, 1 v.

4119. Testament spirituel de Messire Antoine ARNAULD. *Liège*, 1696, in-12, 1 vol.

4120. Histoire de la vie et des ouvrages de M. Arnauld, par le Père QUESNEL. *Liège*, 1697, in-12, 1 vol.

4121. Justification des Religieuses de Port-Royal. ....., 1697, in-12, 1 v.

4122. Lettre pastorale de l'Archevêque de Rouen, au sujet d'un libelle publié dans son diocèse. *Rouen*, 1697, in-18, 1 v.

4123. Recueil de plusieurs pièces pour la défense de la morale et de la grâce de J.-C. *Delft*, 1698, in-12, 2 v.

4124. Du refus de signer le formulaire 1709 suivi de: le triomphe de la grâce dans la conversion et la mort de Basilisse. 1699, in-12, 1 v.

4125. Mémorial espagnol contre les prétendus Jansénistes des Pays-Bas. 1699, in-12, 1 v.

4126. Lettre d'un théologien à un de ses amis sur un libelle contre l'édition de S. Augustin. ......, 1699, in-32. 1 v.

4127. Causa Arnaldina, seu Antonius Arnaldus vindicatus. *Leodici Eburonum*, 1699, in-8°, 1 v.

4128. Recueil de mandements et de diverses pièces sur le Jansénisme. *Cambray*, 1699, in-4°, 1 v.

4129. Defensio Arnaldina, sive analytica synopsis libri de corruptione et gratia. *Antuerpiæ*, 1700, in-12, 1 v.

4130. La paix de Clément IX, ou démonstration des deux faussetés capitales avancées dans l'histoire des cinq propositions. *Chamberri*, 1700, in-12, 1 v.

4131. Augustiana Ecclesiæ Romanæ doctrina a Cardinalis SFONDRATI nodo extricata per varios S. Augustini discipulos. *Coloniæ*, 1700, in-12, 1 v.

4132. Première et seconde partie des difficultés proposées à M. STEYAERT. *Cologne*, 1700, in-12, 3 v.

4133. Défense de l'histoire des cinq propositions de Jansénius. *Liège*, 1701, in-12, 1 v.

4134. Justification de M. Antoine ARNAULD, contre la censure de la faculté de théologie de Paris. *Liège*, 1702, in-12, 1 vol.

4135. Justification de M. ARNAULD, contre la censure de 1656. *Liège*, 1702, in-12, 2 v.

4136. Lettres de M. Cornelius JANSÉNIUS, Evêque d'Ipres, à M. Jean Duverger de Hauranne. *Cologne*, 1702, in-12, 1 v.

4137. Entretien d'un docteur de la maison de Sorbonne avec un docteur Ubiquiste. *Liège*,1703,in-12, 1 v.

4138. Causa Quesnelliana. *Bruxellis*, 1704, in-4°, 1 v.

4139. Ordonnance et Instruction pastorale de Mgr l'Archevêque de Cambrai. *Valenlenciennes*, 1704. in-12, 2 v.

4140. Dénonciation de la théologie du Père Jacques PLATELLE......1704. in-32, 1 vol.

141. Défense de tous les théologiens, et en particulier des disciples de S. Augustin, contre l'ordonnance de M. l'évêque de Chartres, du 3 août 1703. 1704, in-12, 1 v.

4142. Apologie de la résolution du fameux cas de conscience, contenus dans les écrits suivants :
I° Les Imaginaires.
II° Les Visionnaires.
III° De la foi humaine.
IV° Jugements équitables.
Cologne, 1704, in-8°, 1 v.

4143. Causa Quesnelliana, sive motivum juris..... contra P. Paschasium Quesnel. *Bruxellis*, 1704, in-4°, 1 v.

4144. Le véritable esprit des nouveaux disciples de S. Augustin. *Bruxelles*,1705, in-12, 2 v.

4145. Le renversement de la foi catholique, par les erreurs, touchant l'infaillibilité de l'Eglise dans les cas non révélés....... 1705, in-12, 1 v.

4146. Jansenius condamné par l'Eglise, par lui-même, et ses défenseurs, et par S. Augustin. *Bruxelles*, 1705, in-12, 1 vol.

4147. Divers écrits touchant la signature du formulaire, au sujet de la dernière constitution de Clément XI. ......, 1706, in-12, 1 v.

4148. Divers écrits touchant la signature du formulaire, par rapport à la dernière constitution de N. S. P. le Pape Clément XI. ......, 1706, in-12, 1 v,

4149. Les auteurs des tocsins confondus, et les Appellans au Concile justifiez. ....., 1707, in-12, 1 v.

4150. Suite du véritable esprit des nouveaux disciples de S. Augustin. *Bruxelles*, 1707, in-12, 1 v.

4151. Justification du silence respectueux, ou réponse aux Instructions de l'Archevêque de Cambrai. ....., 1707, in-12, 3 vol.

4152. Obedientiæ credulæ vana religio, seu silentium religiosum in causa Jansenii. ......, 1708, in-12, 2 v.

4153. Instruction pastorale de Mgr l'Archevêque de Cambrai sur le livre intitulé : Justification du silence respectueux. *Valenciennes*, 1708, in-12, 1 v.

4154. De mente sancti Concilii Tridentini circa gratiam physice prædeterminantem dissertatio I, auct. Liberio GRATIANO. *Antuerpiæ*, 1709, in-12, 2 v.

4155. De mente S. Concilii Tridentini circa gratiam physice prædeterminantem dissertatio I, auctore liberio GRATIANO. *Antuerpiæ*, 1709, in-12, 1 v.

4156. Lettre de Mgr de Cambrai au sujet

de sa réponse à la 2e lettre de Mgr l'Evêque de S. Pons. ....., 1709, in-12, 1 v.

4157. Entretiens sur le décret de Rome contre le Nouveau Testament de Châlons. ....., 1709, in-12, 1 v.

4158. Recueil de toutes les réponses du Père MALEBRANCHE à M. Arnaud, docteur de Sorbonne. *Paris*, 1709, in-12, 4 vol.

4159. Gémissement d'une âme vivement touchée de la destruction du Monastère de Port-Royal. ....., 1710, in-12, 1 v.

4160. Vindictæ gratiæ divinæ adversus nov-antiquos ejus impugnatores. Hubertus VAN MEERENDONCK. *Bruxelles*, 1711, in-12, 1 v.

4161. Idée générale du libelle du Père QUESNEL. ....., 1705, in-12, 1 v.

4162. Plainte et protestation du Père QUESNEL. *Paris*, 1715. in-12, 1 v.

4163. Idée générale du libelle contre le Père QUESNEL. ....., 1705, in-12, 1 v.

4164. Anatomie de la sentence de M. l'Archevêque de Malines contre le P. QUESNEL. ....., 1705, in-12, 1 v.

4165. Lettre du Père QUESNEL à N. N. S. S. les Cardinaux, Archevêques et Evêques de France. ....., 1714, in-12, 1 v.

4166. Défense du Mandement de Mgr de Noailles portant approbation des réflexions morales du P. QUESNEL. *Paris*, 1705, in-12, 1 v.

4167. Lettre du R. P. QUESNEL au Roy, au sujet des calomnies répandues contre lui par les jésuites et leurs adhérants. ...... 1704, in-12, 1 v.

4168. Lettre de Mgr l'Archevêque de Cambray au P. Quesnel. ....., 1710, in-12, 1 vol.

4169. Motif de droit du R. P. QUESNEL. In-12, 1 v.

4170. Deux lettres du R. P. QUESNEL. In-12, 1 v.

4171. Recueil de pièces diverses de théologie polémique. Le Père QUESNEL. ...., 1711, in-12, 1 v.

4172. De l'injuste accusation de Jansénisme. Plainte à M. Habert. ....., 1712, in-12, 1 v.

4173. Relation du différend entre le Cardinal de Noailles et les Evêques de Luçon, De la Rochelle et de Gap. ....,1712, in-12, 1 v.

4174. De l'action de Dieu sur les créatures. Traité dans lequel on prouve la promotion physique par le raisonnement. *Paris*, 1713, in-4°, 2 v.

4175. Renversement de la doctrine de S. Augustin sur la grâce, par l'Instruction pastorale des Evêques de Luçon et de la Rochelle. ....., 1713, in-12, 1 v.

4176. Mémoires pour servir à l'examen de la Constitution du Pape contre le Nouveau Testament en français. ....., 1713, in-12, 1 v.

4177. Pièces diverses sur la Constitution Unigenitus ....., 1714, in-12, 1 v.

4178. Instruction pastorale de Mgr l'Archevesque de Cambray. *Cambray et Valenciennes*, 1714, in-12, 4 v.

4179. Mémoire pour servir à l'examen de la constitution du Pape contre le Nouveau Testament en Français ....., 1714, in-12, 3 v.

4180. Considérations sur l'Instruction pastorale de la dernière assemblée du clergé. ....., 1714, in-12, 1 v

4181. Défense de la constitution de N. S. P. le Pape portant condamnation du Nouveau Testament du Père QUESNEL. *Liège*, 1714, in-12, 1 v.

4182. 1° Lettre d'une Dame sur l'excommunication injuste.
2° Instructions pastorales de Mgr. de Luçon, 1714, in-8°, 1 v.

4183. Réflexions sur la prémotion physique, par le P. MALEBRANCHE. *Paris*, 1715, in-12, 1 v.

4184. Plainte et prostestation du Père QUESNEL contre la condamnation des cent-une propositions. ....., in-8° 1 v.

4185. Nouvelle défense de la constitution de N. S. P. le Pape portant condamna-

tion du Nouveau Testament du P. Quesnel, par Le Pelletier, *Lyon*, 1715. in-12, 1 v.

4186. Le disciple pacifique de Saint Augustin, sur la liberté, la grâce et la prédestination. *Paris*, 1715, in-4°, 1 v.

4187. Réflexions sur la promotion physique, par le P. Malebranche. *Paris*, 1715, in-12, 1 v.

4188. Recueil de lettres et autres pièces décisives sur la Constitution Unigenitus. *Liège*, 1716, in-12, 1 v.

4189. Recueil de diverses difficultés proposées par les théologiens de France sur la Constitution Unigenitus. ...., 1716, in-8°, 1 v.

4190 Lettre à un avocat pour la réunion des Evêques, au sujet des propositions de la Constitution *Unigenitus*...... 1716, in-12, 1 vol.

4191. Du renversement des libertés de l'Eglise Gallicane dans l'affaire de la Constitution *Unigenitus*..... 1716, in-12, 2 vol.

4192. Les tocsins, avec les écrits et les arrêts publiés contre ces libelles violents et séditieux... 1716, in-12, 1 v.

4193. De la nécessité de l'appel des Eglises de France au futur Concile général de la Constitution *Unigenitus*, 1717, in-12, 1 v.

4194. Pièces importantes en faveur de la Constitution *Unigenitus*. *Bruxelles*, 1717, in-12, 1 v.

4195. Deux actes de l'appel interjeté de la Constitution Unigenitus Dei filius au Concile général, par le P. Quesnel. *Amsterdam*, 1717, in-12, 1 v.

4196. D. Clementis Papæ XI Constitutio Unigenitus theologice propugnata. *Romæ*, 1717, in-fol., 4 v.

4197. Recueil de diverses difficultés proposées par les théologiens de France, sur la Constitution Unigenitus. ......, 1717, in-12, 1 v.

4198. **De la nécessité de l'appel des Eglises de France au futur Concile général de la** Constitution Unigenitus. .... 1717, in-12, 1 v.

4199. Recueil de quelques mémoires concernant les affaires de la Constitution du Pape touchant la morale du P. Quesnel. ...., 1717, in-8°, 2 v.

4200. Témoignage de l'Université de Paris, et en particulier de la Faculté de théologie au sujet de la Constitution Unigenitus. ......, 1717, in-12, 1 v.

4201. Les cent et une propositions, extraites du livre des réflexions morales sur le Nouveau Testament, qualifiées en détail. *Bruxelles*, 1717, in-12, 1 v.

4202. Traité du schisme *Christianus* mihi nomen, *Catholicus* cognomen, *Bruxelles*, 1718, in-12, 1 v.

4203. Apologie des Curés du diocèse de Paris contre l'ordonnance de Mgr de Rheims. ...., 1718, in-12, 1 v.

4204. Première Instruction pastorale du Cardinal de Noailles sur la Constitution Unigenitus. *Paris*, 1719, in-12, 1 v.

4205. Les caractères de l'erreur dans les défenseurs de Jansénius et du Père Quesnel. *Avignon*, 1718, in-12, 1 v.

4206. Divers écrits sur l'obligation des rétractations par rapport à la Constitution Unigenitus. ......, 1718, in-12, 1 v.

4207. Témoignage de l'Eglise universelle en faveur de la Bulle Unigenitus, *Bruxelles*, 1718, in-12, 1 v.

4208. Première instruction pastorale, contenant le premier avertissement de Monseigneur l'Evêque de Soissons à ceux qui dans son diocèse se sont déclarés appelant de la Constitution Unigenitus. *Paris*, 1718, in-4°, 3 v.

4209. Traité du schisme *Christianus* mihi nomen, *Catholicus* cognomen. *Bruxelles*, 1718, in-12, 1 v.

4210. Traité du schisme *christianus* mihi nomen, *catholicus* cognomen. *Avignon*, ..., in-12, 1 v.

4211. Réponse au premier avertissement

de M. l'Evêque de Soissons, relativement aux appelant de la Constitution Unigenitus ...., 1719, in-12, 1 v.

4212. Mandement de MMgrs les Evêques de Mirepoix, de Senez, de Montpellier et de Boulogne. *Amsterdam*, 1719, in-12, 1 vol.

4213. Lettre pastorale de Mgr LANGUET, Evêque de Soissons. *Namur*, 1719, in-12, 1 vol.

4214. Première instruction pastorale du Cardinal de Noailles. *Paris*, 1719, in-12, 1 vol.

4215. Lettre de M. L'Evesque de N..... à Mgr le Cardinal de Noailles. ....., 1719, in-12, 1 v.

4216. Le faux schisme des Appellant et le vrai schisme de M. l'Archevêque de Malines. ......, 1719, in-12, 1 v.

4217. Relation abrégée de la maladie et de la mort du P. Pasquier QUESNEL. ...., 1719, in-12, 1 v.

4218. La vérité rendue sensible à tout le monde contre les défenseurs de la Constitution Unigenitus. *Paris*, 1719, in-12, 1 vol.

4219. La vérité rendue sensible à tout le monde contre les défenseurs de la Constitution Unigenitus. ...., 1720, in-12, 1 vol.

4220. Traité de la confiance en la miséricorde de Dieu, par LANGUET, Evêque de Soissons. *Paris*, 1720, in-12, 1 v.

4221. S. Augustinus vindicatus contra centum et unam damnatas Paschasii Quesnelli propositiones, per Bernardum DESIRANT. *Romæ*, 1721, in-4°, 4 v.

4222. Anti-Hexaples ou analyse des cent et une propositions du Nouveau Testament du Père Quesnel, par le Père PAUL de Lyon. *Lyon*, 1721, in-12, 1 v.

4223. Traité théologique adressé au clergé du diocèse de Meaux, par son Em. Mgr le Cardinal de Bissy, Evesque de Meaux. *Paris*, 1722, in 4°, 2 v.

4224. Recueil de pièces concernant la faculté de théologie de l'Université de Douay. (Jansénisme). ......, 1722, in-4°, 1 vol.

4225. Réponse au premier avertissement de M. l'Evêque de Soissons, à tous ceux qui dans son diocèse se sont déclarés appelans de la Constitution Unigenitus. ,......, 1922, in-12, 1 v.

4226. Histoire du livre des réflexions morales sur le Nouveau Testament et de la Constitution Unigenitus. Pour servir de préface aux Hexaples par Jean LOUAIL et J.-B. CADRY. *Amsterdam*, 1723, in-4°, 8 vol.

4227. Histoire du livre des réflexions morales sur le Nouveau Testament et de la Constitution Unigenitus. *Amsterdam*, 1723, in-4°, 8 v.

4228. Poésies sur la Constitution Unigenitus. *Villefranche*, 1724, in-8°, 1 v.

4229. Apologie de Monseigneur l'Evêque de Babilone, contenant son appel au Concile général de la Constitution Unigenitus. *Amsterdam*, 1724, in-4°, 1 v.

4230. Véritas et æquitas Constitutionis Unigenitus theologice demonstrata. *Gandavi*, 1724, in-12, 1 v.

4231. Lettre pastorale de M. l'Evêque de Montpellier, (Jansénisme). ......, 1726, in-12, 1 v.

4232. Lettre pastorale de M. l'Evêque de Montpellier adressée aux fidèles de son diocèse, à l'occasion d'un miracle. ......, 1726, in-12, 1 v.

4233. Instruction pastorale de Monseigneur l'Archevesque-Duc de Cambray. *Paris*, 1734, in-4°, 1 v,

4234. Entretiens de Mme la Comtesse *** au sujet des affaires présentes par rapport à la Religion. ......, 1736, in-12, 8 vol.

4235. Traité du formulaire où l'on examine à fond l'affaire du Jansénisme. *Utrecht*, 1736, in-12, 4 v.

4236. Entretiens de Madame la Prieure au sujet des affaires présentes par rapport à la Religion. *Ypres*, 1737, in-12, 1 v.

4237. Traité dogmatique et théologique

sur la bulle Unigenitus, donnée par Clément XI, le 8 septembre 1713. ....., 1738, in-12, 2 v.

4238. Entretiens de Monseigneur l'Evêque de ** au sujet des affaires présentes par rapport à la Religion. *Ypres*, 1738, in-12, 1 vol.

4239. Exposition de la doctrine de l'Eglise Jansénienne, tirée des réflexions morales du P. Quesnel, 1739, in-12, 1 v.

4240. Réponse à la Bibliothèque Janséniste, avec des remarques sur la réfutation des critiques de M. Bayle. *Nancy*, 1740, in-12, 1 v.

4241. Entretiens de Monsieur l'abbé de ** au sujet des affaires présentes de la Religion. ....., 1740. in-12, 1 v.

4242. Les œuvres de Messire Charles Joachim Colbert, Evesque de Montpellier. *Cologne*, 1740, in-4°, 3 v.

4243. Entretiens de Monsieur le Curé de ** au sujet des affaires présentes par rapport à la Religion. *Ypres*, 1742. in-12, 1 vol.

4244. Lettres critiques sur différents points d'histoire et de dogme, par le Prieur S. Edme. ......, 1744, in-8°, 1 v.

4245. Entretiens d'Ariste et d'Eugène sur les affaires présentes de la Religion. ....., 1744, in-12, 1 v.

4246. Mandement de Mgr l'Archevêque de Tours, portant condamnation d'un libelle. (Jansénisme). *Paris*, 1750, in-12, 1 vol.

4247. J. J. Languet opera omnia pro defensione Constitutionis Unigenitus. *Senonis*, 1752, in-f°, 2 v.

4248. Dictionnaire des livres Jansénistes, ou qui favorisent le Jansénisme. *Anvers*, 1752, in-12, 4 v.

4249. OEuvres de controverse de M. Nicole. *Paris*, 1755, in-32, 6 v.

4250, Lettres théologiques de l'Abbé Gaultier. ....., 1756, in-12, 3 v.

4251. La Légitimité et la nécessité de la loi du silence respectueux. *En France*, 1759, in-12, 1 v.

4252. Lettres adressées à un Conseiller du Parlement de Paris, relativement aux livres des Assertions,...à.. 1763, in-12, 1 v.

4253. Requête d'un grand nombre de fidèles adressée à Mgr l'Archevêque de Rheims. *En France*, 1765, in-12, 1 v.

4254. Lettres de Messire Antoine Arnauld, docteur de la maison et Société de Sorbone. *Paris*, 1755, in-4°, 36 v. 4ᵉ et 5ᵉ v. manquent.

4255. Ostentum nullo vel levi situ exlocatum a P. Antonio Gonzalez de Resende. *Lugduni*, in-16, 1 v.

4256. Recueil de pièces diverses sur le Jansénisme, in-4°, 1 v.

4257. Lettre d'un théologien des Pays-Bas Autrichiens à un avocat du Parlement de Douai de ses amis. In-12, 1 v.

4258. Entretiens de M. le Commandeur (par le P. Jacques Philippe Lallement). ..... In-12, 1 v.

4259. Lucerna Augustiniana. Recueil de pièces sur le Jansénisme. In-4°, 1 v.

4260. Le Jansénisme foudroié par la Bulle du Pape Innocent X. ......, in-18, 1 v.

4261. Divers mémoires sur la Bulle Unigenitus. In-12, 1 v.

4262. Réponse à diverses questions touchant la Constitution Unigenitus. ..... In-12. 1 v.

4263. Recueil de pièces de théologie polémique. (Jansénisme). In-12, 1 v.

4264. Recueil de pièces de théologie polémique (Jansénisme). In-12, 1 v.

4265. Recueil de pièces de théologie polémique (Jansénisme). In-12, 1 v.

4266. Recueil de pièces de théologie polémique. (Jansénisme). ....., 1706, in-12, 1 vol.

4267. Recueil de pièces de théologie polémique (Jansénisme). In-12, 1 v.

4268. Mélanges sur le Jansénisme. *Arras*, in-12, v.

4269. Recueil de pièces de théologie polémique. (Jansénisme). In-12, 1 v.

4270. Mélanges sur les questions religieuses relatives au Jansénisme. In-12, 1 v.

4271. Recueil de pièces diverses de théologie polémique (Jansénisme). In-4°, 1 v.

4272. Recueil de pièces diverses de théologie polémique (Jansénisme). In-4°, 1 v.

4273. Recueil de pièces de théologie polémique (Jansénisme). In-4°, 1 v.

4274. Recueil de pièces de théologie polémique (Jansénisme). In-4°, 1 v.

4275. Les cent et une propositions extraites du livre des réflexions morales sur le Nouveau Testament. *Bruxelles*, ... In-12, 1 v.

4276. Apologie des jugements rendus en France contre le schisme par les tribunaux séculiers, ... In 12, 3 vol.

4277. Lettres de l'imposteur, qui, sous le nom de M. Arnauld, a trompé pendant plus d'un an plusieurs théologiens de Douay. In-4°, 1 v.

4278. Recueil de pièces de théologie polémique (Jansénisme). In-12, 1 v..

4279. Instruction pastorale de Mgr l'Archevêque de Cambrai. *Cambrai*, ..., In-12, 1 vol.

4280. Recueil de pièces de théologie polémique (Jansénisme). In-12, 1 v.

CHAPITRE IX

QUIÉTISME

4281. Le quiétiste ou les illusions de la nouvelle oraison de Quiétude. *Paris*, 1687, in-12, 1 v.

4282. Réfutation des principales erreurs des Quiétistes. *Paris*, 1695, in-12, 1 v.

4283. Ordonnance de Mgr l'Archevêque de Reims, en forme d'instruction. *Paris*, 1697, in-8°, 1 vol.

4284. Explication des maximes des saints sur la vie intérieure, par FÉNELON. *Paris*, 1697, in-12, 1 v.

4285. Explication des maximes des saints sur la vie intérieure, par Mgr de FÉNELON. *Paris*, 1697, in-12, 1 v.

4286. Première lettre de Mgr l'Archevêque-duc de Cambrai, à Mgr l'Archevêque de Paris. 1697, in-12, 1 v.

4287. Réponse de Mgr l'Evêque de Meaux à quatre lettres de Mgr l'Archevêque de Cambrai. *Paris*, 1698, in-12, 1 v.

4288. De nova quæstione tractatus tres, auct. Benigno BOSSUET. *Parisiis*, 1698, in-8°, 1 v.

4289. Réponse de Mgr l'Archevêque de Cambrai à l'écrit de M. l'Evêque de Meaux intitulé : relation sur le Quiétisme. ....., in-12. 1 v.

4290. Divers écrits ou mémoires sur le livre intitulé : Explication des maximes des saints, par Mgr BOSSUET. *Paris*, 1698, in-8°, 1 v.

4291. Divers écrits ou mémoires sur le livre intitulé : Explication des maximes des saints, par M. J. Bénigne BOSSUET. *Paris*, 1698, in-8°, 1 v.

4292. Divers écrits ou mémoires sur le livre intitulé : Explication des maximes des saints, par J. Bénigne BOSSUET. *Paris*, 1698, in-8°, 1 v.

4293. Réflexions d'un théologien sur la lettre pastorale de l'Evêque de Chartres au clergé de son diocèse. *Liège*, 1698, in-12, 1 v.

4294. Réponses de l'Archevêque de Cambrai à la déclaration de l'Archevêque de Paris, de l'Evêque de Meaux, et de l'Evêque de Chartres. ...., 1698, in-12, 1 vol.

4295. Recueil de diverses pièces concernant le Quiétisme. *Amsterdam*, 1698, in-12, 1 v.

4296. Réponses de Monseigneur l'Evêque de Meaux aux lettres et écrits de Monseigneur l'Archevesque de Cambray, au sujet de livre qui a pour titre : Explication des maximes des saints. *Paris*, 1679, in-8°, 1 v.

4297. Dialogues posthumes du sieur de LA BRUYÈRE, sur le Quiétisme, *Paris*, 1699, in-12, 1 v.

4298. Le christianisme éclairci sur les différends du temps, en matière de Quiétisme. *Amsterdam*, 1700, in-12, 1 v.

4299. Traité historique contenant le jugement d'un Protestant sur la théologie mystique. ....., 1700, in-12, 1 v.

4300. Appendix ad theologiam moralem abbreviatam sanctorum, sive Molinismus profligatus, auctore P. F. HENRICO A SANCTO IGNATIO. *Coloniæ*, 1717, in-8°. 1 vol.

4301. Traité de l'équilibre de la volonté contre M. l'Evêque de Soissons, et les autres Molinistes. *Utrecht*, 1729, in-4°, 1 vol.

4302. Première lettre de l'Archevêque de Cambray à l'Evêque de Meaux. ......, in-12, 1 v.

4303. Première lettre de M. l'Archevêque de Cambrai sur le livre intitulé : Explication des maximes des saints..... , in-12, 1 vol.

4304. Les principales propositions du livre des maximes des Saints, justifiées par des expressions des SS. auteurs. ...., in-12, 1 v.

TITRE VI

THÉOLOGIE HÉTÉRODOXE

1. — Luthéranisme.

4305. Epistolarum quæ inter aliquot centurias videbantur partim profuturæ theologicarum literarum studiosis, libri quatuor Georgii WICELII. *Lipsiæ*, 1537, in-4°, 1 vol.

4306. Frat. Alfonsi VIRVESII philippicæ disputationes viginti adversus Lutherana dogmata, per Philippum MELANCHTHONEM defensa. *Antuerpiæ*, 1541, in-4°, 1 v.

4307. Formula Reformationis per cæsaream majestatem statibus ecclesiasticis in Comitiis Augustanis ad deliberandum proposita. (Carolus Quintus). *Moguntiæ*, 1545. in-f°, 1 v.

4308. Liber de veris et falsis adiaphoris, in quo integre propemodum adiaphorica controversia explicatur, authore Matthia FLACIO. *Magdeburgi*, 1549, in-18, 1 vol.

4309. R. D. Martini LUTHERI opera omnia. *Witebergæ*, 1558, in-f°, 7 v.

4310. Catalogus testium veritatis, qui ante nostram ætatem Pontifici Romano atque Papismi erroribus reclamarunt, per

Mathiam FLACIUM. *Lugduni*, 1597, in-f°, 2 vol.

4311. Specimen controversiarum Belgicarum, seu confessio Ecclesiarum reformatarum. *Lugd. Batav.*, 1618, in-4°, 1 vol,

4312. Theophili SPIZELII de vaticiniis quibusdam angelicis amica et placida collatio. *Augustæ Vindelic.*, 1667, in-12, 1 vol.

4313. Philippi MELANCTHONIS opera omnia. *Witebergæ*, 1680, in-f°. 4 v.

II. — *Calvinisme.*

4314. De la vérité de la Religion chrestienne, par Philippe de MORNAY. *Paris*, 1582, in-12, 1 vol.

4315. Francisci JUNII Biturigis opera theologica. *Genevæ*, 1607, in-f°, 1 v.

4316. Andreæ EUDÆMON-JOANNIS refutatio exercitationum Isaaci Casauboni. *Coloniæ Agrippinæ*, 1617, in-4°, 1 v.

4317. De Republica ecclesiastica libri X, auctore Marco Antonio DE DOMINIS. *Heidelbergæ*, 1618, in-fol., 3 v.

4318. Abrahami SCULTETI in Epistolam ad Romanos concionum ideæ, studio Nicolaï ECCII. *Heidelbergæ*, 1619, in-4°, 1 vol.

4319. Jacobi ARMINII opera theologica. *Francofurti*, 1631, in-4°, 1 v.

4320. Abrahami SCULTETI in Epistolam ad Hebræos concionum ideæ, studio Nicolai ECCII. *Francofurti*, 1634, in-4°, 1 v.

4321. Apologia pro sententia Hieronymi de Episcopis et Presbyteris, auct. Davide BLONDELLO. *Amsteledami*, 1646, in-4°, 1 vol.

4322. Specimen mellificii theologici, a Johanne BINCHIO. *Rinthelii*, 1647, in-16, 1 vol.

4323. De Eucharistiæ, sive Cœnæ Dominicæ sacramento libri tres, authore Edmundo ALBERTINO. *Daventriæ*, 1654, in-fol., 1 v.

4324. De Eucharistiæ, sive Cœnæ Dominicæ sacramento libri tres, authore Edmundo ALBERTINO. *Daventriæ*, 1655, in-fol., 1 vol.

4325. Joannis DALLÆI de usu Patrum ad ea definienda Religionis capita. *Genevæ*, 1656, in-4°, 1 v.

4326. Joannis DALLÆI de duobus Latinorum ex Unctione sacramentis Confirmatione et Extrema ut vocant Unctione disputatio. *Genevæ*, 1659, in-4°, 1 v.

4327. Traité de l'Ecriture sainte, par J. MESTREZAT. *Paris*, 1659, in-12, 1 v.

4328. Joannis DALLÆI, de fidei ex Scripturis demonstratione. *Genevæ*, 1660, in-12, 1 v.

4329. Réponse à la lettre de M. Daillé, publiée contre l'honneur de M. Cottiby, converti à la foi catholique, par le P. ADAM, jésuite, *Poitiers*, 1660, in-12, 1 vol.

4330. Andreæ RIVETI Pictavi critici sacri libri IV. *Genevæ*, 1660, in-12, 1 v.

4331. Abrégé des controverses, par Ch. DRELINCOURT. *Genève*, 1660, in-32, 1 v.

4332. Joannis DALLÆI de sacramentali sive auriculari Latinorum Confessione disputatio. *Genevæ*. 1661, in-4°, 1 v.

4333. Francisci GOMARI opera theologica omnia, maximam partem posthuma, *Amstelodami*, 1664, in-fol., 1 v.

4334. Mellificium theologicum ad disputandum et concionandum proficuum, M. Johanne BINCHIO autore. *Amstelodami*, 1666, in-4°, 2 v.

4335. Mellificium theologicum ad disputandum et concionandum proficuum, M. Johanne BINCHIO auctore, *Amstelodami*, 1666, in-4°, 2 vol.

4336. Francisci TURRETINI de satisfactione Christi disputationes. *Genevæ*, 1667, in-4°, 1 v.

4337. La perpétuité de la foi de l'Eglise catholique touchant l'Eucharistie, défendue contre le livre du Sieur Claude. *Paris*, 1669, in-4°, 1 v.

4338. Histoire de l'Eucharistie, par Mathieu LARROQUE. *Amsterdam*, 1671, in-12, 1 v.

4339. Joannis CALVINI opera omnia, in novem tomos digesta. *Amstelodami*, 1671, in-f°, 9 v.

4340. Johannis CALVINI institutionum christianæ religionis libri quatuor, cum indicibus, authore Theodoro BEZA. *Lugduni Batavorum*, 1654, in-f°, 1 v.

4341. Le troisième livre de l'Institution chrétienne de CALVIN, 2ᵉ v.

4342. Joannis DALLÆI de cultibus religiosis Latinorum libri novem, (opus posthumum). *Genevæ*, 1671, in-4°, 1 v.

4343. Joannis DALLÆI apologia pro Ecclesiis reformatis. *Genevæ*, 1677, in-12, 1 vol.

4344. Conformité de la discipline ecclésiastique des Protestants de France avec celle des anciens chrétiens (par Mathieu LARROQUE). *Rouen*, 1678, in-4°, 1 v.

4345. Justification de la morale des Réformez contre les accusations de M. Arnaud, par JURIEU. *La Haye*, 1685, in-8°, 2 vol.

4346. Traité de la vérité de la Religion chrétienne, par ABBADIE. *Rotterdam*, 1688, in-12, 2 vol.

4347. Hugonis GROTII opera omnia theologica. *Amstelodami*, 1689, in-f°, 4 v.

4348. Anatomie de la Messe, par DU MOULIN..... in-12, 1 vol.

4349. Préservatif contre le changement de religion..... in-12, 1 v.

4350. Sermons sur divers textes de l'Ecriture Sainte, prononcés par feu M. JACQUELOT. *Genève*, 1724, in-12, 2 vol.

4351. Apologie de la religion des Protestans, par feu PICTET. *Genève*, 1726, in-12, 2 vol.

4352. La religion Protestante, une voye sûre au salut, par CHILLINGWORTH. *Amsterdam*, 1730, in-12, 3 v.

4353. Apologie pour la morale des Réformez pour réponse au livre de M. Arnaud. *Quévilly*, 1675, in-8°, 1 v.

4353 bis. Le christianisme raisonnable, tel qu'il nous est représenté dans l'Ecriture Sainte, traduit de l'anglais, par LOCKE. *Amsterdam*, 1731, in-12, 2 v.

4354. Sermons sur divers textes de l'Ecriture Sainte, par Jacques SAURIN. *Genève*, 1734, in-12, 9 v.

4355. Lettre écrite de Rome, traduite de l'anglais de M. Conyers MIDDLETON. *Amsterdam*, 1744, in-12, 1 v.

4356. Traité de la vérité de la Religion chrétienne, par Jacques ABBADIE. *La Haye*, 1750, in-12, 4 v.

4357. Traité de la vérité de la religion chrétienne, tiré en partie du latin de TURETTIN, par VERNET. *Paris*, 1753, in-12, 2 vol.

4358. De la religion chrétienne, traduit de l'anglais de M. ADDISON, par Gabriel SEIGNEUR. *Lausanne*, 1757, in-8°, 2 v.

4359. Œuvres françoises de J. CALVIN, recueillies par P. L. JACOB. *Paris*, 1842, in-12, 1 v.

4360. Intérêts généraux du Protestantisme français, par Agénor de GASPARIN. *Paris*, 1843, in-8°. 1 v.

4361. Nouveaux discours prononcés à Genève, dans la salle du quartier Saint-Gervais, par le comte Agénor de GASPARIN. *Genève* et *Paris*, 1855, in-8°, 1 v.

III. — *Anglicanisme.*

4362. Johannis RAINOLDI de Romanæ Ecclesiæ idolatria in cultu Sanctorum. *Oxoniæ*, 1595, in-4°, 1 v.

4363. Guilielmi WHITAKERI Anglobritanni opera theologica. *Genevæ*, 1610, in-fol., 1 v.

4364. A disproofe of J. Abbots counterproofe against Bishops reproofe of the defense of M. PERKINS (English). at *Paris*, 1614, in-12, 1 v.

4365. Traité où est examinée à fond la question agitée par M. Stillingfleet. *Londres*, 1673, in-8°, 1 v.

4366. Apologia pro S. Ecclesiæ Patribus adversus Joannem Dallæum de usu Patrum, authore Mattheo SCRIVENERO. *Londini*, 1672, in-4°, 1 v.

4367. La pratique de piété, traduite de l'anglois de Louys BAYLE, par Jean VERNUIL. *Genève*, 1684, in-32, 1 v.

4368. De l'immortalité de l'âme et de la vie éternelle, par Guillaume SHERLOCK, traduit de l'anglais. *Amsterdam*, 1708, in-8°, 1 v.

4369. Sermons sur diverses matières importantes, par TILLOTSON, Archevêque de Cantorbéry, traduit de l'anglois par BARBEYRAC. *Amsterdam*, 1722, in-12, 7 v.

4370. La Religion chrétienne, démontrée par la résurrection de Notre-Seigneur Jésus-Christ, traduit de l'anglois par A. D. L. C. *Paris*, 1729, in-4°, 1 v.

4371. La Religion chrétienne, démontrée par la resurrection de N.-S.Jésus-Christ par M. Homfroi DITTON, *Paris*, 1729, in-4°, 1 v.

4372. Lettres d'un théologien réformé à un gentilhomme Luthérien, par Armand DE LA CHAPELLE, *Amsterdam*, 1737, in-12, 2 v.

4373. Défense de la Religion, tant naturelle que révélée contre les Infidèles et les Incrédules, traduit de l'anglais de Gilbert BURNET, *la Haye*, 1738, in-12, 6 vol.

4374. Examen des fondements et de la connexion de la Religion naturelle et de la révélée, traduit de l'anglais par Ashley SYKES. *Amsterdam*, 1742, in-12, 2 v.

4375. Les témoins de la résurrection de J.-C., examinés et jugés selon les règles du barreau (par Woolston), *Paris*, 1753, in-12, 1 v.

4376. L'usage et les fins de la prophétie dans les divers âges du monde, par SHERLOCK, Evêque de Londres. *Paris*, 1754, in-12, 2 v.

4377. La Religion chrétienne démontrée par la conversion et l'apostolat de S. Paul, ouvrage traduit de l'anglais de Mylord LYTTELTON, *Paris*, 1754, in-12, 1 v.

4378. Observations sur l'histoire et sur les preuves de la résurrection de J.-C. traduit de l'anglais par WEST, *Paris*, 1757, in-12, 1 v.

4379. Recherches sur la nature du feu de l'Enfer, par SWINDEN, traduit de l'anglais par BION, *Amsterdam*, 1757, in-12, 1 v.

4380. Sermons pour les jeunes dames et les jeunes demoiselles, par James FORDYCE, traduits de l'anglais. *Paris*, 1778, in-12, 1 v.

IV. — *Sociniens.*

4381. Fausti SOCINI Senensis opera omnia. *Irenopoli.* (*Amstelodami*), 1656, in-fol. 2 v.

4382. Johannis CRELLII opera omnia, exegetica, didactica et polemica, *Amstelodami*, 1656, in-fol. 4 v.

4383. Jonæ SLICHTINGII a Bukowiek commentaria posthuma in plerosque Novi Testamenti libros. *Irenopoli*, 1656, in-fol. 1 v.

V. — *Swedenborgisme ou Nouvelle Jérusalem.*

4384. La nouvelle Jérusalem. Revue religieuse et scientifique. *Saint-Amand* (Cher), 1839-40, in-8°, 7 v. (Manque le 1er volume).

4385. Arcanes célestes de l'Ecriture Sainte, ou paroles du Seigneur dévoilés, traduit par LE BOYS DES GUAYS. *Saint-Amand* (Cher), 1841, in-8°, 16 v.

4386. Exposition sommaire du sens interne des livres prophétiques de l'Ancien Testament et des psaumes de David, par Emmanuel SWEDENBORG, traduit du latin par LE BOYS DES GUAYS. *Saint-Amand*, 1845, in-8°, 1 v.

4387. Du Ciel et de ses merveilles et de l'Enfer, par Emmanuel SWEDENBORG, traduit du latin par LE BOYS DES GUAYS. *Saint-Amand* (Cher), 1850, in-12, 1 v.

4388. La Sagesse angélique sur le divin amour, par Emmanuel SWEDENBORG, traduit du latin par LE BOYS DES GUAYS. *Saint-Amand* (Cher), 1851, in-12, 1 v.

4389. La vraie Religion chrétienne contenant toute la théologie de la nouvelle Eglise, par Emmanuel SWEDENBORG. *Saint-Amand* (Cher), 1852, in-12, 3 v.

4390. Opuscules d'Emmanuel SWEDENBORG, traduits du latin par LE BOYS DES GUAYS. *Saint-Amand* (Cher), 1853, in-12.

4391. Opuscules d'Emmanuel SWEDENBORG, traduits du latin par LE BOYS DES GUAYS. *Saint-Amand* (Cher), 1853, in-18.

4392. La Sagesse angélique sur la divine Providence, par Emmanuel SWEDENBORG, traduit du latin par Le BOYS DES GUAYS. *Saint-Amand* (Cher), 1854, in-12, 1 vol.

4393. Doctrine de la nouvelle Jérusalem sur Dieu-Triun, par Emmanuel SWEDENBORG. *Saint-Amand* (Cher), 1855, in-18, 1 vol.

4394. Emmanuel de SWEDENBORG ; sa vie, ses écrits et sa doctrine, par MATTER. *Paris*, 1863, in-12, 1 vol.

VI. — *Systèmes religieux divers.*

4395. De arcanis Arminianismi libri duo, seu quæstio, quænam sit religio et fides theologorum remonstrantium, per Nic. VEDELIUM. *Lugduni Batavorum*, 1632, in-4°, 1 vol.

4396. The alliance between Church and State, by the Rev. Mr. WARBURTON. *London*, 1748, in-8°, 1 v.

TITRE VII

RELIGION DES PEUPLES DE L'ORIENT

I. — Mahométisme.

4397. Machumetis Saracenorum principis ejusque successorum vitæ, ipseque *Alcoran*, cum Martini LUTHERI præmonitione. *Tiguri*, 1583, in-f°, 1 v.

4398. Compendium historicum eorum quæ Mahummedani de Christo et præcipuis aliquot Religionis christianæ capitibus tradiderunt, auct. Levino WARNERO. *Lugduni Batav.* 1643, in-4°, 1 v.

4399. L'Alcoran de Mahomet, traduit de l'arabe en français, par DU RYER DE MALEZAIR. *Paris*, 1649, in-32 1 vol.

4400. L'Alcoran de Mahomet, traduit d'arabe en français, par DU RYER DE MALEZAIR. *La Haye*, 1683, in-32, 1 vol.

4401. L'Alcoran de Mahomet, traduit d'arabe en français, par DU RYER DE MALEZAIR. *La Haye*, 1683, in-32, 1 vol.

4402. Alcorani textus universus, auctore Ludovico MARRACCIO. *Patavii*, 1698, in-fol., 2 vol.

4403. Religion ou théologie des Turcs, par ECHIALLE Mufti. *Bruxelles*, 1703, in-12, 3 vol.

4404. Religion ou théologie des Turcs, par ECHIALLE Mufti. *Bruxelles*, 1704, in-12, 1 vol.

4405. La Religion des Mahométans exposée par leurs propres docteurs, tiré du latin de M. RELAND. *La Haye*, 1721, in-12, 1 vol.

4406. Le Koran, traduction nouvelle, par KASIMIRSKI. *Paris*, 1841, in-12, 1 v.

II. — Magisme. — Boudhisme. — Brahamisme.

4407. Systema Brahmanicum, liturgicum, mythologicum, civile ex monumentis indicis Musei Borgiani Velitris, illustravit Fr. PAULLINUS A St BARTHOLOMÆO. *Romæ*, 1791, in-4°, 1 v.

4408. Continuatio historiæ cultus Sinensium. *Coloniæ*, 1700, in-12, 1 v.

4409. Zoroastre, Confucius et Mahomet, par DE PASTORET. *Paris*, 1788, in-8°, 1 v.

4410. Confucius et Mencius, traduits du chinois par M. G. PAUTHIER. *Paris*, 1841, in-12, 1 vol.

4411. Conformité des cérémonies Chinoises avec l'idolatrie Grecque et Romaine. *Cologne*, 1700, in-12, 1 vol.

4412. De Russorum Moscovitarum et Tartarorum Religione et Sacrificiis. *Spiræ*, 1582, in-4°, 1 vol.

TABLE ALPHABÉTIQUE

DES NOMS D'AUTEURS

Les chiffres indiquent les numéros d'ordre du Catalogue.

A

B

C

D

E

F

G

H

I

J

K

L

M

N

O

P

Q

R

S

T

U

V

W

X

Y

Z

TABLE DES MATIÈRES

TITRE Ier

ÉCRITURE-SAINTE

Ire SECTION

TEXTES ET VERSIONS DE LA BIBLE

IIe SECTION

COMMENTAIRES

IIIe SECTION

A. LIVRES SÉPARÉS DE L'ANCIEN TESTAMENT

B. LIVRES SÉPARÉS DU NOUVEAU TESTAMENT

IVe SECTION

HISTOIRE DE LA BIBLE

Ve SECTION

PHILOLOGIE SACRÉE

TITRE II

LITURGIE

CHAP. Ier. — Introduction.

CHAP. II. — Traités particuliers.

TITRE III

CONCILES

TITRE IV

PATROLOGIE

CHAP. III.— ŒUVRES DES SS. PÈRES.

A. *SS. Pères grecs.*

Ier	siècle,	1420-1435.
IIe	siècle,	1436-1456.
IIIe	siècle.	1457-1473.
IVe	siècle,	1474-1512.
Ve	siècle,	1513-1539.
VIe	siècle,	1540-1547.
VIIe	siècle,	1548-1550.
VIIIe	siècle,	1551-1553.
IXe	siècle,	1554-1555.

B. *SS. Pères latins.*

IIIe	siècle,	1556-1582.
IVe	siècle,	1583-1607.
Ve	siècle,	1608-1688.
VIe	siècle,	1689-1698.
VIIe	siècle,	1699-1713.
VIIIe	siècle,	1714.
IXe	siècle,	1715-1732.
Xe	siècle,	1733.
XIe	siècle,	1734-1738.
XIIe	siècle,	1739-1772.
XIIIe	siècle,	1773-1778.

TITRE V

THÉOLOGIE DIDACTIQUE

CHAP. Ier. — THÉOLOGIE DOGMATIQUE.

Cours de théologie, 1807-1850.

CHAP. II. — TRAITÉS DIVERS.

A. *Œuvres de théologiens*, 1851-2037.

B. *Traités particuliers.*

a. — De Dieu et des personnes divines, 2038-2079.
b. — Des Anges et des Démons, 2080-2083.
c. — De l'homme, de la grâce, du libre-arbitre, de la prédestination, des quatre fins, 2084-2137.
d. — De l'Antéchrist, 2138-2142.
e. — De la Vierge, 2143-2162.
f. — Des Saints, 2170-2175.
g. — Des traditions, 2176.
h. — De l'Église, de sa constitution et de ses marques, 2177-2189.
i. — Des personnes ecclésiastiques, 2190-2194.
k. — Des Églises, des Fêtes, des Pèlerinages, des Indulgences, des Jubilés, des Superstitions, 2195-2214.
l. — Des Sacrements, 2215-2304.

CHAP. III. — THÉOLOGIE MORALE.

A. *Dictionnaires et Traités généraux*, 2305-2340.

B. *Traités particuliers.*

a. — Des Lois et des Préceptes, 2341-2354.
b. — De la Conscience, du Serment, du Probabilisme, 2355-2369.
c. — Des Prêts, de l'Usure et de la Restitution, 2370-2372.
d. — Des Jeux, des Divertissements, des Spectacles, 2373-2374.
e. — Des Vertus et des Vices, 2375-2414.
f. — Des Sacrements en général, 2418-2417.
g. — Des Sacrements en particulier, 2413-2491.
h. — Des Cas de conscience, 2492-2531.
i. — Mélanges de Théologie morale, 2532-2613.

CHAP. IV. — THÉOLOGIE CATÉCHÉTIQUE.

a. — Catéchismes généraux, 2614-2647.
b. — Catéchismes des divers diocèses, 2648-2660.
c. — Explication des vérités de la religion, 2661-2675.
d. — Traités spéciaux, 2676-2683.
e. — Catéchismes historiques et Histoires édifiantes, 2684-2696.

CHAP. V. — THÉOLOGIE PARÉNÉTIQUE.

a. — Introduction à la science du prédicateur, 2697-2713.
b. — Répertoires, Dictionnaires, Plans de sermons, 2714-2753.
c. — Recueils de sermons, 2754-2760.
d. — Prédicateurs grecs, 2761-2770.
e. — Prédicateurs latins, 2771-2842.
f. — Prédicateurs italiens, 2843-2846.
g. — Prédicateurs espagnols et portugais, 2847-2848.
h. — Prédicateurs allemands et belges, 2849-2859.
i. — Prédicateurs français, 2860-3016.

CHAP. VI. — THÉOLOGIE ASCÉTIQUE.

I. *Mélanges d'œuvres ascétiques.*

a. — Mystiques grecs et latins, 3017-3125.
b. — Mystiques italiens, 3126-3131.
c. — Mystiques espagnols, 3132-3159.
d. — Mystiques allemands, anglais, flamands, 3160-3162.
e. — Mystiques français, 3163-3258.

II. *Traités particuliers.*

a. — De l'Oraison, 3259-3284.
b. — Méditations ou considérations pour tous les jours de l'année ou du mois, 3285-3311.
c. — Méditations sur les Sacrements, 3312-3313.
d. — Retraites, 3314-3322.
e. — Préparation à la mort, 3323-3355.
f. — Recueils de prières, 3356-3389.

III. *Dévotions particulières.*

a. — Dévotion à Jésus-Christ et au Saint-Esprit, 3390-3413.
b. — Dévotion à la Vierge, 3414-3456.
c. — Dévotion aux Anges et aux Saints, 3452-3456.

IV. *Devoirs et moyens de sanctification dans les divers États.*

a. — Direction générale, 3457-3506.
b. — Vie de famille, 3507-3521.
c. — Vie du monde dans diverses conditions, 3522-3553.
d. — Vie ecclésiastique, 3554-3608.
e. — Vie religieuse, 3609-3689.

CHAP. VII. — THÉOLOGIE POLÉMIQUE.

a. — Introduction, 3690-3701.
b. — Traités de la vérité de la religion, 3702-3759.
c. — Défense de la religion chrétienne. — Traités généraux, 3760-3807.
d. — Traités contre les athées, les déistes, les incrédules, 3808-3858.
e. — Traités contre les Juifs, 3859-3862.
f. — Contre les Mahométans, 3863-3865.
g. — Contre les Vaudois et les Hussites, 3866-3867.
h. — Contre les Luthériens, 3868-3913.
i. — Contre les Calvinistes, 3914-3916.
l. — Contre les Anglicans, 4017-4021.
m. — Controverses entre catholiques, 4022-4056.
n. — Contre les Sociniens, 4057-4060.

CHAP. VIII. — JANSÉNISME.

Ecrits pour et contre le Jansénisme et les questions relatives à la grâce et au libre-arbitre, 4061-4280.

CHAP. IX. — QUIÉTISME.

Écrits pour et contre le quiétisme, 4281-4304.

TITRE VI

THÉOLOGIE HÉTÉRODOXE

Arras : Imprimerie Sueur-Charruey et Delville, 20 et 22, Petite-Place.

www.ingramcontent.com/pod-product-compliance
Ingram Content Group UK Ltd.
Pitfield, Milton Keynes, MK11 3LW, UK
UKHW022050260726
13993UKWH00001B/35